本书系"云南省区域高水平大学建设"项目成果

雷平阳诗歌评论集

LEIPINGYANG
SHIGE
PINGLUNJI

李 骞 主编

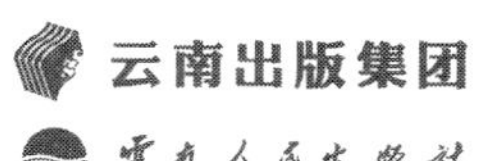

云南出版集团
云南人民出版社

图书在版编目（CIP）数据

雷平阳诗歌评论集 / 李骞主编. —昆明：云南人民出版社，2016.3

ISBN 978-7-222-13085-2

Ⅰ. ①雷… Ⅱ. ①李… Ⅲ. ①诗歌评论-中国-当代-文集 Ⅳ. ①I207.22-53

中国版本图书馆 CIP 数据核字（2015）第 086881 号

责任编辑：刘　焰
苏映华
责任校对：徐　霞
封面设计：非鸟工作室
责任印制：洪中丽

雷平阳诗歌评论集

李骞　主编

出　版　云南出版集团　云南人民出版社
发　行　云南人民出版社
社　址　昆明市环城西路 609 号
邮　编　650034
网　址　www.ynpph.com.cn
E-mail　ynrms@sina.com
开　本　787mm×1092mm　1/16
印　张　35
字　数　460 千
版　次　2016 年 3 月第 1 版第 1 次印刷
印　刷　云南新华印刷二厂
书　号　ISBN 978-7-222-13085-2
定　价　60.00 元

如有图书质量与相关问题请与我社联系
审校部电话：0871-64164626　印制科电话：0871-64191534

目　录

“融汇”的诗学和特殊的“记忆”
——从雷平阳的诗说开去

陈　超

在我的阅读记忆中，雷平阳从20世纪80年代末即开始发表诗歌。但他的作品真正给人留下较深刻的印象，却是90年代末期以降的事。进入新世纪以来，诗人日益精进，以独特的生命经验之圈和个人语型，成为现代汉诗写作中的少数翘楚之一。一般地说，诗歌这一特殊文类与小说不同，抛开话语形式和接受效果不谈，仅从发生学上看，它也多具有垂直发生，瞬间撬开人们审美视线的特性。或许正因如此，那些优秀的诗人，也大多属于早慧的“天才诗人”。而雷平阳与此不同，他不属于一起步就迅跑的诗人，而是像地质探勘者一样勤谨、踏实、自信而不争，一步一个脚印，在旷日持久的对经验和语言的深入涵咏中，最终才探到了属于自己的矿脉，捧出了自己生命经验中的贵金属。《雷平阳诗选》① 主要收入了诗人成熟期的作品，它们总体质量稳定，很多诗具有令人震悚和喜悦的效果。这是一个心中有石头（精神重力）而“大器晚成”的诗人，值得我们持久信任和认真期待。

① 雷平阳：《雷平阳诗选》，长江文艺出版社2006年版。

一

雷平阳是具有良好的综合能力的诗人，其作品给我最鲜明的印象，就是真正做到了情感、经验和智性的融汇。这体现了他扎实的精神和写作技艺的成长。作为“新生代诗群”之后出现的诗人，雷平阳与大多数同时出道的先锋诗人不同，他没有采取走“偏锋”的方式，刻意强化某一方式（或强力抒情，或零度叙述，或玄学，或反智），以表面的风格的极端来夺人眼球。他写诗是为了认识心灵隐秘的纹理，使生存经验和情感记忆在语言中扎下根。在此，建立个人“风格”的考虑就成了第二义的问题，它理应让位于对诗歌中经验、情感和智性准确而精敏的表达。然而令人感到“吊诡”和喜悦的是，正是这种情感、经验和智性的融汇所带来的“准确”和“精敏”，却显赫地成为雷平阳诗歌的风格。而且，这里的“风格”，不仅仅是表面的语言修辞效果和结构形式，还通向诗人复杂地盘结着的灵魂。

去年的时候它已是废墟。我从那儿经过
闻到了一股呛人的气味。那是夏天
断墙上长满了紫云英；破损的一个个
窗户上，有鸟粪，也有轻风在吹着
雨痕斑斑的描红纸。有几根断梁
倾靠着，朝天的端口长出了黑木耳
仿佛孩子们的欢笑声的结晶……也算是奇迹吧
我画的一个板报还在，三十年了
抄录的文字中，还弥漫着火药的气息
而非童心！也许，我真是我小小的敌人
一直潜伏下来，直到今日。不过
我并不想责怪那些引领过我的思想
都是废墟了，用不着落井下石……

这是雷平阳的《小学校》。这首诗是将“怀旧”“反思”与“当下”的感悟扭结一体表达的。由于雷平阳是云南乡下出来的小伙子，我打趣地将这首诗中的“说话人”比喻成一头云豹。诗中那徐缓而逡巡的语势，像是豹子踩着柔韧的趾垫儿在走。诗中充满鲜润和破败感的小学校场景，像是映照在豹眼中，真切而恍惚。诗中迂回盘绕的节奏和心思，既有豹子的机敏狐疑，又有豹子的木讷和天真……这只豹子在旧地址低回徜徉，安静而伤怀，就要沉入习见的“趣味”写作……就要落入俗套啦……突然，它（他）的双眼一闪，鬃毛猛地抖动，写出了最后四句。这四句，使结构犹如峰回路转或异峰耸起，恰当而有力地打入读者的眼眸。在此，我内心的云豹也复活了，涌出一股“呛人的气味”。

雷平阳的《小学校》，就是“融汇”得很好的例子。诗人通过一件“本事”，表达了个人化纠结的情感、复杂的经验和内在的智性。在“废墟”之下还有更多的“废墟”断层，诗人愀然写出了自己精神的来路和当下的困境。无疑，他深度反思和反讽了极权年代和“仇恨教育”对自己的影响，但又不仅于此，“融汇”的诗歌真正使得“整体大于部分之和”。此诗意味是丰盈的，但诗人没有怪异的措辞和情绪，能在几乎是公共性的话题场域写出精彩的诗，在今天并非易事。雷平阳这首诗巨大的承载力，正是由“融汇”带来的。他写出了公共经验中个人的特殊性，而非用个人去图解公共经验。这首诗用不着笔者再“细读”，每一个有着起码敏感的成人，都不会不理解它。它既是“怀旧”的、“反思”的，也是“当下”的、“质询”的。特别是在当下拜金主义和“富人、能人、强人”肆意呼啸的时代，在“谁的公正和自由”需要深究的历史语境下，“那些引领过我的思想”或许会被某些人进行温情的误读。“也许，我真是我小小的敌人……都是废墟了，用不着落井下石……”所以，它的当下感或曰有效阅读期待，是足够的。我反对美化“引领过我的思想”，那些煽情的所谓“新左派”，是没脑子的。我同时反对美化今日不择手段的实利放纵主义，富人、恶人当道的时代，那些玩“政治正确”的“自由主义”者，是没心肝的。这首诗从立意到结构都是很精审的。这么说并非是我分别肯定这二者，而是说这二者（立意/结构）是同步发生，互为因果、互为表里的。我读过许多诗，立意独特，但没有好结构；另一些诗，结构不错，但似乎不值得为那个无聊或干瘪的立意使用之。非常遗憾，写诗这件事并不比画画容易，它需要真正的综合才能。

谈到“融汇”的诗歌，笔者不妨借此多说几句。进入20世纪90年代后，中国先锋诗人开始重新打量“抒情”在诗歌中的价值。过去，“情感饱满，表达生动”就可以成就一首较好的诗了，现在，“情感”却成为一个需要严苛审视的问题。我以为，抒情本身不会自动给诗带来成与败，关键是抒情的内蕴，抒情的技艺高下。因此，我从来不将“抒情”这个语词本质化、体制化乃至“妖魔化”。我反对的只是表演式的滥情，比如十年前我指出了“颂体调性的农耕庆典和感伤的自我迷恋”的抒情，当代作家评论给先锋诗歌带来的伤害。

重新打量“抒情”是有道理的。就我指出的滥情和表演性来看，这是许多中国诗人的宿疾。似乎身为诗人，就应像一锅开水，咕嘟咕嘟挺热烈。但最终一切都蒸发了，“诗本身”没啦。这种宿疾也反映在读者那里，比如对戴望舒的作品，人们只是迷恋于《雨巷》，而完全没有能力欣赏或感悟他真正出色的“我的记忆”系列。正是中国诗人和读者的双重宿疾，导致中国诗歌的水准仪只定位于“情感”。作为对此“宿疾”的纠正或诊治，有敏识的诗人如雷平阳等强调将“经验”和“智性”元素融入作品，并容留诗歌的抒情精神，以扼制新一轮的极端诗潮，是恰当而及时的。

如何防止情感被“蒸发”？要有货真价实的经验、感觉和智性的加入。接着“一锅开水”的比喻，我想引申到一锅豆浆。如果说情感像豆浆，那么本真的经验就是盐卤，它使诗凝成块。而智性，则像是肉眼看不着的营养成分。现代诗与流行诗的不同点有许多，其中较为重要的一点是，现代诗是“成人读物”，而不是青春期的自恋抒情和老人的放弃追问的“无可无不可”。成人，要交流、要磋商、要沟通，就不能“转文”和“玩人”，更不能“撒娇”。你要书写的东西，应是你的经验和心智的确想表达的。在此，内容和写作技艺是相互发现、相互选择的。要使你的诗具有更可靠的价值，就应考虑让自己的情感、经验与智性化若无痕地融为一体。近年来，我一直在关心诸如“综合创造力”“融汇”“异质扭结”“包容力”等问题，就是基于对诗歌活力与有效性的捍卫而发。在这点上，雷平阳做得较为自觉，也基本是成功的。我认为，先锋诗歌草创期已经结束，“允许玩极端而写得不好的时代”应该过去了。

经验、情感和智性的融汇，还需要诗人在质朴的话语中藏有真正的心灵敏感，在经验的呈现中藏有过硬的“判断力’。雷平阳的诗，就有着对高水准的质朴境界的追寻。这种质朴是对曾经炫技和滥情的拒斥，可他并不排斥技艺和情感本身。他对生存和生命的敏感，并未因着质朴而有所降低。比照之下，我看到，当下许多先锋口语诗人普遍有一种对“意义”的恐惧，他们鹦鹉学舌地说，“诗就是对意义的消解”，并引西方后现代诗歌为自己张本。其实，后现代诗并非以消解意义为圭臬，金斯伯格、奥哈拉、海森毕特尔、帕拉、克劳斯、柯尔索等等，有哪一个是惧怕“意义”的呢？雷平阳的诗，正是在恰当的“融汇”中，保持了对意义和形式的双重关注，“舞蹈和舞者不能分开”。说到底，诗的意义，就是本真心灵的全息显现，而非简单的“理性思辨”。“欲辩已忘言”，不是没有，而是让诗呈现出只能经由诗歌才能呈现的“此中真义”也。所以，我宁冒误读的危险，对雷平阳的诗提出“判断力”这个硬词，意在陈明，重要的还不只是意义，还在于诗人对“意义”的判断——它是属于生命深层体验之诗吗？还是只是枯燥的“哲理”？雷平阳不少作品的意蕴是丰富的，诗人不是在“是”与“非”的二元间简单站队，他容留了心灵的矛盾、迟疑，也保住了现代诗歌异质融汇带来的沉厚的“底气”。

卖菜人的脸色偶尔有明亮的
衰枯的占了绝大多数。有一个人
他来自闷热的红河峡谷
黑色的脸膛，分泌着黑夜的水汁
我一直都想知道，他成堆的麻雀
从何而来，他的背后
站着多少在空中捉鸟的人
但每一次他都丧着脸
并转向黑处。他更愿意与卖瓜人
共享寂静，也更愿意，把分散的
麻雀的小小的尸体，用一根红线串起

或者，出于礼貌，他会递一支
红河牌香烟给我，交谈
始终被他视为多余
把这么多胸膛都剖开了
把这么多的飞行和叫鸣终止了
他的沉默，谁都无力反对
现在，他只是一个量词
死亡的香味，不分等级
可以斤斤计较，讨价还价
我没有劝诫什么，反而觉得
麻雀堆里，或许藏着
我们共同的、共有的杀鸟技艺

——《卖麻雀肉的人》

这首诗在克制陈述中，更搅得我们的情感、经验和心智深深不安。诗人择取了在故乡菜市场出现的一个场景，具有“本事性”甚至是现场“目击感”。这个来自闷热的红河峡谷的黑脸汉子，在售卖成堆的麻雀。他阴郁而机械、木讷，不屑与人交谈。他将脸转向别处，不是因出售麻雀而愧疚，而是完全的麻木，除去买卖外，一切交流悉属多余。此诗带有某种程度上的“生态美学”主题，人对飞鸟的残酷屠戮令人发指。麻雀作为一个“转喻”，可以指向与生态有关的一切方面。然而，还不仅于此。人对大自然生态链条的疯狂拆断，已足够使我们忧惧了，就在我们的心智快要承受不住时，审判和自审还在继续：“转喻”进一步深入，进入到更开阔也更犀利的“隐喻”空间———“死亡的香味/不分等级/可以斤斤计较，讨价还价/我没有劝诫什么，反而觉得/麻雀堆里，或许藏着/我们共同的、共有的杀鸟技艺。”在表面上波澜不惊的日常生存中，“他的背后/站着多少在空中捉鸟的人”，有多少“胸膛都破开了”，有多少“飞行和叫鸣终止了”？在此，诗人陡然划开了另一重更纵深的自审和忏悔层面，谁是绝对的无辜者？谁能自诩为占有清洁无辜的道德制高点？诗歌戛然终止于这个自问，却带着更致命的“电荷”在我们心中继续展开，将伤痕更深地烙进了我们灵魂中自我躲闪着的晦涩的角隅。

的确，能将内在的情感、显豁的日常生活经验，与恰当的形而上引申做扭结一体的游走，在质朴中藏有真正的敏感，在“小叙述”中伴以强大的心智判断力，是雷平阳诗歌独擅的胜场。在阅读《杀狗的过程》《贫穷记》《战栗》《昭通旅馆》《秋风辞》《一头羊的孤单》《圣诞夜》《废墟酒吧》《父亲的老虎》《郊区》《流淌》《当代妓女》《四吨书》等作品时，我都强烈地感到了诗人不凡的“融汇”才能。在我看来，在青年一代先锋诗人中，不乏出色的修辞技艺和个人语型的实验者，不乏“另类”经验的拓殖者，甚至也不乏怀揣个人化诗歌结构秘密的“元诗”创作者。但是，却缺乏拥有综合能力的成熟的诗人。

是的，“成熟”，就是这个词。它不是指一种诗的“大方风度”，四平八稳地吟述。与其说这是“成熟”，毋宁说是“成俗”尔。在我眼里，有质量的成熟，是指诗人经由自觉的摸索，摆脱了风格学上的争强斗狠、立派归宗情结后，所呈现出的稳定而有方向的探询。它包容了有关好诗的“要素”，但在内部并未使异质的要素彼此间发生抵消和抹平。它们各自都在较充分的意义上发挥着自己的能量，相互协调、相互激发、相互召唤，最终保持了整体诗歌语境深邃而又浑然一体的效果。让我们看《杀狗的过程》：

这应该是杀狗的
唯一方式。今天早上十点二十五分
在金鼎山农贸市场三单元
靠南的最后一个铺面前的空地上
一条狗依偎在主人的脚边，它抬着头
望着繁忙的交易区。偶尔，伸出
长长的舌头，舔一下主人的裤管
主人也用手抚摸着它的头
仿佛在为远行的孩子理顺衣领
可是，这温暖的场景并没有持续多久
主人将它的头揽进怀里

一张长长的刀叶就送进了
它的脖子。它叫着，脖子上
像系上了一条红领巾，迅速地
蹿到了店铺旁的柴堆里……
主人向它招了招手，它又爬了回来
继续依偎在主人的脚边，身体
有些抖。主人又摸了摸它的头
仿佛为受伤的孩子，清洗疤痕
但是，这也是一瞬而逝的温情
主人的刀，再一次戳进了它的脖子
力道和位置，与前次毫无区别
它叫着，脖子上像插上了
一杆红颜色的小旗子，力不从心地
蹿到了店铺旁的柴堆里
主人向它招了招手，它又爬了回来
——如此重复了五次，它才死在
爬向主人的路上。它的血迹
让它体味到了消亡的魔力
十一点二十分，主人开始叫卖
因为等待，许多围观的人
还在谈论着它一次比一次减少
的抖，和它那痉挛的脊背
说它像一个回家奔丧的游子

此诗有对本真的日常经验乃至事态过程的“超级细写”，有隐忍着的异常起伏的内在情感，同时也化若无痕地拥有对人的生存的揭示，乃至隐喻意义上的对“极权主义群众心理学”的剖析。诗中的潜台词似乎毋庸我来说破。雷平阳的大多数诗歌对生存和生命的揭示，是通过个人的隐语世界建立起来的，它们不是预设的观念的推衍，而是一个个独特的心象—情境，每个心象—情境都有经验、情感和智性融汇，是言说有根、引申有据的。正是在这种融汇里，与人的存在密切相关的语言深渊被缓缓举起，更深地捺进了时代和人心。

二

众所周知，雷平阳的诗歌还有一个重要特征，即鲜明的“地方性”。如果说写诗就是给自己的灵魂盖一所房子，雷平阳的这所房子，使用的材料不是“先锋”“实验”的集装板块。他更乐于从他的故乡，那浑莽凝恒的西南边地开采出一块块粗粝的青石，把它们安放结实。对故乡深入而持久的观照，决定了雷平阳的诗基本姿势不是前倾的，而是立足于当下去回溯、追忆并命名。他要处理的，不是即将“到来”的东西，而是那些与历史记忆、心灵烙印密切相关的东西，或是那些笨重壮硕、憨厚温热的快要“失去”的东西。但雷平阳诗歌的调性，又不是挽歌式的。一般地说，诗歌整体语境构筑于回溯或追忆之上，诗人往往会以失落、怅惘的情致贯穿经络，这几乎是相沿不替的种族诗歌审美性格。长期以来，众多乡土诗人铸形塑模，延续了这路“感伤乡土诗”的语境。众口一声的挽歌合唱，天长日久会渐渐损坏我们的听力。

雷平阳则在这种情势下不为所动，他拥有独立的言述角度，坚持笔随心走，水到渠成。对他而言，回忆或追溯故乡的人与事，是对有关自己灵魂和身体来路之谱系的归属感和自豪的认同，而不是自怜于伤害或精神分裂的变格表述。这样一来，他就“如其所是”地写出了故乡的人与事的本真面目，即使在抒写悲悯、苦难时，骨子里依然显出一种抱朴守真的健康生机。春夏养阳，秋冬养阴，诗人的情愫一如故乡古老村落的厚重疏达，虽不追求灵气四溢，却常常是感人至深的。我认为，雷平阳这类诗歌的写作，主要不是着重于对幻象的营造，对隐喻的捕捉，他的才秉或兴趣，更多在于对此在经验“纹理”的本真表达。故乡的人与事、情与景在他笔下，就不再是被剥夺了的精神飨宴，甚至也不是终极关怀的“家园”，而是活生生的“当下”“手边”，他并没有失去它。在我看来，他写得最好的一批作品如《母亲》《云南之书》《里面》《凉山在响》《灌木丛》《河流》《在日照》《在会泽遁车看风景》《澜沧江在云南兰坪县境内的三十三条支流》《上河，上河》等，都具有这种特点。正是这些更切实的本原物象，具有令人震悚和迷醉的阅读效果。它们与其说是雷平阳寻找到的“客观对应物”，不如说就是他直接面对的、有质量、有温度的现实。这一切都在眼下和心中，它们不是镜中之像，不是乡愁中的心灵“卧居”之地。对故乡题材的持久深入开掘，使雷平阳的诗歌写作历程呈现出明确的方向性。他不同的文本也似乎是向着一个总体的大境界归拢，把我们引向对一个精神大势的凝聚。他能稳妥地左右自己诗歌的经验之圈，不断扩展、加深，但绝不会旁逸斜出。他的诗已摆脱了那种青春期的即兴写作、灵感写作、炫技写作，而渐渐呈现出自觉的精神修持的“纯于一”状态。我认为，这种有方向、有母题的写作，是一个诗人成熟的标志。

揭示生存，眷念生命，流连光景，明心见性，这是汉语诗歌亘古迄今一条未曾中断的金链。如果说不同的诗人其“空间”线索，源于其不同的地缘文化、事象纹理、经验细节的话，那么，其“时间”线索，则大致相似——源于对逝去的时光的倾心追忆。美国著名汉诗专家斯蒂芬·欧文曾以《追忆》为题，写有一部研究汉诗的专著，他说：“在诗中，回忆具有根据个人的追忆动机来构建过去的力量，它能够摆脱我们所继承的经验世界的强制干扰。在‘创造’诗的世界的诗的艺术里，回忆成了最优的模式”，“回忆的链锁，把此时的过去同彼时的、更遥远的过去连接在一起。有时链条也向幻想的将来伸展，那时将有回忆者记起我们此时正在回忆过去……通过回忆我们自己也成了回忆的对象——成了值得为后人记起的对象”①。

在雷平阳全部的诗里，我认为最有价值的部分就是这类命名、回溯或追忆“故乡”的诗。从诗的情感上看是这样，从语言成色上看也是如此。由于雷平阳的诗歌不是那种垂直降临的精神幻象，而是一种情有所钟、魂有所系的本真的故乡“经验圈”的纵深投射，在此，题材是“小”的，但穿透力是大的。这就使之具有更扎实的境界、内凝的骨力、淳朴的情韵、浑重的气格。对他而言，诗歌之“气”，源于与故乡土地的交感注息、

---

① 〔美〕斯蒂芬·欧文：《追忆》，郑学勤译，上海古籍出版社 1990 年版，第 22、54 页。

升沉开合。诗之生，气之聚也。聚则为生，散则为死。他很清楚这里的玄机。因此，尽管他写诗已有多年历史，但大抵始终把握着自己认准的那个要害穴口：固持“实境逼而神境生”的审美性格。这是雷平阳智慧的体现。

在《亲人》一诗中，诗人近乎偏执地吟述道——

我只爱我寄宿的云南，因为其他省
我都不爱；我只爱云南的昭通市
因为其他市我都不爱；我只爱昭通市的土城乡
因为其他乡我都不爱……
我的爱狭隘、偏执，像针尖上的蜂蜜

我认同诗人对“针尖上的蜂蜜”的表述，但我宁愿从最朴素的视点来理解“蜂蜜”说，而不想将此简单地整合到当下“以地方性对抗全球化”的时髦理论谱系中。我认为这一谱系才是真正利用了“全球化”的舆论背景，它在很大程度上也是后现代理论中的“东方主义”的小人书版。在我看来，“蜂蜜”在此暗示的更多是大地、故乡、个人记忆、经验、灵魂履历，乃至母语，如此等等。这本是那些忠实于个人经验的自觉的诗人写作的通则。正如里尔克所言：“这是我们的任务：以如此痛苦、如此热情的方式把这个脆弱而短暂的大地铭刻在我们心中，使得它的本质再次不可见地在我们身上升起。我们是那不可见物的蜜蜂，我们任性地收集不可见物的蜂蜜，把它储藏在那不可见物的金色的大蜂巢里。”① 沿着对乡村的本真记忆的线索，诗人低回徜徉，沉思感悟，为那些在他生活中打下戳点的事物一一命名，他创造了平凡事物中的灵魂以及审美奇观。这里，追忆首先通向个体生命的经验，同时又具有对整体性的乡土中国的奥秘的揭示，和对民族诗歌精神特性的承继和现代变通。

张天寿，一个乡下放映员

---

① 〔奥地利〕里尔克：《说明》，见《里尔克诗选》，黄灿然译，河北教育出版社2002年版，第3～4页。

他养了只八哥。在夜晚人声鼎沸的
哈尼族山寨，只要影片一停
八哥就会对着扩音器
喊上一声：“莫乱，换片啦！”
张天寿和他的八哥
走遍了茫茫苍苍的哀牢山
八哥总在前面飞，碰到人，就说
“今晚放电影，张天寿来啦！”
有时，山上雾大，八哥撞到树上
“边边”，张天寿就会在后面
喊着八哥的名字说，“雾大，慢点飞。”
八哥对影片的名字倒背如流
边飞边喊《地道战》《红灯记》
《沙家浜》……似人非人的口音
顺着山脊，传得很远。主仆俩
也借此在阴冷的山中，为自己壮胆
有一天，走在八哥后面的张天寿
一脚踏空，与放映机一起
落入了万丈深渊，他在空中
大叫边边，可八哥一声也没听见
先期到达哈尼寨的八哥
在村口等了很久，一直没见到张天寿
只好往回飞。大雾缝合了窟窿
山谷严密得大风也难横穿……
之后的很多年，哈尼山的小道上
一直有一只八哥在飞去飞来
它总是逢人就问：“你可见到张天寿？”
问一个死人的下落，一些人
不寒而栗，一些人向它眨巴眼

——《存文学讲的故事》

这里似乎毋庸我来“解读”这首佳作的意义了，读着雷平阳的这一类诗，我们无言而深深感动，仿佛随诗人一道溯回了以往那些艰辛而温暖、清贫而不乏义德的乡村岁月。我们看到，在表面上滞缓、寂寥的边地乡村，竟在其细部纹理中蕴藏着那么多人性的沟沟壑壑，活跃着那么多啸傲或倔强的生命景观，容留着那么多日常生活的神奇。他的大部分诗，从骨子里都表现出了对具体事象的朴素叙述能力，但在具体事象之上，却又有恰当的“神奇”感。我一直认为，这是雷平阳最见本领的地方，也是他诗艺的特殊价值所在。在这些诗中，最打眼的往往是一系列准确、本真的细节提炼。你简直就无须用所谓“思”的方式进入，也不必调动你的“知识”，它快捷跳脱，不留余地，“呱唧”一下就撞在你心上，同样重要的是随后它会迅疾发出奇异的灵韵之光。说实在话，使不饰险崛的细节提炼和灵韵闪光同时出现，是衡量一个诗人“手艺”的重要尺码之一。因为它难以蹈袭，愈显其功实倍。雷平阳诗歌中有许多类似的吟述，它们宽阔而又细腻，使我们恍如直接面对了这些人与事，地缘的南高原，和高原之魂的拂动。它们是复归大地的“在者”之歌，以其感觉细节生动的还原力量和灵韵，向生存敞开，使世界发光和鸣响。

雷平阳的“追忆”，不依赖素材上的洁癖，新旧事物异质混成，因而显得真实可信。追忆，并非单向度地钩索往事，在有承载力的诗歌中，它一定会通向对“当下”源流的寻索和双向激活。雷平阳没有忽略这一点，在他的许多诗里，往事与今天是彼此关联的，这有效加深了诗歌语境的深度。诗人由故乡的一方水土，折射出乡亲们顽强的生存意志，他为之感动；同时在另一些诗中，他又为故乡（乃至“乡土中国”）存在的滞重、压抑而发出深长的叹息乃至批判。诗人准确地吟述着他本真的乡村记忆，使人们见惯不奇的生命和大自然的细枝末节，亘新焕发出陌生而奇异的艺术光芒。

与叙述性文类不同，诗歌的“追忆”，要在真实描述和“心灵的内视”之间达成恰当的平衡。没有真切细节的诗，会给人以凌空蹈虚之感；而没有主体心灵的浸渍的诗，则会显得板滞单薄。而在具体的技艺环节上，要将“真实描述”与“心灵的内视”化若无痕地融为一体，则有很大难度。我们往往看到，在许多诗中二者生硬的拼接，既损伤了真实性，又损伤了体验性。而在雷平阳这里，我以为它们达到了真正的欣合无间——

卖水人曾经去过我的村庄，他挑着
两桶水，满脸汗珠，站在大树到处漏光
的阴影里。他问刚从地里归来的

我的母亲："水缸空了吗？这里有水。"
我的母亲因过量的劳作而身体变形
她弯着腰，一声不吭，肩上的锄头
碰着了卖水人的桶绳

满天的阳光照射着地上的两桶水
两只水桶在斜坡上渐渐滚远，我的母亲
在水迅速渗透的瞬间回过头看了一眼

她看见了水中有一张支离破碎的脸
并且眨眼之间就被土地汲走了，而卖水人
正在斜坡上追赶他的水桶，拖着的扁担
不停地打击着他那奔跑的影子

我的母亲对着斜坡大喊："嗨，卖水人
我没钱，但可以煮顿饭给你吃。"
那顿饭我还记得，吃的是土豆和南瓜
外加一碗火烧辣子。卖水人

坐在我父亲的旁边，始终很少说话
像一尾跳到岸上的鱼，干渴的身体上
看不到一点水分。他走的时候

夜已经深了。他跟我的父亲说
我的村庄是一个开裂的村庄，然后
挑着两桶月光消失得一干二净

——《地上的阳光》

这样的诗，最大的特点是既真实又有灵韵之光。真正的行家里手都不会小看类似的笔墨，这是一种有极大难度的综合性书写。读着这些诗，我感到了“原在”意义上的大地和村庄、生存和生命。它们仿佛不只是等你去一段段地赏读，而是以整体的氛围弥漫、浸渍过来，它们主动扑向你、裹挟你，使你置身其间，低回徜徉。诗歌艺术的“真实”是最遥远的，有写作经验的人都会知道，能做到“既真而灵”的境界相当困难。那些“转文”和“玩人”诗我们就免谈了，就是那些力图真实地叙说事物原样的诗作，又有多少是把“真”给生生写“假”了，写得美学生气全无了呵。所以，诗的“真实”，不只是个内容问题，同时也是个技艺问题。在此，“写什么”和“怎么写”已难分孰轻孰重，二者要么同时呈现，要么不呈现，它不容滑头，难以回避。雷平阳的那些描述和追忆故乡人与事、地缘与民风的作品，诗艺上的难度就体现于此。

上面说到，雷平阳许多成功的作品是对故乡生活的“追忆”。追忆，也是眼下文坛炙手可热的“圣词”之一。这个本来素朴的词语，由于批评界的“形而上”宿疾，变得日益凌空蹈虚。似乎作家一旦去“追忆”，就一定得带上形而上的“文化升华”，作品中对日常生活的描述，也就须有“生存寓言”乃至“神话”意味。

这里不妨再引申几句。面对写作中真实性的丧失，记得诗人于坚说过：其实普鲁斯特的《追忆逝水年华》，应该老老实实地按原意直译为“追忆逝去的时间”。的确，译为“年华”，暗示着夸张或藻饰的文化升华感、文化价值感；如果用“时间”则是中性而衷实的。“追忆”在此，只意味着对本真的经验世界的揭示，对时间的挽留。对这部小说名字的不同译法的接受，的确透露了不同艺术理念的深刻差异。我本人并不反对诗歌中的文化意味，我反对的只是那种故作高深、硬性“焊接”（而非有机地“嫁接”）上去的文化意味。这样的诗，没有对世俗生命的真切感悟，和心灵的赤裸的照面——似乎由于“文化升华”不容分说的价值感，就可以突然取消了生命经验的真实性似的。

在我看来，雷平阳的诗并不缺少文化胸襟，他的文化关怀是潜含在事象中的，和限制“音量”的。他的许多故乡题材的作品，都不乏深厚而内在的文化况味，可这种况味是化若无痕地渗透在诗歌款款的吟述中，令人在审美沉醉中顿悟，自我获启，而非诗人自诩为“启蒙”“引领”“升华”。正因如此，在雷平阳笔下，文化的事物，就不只存在于“文化”之中，很可能在庸常的“没文化”的甚至“不洁”的事物里，富含更有穿透力的文化信息。我们看到，许多诗里，诗人似乎只是“复述”了一个个发生在故乡的故事，他没有硬性将之“升华”，但更感人至深。在被遗忘的角隅，在底层人们卑微的生命中，更有着震人心魄的东西，而诚朴率真地直接面对它们，不加藻饰，恰恰会达到“无情无不情”，“限量”表述却天地同参的效果。在这些作品中，我们几乎也看不到诗人的“理性话语”嵌入，也没有可供讨巧的“句摘”的警句，而是以艺术的独特劲道，整体性地焕发出诗人文化心智的闪烁。他在流连人生光景，捕捉卑微者粗粝畅朗的生命元气时，笔随心走也就自然而然地表达了自己的文化关怀。这样的诗，对那种易感的和说教的“文化升华”，进行了有效的提醒和抵制。这里，我们面对的是一个阅历丰富、文心善良的性情中人，在他的诗中，人、情、事、理达成了气韵的贯通。

雷平阳是固持于货真价实的本土写作者之一。一部中国诗歌史，概言之，可分为“诗经语型”和“楚辞语型”。前者拙朴，后者峭拔；前者重于内敛，后者重于舒放。当然这是仅就约略的审美感受而言。对民族诗歌精神共时体的体悟，使雷平阳后来的诗，逐渐形成一种融凝重与轻逸于一体的风神。但一般地说，雷平阳的诗更接近于《诗经》传统。他的诗，一般是用恰切成熟的口语，真实地表达内在经验，于诚朴中求真味，于直接中求隐奥。这意味着诗人对语言的挑战进入了另一个量级。特别是近年来，他的写作，不再追求烈焰的效果，而更像是恒久的木炭，不会纷扰我们的视线，使人凝神。他的诗只用基本词汇写作，然而正如布拉克墨尔在《现代诗歌的形式与价值》中所言：“如果诗人精确地知道他的词代表什么，那他的写作很可能比懵懵懂懂、随便乱用字眼时，显得新颖奇特——

甚至难以理解。这是因为，当每一个词都有确定的性质时，糅合在一起便不能不独具特色。”① 语言的除幻功能来源于诗人内在经验的压强量，正是求真求新把雷平阳逼成了像是有些“守旧”的诗人。我看到，那些素朴的语词都被他组合得踏实又腴润，淬砺又似脱口而出，单纯又有着让人深入玩味的细密纹理。他写出了货真价实的“汉语诗”——汉语内部复杂的韵味，汉语充满活力和魔力的血色素，汉语审美的高傲，经由诗人之手汩汩而出。雷平阳自觉地使写作成为朝向明朗与精确的摸索，他的诗篇，大都具有真实、内在、湿润而不乏灵韵闪光的美质，平和、深邃，不再蛊惑，亲切、友善，触动你的心房。

在一首近作中，诗人不无高傲地说：

有人在我的梦中，不停地绕圈
苍茫的云南忽远忽近。那是令人赞叹的
黄昏，落日的火，烧红了山峦
我问绕圈人：“能否停下，让我在寒冷
抵达之前，多收集几筐火焰？”
他缄默不语，低着头，继续绕圈
瘦弱的身体里，仿佛正在建设
一座秘密的小水电站

——《秋风辞》

是的，故乡大地，不仅是诗人情之所钟、魂之所系的自发地抒情的地方，我们看到，诗人还能将自我“对象化”，使诗中的“我”成为我观照和命名的准客体—— 一个“他”。诗人说“他”在我的梦中不停地绕圈，但须臾未曾离开云南故乡，我本想让他停下，以“多收集几筐火焰”，但这个缄默的蒙面人却低头继续他固执的行旅。最后，诗人从自己的内心挖掘出了答复，那岂止是几筐取暖之火，而是整个“一座秘密的小水电站”——它正是雷平阳诗歌的情感之源、动力之源、光明之源！正如另一

① 赵毅衡编选：《新批评文集》，中国社会科学出版社 1988 年版，第 379 页。

位云南诗人于坚所言："每个诗人的背后都有一张具体的地图。故乡、母语、人生场景。某种程度上，写作的冲动就是来自对此地图的回忆、去蔽的努力，或者理想主义化、升华、遮蔽……有些人总是对他的与生俱来的地图、他的'被抛性自惭形秽'，他中了教育的毒，千方百计要把这张地图涂抹掉，涂抹到不留痕迹。"① 而雷平阳的诗歌，就是有具体地图的写作，甚至是有地层图、地质图的写作。

在本文中，笔者选择了两个方面对雷平阳诗歌特殊的意味和形式进行了论述，充分肯定其"情感、经验和智性的融汇"，和别有天地的对本真故乡记忆的"吟述"。当然，雷平阳的诗歌也有诸多有待精练、打磨之处，其"耳感"模式也较为单调，这里不再一一指出。作为一个真正有内力的年轻诗人，我相信他在今后的写作中会不断精进，为读者提供更多的现代汉诗佳作。

① 于坚：《于坚集》第 4 卷，云南人民出版社 2004 年版，第 337 页。

让她好好战栗，最好能让
安静的世界，只剩下她，在战栗

如果说《战栗》有一股抒情的气质，结尾处萦绕着现代汉诗少见的温暖，那么更多的时候，这样的情感隐藏得很深，叙述人仿佛不动声色，甚至带着一点刻毒的幽默。比如《工地上的叫喊》，一个年老的四川民工，在涂油漆的时候，从高空坠落：

结果是：鸟儿以最快的速度
教他学会了飞翔。他的叫喊
像红油漆一样，在空中散开
结果是：几千吨水泥都听见了他的叫喊
只有那一只鸟儿没有听见

以近乎黑色幽默般的反讽，飞翔与坠落、鸟儿、民工、浇满水泥的工地、撕裂的叫喊、宁静而轻盈的天空，这一切被合成了一个整体，构成了巨大的张力，这是雷平阳颇为迷人的诗艺之一。但是，诗人没有自恋地陷于对技巧的炫耀。毕竟，提供神话、安慰与想象的"家乡"，难以逃脱地被时代的风暴所裹挟，无可挽回地濒临坍塌，战栗着的漂泊四散的人群，已然无法找到回家的路。这更为沉痛的"改造"，逼迫着诗人写出了一些极优秀的诗句，弥漫着黑暗的感伤与美，以及抵达心脏的触目惊心的力量。比如《我的家乡已面目全非》，"我的兄弟姐妹都离开了村庄"，那些曾经"贴着土地的美"的堂姐堂妹们：

但现在，她们都死了，喝下的农药
让她们的坟堆上，不长花，只长草

但有的时候，诗人似乎难以扼制情感的力量，过于明确的所指，使得诗歌丧失了必要的节制与张力。如《曲靖一年之后》，坦率地说，这不是一个好的结尾。

一年后我再次前往曲靖
我是去采访作为新闻题材的唯一线索
曲靖是一个塌陷的煤窑，有多人死于
爆炸的瓦斯，有多人活在地底
但是，我一无所获。在黑暗的斜坡上
我选择了小睡，天啊，我多么需要安慰

不过，雷平阳始终清楚地意识到："这不是刻意或带着某种使命的写作，它就是我的生活本身。"在大部分这类诗作里，诗人还是冷静地选择了一个克制的位置，自觉地疏离于任何有可能宰制诗歌自身的意识形态叙述。如《远郊》，下岗的老厂工人，像亡灵一般，消失在不祥的夜色里。诗人禁不住呼喊的那一刻，意识到了"代言"的可疑。

我想把他们从夜色中喊回来
可他们却不要我代言
流落在道路之上的人
他们有他们的尊严

三、"昆明"与"云南"

蓝色的天空是打开的，田野是打开的，夏天的河流是打开的。

——《雷平阳诗选·后记》

和注视苦难的"生活实录"相比，讲述"昆明"与"云南"，构成了雷平阳诗歌中一个更为重要的类别，包含了诗人最为圆熟的意象与技巧。饶有趣味的是，昆明，作为"无情无义的城市"（《暴雨之夜》）的代表，宛如家乡的陌生人，被推移到"云南"之外。

不难想到，"昆明"代表的"现代"生活方式，冒犯了"以乡愁为核心"的诗人的"底线"。在《底线》中，诗人罗列了"我一生中也不会歌唱的东西”的清单。

主要有以下这些：高大的拦河坝
把天空变黑的烟囱；说两句汉语
就要夹上一句外语的人
……
蔑视大地和记忆的城邦

尽管寄居于昆明，但是这里的生活，似乎和诗人始终格格不入。在雷平阳笔下，“昆明”充满着焦虑与紧张。

十三年的昆明生活
我没有更多的朋友
除了他们四个
更多的是隐形的敌人

——《朋友们》

有的时候，甚至更糟：

昆明的冬天，我想找一截冷风
当作遮羞布。可我抓住的
却是新的出卖、叛逃和诅咒

——《二〇〇二年冬天日记》

起到“文化中心”的功能，应该是“昆明”不多的好处之一吧，但在雷平阳笔下，这里的文人生活，透着一股无根的虚弱。比如《在“橡树”的一个下午》，叙述人在酒吧里无聊地呆坐着，抚玩着“衣襟上的一枚铜纽扣”。

有一阵，我感到这铜纽扣的光

正源源不断地散失，正如我萧条的内心
我想重新召集它们，可我的手心里
已经透出了太多的、虚弱的汗滴

酒吧里名流荟萃的沙龙也没有让情况好些，反而让彼此更加寂寞，比如《上河，上河》，热闹的只有下面的声音：

只有走廊上的厕所里，带着酒香的尿液响个不停。

在雷平阳笔下，“昆明”的人和人之间彼此隔绝。正如《早安，昆明》中的场景，高速奔波的人流，“像一架小型的单线飞机”，保持着可怕的速度。诗人近乎讽刺地大声问候，却注定无人理会。饶有意味的，作为“家乡”的“云南”那“时光、地名和浅表的情状”，与“昆明”的生活构成相反的对照——如果说“隔绝”是“昆明”的底色，那么家乡的一切似乎融会在一起，自在地向彼此开放。正如雷平阳在《雷平阳诗选·后记》中叙述的：“蓝色的天空是打开的，田野是打开的，夏天的河流是打开的。它们只要腾空一个角落，就足以成为我的天堂；它们只要给我一根青草，青草上就会有蜻蜓、蚱蜢、青虫、露珠和蜗牛；给我一朵油菜花，花上就会有香味、汁液、蝴蝶和花粉……”

某种程度上，“打开”是雷平阳讲述“云南”诗歌的元意象。在这些作品里，万物不是孤零零的客体，而是仿佛内蕴着神灵，如花瓣般开放，密布着“陌生、温暖、梦幻、迷失”的气氛。恰如诗人的自述，“在云南，山上的万千物种，都有神灵附体”。基于此，他总能写出一些颇为奇妙的句子。

然后掰开一块
石头，把里面的那只死鸟
拿了出来
安葬在云南东北部的沙丘地带

——《深夜的祭典》

既然石头只是一个奇妙的盒子，那么这样来描写“蝾螈”，也就不难理解。

我甚至可以想象，被它们吞食的火焰
一定照亮了它们的腹腔

这是一种和“昆明”代表的知识观完全不同的打量世界的方式。或如雷平阳所说的，这是自己一直渴望解读的“巫师的符咒、魂路图、山川之间的生死哲学”。如《红山》，石头、籽种、积雪、白色的耕牛、花丛，并不像现代人所命名与想象的一样隔绝，而是魔幻地彼此相通。

我们的目光没法穿越石头
所以就不知道石头里
埋着饱满的籽种
我们不知道山洼里不化的积雪
原来是一群白色的耕牛
所以就惊呆于这样单纯的景致
清晨上山的牛
蹄子每敲一下
地上都会冒出一蓬花丛

不仅仅是单纯的自然万物彼此相融、转化，人也像一个神秘的容器，向周遭的世界打开——这里的“尘土与人永远肌肤相亲”，存在着一种颇为奇妙的“天人合一”。比如《怒江》的句子：

他们睡在涛声中
金片似的鱼儿游进梦中，在胸膛内结巢产卵
滚沸的玉米林在灵魂深处燃烧

根本上说，这是一种贴近大地的生活。雷平阳笔下的乡人，比如充满隐喻色彩的“母亲”，一直在默默地“担水、耕作、劈柴”：“劳动”像一道神秘的契约，建立起大地与乡人浑然合一的联系，表达着人类的敬畏与感恩。《乌蒙山素描》清楚地点明了这一点，或可借用为本文的结尾。

从锄柄上剔下来的，从玉米中浸出来的
都是父亲们的体温，木质的，可食用的
从土层中降下去的，从天空里升上来的
都是母亲们的骨肉，土地的，天空的

“他的一生，就是自己和自己开战”
——雷平阳《祭父帖》细读

赵思运

雷平阳的《祭父帖》和朵渔的《高启武传》可谓是近年诗坛的重要收获，二者不约而同地以自己微不足道的先辈为历史主角，实现了对于特定历史年代的审判，为低迷的诗坛带来了风骨之气。雷平阳的《祭父帖》写了他的父亲66年卑微乃至于卑贱的一生。雷天良（生前被误认为“雷天阳”）作为一个最底层的普通农民，历经极“左”年代极度困难生存下的疾首之痛、包产到户后对于美好未来憧憬中的梦呓狂欢、晚境凄凉生涯里的老人痴呆，最终走向黄土，正如诗歌的题记所言：“原本山川，极命草木。”

雷平阳对于特定历史语境下草民悲剧的审判，并没有停留在表层，而是深入到历史的腠理之中去勘探人性的隐秘世界。

我们可以从诗中拈出一个关键词“洗”来深入剖析老人的精神世界。关于“洗”，诗中出现了两次。第一次出现在雷天良在家中传达政治批斗会上的话语出现了口误时的片段里；第二次“洗”出现在诗人发现父亲患老年痴呆症的情景里。前者的“洗”是一个象征性的表述，后者的“洗”是一个下意识的动作，是写实的，但是又深具精神分析意味的动作。“洗”象征着“清洗”自己的灵魂里的污浊，让自己干净起来。关于“洗”的精神分析内涵与方法，我们可以结合莎士比亚的《麦克白夫人》里的细节加深理解。麦克白夫人指使她的丈夫杀死国王，谋取王位。而一旦国王被杀之后，她内心陷入了罪恶的深渊，不可自拔。此时，《麦克白夫人》出现了一个细节：她经常在梦中游荡，在梦游中不断地搓手。剧本有一段医生、侍女、麦克白夫人的三人对话和独白。医生问："她现在在干什么？瞧，她在擦着手。"侍女回答："这是她的一个惯常的动作，好像在洗手似的。我曾经看见她这样擦了足有一刻钟的时间。"麦克白夫人在自言自语："可是这儿还有一点血迹。"麦克白夫人不断地"擦手""洗手"的动作，正是潜意识的流露，她想通过洗手的动作，洗清自己的罪过。她抑制了很多年的隐秘，通过理性丧失时的梦游，以潜意识的方式流泻出来。越是潜意识深处的东西，越是真实的信息。关于"洗""洗澡"对于灵魂和精神"脱胎换骨"的重大意义，放在共和国的语境下，经历了共和国历史的人都不难理解。杨绛的长篇小说《洗澡》对思想改造运动做了最形象、最鲜明的精彩描摹。

雷天良的"洗"，在潜意识层面既有政治意义的"洗澡"，又有人性意义的忏悔。雷平阳在诗中说："他的一生，就是自己和自己开战。他的家人，是他的审判员"。雷天良的一生为什么要不断地向自己开战？他究竟要清洗掉自己灵魂里怎样的污浊？雷天良究竟在"洗"什么呢？

先看第一个"洗"的动作。

在"文革"时期，"文革"话语已经渗透进人的日常起居之中。雷平阳出生的村庄叫欧家营，后来改叫爱国村；村庄有条人工河，命名为"胜天河"，村里人叫它"新河"，都是时代的隐喻。在这种社会主义话语体系的支配下，甚至对于一个文盲父亲雷天良，也不得不用"文革体"讲话，两套话语体系的纠缠，难免出现"夹生"。他用"文革体"，字斟句酌地讲述苦难。但由于他是个文盲，又是大舌头，在家庭传达万人大会上听来的文件时，很不顺畅，憋红了脸。刚刚讲出三句半想停下的时候，屋外一声咳嗽吓得他脸色大变，于是把"阶级"说成"级别"，把"斗争"说成"打架"。在如此重大的"政治错误"面前，他诚惶诚恐地进行"自我改造"和自我批判，因为"保命高于一切，他便把干净的骨头，放入脏水，洗了一遍"。这是诗歌出现的第一次"洗澡"。在此处，有两点值得注意：

第一，作为"文盲"的父亲也享受到了"知识分子"的待遇。"洗澡"本来是特定的历史对象——知识分子——思想改造运动的形象化表述，在本质上是执政党建构自身政治合法性的一种权力技术。通过以"批评与自我批评”为主要方式的“洗澡”，知识分子获得灵魂的“脱胎换骨”，在思想上和价值上与主流意识形态保持高度一致，也使得政权的政治合法性得到最广泛的认同。父亲雷天良的“自觉”的自我改造，说明“洗澡”运动已经扩大化到最底层的无知的民众。

第二，也是尤其值得注意的是，这个“历史的审判”场景发生在家庭内部。

> 找了一根结实的绳索，叫我们把他绑起来
> 爬上饭桌，接受历史的审判。……
> ……
> 他赖在上面，命令我们用污水泼他
> 朝他脸上吐痰。夜深了，欧家营一派寂静
> 他先是在家中游街，从火塘到灶台，从卧室
> 到猪厩。确信东方欲晓，人烟深眠
> 他喊我们跟着，一路呵欠，在村子里游了一圈

这个“历史的审判”的情境完全模拟典型的政治语境来操作，用绳索捆绑，泼污水、吐痰、游街，这是政治公共语境对家庭私人语境的强势入侵。连屋外的一声咳嗽都会把他吓得脸色大变，以至于紧张得把“阶级”说成“级别”，把“斗争”说成“打架”，可见政治恐怖对一个普通人的灵魂挤压是何等深重！我们知道，中国传统文化有一个特点，即是“政治的伦理化”和“伦理的政治化”的高度结合。这个历史场景无疑是政治伦理化的绝佳注脚。关于政治恐惧，诗中还出现了两次“动物”的死亡隐喻，无疑加深了这种政治氛围。一是多少年以后母亲忆及此事所说的老鼠的命运：“一只田鼠，听见地面走动的风暴/从地下，主动跑了出来，谁都不把它当人，它却因此/受到伤害。”而实际上是厚土被深翻是老鼠的洞穴暴露于天眼，劈头又撞上了雷霆和闪电，它那细碎的肝脏和骨架意外地受到了强力的震颤。“厚土深翻”“雷霆”“闪电”都是风雷激荡的政治形势的隐喻，这种彻底的翻天覆地的政治动乱，颇像保罗的小诗《文化大革命》所言：“我的手拾起一块石头片。/我听见一个声音在里面喊：/‘不

要惹我/我是到这里来躲一躲。'" 另一个动物死亡隐喻发生在 1993 年，作者家里的“忠诚的土狼犬”躲进了母亲的寿木，结果还是被乡政府的打狗队揪了出来，当着母亲的面将其击毙。非安全的氛围持续地跟随着父亲雷天良，并且深入他的骨髓，他的灵魂深处，他的潜意识。就是这样为了“保命”，“他便把干净的骨头，放入脏水，洗了一遍”，“脏水”一词，蕴含了时代含混的面相。他在“脏水”中不断地清洗自己，直到生命的终点，都没有洗尽。

如果说第一次的“洗澡”是政治恐怖氛围对于人性的异变，发生在父亲晚年患老年痴呆症之后的第二次“洗”的动作，则是在灾难中度过一生的灵魂不安的潜意识表现。

如今用作灵堂的地方，堆着玉米的小山，刚一进门
我就看见他苍白的头，像小山上的积雪
喊一声“爹”，他没听见；又喊一声“爹”，他掉头
看了一眼，以为是乡干部，掉头不理，在小山背后
一个锑盆里洗手。念头一闪而过，那小山像他的坟
走近他，发现一盆的红，血红的红。他是在水中，洗他的伤口
我的泪流了下来，内心慌张，手足无措
也就是那一天，我们知道，他患上了老年痴呆症
灵魂走丢了。

诗中说：“他走之前的半个月，已经没说过一句话/一把生锈的铜锁，挂在喉咙。”已经喑哑的喉咙，逐渐通过下意识的动作，间接透露隐忍的压抑的人生体验。当患上了老年痴呆症之后，理性丧失之后，多少年来理性所压抑的潜意识的内容，便浮上水面了。“一盆血红的红水”是一个幻觉意象，在血水里“洗他的伤口”是一个幻觉式象征。这个“伤口”至少有三层寓意：一是历史刻在他灵魂深处的伤痕；二是“清洗伤口”意味着“清洗”自己政治罪过的终生不尽的忏悔；三是自己那颗在极“左”时期极度扭曲了的灵魂带给家人刻骨的苦痛，由此导致自己终生都在忏悔。这三层意思浇筑在一起，构成了立体的象征世界。而这一切都是在幻

想式动作意象中传递出来的。前两层意思，我们基本已经廓清，而第三层意思已经进入到极“左”政治语境下个体家族成员之间剧烈伤害的人性层次。

极“左”政治语境下个体家族成员之间的人性绞杀的惨烈性，《祭父帖》以撼人心魄的惊人细节，做了传奇式表达。

一九七四年的冬天，大雪封锁滇东北高原
粮柜空空，火塘没柴，一家人跟着他吃观音土
喝冷水，感觉死神已在雪地上徘徊
一小块腊肉，藏于墙缝，将用于除夕，五岁的弟弟
偷了出来，切了一片，舍不得吃，用舌头舔
他发现了，眼睛充血，把弟弟倒提起来
扔到了门外。雪很深，风很硬，天地像个大冰柜
光屁股的弟弟，不敢哭，手心攥着那片肉
缓慢地挪向旁边的牛厩。牛粪冒着热气
弟弟把肉藏进草中，才把冻僵的小手和小脚
轮流塞进粪里取暖。母亲找到弟弟，像拖着一截冰块
疯了似的，和他拼命。他不还手
胸腔里的闷雷，从喉咙滚出来
像在天边。我们都看见了他的泪
像掺了太多的骨粉，黏糊糊的，不知有多重
停在脸颊上，坠歪了他的脸。他又一次
找了根绳索，把自己升起来，挂在屋檐
一个还没有嚼完黄连的人，想逃往天堂
谁会同意呢？他被堵了回来。五岁的弟弟
从牛厩中找出那片肉，在邻居的火上，烧熟了
递到他的嘴边。他一把抱住弟弟
哭得毫无尊严可言。为生而生的生啊
你让一个连死都不畏惧的男人，像活在墓地上面

这一场景是如此冷静质实，又如此灼热，令人心生悲怆。他的沉重的“泪”不仅“坠歪了他的脸”，也压疼了我们的心。这里再一次出现了“绳索”一词。第一次出现绳索，是在发生政治口误之后面对强权力量的自我忏悔，而这一次是对自己人性扭曲之后面对亲人的痛苦忏悔。“吃”这个人类最基本的生存需要，在国人的历史中曾经压倒了多少人的自尊、扭曲了多少人的人性！《祭父帖》里关于“吃”的诸多细节在现实生活中都具有实证性。雷平阳在《我为什么要歌唱故乡和亲人》① 里讲述了他们兄弟关于吃的悲剧。他说：“因为偷东西吃，我的弟弟雷建阳，也被父亲惩罚了一次。那是冬天，弟弟用刀把家中仅剩的一块肉，切了一片，在火上烤了吃，被父亲提起双脚，就丢到了屋外。屋外是下疯了的大雪，弟弟从雪地上爬起来，赤着脚，像条狗似的，边哭边往草垛走去。母亲找到弟弟的时候，他已被冻僵了。当晚，父亲和母亲又大打出手，彼此大哭了一次。绝望的父亲，甚至动了一死了之的念头，抓起一根棕绳，就往屋梁上甩，被前来劝架的邻居制止了。”诗中还写道：“不知那秒逝去后/谁还会提着赶牛的皮鞭，把我打得皮开血绽”，这同样是雷平阳本人的亲历。他说：“有一年的中秋节，家中凭供应证买回来的两个荞麦月饼，被我偷来吃了半个。父亲回家来，发现了，把哥哥和我叫到面前，老脸丧着：‘谁吃的？’结果，父亲一手提着我的一只脚，倒提起来，一手挥舞他的赶牛鞭，把我浑身打得皮开肉绽。那时候，我五岁吧。”当父亲直面饥馑困境下自己人性扭曲变形的痛苦时，深感灵魂的罪孽，打算“一根绳索”解脱了自己的内心挣扎，进行彻底忏悔。最终的悲剧虽然避免了，但是灵魂的阴影却深深隐进了潜意识之中。晚年在理性消失后的老年痴呆症状态，这种忏悔意识在潜意识的“洗手”动作中，流泻了出来。“他的一生，就是自己和自己开战”，他一生都在忏悔自己、清洗自己，直到晚年潜意识中，仍然没有休止。

雷天良的一生其实很富有传奇色彩。但是他的传奇却不是传统意义的“想象性”“夸张性”的“非现实性”传奇形态，而恰恰是逼真的现实形态。诗歌有一个传奇式的开篇：

① 《雷平阳诗选》，湖北文艺出版社 2006 年版，第 233 页。

像一出荒诞剧，一笔糊涂账，死之前
名字才正式确定下来，叫了一生的雷天阳
换成了雷天良。仿佛那一个叫雷天阳的人
并不是他，只是顶替他，当牛做马
他只是到死才来，一来，就有人
把六十六年的光阴硬塞给他
叫他离开。……

接下来的“家庭审判”、暴打小弟、包产到户后“泥土下酒”的土地崇拜的狂欢，手术后的大难不死，他的一生都贯穿了传奇色彩。不过仔细想来，又都具有逻辑性潜藏在里面。质实的细节与强烈的传奇色彩，以十分背离的方式，纠结在一起。当十分不可思议的传奇成为逼真的日常生活的时候，这说明：我们的生活，我们的时代，已经喧嚣到何等程度！是谁造就了普通平民雷天良的人生传奇呢？其实雷平阳在《人民文学》2009年第5期《祭父帖》的版本中删除了一段。

无论何时，都应该是圣旨、律法、战争、政治
宗教和哲学，低下头来，向生命致敬！可他这一辈
以上的更多辈，乃至儿孙辈，“时代”一词，就将其碾成齑粉
退而求其次的生，天怒、土冷；只为果腹的生
嘴边上又站满了更加饥饿的老虎和狮子；但求一死的生
有话语权的人，又说你立场、信仰、动机
没跟什么什么保持一致。生命的常识，烟消云散
谁都没有把命运握在自己的手心。同样活于山野
不如蛇虫；同样生在树下，羡慕蚂蚁

而这，恰是此诗的点睛之笔。雷平阳删除这一段，大概是出于诗歌艺术性的考虑：剔除理性的议论，让生活的原生态出场，可以最大限度地保持情感的含蓄蕴藉，保持诗歌技艺的纯粹性。诗人也曾经为他的父亲雷天良写过墓志铭：“他的一生，因为疯狂地/向往着生，所以他有着肉身和精

神的双重卑贱!”他之所以放弃，是因为这个断语并不意味着父亲雷天良一个人，经历了将很多生命碾成齑粉的时代的我们每一个人都是如此。因此，这首诗名曰“祭父帖”，实质上，却是在祭奠我们每一个人，无论你是一文不识的农夫，还是著作等身的诗人。我们的一生，都是在时代的磨道里，“自己和自己开战”。

山水与文明的栖居
——《云南记》读解

蔡　丽

2009年，雷平阳出版他的第二部诗集《云南记》，并获得鲁迅文学奖。这几乎是一本“悼亡”的诗集。死亡是一个关键词。诗人遍阅人世间死亡的诸般形式，各种死亡纷纷扬扬，如花般播撒。关于人的死，就有：亲人之死（《祭父贴》）、文学家的自杀或他杀（《冬至》）、少年父亲之死（《少年筑墙记》）、圣贤、皇帝、和尚、土司、被流放的人、采玉的人、横遭非命的人、耕田织布的人、罪恶累累的人……他们的死，实在无法一一列举。由人及他，还有：词语或文字之死（《词语》）、虫鱼鸟兽之死（《屠麻记》《杀鳝记》）、山川树木之死（《木头记》《办公室里的雨林》《2007年6月，版纳》）、村庄之死（《在坟地上寻找故乡》）、文明之死（《易武山顶》《开发区的春天》）……死亡以各种形式蔓延、以各种姿态表现、以各种质地呈现。肉体或物种的消亡是死，文明的被毁坏或丢弃是死，生不如死或生的空洞是死，心如死灰更是死，在生存中向往死地，是死；宿命，是死。种种死中，文明之死，是诗人反复表达的极死之境，他们是村庄的灾难（《村庄、村庄集》）、民族的灾难（《怒江、怒江集》）、人心的灾难（《冬至》），是世界的末日（《末日》）。

在雷平阳的诗歌中，有一条非常清晰的审视现实、人性，寻找精神家园的心灵之路。他的诗歌也就是一部自身的心灵史。在他的精神空间，少有关涉现实个体与政治体制之间的压力，他也很少将私人化的生活细节纳入诗歌。人的生存本质、人性以及栖居的关注一直是他的诗学要义。而始终目视大地的姿态，使得他的所有问题都回到问题自身寻找答案。一切迷思和痛苦从大地生存世相中来，那么，突破黑暗，寻求生机也得回归大地。在《云南记》中，探索大地生灵的旅程，从苦难到黑暗再到达死亡，这一条大地的及物之路已经到了尽头，但是，正如生活的村庄昭示的是无价值，黑暗的地界昭示的是能见，死亡遍布的大地昭示的，恰恰是生机。一条生命之路的尽头和终点，恰恰是另一种形式的生命的开始，这样鲜明的生命意识，雷平阳在《云南记》中以多种形式反复表达："多少生的勇气和依据从来都囤积在无法转身的死胡同、文字狱。"（《词语》）"他以为已经走到了天边转过身来，看见了野象一样慢慢移动的山冈。"（《叮叮当当的身体》）"拉祜人，不厌其烦地提醒着我没有永生或速朽，只有替代和重复。"（《密林中》）死亡，在通常情况下，是生的对立面。但在诗人雷平阳那里，死和生的关系，还可以是并置的关系、互通的关系、交融的关系。整部《云南记》从天地死亡的发问始，以葬父的仪式终，以最平静的方式呈现了诗人以脚步丈量大地的行为，贯穿了诗人在大地的诸般苍茫绝境之中，孤独地、执着地追踪亡灵、寻求生机的努力。逆向反思的目光追随与内在精神追求皈依渴望在自我与山水、与少数民族文明的碰撞中获得交融，在诗歌的地理学意义上书写了一段沉郁悲壮的心灵史。

《云南记》自序里，雷平阳坦诚："我在此期间写下的诗作，总是绕不开山水、密林、寺庙、虫鸣、父亲、墓地、疼痛和敬畏等一些关键词。"滇南山水和其特殊的少数民族文明为诗人铺展开一个丰富的诗歌地理学的世界："诗歌的地理学一方面是关于情感（经验）的认知，经验的场所、经验自身所包含的地理因素为情感表达提供了修辞，另一方面，诗歌的地理学涉及空间、场所与事物的意义，它是关于地理对他的经验的构成作用，以及地理空间对主体意识的建构作用的认识。"① 在雷平阳的诗歌中，地理及其文明的积极寻找主导着诗歌在精神层面的表达与探索。我们甚至可以看到雷平阳从故乡的村庄与生存栖居转移到滇南的山水与文明的清晰行动。昆明，作为诗人的家庭与工作所在地，在诗歌的地形图上只是一个中转地。诗人与它在精神层次上可以称之为"无情无义"。在云南高原范

① 耿占春：《失去象征的世界》，北京大学出版社2008年版，第189页。

围内，由故乡而滇南，在物质和文化生态上是有巨大的区别的。昭通突出寒冷、荒凉、汉民族文化，它在文化和语言上更贴近四川。而滇南西双版纳一带，是亚热带密林的生机勃勃、傣族等少数民族村寨及其宗教信仰、四季不分、千年古茶和传统文化。作为一个诗人，雷平阳有着一以贯之的诗歌核心——寻找栖居。在现代化城市和传统乡村之间，雷平阳几乎毫不犹豫地抛弃城市选择山水。而在故乡和滇南之间，雷平阳从故乡迈向了滇南，其中贯穿了诗人从生地的生存反思转向异地的文化寻找。而突破了自身生存空间的异地山水和少数民族原生态文明恰恰给诗人提供了一个非同寻常的生存场域。一方面，它意味着自然的山水、荒野对人的回归的亲切召唤。在这方面，中西方的艺术都曾经鲜明地表达了人对自然的向往和回归，就像塞尚所说："我愿沉醉自然之中，与它一起，像它一样萌发，我愿具有岩石的独特的色调、山峦的明智的固执、空气的流畅和阳光的温暖……色彩是观念和神的可见的肉身。"① 雷平阳也鲜明地表达他对人的自然本质的认同："人本山川，极命草木。"在对自然的认知上，诗人走到了自然的源头，与神秘自然对原始人类宗教的昭示共振，因而在宗教的皈依层面舒展自我精神的意象："波涛里，喊你的声音在回荡……如果跳下去，那喊我的人，她一定会热泪盈眶。"（《过怒江》）"一条穿着黄色袈裟的大江，像一面带状的、流动的镜子，人们用它校正诵经时的词义、音调和口形，孟加拉虎因它而具有了菩萨心肠。"在诗歌《大江东去帖》中，诗人穿梭了大江东去的意象线索与自我生命的意象线索，横向展开历史、诗意、情感、精神、皈依、自然以及现实，彻底地梳理了自我与江水之间的命运纠缠。大江的历史性悲剧命运与自我的历史性悲剧命运获得了意象映和的效果，反过来构成一部人与自然的历史性悲剧揭示的主题呈现。可以说，回归自然，从自然世相中寻找生命历史迂回的突破和依存，贯穿了整部《云南记》。

另一方面，滇南山地的少数民族文明给诗人的文明和人性思索提供了灵感和突破口。"远古时代遗留下的神话，原始部落日常生活中的某些巫术、仪式、节日庆典活动，往往是包孕文学艺术的母体。"② 雷平阳的诗歌

① 鲁枢元：《生态文艺学》，陕西人民教育出版社2000年版，第296页。

② 鲁枢元：《生态文艺学》，陕西人民教育出版社2000年版，第298页。

产生于看向原始部落生存世相的目光以及由它们所激发的情感，应该说，原始民族异乎寻常的文明形态和生死观念给予了诗人诸多启示和安慰。

在《司杰卓密》《湄公河上的沙》《狮子山下》《树上旅馆》《密支那》《一座木楞房的四周》《一个基诺族人如是说》《基诺山上的祷辞之二》等诗中，雷平阳体现出温柔的情绪、对少数民族文明和生存形态的心仪与向往以及安憩的心态。他开始一段行走大地的旅程。踏入那些有着灵魂不灭信仰的少数民族村寨，寻找苦难人世的同人，印证人鬼通途、共存的普遍。躺倒在山神庇护的树底，完成灵与肉的诗意融汇。为被砍伐的森林保留记忆，为去世的老人守灵，为山道上奔波的买玉人的鬼魂作传。凝望过、走过、穿透过、景仰过无数雪山胜迹，叩访过无数庙宇高僧，一点点地润泽干涸的灵魂，使它能够亲近高远圣洁的皈依。甚至，诗人还一头钻进历史的图卷，为此在寻找永恒。

如果说以前有关村庄的诗歌都在否定、在揭露黑暗与虚无，那么，在一系列关乎滇南少数民族文明的诗歌中，则是肯定的、讴歌生存的自然融洽和心灵皈依。尤其是少数民族生存中保留的人与自然的和谐生态、生死同在的在世观念、轮回与替代的生命观念，在相当程度上容纳了诗人对存在的光明与黑暗并置观念的体认。也就是说，恰恰是一种现实的文明生态容纳了诗人的生命意识，他为自身精神的求索找到了安居之所。《仿杰卓山民谣》在《云南记》里是一首非常朴素的小诗，但它是雷平阳两三百首诗歌中几乎唯一一首直写爱欲的诗歌。

苦马草叶镶上了月光的银首饰
上面红色的槟榔汁，如同坠在你胸前的
红宝石。鸟叫的地方，多么清净
水洗过的岩石，多么干净
在阿嫫杳孛在盖地妈妈受孕的树底
请你让我，在你体内，把孩子的故乡
快快建起。你听，造物的神啊
她在我的身体里，一直喊着你的名字
让你，贴着我的心脏生

让你，死在我的心脏里

唯一一首直写爱欲的诗却是超现实的、精神化的。创世纪般自然圣洁的歌吟轻轻萦绕，在永恒之神的目光呼唤下，我在你体内播下种子。而你，是那个“贴着我的心脏生，贴着我的心脏死”的自我之你。可以说，在神圣的光环与歌吟笼罩下，在精神的国度旦一直苦苦追索的、分裂成两个互相射击的自我终于等到了握手言和、酣然沉醉、昂然共化飞升的时刻。诗人的精神终于从沉郁啸叫状态过渡到向一个家园的安宁皈依状态。精神反过来作用于自然对象，我们看到，在《云南记》里，雷平阳的愤怒几乎集中指向自然生态文明的破坏。寻寻觅觅终于找到的这个家园此时正面临着时代文明大规模的杀伐。现实可见的精神家园是一个飘摇不定的存在。

纸上的旷野无可逃避地摆在了诗人的面前。在《云南记》的前言里，雷平阳谈他走过的山水、寺庙和墓地：“它们像笔尖上活着的魂灵，自然而然，就来到了纸上，温暖或冰冷。就算是一种常态或生态吧，像安顿自己的亲朋，我淡定而又真诚地，为它们准备了一个个方格子，让其住下来。虽说一切都在纸上，却也希望纸上有片旷野。”① 从诗人自身追踪、考量生命的轨迹来看，在荒野捡拾被遗弃的枯骨，在黑暗处映照荒芜的幽灵，诗人雷平阳一直在做着守灵人的工作。然而，诗人雷平阳虽亲近灵的世界，但从未把自己从凡胎俗世脱离，将自己升腾出红尘。他是一个扎根于红尘却又有着浓郁的宗教情怀的诗人。他一再地强调，文字是肉做的，甚至灵魂，也是肉做的。表达一个肉身亲验的世界，保持一个凡尘中人正常的情感和理智，可以说，是雷平阳基本的写作立场。而表达对生命、人性的终极关怀，追索灵魂的出路又是它诗歌前行的动力。因此，面对黑暗，这一个守灵人一直努力维持着自我对黑暗世界的清醒理智，以及脱身黑暗、寻找光明的希望。生命的本能驱使下，植根于凡尘的肉身最终必然要从黑暗幽冥之界脱身出来，既要完成给荒野的枯骨、给被大地无情开掉的亡灵找一个寄身之所的使命，还要完成自身栖居的使命。无论走到哪

① 雷平阳：《云南记》，长江文艺出版社 2009 年版，第 1 页。

儿，他都总会遇见虚空。而在世界的极处，是宗教的大悲悯和大虚无。《云南记》里反复出现的寺庙、和尚、佛暗示了诗人的精神向度，俗世的诗人已经达到庙宇边缘，从那里飘荡出来的风已然熏染着他的魂灵。但自始至终，雷平阳不是一个佛教的信徒。心灵的居所不在佛而在于——诗歌。佛是排他性的，不能有“我”的。雷平阳的一切思索，都源于自我的生命存在以及经验，在雷平阳的诗歌里我们都能看到一个稳稳地站立的诗人，他绝不放弃自身。他沉下去有多勇毅浮上来就有多强悍。因此，解决固执的自我理性和生命追索的客观需要之间的矛盾，开放性的自然原始宗教可以提供物质的生存空间，而诗，或者说语言就成了各种形式的身体与灵魂的居处。

建设一个文字的世界，将一切飘荡的魂灵安置于诗的旷野，在纸上呈现这个被放逐、被压抑的世界的丰富、华美、活跃，恐怕是诗人对处处消逝的生灵所能做的最契合的安抚。同时，在诗歌的语言世界，记录一个此在之我的形态，展现人性的探求与家园的追索，记录自身灵魂的飘荡与再生，地理、人文的跋涉与反思、信仰的心灵跋涉最终交融于《云南记》。这可能是《云南记》这部诗集最重要的意义，也是诗歌地理的最核心价值。

把心遗落在大山的诗人
——论雷平阳诗歌

陈正燕

在中国，云南代表着偏远落后；同样，在云南，昭通也代表着偏远落后。素有“乌蒙高原”之称的昭通在过去漫长的历史中是流放犯人之地，直至今天这里仍是一片落后之地。这里环境恶劣、交通不便、消息闭塞，人们思想落后，但却有一群人在这里扎根、繁衍、壮大。他们用一亩三分地耕耘出了一片文学天地，他们以山为题把这片贫瘠之地带到人们眼前。按常理来说，这样一个闭塞的地方是不可能孕育出一群出色的作家来的，但就是这样一群与泥土、大山做伴的人在这里开辟了一片文学沃土，在这片不毛之地上他们进行文学创作并取得了非凡成就，一批优秀作家在此崛起，“昭通作家群”在中国文坛上占有一个不可或缺的位置。在昭通作家的心中，大山成了他们创作的源泉。其中，雷平阳便是他们中的代表。

社会向文学提供素材，文学向社会提供规范（郭沫若）。在雷平阳的诗中这句话被完整地诠释。

在雷平阳的诗中，他所成长的昭通，他所经过的每一座城市，所看到的景物都是他乡愁的缩影，是他心里一份长长的牵挂，剪不断、理不完。他的作品大多都是他生活的纪实，当然，这就离不开昭通这片土地，离不开昭通这地方的山和特有的生活习俗。昭通是一个有着特殊地理环境和历史的地区。它地处云南的东北部，是云、贵、川三省的交接地带，是连接云南和中、东部地区的重要桥梁，是云南走出封闭的重要通道。这里有着悠久的历史和深厚的文化底蕴；这里成长着热情而淳朴的劳动人民；这里养育了勤学而恋家的学子。这里的山、这里的水、这里的土地，养育了一群注定不平凡的人。而这些不平凡的人，用他们手中的笔来记下这片土地的故事，把这些故事带到广大人民的眼前，让人们认识这片土地，了解这里的人民。

俗话说："穷山恶水出刁民。"在外面，只要一提起昭通，提起昭通人，人们那种深恶痛绝的恨让人不禁毛骨悚然，甚至有些人不做昭通人的生意……

看到这些现象，我不禁感到好笑，难道昭通人有这么可恶、可怕吗？我在昆明遇到一个同事，说她从来不和昭通人交朋友，还一直说昭通人有多可恶。我回了她一句："你怎么这么恨昭通人，有昭通人伤害过你吗？去过昭通吗？你了解昭通吗？你看过'昭通作家群'的文章吗？"她跟我说没有，但人人都说昭通人可恶，再说了穷山恶水出刁民，那样的地方有什么好人，有什么好了解的，看他们的文章干什么。我对她说："你没去过昭通，所以你不了解昭通，因此造成了你对昭通的误解，而你要尽快了解昭通，就先从昭通作家的文章着手，一个地方的文学代表着这地方的风俗和人民。"

2009 年 12 月，雷平阳以《云南记》获得了第五届鲁迅文学奖。作为一个从乌蒙山区走上中国文坛的诗人，雷平阳一直把他的故乡云南省昭通市作为他诗性表达的对象。从身边的亲人到周围的环境再到昭通市的每个县甚至村庄而后扩展到他寄宿的云南省的每个州、市，用文字把他生活的地方刻录下来，用生命来记录这片土地。他写家乡的风俗、写家乡的土地、写家乡的回忆……

昭通是 1935 年 2 月毛泽东、周恩来、朱德、张闻天等老一辈革命家率领红军长征途经的地方，党中央在这里召开了著名的"扎西会议"，留下了不少可歌可泣的动人故事。尽管后来由于交通闭塞和地域条件限制等原因，昭通成为全国最贫困的地区之一，但也使昭通成了云南中原文化保存最完好的地区，崇尚读书、崇尚文化的传统在这里一脉相承。杜宇传播先进的农耕文明，演绎出"望帝春心托杜鹃"的千古绝唱，滇中瑰宝汉孟孝琚碑有"寰宇稀世之奇珍""海内第一石"之美誉，融佛、儒、道三教为一体的威信观斗山石雕群被称为"天下绝"。丰富的历史文化、民族文化和红色文化资源，为昭通文化产业的开发积累了十分丰富的资源和潜力，也是昭通文化发展繁荣的根本。昭通作家作为一个群体出现在云南文坛，有一个重要原因难以回避，这就是由于历史的原因，昭通深受中原文化的影响，上千年交通枢纽的地位，使得这个地方既有丰富的民族文化，又有深厚的汉文化。

如果放在全国这一背景上来看，昭通作为云南的一个部分，属于边疆地区，但它又与云南典型的边疆少数民族地区有着很大的区别。这一地区多民族杂居，但以汉民族为主体民族，除了一些高寒山区外，昭通的世居少数民族受汉文化的影响很深，所以造就了昭通作家独树一帜的文学风格。他们以脚下的一亩三分地在中国文坛上站稳了脚跟。

好的作品来源于对生活的热爱。只有用心感受生活的人，才能发现生活中的美好和惊喜，才能书写出富有感情并且打动人心的文章。雷平阳以他独特的思维和细腻的观察书写他身边的人物，成就了他独特的文学风格，也把昭通人真实的生活状况和人物特色带到了人们面前。

被囚禁的佛性
——简析雷平阳近作

潘建设

人既有私心，又有想成佛的心。人世间充满了太多的斗争、攻击和诛心。正是因为人有七情六欲，所以人的烦恼之根断不了，人会身陷囹圄。社会规则也在参与演化，使人被迫接受命运。诗人在《深蓝》之中对自己的内心有一定的忏悔，“我承认自己的粗心与冒险，搅乱了和局”，否认世人对他的谬肯，甚至希望人们不再受他影响，“再也不担当人间天上的诛心之累”。因为好坏根本就难以评定，所有的事物都在按照一定的方向发展，无从阻挡。

但自己又怎么能放弃得了私心，放弃得了一人之见。他的人格是复杂的，他不愿意受俗世所累。“他人即是地狱”，“我”既不想落入别人的地狱，也不想让自己变成别人的地狱。但如果人没有自我的个性存在了，那么，这个人也就不存在了。那么，这种状态，便只存在于蓝天白云之中，没有抗争与诋毁，“忘了最高那座”，“念叨着十九峰和十八峰的名字”。深蓝只能是一种理想的状态，那是天空做出的回答。

在《幸福》中，诗人再次去寻找谁是幸福的投毒者。诗人经过寻找却发现投毒者就是自己身上的兽性，它并不是剔开之后单独存在于我们体内的，而是和它的反面浑融一体的，我们根本不可能找到它。而我们也不能将他处死，因为，一旦我们将之处死，也就处死了自己。

在《白袍后面的袈裟》一诗中，诗人由白生发联想，由白联想到神性的洁白，再想到苍白，由刻意变成直接，由穿衣到脱袍，生活的终点就是反复剥掉自己，最后被一丝不剩地拿走，乘下白骨，任凭老佛爷处理我们，“把我们送给流水或者荒草”也都无所谓，因为到处都是“生活的尽头”。

其他几首诗也写了一些社会性的悲剧，以及这个世界的尴尬与荒谬。《浮土》写出了人心的杀戮，人面之心的兽心，人内在的猥琐。《过无量山》以三个遗老的问答来写行走在无量山中的感想，莫名地生出许多“异化的乡愁与孤独”。

诗人的内心一直饱受煎熬，在佛性、人性与兽性之间反复参悟，揭露了隐藏在佛性之下的欺骗、倾轧和不受人所控制的冷酷现实，写出了人的渺小、软弱与无力，写出了相互之间人心的杀戮。从外在来看，人们都在追求着美、高尚的佛性，而从理性的角度来看，人对佛性的追求只能被囚禁在个体的理想之中，是一种执妄。

雷平阳的诗突兀处在结尾，一般在结尾处达到一个高潮，语不惊人死不休。如《往事一》中，“之后的很多年，我再也没有见到她来上访，不知道这叫不叫心死”，从自杀未遂，到再未上访，犀利地看出了“心死”。《孤儿》结尾处更是把孤儿的处境描绘得令人震惊，“一个孤儿，在炼丹炉里/硬生生地活着”，写出了残酷。更绝的是《暮秋》：“跳楼的女人，她死了，衣袋里/还有一叠不会死的账单”，写出了人的绝望与凄惨。

雷平阳的诗，读第一遍时，会感觉费力．读第二、三遍时会觉得亲切，读第四、五遍时会变得心心相印。雷平阳的诗歌以思想深刻见长，但叙事稍显啰唆，进入情景的速度慢，节奏的处理有些生硬，强制分行造成语义的断裂与别扭，看起来有些平淡寡味了些。或许，他前面的平淡无奇，只是想让结尾来得更猛烈些。

不尽：评雷平阳的诗

汉　家

大一统的国家地缘，形式上划分了各地域文化。中国的怀乡属性，在当代遭遇了史无前例的破坏——其实质并非是空落的乡间、遗留的老人与孩子、自然村的加速消失，而是乡村的文化变异和离乡人德行的败坏，表现得更为可怖、惊心。如此面貌下，何其芳式的近代乡愁，在文本上已是绝响。

对于山水的认同感和开阔所及，今人的审美力急遽退化并反其道而行之。此文学地理性在当代诗人中，以感受力和情怀而论，雷平阳是一位始终前行并执拗如一的诗人。他的异质性，以云南为生死依托，故乡昭通则为情感摇篮。他理所当然地接过中国式乡愁的美学遗产，其诗歌乡情，平实却极具现代性批判的目光，加之胸怀的辽远、孤愤、深情冶为一炉。雷平阳的山水，其异质在于大山阔水中有了人性，有了当哭和应笑的理由。

怀乡的因子，在何其芳那里，仍是故乡的物件人情，到了雷平阳这里却是整个世界的分量。《云南记》的尴尬在于，有一个时代的乡愁陪葬品衬托雷平阳的艳极，这挽歌唱得七魂出了九魄。从任何角度来审视雷平阳的作品，都与时代的发展朝向而相背，格格不入。乡愁的庸常浪漫化和小丑式的粉饰，在他的诗歌里遭到凌厉词语的阻击，其独立而往的方向，一路见鬼杀鬼、见佛杀佛，直至《怒江，怒江集》，放声一哭。怒江的多情，有了那经年累月活着的和注定死去的故事，而汹涌不止。

雷平阳的诗歌作为当代的一个特例，几乎是在蒙蔽双眼的故乡杂陈中，读者能够唯一信任的乡情所在——结实、满溢，保有爆裂后的悠然远意。在中国当代对于山水书写的虚妄作为和无骨的华丽辞藻下，雷平阳的乡土日志与云南山河的相托，保持着高度自觉的距离感甚至反抗性，他的作品是对于虚假乡愁和文化刻意装饰的总嘲弄。他的异质性由于其文字外延的扩大化，反而愈见内在的坚韧和面向故土的诚实。与其说雷平阳的故乡是人性之见，不如说是他的书写根茎从来不理内心以外的风云变幻——他有不可替代的本源王国——昭通是他的“首都”，而不仅仅是一个地理意义的名词。

对比那个以云南地理为生死情怀的赤子气度，在雷平阳新近的作品中，出现了令读者肃然起敬的挖掘。《河北去山西道上》，青草与白杨的可信度被推至宗教本义，最终却是可疑的。寺庙或教室里的人肉与人血，坚强地提醒读者，这或许是又一次无疾而终的人类玩笑——尽管这个玩笑开得过大，大到宗教的范畴——荒谬到仿佛是邪教。斩杀的刀斧手亦是血肉之躯，无不同也。这怀疑论可谓惊人、死硬——仍是悲悯的面孔。《睡前诗》，看似不安，却是难以名状的伪装安定——这是诚实，因为血腥带不到梦里去。善与恶，到底是无法通过杀戮的过程，而归于理想中的平静。无论是反面的自我嫌恶还是正面的自我清洁，都与理想背道而驰。梦只是梦，多余的只是诗歌的野心。《脸谱》倒真的是一个梦。梦本是奇怪的，所以无奇。奇怪的是——这是一个白日梦。奇怪的是雷平阳在发梦。发梦是艺术。梦不是艺术。仅此发梦的刹那，雷平阳的这首诗就高出了那些泛泛之作。《相逢》是哀歌，又有一些滑稽的反讽腔调，在伤口撒下盐粒的时候，也调味当代意味的才子佳人——包括假冒的。结尾一句中的“声嘶力竭”，使整首诗忽地就严肃起来，如当头棒喝。读完这首诗，忍不住重读前面的几行，那些藏匿踪迹的调笑竟在重读中如满面的血泪。

《往事一》，最让我惊心的是那句“她不得不死了”，人性就这样冒出了头——就是全部了。被旁人诟病的散文化，在《往事一》中依然被倔强地不折不扣地执行着——但你的“散文化”不同于我的“散文化”——谁在乎你的叙述方式？啊，你终于安慰了我，这就是雷平阳的诗歌力量，而不是诗歌以外的命名特权。——谁又真正在乎过你的特权。《孤儿》，个人认为这首诗偏于白，这无关写作方式，比如《往事一》也白，并极度叙事化。但《往事一》毕竟具有刺目的个体事实性，瞬间割裂开人性的伤口，拎给观众看——文学使然了。《孤儿》整体是平的，俱为常识，而无贴近的血肉与触目的风景。空泛而理，下笔犹如刻痕。这不是雷平阳应有的水准。《妄想症》是雷平阳的语言谵妄式的发作，明显好于《孤儿》。儿童般的想象力，其间匪气十足，充沛，元气一直在场，并膨胀。永远的怀疑精神战胜了倾吐的热情——这是《妄想症》胜于《孤儿》的地方。《忧患诗》的断语迭出，本来是个忌讳，但好在雷平阳的语言控制力，牢牢地把握住了诗歌的方向，批判的锋芒没有单一地成为锋芒本身。词语间的递进，相当的刺激。节奏控制得滴水不漏，而且铿锵有力，转换的节点非常顺畅、咄咄逼人。这首诗似乎过于顺了一些、过于密不透风，否则真是无可挑剔的杰作。《暮秋》的悲凉与无常，一定能感动我。写得很老实，所以才能动人心魄。这是雷平阳最让我惊叹的本领。

作为一位备受尊敬的诗人，雷平阳在近作中的人性挖掘，其力道之狠辣，非一般诗人所为。而他最好的作品，与显而易见的技巧并无多少重要的关系。语言技艺与倾吐自如，不应该是雷平阳这个级别的诗人最为倚重的艺术。他的超人之处在于刺目的人性暴露和情怀的远意，当然还有他一以贯之的悲悯心。雷平阳作品中层层包裹又层层打开的严密性和断语，稍有不慎或无法脱开，将破坏一首诗天生的杰作品质。对于热爱他的读者，这既是一个遗憾，同时也是雷平阳未来可期的突破口。

苍黄草木，高邈云天

——读雷平阳的《祭父帖》兼谈诗的叙事

雷抒雁

一

逝者如斯。谁不曾有过失去亲人锥心裂肺的伤痛以及对逝者挥之不去的思念与哀婉。是以，自古至今多有泣血飞泪的祭文和挽诗。这些和血带泪的文章或以其淋漓的人性哀痛，或以其惊天动地的生命呼喊，而成至文，传之久远。

雷平阳的《祭父帖》，正是一首泣血之作，读之让人扼腕。

雷平阳是云南近年来创作颇有成就的诗人。《祭父帖》是他新著诗集《云南记》中的压卷之作，全长三百余行。

《祭父帖》，诗人写了自己父亲从逝世到入葬的全过程。诗篇极其细致和复杂地回叙了父亲卑微、贫困和平凡的一生。围绕父亲的生、病、死、葬，又细致地写到了他周围的种种人群：子女、妻子、乡邻、亲戚，都非常有个性特点，给人留下极为深刻的印象。

一个人的死生，可以看出一个人的命运、一个人的性格，同时又深深烙印着一个时代的思想、意识以及生他养他的社会、乡土所蕴含着的风习。文学对人物的刻画、描写与追忆，不只是一种亲情的宣泄，或仅对其人性行为的褒奖与贬损。一个人是社会、人生和时代的一面镜子，通过对一个人的追忆与刻画，让读者见识到更为深刻的社会与人生，才为上品。

雷平阳正是通过写父亲雷天良："为生而生的生"，"患上老年痴呆症，灵魂走失了"，"用尽一生，他都被活的念头所牵引，终于将岁月消耗殆尽。并用死亡，一次性否定了自己的意志”，而感叹：“谁都没有把命运握在自己的手心。同样生于山野，不如蛇虫；同样生在树上，羡慕蚂蚁。”

这样的醒悟，让人震撼、让人心疼，也让人深思人生的意义与责任。虽是一帖很个人的祭父之诗，却让我们读出了极为深厚的人性及社会内容。尼采说：一切文学，我最爱以血书写者。我以为《祭父帖》正是一首以血书写的诗篇。

二

雷平阳在给我的信中，谈到许多诗人“热衷于对西方诗歌的模仿，鲜有人尽力承接古老的中国诗歌传统，在场、叙事、精神与理想方向的操持，不多矣!”他表明了自己想让“现代诗生长于中国土壤之中”，所以，“书中有大量的叙事之作”。

这当然是一种十分清醒的创作理念和文学追求。他的《祭父帖》，应是自己文学理念的一次成功实践。

我们不妨分析一下《祭父帖》中的“叙事”描写，看看“诗的叙事”如何巧妙地把握着作品诗意的推进，而不是阻塞和妨碍着诗的抒情特征。

首先，父亲的人生事件，在《祭父帖》中只是一个“软性”叙述框架。作者并不追求在诗歌中完整地表现故事情节和人物形象。这就为诗歌抒情的即意性留下了空间。诗人从父亲六十六岁离世时更名，写他的病，以及回叙一些有趣经历直至死亡与殡葬。诗歌的伸展，并不靠事件的情节发展来推进，亦不依人物登场或性格发展的先后依次来叙述；事件并非前后贯通，丝丝入扣；随形取意，使诗中的事件只成了诗性发展的一个软性依托。如以“比、兴”论之，是“兴”的缘起，因“事”起兴。这就和那些叙事体文学有了根本的区分。

全诗虽分成二十三节，但每一节都围绕一个相对集中的事件，构成一首似乎独立，又与上下节相关联的单元。这就摆脱了叙事上的拖泥带水。为了不使整个诗变得零乱与松散，诗人以自己“在场”，以“一个孝人”与“诗人”的身份，不断以回顾父亲，“让他在诗歌中重生”。

其次，在对事件的叙述上，诗人永远记着自己是在写诗，所以他总是选择一些典型的有诗意蕴含的细节，而对那些无关诗性表达的过程性枝蔓做了必要的删弃。这样，诗里的叙事内容虽然沉重，却因为有了较大的跨度，诗句的翅膀张扬起这些事件，并不显得滞重和疲累，读者便有了一些具体而不琐碎的阅读愉悦。

诗歌是一种跳跃性的动物，除了诗句要有力地蹬跳之外，还必须抖落那些冗繁与沉重的负累和装饰。这样，它才能以高蹈的姿态，舞出漂亮的花样。

比如在诗的第三节里，诗人回忆父亲在“文革”中的一个事件，他给家里人讲“万人大会上听来的文件”，错把“阶级说成级别，斗争说成打架”，屋外一声咳嗽，吓得他脸色大变，竟找来一根结实的绳子，叫家人“把他绑起来，爬上饭桌，接受历史的审判”；甚至，命令家人“用污水泼他，朝他脸上吐痰”；待夜深人静，又“先是在室中游行，从火塘到灶台，从卧室到猪圈”，直到东方欲晓，还要喊着家人跟着，“一路呵欠，在村子里游了一圈”。

这多像一幕充满黑色幽默的舞台剧。这个小人物也许并未受到“文革”风暴的袭击，因为他“不够格，配不上”，但世事让他看也看怕了，他的内心如同惊弓之鸟，随时演练着挨打、挨批的场面。

这样的事件当然是诗，因为那期间呈现着在一个惨烈时代里，像“父亲”这样一个小人物，内心世界被震撼后的鲜血淋漓与肌肉战栗。正如诗人在下一节里所概括起来的：“感谢时代，让他抓出了自己，让他知道/他的一生，就是自己和自己开战。他的家人/是他的审判员。”

这样精彩的诗句，是对一个时代和那个时代的人物，最深刻的剖析与总结。父亲是个小人物，所以诗人一开始就为他准备了一场“荒诞剧”的舞台。他一出场，就是因为死，而换掉了用了66年的名字，仿佛他只是死时才来，“一来，就有人把66年的光阴硬塞给他/叫他离开”。这些荒诞而又滑稽的事件，构成了全诗针刺一样深刻而又细微的疼痛，让我们不时地静下心来思索历史、时代与人生这样一个大的主题。还有那塞在墙缝里的“一片腊肉”的故事，揭示了贫困与饥饿对人性的撕裂与扭曲，让人感慨无限。

叙事的风格与事件的独特，使我们在阅读时，常常觉得诗意和叙述如此紧密难分。细致而又跳跃的叙事，让读者不断有一种追寻所述人物及事件走向的新奇；而诗意地概括与提醒，又让我们不会沉溺在世俗故事里，而是不时抬起头来，瞻视高天与远水。

我很钦佩雷平阳即时地从事件叙述里，过滤出深刻的思想，凝结成结实的诗句。

在写到父亲“又一次/找了根绳索，把自己升起来，挂在屋檐”，这是对生活的绝望而想自杀，诗人却没有用常人的号叫来表达哀恸，他以一种令人震惊的平静与冷峻递上这样的语言：“一个还没嚼完黄连的人，想逃往天堂/谁会同意呢？他被堵了回来。”这平静和冷峻里包含着惨烈，父亲苦难的生不如死的人生，还得继续下去。死甚至是“逃往天堂”！这不是用笔在纸上书写，而是用刀子在刻画，在血肉的心灵上刻画。

在守灵之夜，母亲“忙个不停”。“不是忙着做什么，是想忙，不敢停下”。下边这几行写父母关系的诗句，更为精彩：

相依为命的人，冤家、债主，体内的毒素
说没就没了，多小的世界呀，转身就是脸对脸
一张嘴巴里的上牙和下牙，一颗还悬着，另一颗
掉了，明天要入土。……

一对小人物苦难却相依为命的一生，转眼就要结束了。留下的母亲只有用“忙”来填充自己孤独和为痛苦掏空了的心。

诗人的叹息看似平静却是被深深的同情覆盖着巨大的无奈：“那遗世的孤独，像隐形的敌人/把母亲等同于灵前的香灰，盖棺的泥土”。在这里，诗人经受着人生的双倍疼痛。

《祭父帖》体现了诗人雷平阳对人生及社会的深刻洞悉，是一首充满才华的大气之作。诗人的机敏、睿智，以及对生活的观察与咀嚼的精细，令人称道。他对题材的把握与掌控，对叙事与抒情的巧妙处理，都让我们看到他诗艺的成熟。

由于诗人从一个人的命运入手，丰富而深刻地触及一个时代的魂魄，

这就使《祭父帖》具备了史诗的品质。

诗人艾青先生较早地提出了诗歌的“散文观”。他是在提倡诗人在新诗创作中心灵与文气的自由、舒坦与松弛。“散文观”并不等同“散文化”。我觉得这其中的分野就在于如何巧妙地处理诗的叙事。雷平阳的诗分行其实很随意，言尽句比，并不刻意于韵律的音乐观，但其实，那音乐性体现在诗的情感起伏与扩散里，构成一首沉郁强大的交响曲。

穿越窄门

——“祭”《云南记》与雷平阳

杨 洁

初识雷平阳是读《雷平阳诗选》。那是2007年，刚来云南，无论是在昆明还是在昭通，见到的雷平阳都淡定安闲，话偏少，与生人交往距离保持得偏远；读到的雷平阳则温脉浪漫，诗文沉着绵密，偶或绷紧，甚至坠下，但诗歌的总体态势是开放的，有悲伤，没有绝望。①

再识雷平阳是读《云南记》。去年冬天，两次回北方，都带着雷平阳的《云南记》。从2007年谋面到2010年又遇新书，此间没再见过雷平阳其人，但《云南记》里的雷平阳却让笔者多少为这个说不上认识的诗人捏了把汗，因为他叙事里四处弥漫的隐遁、沉寂和孤绝，让人无法斩断那个“意图谬误”② 的牵绊，而比较相信其诗歌话语的根本与其生命存在的状态有着不可分割的关联：如果说在《雷平阳诗选》的书页里还隐约浮现着一个目光清澈、言说自如的少年的话，那么在《云南记》的字行里，则实在匍匐着一个神色疲惫、刚毅木讷的男人，他总是试图向后转、往回跑，可是却有一个更高的命令迫使他不得不继续往前，去屏息穿越一道道无法绕过的窄门。

---

① 参见拙作《都市土著雷平阳》，载《昭通师范高等专科学校学报》2008年第2期，第14~17页。

② 美国新批评派理论家威廉·K. 维姆萨特和蒙罗·C. 比尔兹利提出的概念。它批判了那种通过探索作者意图来解读文学作品的做法，认为作者的生平、构思或意图对理解作品有作用，但却不能作为衡量作品文学价值高低的标准。

一、时间之门

我老去的激情还在继续献身
比时间消逝得快，比美德慢些

——陈　超

时间之于诗人，更大程度上是主观的，其快慢与钟表刻度无关。《云南记》里的时间关乎生命与历史、个人与事物，涵括死亡与出生、过去与将来，它的速度，取决于雷平阳的主观体验。不难看到，因着对“消逝”的关注，时间之于雷平阳，显得比常人的慢些。特别是对于“一个失眠的人，一个/梦游症患者”①，时间的蝉鸣就益愈悠长。

根据海德格尔，人生在世，本来就在时间之中，可时间从不常驻，我们向死而生。对此雷平阳显然有着深刻的体验。在《晚风》中，他曾吟哦：“活着的时间少之又少。一旦死去/留给自己的，属于死的时间/就太长了……在死后的时间里，所谓永恒，是多么的不可靠……”② 在《山中赶路记》里，他曾抱怨：“从曼赛镇去阿卡寨，只需要/几个小时的时间，我们却走了整整两天……时间像一条鱼，在水芹菜/的叶子下面，张合着小小的鳃……时间，在舌面上，缓缓地/由苦变甜……时间，在贝叶经里/跪了下来，几双隐形的手，按住了/时针、分针和秒针”；③ 在《哀牢山的雨季》，他又曾感慨：“唉，时间过得真快啊/一眨眼，又是一个轮回”；④ 而最让人动容的，则是《祭父帖》临近结尾的那一瞬：“伏跪于路，我已被弃；背土葬父/天地颠覆。招灵之时，我们像一条线/组合成血缘，他的躯体，由人抬着，在我们头顶上，先走/他的魂魄要慢一些，踩着我们的脊梁，没有重量/他多轻啊，轻如鸿毛。跨过我的一瞬，他似乎停了一秒/

---

① 雷平阳：《云南记》，长江文艺出版社2009年版，第68页。

② 雷平阳：《云南记》，长江文艺出版社2009年版，第15页。

③ 雷平阳：《云南记》，长江文艺出版社2009年版，第171页。

④ 雷平阳：《云南记》，长江文艺出版社2009年版，第197页。

那一秒，我的鼻尖，我的心尖，抵在了地面/不知那秒是何年，天上人间；不知那秒逝去后/谁还会提着赶牛的皮鞭，把我打得皮开血绽。那一秒/他的最后一秒。那一秒，我的五脏庙，亮起了/他灵柩下那盏长明灯。”

美国学者唐纳德·瑞菲尔德在评论曼捷里施塔姆①的诗歌时，曾赞叹过其“跨越时间的才能”和“在全新的语言中重新塑造往昔经验的才能”，② 并指出了其诗歌所设定的那种内在时间与外在时间的对立关系。除了在语言的使用上谈不上全新而外，《云南记》里的诗歌在其他几个方面有着类似的建树，特别是对“钟表时间”即外在时间的勘破，以及对“真正的时间”即内在时间的铺陈，我们在《怒江，怒江集》《昭鲁大河记》《大江东去帖》《春风咒》以及《村庄，村庄集》和《祭父帖》等几首篇幅较长的诗歌中都能够感受得到。

比如在《怒江，怒江集》里，辰光之慢、溜索之快，当地人之静、外来者之乱，都被雷平阳举重若轻地编织进他那张叙事的网里。“凛冽的冬天，清凉的山冈/层层叠叠的松针变黄，头顶白霜/黎明至暮晚，几百公里的天空/蓝，从碧洛雪山之上，蓝到了怒江河床”；“谢天谢地，这儿落后/一头牛在乡村公路上/啃草，不知道喇叭，保持着/吃的速度……谢天，谢地，这儿贫穷/穷得怒江两岸，山，高，高如教堂/天，空，空如展开的经书”；“年老的人们/抽着土烟，望着江山/不语，不动，所有的铁血/与悲怆，在血管里，停止了喧响”。无须强调，甚至不用提说，海德格尔所试图描述的那种烛照人生、澄明存在的“时间”已然在这些诗行中隐隐浮现。然而，时间在造就人的同时也成为人的樊笼。人在时间中凝注“我思”，同时也在时间中失落“我在”。与许多不想在时间中沉沦的人一样，雷平阳在时间中领会、现身、言说；与许多无意在时间中操心的人一样，雷平阳在时间中平息了“怕”和减少了叩问。然“畏”依然存在，“痛”也依然清晰，这“畏”和“痛”驱使着诗人无法就此停驻和缄口不语，

---

① 奥西普·曼捷里施塔姆（一译曼德尔施塔姆或曼捷斯塔姆），1891—1938 年，俄罗斯白银时代最卓越的天才诗人。著有诗集《石头》《悲痛》和散文集《时代的喧嚣》《亚美尼亚旅行记》《第四散文》等。另有大量写于流放地沃罗涅什的诗歌在他死后多年出版。1933 年他因写诗讽刺斯大林，次年即遭逮捕和流放，后来悲惨地死在远东西伯利亚的一个劳改营中转站里。

② 〔俄〕《曼德尔施塔姆诗选》，杨子译，河北教育出版社 2003 年版，第 294 页。

而不得不借着语言的绳索继续努力向前，迎着那道时间的窄门爬去。

里尔克在致信其《杜伊诺哀歌》的波兰文译者胡勒维奇时说："我们，当前和今天的人，我们一刻也不满足于这个时间世界，也不固定在其中；我们不断溢向过去的人，溢向我们的本源和那些显然跟在我们后面的人。在那个最辽阔最广大的世界所有的生命都是'在的'——我们不能说是'暂时的'，因为正是时间的消逝决定了他们都是'在的'。这种瞬间性从各处奔入一种基本的'存在'。"[①] 在《云南记》（特别是其中的《躯壳》和《祭父帖》这样的篇章）里围困雷平阳的，就是这种不得不近距离逼视"在"（或生）与"去"（或死）的眩晕和不得不无休止思考"短"（或瞬间）与"长"（或永恒）的惶惑。

二、空间之门

这些无限空间的永恒沉默使我恐惧。

——帕斯卡尔

高更[②]曾在他的画布上思考"我们从哪里来？我们是谁？我们向何处去?"对于这一恒久难题，雷平阳在他的诗歌中也有叩问，只不过与其他无论是用肢体、线条还是用音符、材料思考的人相比，他以文字为媒质的叩问中更多了一层对"我在哪儿"（既包括时间的维度又包括空间的维度）的关注。而且，如果说雷平阳在《云南记》里信手结就了一张内在时间与外在时间错综交织的"蛛网"，那么这张网同时也体现了某种内在空间与外在空间的对峙与重叠。

在《德钦县的天空下》[③]，外在的"雪山"展现的物理空间与内在的

---

① 〔奥〕里尔克：《里尔克诗选》，黄灿然译，河北教育出版社 2002 年版，译序第 3 页。

② 〔法〕保罗·高更（1848—1903 年），与塞尚、凡·高同为近代美术史上著名的"后期印象派"代表画家。

③ 雷平阳：《云南记》，长江文艺出版社 2009 年版，第 5 页。

“圣殿”喻示的精神空间，以一种接近完美的对称同构关系，被诗人建筑草图一样勾勒下来；在《菩萨》[①] 里，甘蔗体内的糖厂与每一种物体内的菩萨、神灵，为我们打开了一条通往肉眼看不见的秘密空间的隧道；《铁路》[②] 以一种超现实的方式，描绘出诗人自己身体内的神奇景点；《梅里雪山》[③] 直接昭示了神性空间的辽阔清洁与人性空间的逼仄混乱……

关于空间，海德格尔认为“唯回溯到世界才能理解空间”；论及空间感，[④] 帕斯卡尔[⑤]则说：“我不知道是谁把我安置到世界上来的，也不知道世界是什么，我自己又是什么？我对一切事物都处于一种可怕的愚昧无知之中……我看到整个宇宙的恐怖空间包围了我，我发现自己被附着在那个广袤无垠的领域的一角，而我又不知道我何以被安置在这一点而不是在另一点，也不知道何以我得以生存的这一小点时间要把我固定在这一点上，而不是在先我而往的全部永恒与继我而来的全部永恒的另一点……”[⑥] 这两位哲学家对空间问题的思考再一次道出了人类普遍面对的那个永久性困惑。作为滚滚后来者当中的一个，诗人雷平阳秉承了对这一人类共同困惑的继续感受。看看《云南记》的目录，在《旷野上》，《在孤鹤亭》，在《奔丧途中》，在《乌蒙道上》，在《司杰卓密》，在《密支那》，在《废墟上的雨林》，在《一座木楞房的四周》……在山顶，在谷底，在寺庙，在江边，在村寨，在旅馆，在北回归线，在故宅老院……一路上到处都有雷平阳在世界上行走的影子和于空间中感受的痕迹。此间，有对敏感乡愁的呵护，有对外界威胁的抗拒，现实里令人沮丧的空间与理想中不被侵扰的悠然同时显现，如《偶感》《在坟地上寻找故乡》《开发区的春天》和《春风咒》的最后一段。在一个个交叉错位的空间裂隙里，头发上过早洒落了时间白霜的雷平阳，难免会像怀抱一束月光睡去那样，怀抱着当下的

---

① 雷平阳：《云南记》，长江文艺出版社 2009 年版，第 16 页。

② 雷平阳：《云南记》，长江文艺出版社 2009 年版，第 17 页。

③ 雷平阳：《云南记》，长江文艺出版社 2009 年版，第 101 页。

④ 〔德〕海德格尔：《存在与时间》，陈嘉映、王庆节合译，生活·读书·新知三联书店 2000 年版，第 131 页。

⑤ 布莱兹·帕斯卡尔（1623—1662 年），17 世纪法国著名数学家、物理学家、发明家、哲学家、散文大师和宗教圣徒式人物。

⑥ 转引自周国平主编《诗人哲学家》，上海人民出版社 2006 年版，第 28 页。

尘土与历史的云烟，化身清明节的昆虫“或在土中，伸出小舌头/深情地舔着草的根须；或在晨晖里/用翅膀，抱着枯叶，小声小声地哭泣”①。

一如人无往不被镶嵌在时间中，人无往不被抛掷在空间里。循着《云南记》的魂路图，雷平阳拖带一个纹刻了太多记忆的肉身，从一个地方行走到另一个地方，疲惫但不能停顿，无力但必须言说。这个“走投无路的诗人”② 曾在《易武山顶》以一种俄狄浦斯式的勇气歌说：“我保持了沉默。内心的秘密/被天边涌动而来的开阔，堵回了肺腑/想象中，有一双手，把我的双眼/蒙住了，问我除了黑暗，有没有其他东西/比黑暗更令人恐怖。我的眼中/闪动着刀光，似乎正在施行一个/漫无边际的手术。眼睛，靠近真相/但它脆弱。我知道，当它必须/接受一个手术，说明它看见了远方/看见了一条呼之欲出的道路/我保持了沉默，只在内心，默数着/手术刀频频向下的次数。”③ 这里，作为身陷“此世”的个人，他接过了自己认为有必要担当的那些担当；但作为洞见“远方”的诗人，他只能暂时在沉默中继续保持沉默。因为作为一个有能力保持沉默的诗人，他不应是电影《飞越疯人院》中那个最终被做了前脑叶白质切除术的白人摩菲，而更应该是那个在沉默中积蓄力量并最终寻找到出口的印第安酋长。

三、言语之门

当我沉默的时候，我觉得充实；我将开口，同时感到空虚。

——鲁迅

一般来说，快乐时人们愿意高歌，痛苦时人们想要沉默。

痛感，从来都是雷平阳诗歌的一个显著特质。翻开 2006 年版的《雷平阳诗选》，从那首被人们征引无数的《亲人》开始，一篇一篇读下去，除却为数极少的几首之外，几乎每一首诗歌都浸润着或隐或显的痛楚。即

① 雷平阳：《云南记》，长江文艺出版社 2009 年版，第 136 页。

② 雷平阳：《云南记》，长江文艺出版社 2009 年版，第 19 页。

③ 雷平阳：《云南记》，长江文艺出版社 2009 年版，第 38 页。

便是像《澜沧江在云南兰坪县境内的三十三条支流》这样的“地质勘测”诗歌，也由于“测量员”的极度执拗与执着，而包孕了一脉看不见的，倔强、沉闷的苦痛在内。这种痛感丝毫不爽地绵延进了他的《云南记》，似化若无痕，但更为极致。撇开祭父相关的那几首本系因痛而就的诗歌不说，《云南记》里到处都游动着雷平阳的痛与忧伤，到处都漂浮着诗人近乎木讷的沉默倾向。

在《小引》中，诗人说：“我是个凡人，伤口会痛，力会用尽。”[①] 在《惠民乡日记》中，诗人一会儿说：“从今以后，我必须写一些/温暖的文字，给自己信心，给冬天/多燃几个火炉。未来不可测度/但我必须鼓足勇气，把一生/完整的过完。”一会儿又说：“有一天，我扛不住了/我想，我也会放下。”其间，诗人的疲惫无力与矛盾纠结一览无余。他似乎已经抽空精神，耗尽元气，累到了心思散漫无法集中，痛到了紧闭双唇只想睡去。然而，尽管有时候确乎语言的缺席更能凸显生命体验的在场，但就像曼捷里施塔姆所呼告的那样：“我冻得直哆嗦，/我想缄口无言。/而黄金在天上舞蹈，/命令我歌唱!”[②] 诗人的使命要求他不能够就此缄默，因为：语言是存在之家，言说是诗人的职责。

记得初读《云南记》时，笔者曾在《虎骨》《读〈永昌府文征〉而生幻觉》《开发区的春天》等几篇诗歌的旁边批注有“贫弱的叙事”“牵绊的讲述”“生病的诗歌”之类的字样，但及至后来反复阅读，才发现事情并非如此。的确，与以前的诗歌相比，雷平阳在《云南记》里的诗歌叙事似更无力，言说也似更艰涩，然若澄怀味象，就会发现这种无力和艰涩恰恰说明了雷平阳在诗歌思考中沉潜的深度——越是接近问题的根本，越是发现解释的困难、回答的不易。不得不承认，一旦我们严肃俯临自身“存在”的深渊，一切解释都难免变得可疑，任何言说都可能变得空虚。就像北美原住民诗人西蒙·奥提兹（Simon Ortiz）在他的诗歌中所慨叹的：我就是觉得无力回答，我只能说我一无所知，《云南记》里的雷平阳也常常在其身体与思想的双重漫游中遭遇言语的阻挡，所以细读《云南记》你会同意，其诗行与诗行间隙中的停歇，以及叙事与叙事连缀中的缄默，恰恰

---

① 雷平阳：《云南记》，长江文艺出版社2009年版，第45页。

② 转引自陈超《打开诗的漂流瓶》，河北教育出版社2003年版，第167页。

是保证其诗歌整体思想深度及表述力度的某种不可或缺。

存在的时间性与空间性在语言中相会，在语言中铺展，同时也在语言中隐没。诚然，在语言中言说的雷平阳无法用他的言语挽留住任何东西，但至少，他可以用自己的言语祭奠那些他所珍视（我们也珍视）的脆弱而短暂的事物——比如植物与词语，亲人和朋友。《词语》和《木头记》一类的篇章可以说就体现了这样一种祭奠的心情，而《祭父帖》则堪称是整个《云南记》中以语言为骨血来祭奠、来铭记的典范。

不难发现，雷平阳的言说与无语在很多情况下都同事物的“逝去”（有的已然逝去，有的正在逝去，有的行将逝去）相关，所以其言说的困顿也就不难理解了。作为不能无视消逝的生者，里尔克在其《杜伊诺哀歌》的第一首哀歌中写道：“就连那些知道的野兽也意识到/在这个被解释的世界我们/并不感到很安全。”① 曼德尔施塔姆在其《不要比较：活着的人全都是无敌的》一诗中写道：“我已准备好了去那可以让我拥有更多天空的地方流浪，/但这辉煌的渴望如今已无法将我/从沃罗涅什依旧年轻的群山/释放到明亮的，全人类的托斯卡纳的山脉。”② 雷平阳则在其《心慌》一篇里写道：“在我路过的地方/很少有人在心安理得地睡眠/……慌，更多的时候/没有边际，更没有具体的原因/它蔓延着，比死亡更令人难以了断。”③ 逝者虚无、生者慌乱，时间漫漶、空间无边，面对这一切，谁的语言能保持流畅妙曼？

而在《离开》中，雷平阳则干脆把自己当成了一块树给自己的墓碑，用寂静和沉默，来哀悼一天天死掉的那些复数的自我：“每天，都有一个容颜/从我的脸上落下。每天，都有一个人/从我身上离开。在夜郎国的山上/我常常会遇上那些离开了我/的人和我的容颜，他们搬开石头/砍掉荆棘，向泥土表达着/他们恶狠狠的爱。在昭通市/或昆明西郊，我亦一再地碰上/那个发誓要为天地立心的青年，他有着/冲天而起的豪情，像缪斯的私生子/单薄，易碎，偏执，一直/想把菩提，请到作品中来……/犹如时间的话剧，这些离开的/容颜和人，他们都有了自己的命运/有了一个又一

① 〔奥〕里尔克：《里尔克诗选》，黄灿然译，河北教育出版社2002年版，第3页。

② 〔俄〕《曼德尔施塔姆诗选》，杨子译，河北教育出版社2003年版，第245页。

③ 雷平阳：《云南记》，长江文艺出版社2009年版，第218页。

个的决定性瞬间/并组合成流年。他们已经不再是我/留给我的，只剩下不可知的/孤独的未来。我爱他们，想拥抱他们/他们却不认识我了，一脸的茫然/我像他们留在世上的墓碑/周身长满了绿色的苔藓。”①

根据诺斯替②教义和荣格晚年对生命意识的理解，每个人都有众多个“自我”（egos），人需要杀死自己体内那些不断掀起内在争战和慌乱感觉的坏的自我，才能保持本真“自性”（self）的显现、澄明和提升。恰如雷平阳在《离开》一诗中对自己的祭奠一样，笔者在文章题目中使用了“祭”这个字眼，来敬祝《云南记》里那些将生未生的事物和雷平阳本人，其间有恭送之心、有缅怀之情，但最要紧的，是希望《云南记》和雷平阳生命里那些逝去的能量，能够转化为另一种面貌或形式，卷土重来，且气势铿锵。卢克莱修相信：没有某个他物之死，就不会有此物之生，也就是说任何事物的诞生都是以另一些事物的死亡为代价。③ 然而在这里我则希望有一个反题成立，即任何事物都不会白白死亡，会有另一些事物在那些已死之物的尸骨或已逝之物的废墟上聚敛生成，再度绽放力量。愿秉天命而行走在云南的雷平阳，能随《云南记》里的风物一起，穿越阶段性时空与言语的窄门，在更真的时间、更大的空间和更纯粹的言语中，破茧重生！

---

① 雷平阳：《云南记》，长江文艺出版社2009年版，第28页。

② 早期基督教的一个教派，相信神秘直觉，被正统基督教派视为异端。

③ 参见周宪主编，乔治·桑塔亚那著《诗与哲学》，华明译，北京大学出版社1991年版，第30页。

存在的理由：读雷平阳《云南记》

朱　零

云南是个好地方。照相的人去云南，拍电影的人去云南，淘宝的人去云南，就连好多作家也去云南凑热闹。对于云南，大多数人都是抱着凑热闹的心态去的，去了，照了，拍了，淘了，一拍屁股，走了。

雷平阳生活在云南，不知他每年要接待多少打着各种各样的旗号找到他的外地人。好处是熟悉地形，云南的山川河流，姑娘小伙儿，风土人情，奇闻异俗，他基本上如数家珍。对于这样一个免费并倒贴加三陪的导游，许多和他半生不熟的外地人对得到他的手机号如获至宝。我要过几次小小的阴谋，对找我要雷平阳手机号的几个男女，要挟他们请我喝一顿，这几个人都一一屈服，最后都让我得逞。

雷平阳以诗歌闻名于文坛，其实他的散文也非常棒。早些年雷平阳也写小说，这两年不知为什么，不写了。写诗歌与散文，比写小说容易见性情，小说可以看见作者的聪明与机智，而诗歌与散文，则能见到作者这个“人”。估计这些年来，雷平阳已经不屑于抖落他的那些所谓的聪明与机智了，所以我们现在看到的他的文字，都是他袒露出来的真性情。

《云南记》是他最近的一本诗集，读他的诗歌就像读他的自传，就像看见了他这两年的生活，其实雷平阳以后根本不需要自传，他的几本诗集加散文集，就是他的传。像杜甫，他的诗就是他的传，甚至，杜甫的诗歌，就是中晚唐时期最真实的历史。《云南记》的封面是雪白的，白得有点耀眼，这跟他的本人恰好形成了一个对比。

雷平阳长得黑。男人黑点有好处，一笑，便露出一副憨憨的样子来，很能迷惑人。那种黑是天生的，是昭通的大山包里长出来的，是没施过化肥的健康食品。他的文字，似乎只写生长他的那块土地，他始终保持着昭通人的谨慎，坦诚而不张扬，他的写作经验，几乎全部来自他的故乡、童年以及他这几年不断地行走。他早些年有一首非常牛的诗歌，叫《澜沧江在云南兰坪县境内的三十三条支流》，引起了不少的争议，其实，不管他早期的作品，还是最近的《云南记》，都是他不断行走的结果。云南到处有他的生活，他足迹踏过的地方，基本上都留下了文字，可以这么说，这部《云南记》加上他其他的几部诗集和散文集，就是云南的《山海经》。但他的文字比《山海经》更富有人情味，就像他自己说的："我是个凡人，伤口会痛，力会用尽。"（《小引》）坦承自己有伤口的人，需要足够强大的内心，只有把这个伤口清晰地袒露出来，他才能正视这个世界。卡夫卡也是一个内心受到伤害的人，他忠实于这种伤害，并把它用文字的方式表达了出来。

雷平阳的诗歌中，有故事，有传说，有人物，他最关注的，还是人的内心对这个世界的感受。索尔仁尼琴说过，作家只和一个词长相厮守，那就是"人性"，文学也只问一种得失，那就是"人的尊严"。雷平阳诗歌中的人物，卑微、平凡，但他们活得真实，有着活着的俗常的意义。"死了，就来云南，砍棵茶树做棺木。"（《菩萨》）"唉，我都五岁了，怎么还没遇上一场战争。"（《儿子的假想敌》）"神啊，今天您让岩坎捕获了一只小的麂子，请您让岩坎，明天捕获一只大的麂子。神啊，今天您让岩坎，捕获了一只麂子，请您让岩坎，明天捕获两只麂子。"（《基诺山上的祷词之二》）雷平阳的语言，像宋人说的："鸢飞鱼跃，活泼泼地。"照亮的，是云南的山川草木，在他的笔下，那些草木的摇摆，都带着呼吸，那些山川里水石相激的声音，都带着云南的方言。他所关注的人和事，每一样都有着自己的尊严和活法。他这些朴白的文字，至情至性，他的文字有直见生命的力量。

我的父母都在云南养老，我每年都得抽时间去那里看望他们。父亲退休以后，额头上那种庄严的样子退去了，不知不觉就变得好玩起来，回到了"人"的本来面貌，一点做父亲的架子都没有了。有一年我去看他，恰逢雷平阳约我喝酒，我便把父亲带上，让他跟年轻人一起玩玩。一开始我怕大家拘谨，酒桌上毕竟多了一位长辈，我父亲还真没把自己当长辈，席间还不断跟大伙儿喝酒聊天，其乐融融，像一泼久违的哥儿们聚会。那一顿大家喝得都不少，我父亲喝了估计有一斤老白干，酒后雷平阳带我们去喝茶，他对我父亲说："你老人家喝点茶，解解酒。"我父亲说："我好不容易把自己喝得有点晕，不解不解。"雷平阳从此对我父亲敬重有加，他对我说："你爹太好玩了。"云南人把父亲叫作"爹"。我和我爹在家里没事干，就找几颗花生米出来，互相劝酒喝着玩。别人不理解我们爷俩的活法，其实我们平时没什么话，是一对沉默寡言人。只有在喝酒时，才能敞开心扉聊天。我给我爹倒酒也有讲究，如果酒瓶子里酒还多着，我就给我爹少倒点，那是怕他喝多了，身体不舒服；如果酒瓶子里没几滴酒了，我就全倒给他，那是怕他喝不够，心里难受。这父子间的情感，全在这倒酒的多和少上。两个人嘴上不说，却心知肚明。雷平阳跟不少朋友说过我爹喝酒的事，好多人都羡慕我有个好玩的爹。从此以后，我爹成了我的招牌，雷平阳每次跟人介绍我，就说："就是他爹，好不容易把自己喝晕了，舍不得解酒。"

读《云南记》最后一卷《尘土》，让我慢慢理解雷平阳这种对于父亲的情感，是来自人性，而不仅仅是血统和亲情。那时候我去云南看我爹，他爹还在昭通欧家营的老家，他也每年都回去看望父母。这种相似的父子之情，让他对我爹也有一种自然的亲近在里面。他每次跟人说我爹喝完酒以后不急于解酒，甚至也是有一种得意在里面的。等我读到他的《云南记》的时候，雷平阳的父亲，已去了天堂，我读到他的《祭父帖》的时候，我对他那种撕心裂肺的悲痛，感同身受。

《云南记》除了最后一卷让人感到沉重之外，大部分作品，都是有趣的。王小波说过，对于一本书来说，有趣是他存在的理由。我认为，只有人有趣了，文字才会有趣，雷平阳是个重情而又有趣的人，他的文字，有着足够的存在下去的理由。

大悲咒
——雷平阳诗歌解读

张佳惠

自从海德格尔遭遇了荷尔德林的诗歌并由衷地发出一句先知一样的感慨——“人，诗意地栖居于大地”——之后，自以为有点儿学问的半文盲以上的人们就像嗜睡者被突然注射了一针鸡血一样将这句话奉为人生信条并四处兜售，直到它变得无比恶俗。可到头来，“诗意”却越来越远。许多时候我们发现，许多“诗意”的事情就是这样被我们糟蹋的。这，几乎是中国的铁律，我们称之为“国情”。

诗人，天生是对“诗意”极其敏感的动物，他们终其一生也无非是尽力挽救这个世界本来就不多却仍被无数人践踏的残存的“诗意”，这将耗尽他们一生的心血，而结果也许是与“诗意”一同死去。（哦，这是一个多么必要却又绝望的勾当！）雷平阳对此一定有过深刻的体悟，然后才有了这些硌得人心生疼的文字。这里的“诗意”断然不是风花雪月（尽管他常年栖居于“风花雪月”之地），甚至不是夜莺歌唱或杜鹃啼血，它就是人间的大悲咒。他让我想起一个特立独行的音乐人，左小祖咒，他只为这个时代唱丧歌。

在雷平阳的诗里，他显然还有另一重身份，那就是灵魂的私家侦探，他听命于上帝，抑或佛祖，像一个忠于职守的带刀侍卫、冷面杀手、资深间谍，隐没于寺庙、荒野或人群，用猎犬一样的嗅觉和一双鹰眼密切地注视着大地上的一切，对人们的原罪怀着锱铢必较的敏感。

他看到“一双满是血腥的手/却怎么也带不到梦里去”（《睡前诗》）；

他看到“他一直想杀人，但他已经老朽/白白地在心里藏着一堆刀斧”（《脸谱》）；他看到“城市像个作案现场/你，我，他……都是生活的刽子手”（《妄想症》）；他看到“灶上的铁锅和铁勺/腿残者骨内的钢针、牛马蹄上的铁掌/输电线路上的铜线、耕田的铧齿/打造棺木所用的锯片和凿子/竖牌所用的錾子和铁锤……也暗藏着刀锋……就连河床上滚圆的鹅卵石/内心也装着一把最古老的斧头……最小的水滴里也有子弹”；他看到即使“书生……住在地窖里/也会怀抱地球仪，不停地写作枪杆诗”（《忧患诗》）；他看到“用眼珠泡酒，用人血养韭菜”；他看到“流水里也有刀剑，自己的柔肠也有可能/主动变成绳索，将你吊死在/书房或野外”（《浮土》）……

就这样，他满怀忧惧地行走在这凶险、肮脏、丑陋、惨烈的人间，且行且歌。一个嗜好灵魂侦探的诗人，除了冷静地剖析人心的阴毒，让案发现场毫发毕现，别无他物与这个世界抗衡。诗歌，是他的诉状，也是他的利器；是他的福祉，也是他的罪孽。许多时候，我们在他的诗歌里发现了作为警察（属灵的，或诗人，上帝的仆人，神的代言人）和作为案犯（属肉的，或俗人，被生活绑架的囚徒，无意识地参与“公共之恶”的民众）的双重身份，这种身份是十分耐人寻味的。它再次说明原罪的普适性和神性的不可企及。再加上许多属肉者的有意背离，可想而知由此带来的绝望是多么深重而不可逆！而这所有的不可逆却正是在逆天！

《相逢》一诗很容易让人想到先锋派作家余华那个名为《古典爱情》的短篇小说，赤裸裸地将书生赶考偶遇小姐的“才子佳人”模式解构为“人吃人”，自然是对古典爱情的极大反讽。在这首诗中，我们再次看到在一个没有爱情的时代，即使穷途末路的才子偶遇洁身自好的佳人，也只能将一出“英雄救美”的正剧演变为“在水面上声嘶力竭地呼救”的闹剧。这是对爱情、贞操与坚守的又一次解构。

《往事》更像一部血淋淋的荒诞小说，它让我们想到另一个先锋作家莫言的《蛙》，它用大量的叙述讲了一个被残酷的计划生育制度和暴力结扎逼得走投无路的女人最终选择了投江，却又阴差阳错地活转过来，她的“背影很冷，很灰，很空洞/之后的很多年，我再也没见到她来上访，不知道这叫不叫心死”。这是对良知、正义和基本生存权的解构。

而《孤儿》则是每一个尚未完全麻木却每天“被生活”的个体的自白书，孤独、微弱、无奈、窒息，苟延残喘的现实和触目惊心的人间让我们只能自甘为囚，到最后我们竟然悲哀地发现，连对自由的向往都是多余的。因为“一个手无寸铁的人，不可能/把寺庙改做铸剑铺”，“一个孤儿”只能“在炼丹炉里/硬生生地活着”。这是一个孤儿的自白，也是每一个被压榨被剥夺的个体生命的自白，更是对自由和梦想的彻底解构。

《妄想症》揭示了在一个机械麻木的世界建立信仰的徒劳；《忧患诗》像一个冰冷的毒咒在质问着人们：如果说“防民之口甚于防川”，那么防民之手足又如何？《场景》告诉人们，真正的诗歌从来都与人类的苦难血脉相连且有着锥心之痛；《暮秋》想要说明的是，在一个道德底线彻底坍塌，信仰忽缺的社会，每一个阶层都必将生活在相互厮咬、人人自危的残酷与荒诞之中，无一可以幸免；如果说在《红楼梦》中，只有大观园门口的石狮子是干净的，那么，在《过无量山》中，则唯有“虫羽的啼鸣，还没有掺杂进/人的癫狂和痛哭”；《白袍后面的袈裟》《浮土》写人被神性拒绝；《幸福》写幸福的遥不可及。

我们是一群被困的囚徒，前无出路，后无退路，究竟该怎么办？多数人选择了蝼蚁一样麻木地等死，可是这个患有精神洁癖的灵魂侦探却心有不甘，“大脑里的警察，天天值班/他也想帮我追查窃取信仰的贼”（《深蓝》），他就这样混迹于各种灵魂的凶杀案中，被人心的贪婪、丑陋折磨得形容憔悴，彻夜难安，眼睁睁地看着所谓的知识、学问沦为门面、装点，甚至手段。他也想“避乱于无量山，削发为僧/再也不担当人间天上的诛心之累”，但是，可能吗？上帝选定了他，天命不可违。我不下地狱，谁下地狱？如果这人间，连大悲咒都没有了，众生何以为渡？

诗歌的“零度写作”，同样是超越皮肤和血肉的，深入骨髓之痛。也许唯有这痛，能警醒少数属灵的人而不至于万劫不复。也许什么也警醒不了，只是一种宿命或内心的习惯使然。

大地和记忆的守护者雷平阳

谢有顺

雷平阳是一个有故乡的诗人。他对大地的赞叹，对日常生活的发现，有的是现代乡愁的寓言，有的是残酷生活的实录，有欢乐，也有悲哀，有庄严的面容，也有迷茫的表情。他的写作，饱含冲突，并且贯彻着一种精神紧张感。阅读他的诗，常常是难以平静的，他表达出了一个现代人的复杂心绪：既被“现在”“瞬间”所牢牢地控制，又对“别处”“远方”充满想象；既无法回避现世、欲望的快乐，又不愿臣服于此，依然要做必要的精神抗争。

我能理解雷平阳的这种矛盾。面对一个日益破败的世界，诗人很难在内心重获一种坚固的秩序和根基，他只能接受变动、混乱、溃散、消失这样的一些事实。即便面对故乡、大地这些被记忆守护的事物，它易变的容颜也常常令诗人大吃一惊。很多人都记得雷平阳写过一首著名的诗，叫《亲人》：我只爱我寄宿的云南，因为其他省/我都不爱；我只爱云南的昭通市/因为其他市我都不爱；我只爱昭通市的土城乡/因为其他乡我都不爱/我的爱狭隘、偏执，像针尖上的蜂蜜/假如有一天我再也不能继续下去/我会只爱我的亲人——这逐渐缩小的过程/耗尽了我的青春和悲悯。这首诗，并非单纯抒写乡愁或昭示对故乡的爱，它更是诗人本身的写作象喻：这个“逐渐缩小的过程”，意味着诗人在现实面前变得越来越锋利，情感也扎得越来越深，持续地在一个细小的角落挖掘下去，这样的写作便能让我们读到一种精神的刺痛感，它是自我的告白，也是面对世界的宣言。

事实上，雷平阳是在用两种方式建构他的诗歌世界：他笔下的山川、河流、天空、田野，气势宏大，人行走在其中，孤独而渺小，通过描述这一景观，雷平阳找到了自己精神的旷野，并在这个旷野里，重释了人与自然的庄严关系；另外，他也记述生活中那些微小的事物，小学校、小路、小河、小孩，“小小的灵魂”，一只蚂蚁、蜘蛛，或者一只羊、一棵树，甚至“一个卖麻雀肉的人”，不厌其烦的细部刻写，如同放在显微镜底下来看事物，从而照见生活中那些被忽视的欢乐或残忍，并通过对这些小事物的放大，把它对心灵的微妙影响有力地表达出来。

有人把雷平阳的这两种写作方式概括为大和小、冷和热、写意和写实的统一，这是贴切、合身的。但矛盾和分裂依旧存在。在大地上，在故乡面前，甚至面对至亲的亲人，雷平阳在感念的同时，都会流露出一种无言的悲怆。那个安放心灵的地方，正在消失，人和世界的悲剧性关系，正变得越来越严峻，所以，雷平阳曾经把自己的写作称之为是“送葬”，“为布满了记忆刻痕的、渐行渐远的村庄，为那些只有在清明节才回家来与未亡人团聚的我的死去的亲人”（《土城乡鼓舞——兼及我的创作》）。也许，在这个日日新的时代，葬礼才是对那些旧事物最好的守护；最好的写作，往往都是对时代的哀悼，是挽歌，也是一次以乐致哀。

因此，雷平阳的写作越到后面，精神性的特征就越明显。即便是他常写的“回家”这一经典母题，也往往不再是具体的回家，而变成了心灵的返乡。现实已经不忍观看，记忆也日渐遥远，诗人只能在想象中回家。让变黄的青草“从去年羊群的舌尖上归来”（《草原》），让50年前“无数放哨的土匪坐过”的“石凳”，散发出“走投无路者的体温”（《鹭鸶》），正如诗人“动用最后的/一点力量，回到青山的故乡去”（《在漾濞，暴雨》），这些，都是艰难的退守，也是现代人无路可走时的灵魂出路。无路可走了，你只有回家，哪怕是虚无的、想象的回家，也多少能够给诗人一丝的慰藉。

这也正是雷平阳的诗歌中最为可贵的品质之一。他的感受是有来源地的，他的用词也有自己的精神根底，或者说，他在纷乱、嘈杂的人世，并没有失去写作的方向感。雷平阳在一次座谈会的发言中说，“诗人应该知道自己的根在哪里”。确实，写作是要有根据地的，诗人是要探究自己的精神根底究竟在哪里的，理解了这一点，我们就能理解诗人笔下的“小世界”，其实一直藏着一段波澜壮阔的心事，这也是雷平阳持续书写故乡、反复歌唱一个村庄的原因——哪怕情感的表达方式略嫌单调、单一，哪怕面对故乡的用词大致雷同，他也毫不介怀，因为故乡的下面，有一道精神的潜流，它标示的是诗人不动的写作方向。

正是故乡、大地和亲人这三种事物，为雷平阳的诗歌确立起了清晰的方向感，也形成了他不可替代的写作根据地。他对大地和亲人的赞歌，是从这个生命的根须中长出来的；他对残酷生活的洞察，也是为了写出生命被连根拔起之后的苍凉景象。他的确是一个有根的诗人。

地域写作的极致与囿限
——读雷平阳的诗

张桃洲

新近出版的《雷平阳诗选》集结了这位云南诗人近年的大部分诗作。读完这部诗集，我不由得想起前不久读到的诗人朱朱的一篇文章——《三峡：新写实的神话与挽歌》，这是他系列当代艺术评论中的一篇，评论的对象是画家刘小东。在这篇文章里，朱朱充分肯定刘小东的绘画技巧和独特的表现力之后，在谈及后者受到广泛重视的三峡题材的作品时却不无忧虑地写道："这几幅画给予我的感觉是，它们仅仅放大性地呈现了几个意象，并且与三峡的背景做了简单的叠加，换句话说，对于人物、背景及整个事件的叙述都只是印象式的，它们之间的关系明显地缺乏心理张力。"朱朱认为刘小东的绘画属于20世纪90年代以来的"新写实"潮流，"他凭借出色的个人才能在事实上推动了新写实的进程，并且为我们勾现出这个年代的精神症状"；然而，在当代艺术的错杂语境里，"新写实"实际上是传统"革命现实主义"和激进的"先锋派"之间的"中间环节"，"它将这两者绷得过紧的、如同阵地与阵地之间沉默对峙的关系，转化成一种可以走动、会话与交易的集市，它和两头的关系都保持在相当暧昧和复杂的调性里，它既接受过现代艺术的洗礼，又奉行着革命现实主义所宣称的信条：艺术反映生活"。而这正是刘小东的局限，"当他的潜意识之摆过于靠拢革命现实主义那一端时，就有可能导致空洞的表达"。

事实上，刘小东的局限也是中国当代所有"新写实"艺术（包括文学）的局限——毋宁说困境——既然这种"以个人视角还原中国现实"的

"新写实"，已经扩散到当代艺术的各个领域。正如朱朱指出，"从艺术本身的角度来看，这种以冷静的个人视角进行记录的范例，往往过分倚赖于中国复杂而神奇的当前现实"，"在这样一个新的阶段里，曾经被新写实的成绩单所遮蔽的一个更具艺术挑战性的问题得以被揭示出来，那就是一旦我们稍稍地脱离这种记录与见证的方式，自身对于艺术与人性的理解力和感悟力的缺乏就暴露无遗"。当然，之所以提到朱朱的这篇评论，并不是想就刘小东和雷平阳进行一番类比，尽管我直觉地意识到了两者之间的某些趋近性。在某种意义上，当代诗歌面临的难题显得更复杂些。可以看到，在这个嘈杂的年代，诗歌写作中一种普遍的"写实"吁求和焦虑似乎"突然"浮现了，一个来自诗内诗外的强烈呼声是：诗歌应该关注并书写当下的现实。雷平阳的诗歌在如此背景下脱颖而出，一定程度上正应和了这样的阅读期待。不过，有所不同的是，在雷平阳这里，突出的个人化视角被一种鲜明而浓烈的地域经验所渗透和强化，其诗中一切关于自然、现实的观照即以此为基点得以进行；虽然他的诗歌不能简单地被归于"新写实"范畴，但它们极大地凸显了"新写实"在当代诗歌发展中的价值和成就，同时也映照出当前诗歌语境——从写作到阅读——的某些症候。

一

雷平阳的诗歌主要朝两个向度展开：一是着眼于对他家乡云南的考古式探掘，描绘那片土地上的河流、山脉、树木的神奇；一是透过一些寻常的事物和场景，展示现实和人性深处细微的不易觉察的瞬间。"写实"是他诗歌的基本法则，但很多时候他的思绪会越过眼前的实景，而陷入一种哲理性的冥想。

在我看来，雷平阳是当代文学中最为精细地捕捉了云南的地域精神内涵，并传神展现了云南地域风貌的诗人。他的结集为组诗《云南之书》里的大部分篇章，充满了对故土的眷恋之情和敬畏之感。他的诗歌表明，他曾经表白的"除了云南，我真的了无牵挂"并非虚言。虽然在他的全部诗作中，直接以云南地域特征为主题和书写对象的作品只占了较少的比例，但他的所有诗篇无不浸染了那片神秘地域的气息。正如有论者评析说："是雷平阳的孤独发现了云南的孤独，是雷平阳的游荡发现了神灵游荡的高原，是雷平阳的生活发现了高原有些神秘的动植物们的生活，那里甚至没有通常意义上的象征与隐喻，有的只是一个诗人的生命与生活对于所有隐匿的神秘之物的触碰与带动。"雷平阳在另一处，更是坦承了自己诗歌写作的来源："每个诗人背后都有一个村庄，背后都有一个个人的根据地，我背后的土地的存在支撑了我的写作……我的心灵离不开那片土地。我从小跟着唱书的瞎子在那些乡村里走，没法抛开身后那片土地的存在。我想强调的是诗人应该知道自己的根在哪里。像我这种有疼痛感的人玩不出什么花样来，只有诚实、简单地去表现自己的土地。"也正是"乡村""土地"这些朴素的词，预设了雷平阳诗歌的总体取向。

在雷平阳的以云南地域为背景的诗歌中，给人印象最深的无疑是那些咏赞河流的篇章，在《怒江》一诗中他就把自己视作"江边的一个渔翁"，"用一条江的鱼养家/用一条江的水洗脸；用一条江/劈开的山，掩埋一生的梦"，河流已然成为他生命中不可或缺的一部分。他如此描写河流的"多动症"的性格：

被劈开的空气，在它走远之后
才发出破碎的声音。它已经什么都不知道
在它的身后，我们被黑夜所笼罩
空气，是黑颜色的。作为唯一的亮色
它曾经带给我们很多梦想
我们都想像它一样：患有多动症
而且能把所有的山峰劈成两半
我相信所有的河流都是一支刀斧大军
正如我相信在亡灵游荡之处，我是孤独的

——《河流》

在这首诗中，作者回避了对河流形象的正面描绘，将笔墨的重心放在河流那摧云裂帛的气势给人带来的感受上（二者实则来糅合在一起），虽然全诗语气有所抑制，但作者丝毫未曾减弱对河流内在力量的渲染：全诗以“被劈开的空气”这个颇具爆发力的句子作为开端，但随后的“之后”提示作者的着眼点是河流经过后的“效果”；接下来，则由“在它的身后”转入了对“我们”的观察和河流与我们关联的探讨。这首短诗是展现雷平阳书写云南地域风物之基本方式的例证：他不是具体地刻绘它们，而是以一种“写意”的印象式的写法，努力捕捉那些风物在内心留下的印痕。因此，在他笔下出现的不是咏物诗，也不是单纯的风景诗，而更多地类似于寓言诗。换言之，地域风物被转化成了一种修辞。例如，另一首关涉河流的诗：“江很细，城像一个村庄”，“云龙桥上，一盘明月/稳住了一江的流水，和命运”（《从一座小寺看漾濞古城》），景物被一种悠远难辨的意绪所笼罩和溶化。而那首备受争议的《澜沧江在云南兰坪县境内的三十三条支流》也许是一个例外，在这首诗中他试图“不动用任何修辞”而进行“零度写作”，这种极端的一次性书写，也只有放在他的一系列与河流乃至整个云南地域有关的作品中，才能得到充分的理解。

在雷平阳的诗歌中，地域性元素似乎仅是一抹挥之不去的底色，他更看重的是人与地域的关系，或者说人在这种地域中的位置。

我们一起观看山上的火、缅甸的落日
我们谁也说不清，辽阔的世界
究竟存在着多少类似的角落——
用玉温丙的话说：“一个人过日子
影子会变成草，悄悄地蹿进骨肉的缝隙。”

——《布朗山之巅》

或者从更深的层面说，是人在地域氛围环绕中的生存处境。雷平阳既力图回避甚至抵制那种在作品中展示地域的原始、蛮荒、简陋一面的做法，又不满足于一种对地域的想象性的美化，他所极力做的是发掘隐藏在地域之中的质朴的浪漫与欢乐：“我本不是刻意的挖掘者/难道我还能从江水中挖出一把琴来?”（《飘逝》）从这一点来说，雷平阳诗歌的特别之处在于，它们部分地实现了：一方面借重地域性元素以彰显某种独异性，另一方面将这种地域性元素转化为一种普遍的对于人自身境遇的观照——那就是，一种处于本土与现代交汇之中的“乡愁”。雷平阳自己也曾说过：“我希望能看见一种以乡愁为核心的诗歌，它具有秋风与月亮的品质。为了能自由地靠近这种指向尽可能简单的‘艺术’，我很乐意成为一个茧人，缩身于乡愁，空中搬运石头，梦中背着泥土。我建造了一座小小的修道院，它们代表着父亲结疤的骨头，母亲开花的泪，村庄疼痛而又虚无的断代史……”虽然任何地域性书写难免会散溢出一缕或浓或淡的“乡愁”，但对于现代人来说，只有这种被置于急遽变迁的文明图景中的“乡愁”才是根本的。

正由于某种难以言述的“乡愁”，雷平阳在面对他的“村庄”“土地”时显出矛盾交织的心态：极度的迷恋与尊崇中夹杂着怅惘、无奈乃至愤懑。在《雷平阳诗选》中，格外醒目的是众多表现这种心态的作品。《石头之歌》留意到了某些悄然发生的“对立”，它勾画的是两个迥然有别的世界（如同《在碧鸡关吃羊肉火锅》中“关内”“关外”的场景变换），以至于他不禁感叹：“都碎了，完整的只有时间的灰尘/以及大地美学的哀伤和悲悯”（《凉山在响》）。《返乡》中近乡情更怯的心理流露无遗：“醉了的指头不敢敲门”，“由内向外，几只蚂蚁/搬运着孤苦，和荒凉”；他从“白色大坝，所表征的工业化进程，感到了某种“慵倦”；他发现，“土地比人/更专横：人是它窖装痛苦的器皿”（《村庄的清晨》）。那些“被齐腰砍伐的树”，“像被大火烧毁的古代建筑群”，“是一根根寂寞的石柱子，横切面/全都敷着高原上最普通的红土”（《在会泽逛车看风景》），恰好触发了他的真正的隐痛与“疑问”：“它们该耗尽多少光阴才能把/满肚子的羊奶送抵生的反面”（《疑问》）。这些确实是现代“乡愁”的体现：“我想说，我爱这个村庄/可我涨红了双颊，却怎么也说不出口”，“像传说中的一种花，长到一尺高/花朵像玫瑰，长到三尺/花朵就成了猪脸，催促它渐变的/绝不是脚下有情有义的泥土”（《我的家乡已面目全非》）。

因此，在《雷平阳诗选》中，那种试图越过“乡村”的表象去审视现代文明，从而构成情景对峙的诗句比比皆是：“爱它，隔着生意兴隆的度假山庄/隔着十万亩的核桃林”（《石门关》）；梨树“在阳台上，等待着搬运”，“它带来的不是意外之喜”（《梨树》）；“那些夜里赏花的人/他们才代表着古老的幻灭，樱花在哪儿？/眼睛里全是黑色的空气”（《圆通街的樱花》）；“它们已经被黑暗浸泡得比黑暗更黑”（《蚂蚁和蜘蛛》）；“春风的双重之火，蔓延在冶炼厂上空”（《春天》）。这些情景对峙的背后，隐含着作者关于“乡村”—“城市”之分野的复杂思绪。而在《采访纸厂》《在“橡树”的一个下午》《退却的方式》《上河　上河》《茵香酒吧的技艺》《曲靖一年之后》《埋伏》等诗中，他更是直接以都市里的现实场景，刻画了“乡村”“土地”气息消退后的“荒凉”。

不会再有一只飞鸟带来空中的秘密
也不会再有一头海豚爬出冰面
向荒凉的世界展示，最冷的温度

——《退却的方式》

雷平阳的诗歌在描写云南地域风物时，带有明显的“写意”特征，这种“写意”的完成源于一种想象的“俯视的角度”。这使得他笔下的云南地域状貌呈现出经过微缩之后的效果。比较典型的如《背着母亲上高山》，采用了“顺着天空往下看”的角度，看到的是“在几株白杨树之间/河是小河，路是小路，屋是小屋”的景象，最终“没有边际的小，扩散着，像古老的时光/一次次排练的恩怨，恒久而简单”——这显然是经“俯瞰”之眼过滤后的印象和感受。还有诸如《从东门方向看大海梁子》中的“数不清的裂口，一直向上/停在海拔四千米左右的地方”；《类比的哀痛》中的“张家坝水库像匍匐于/梦境中的一块黑铁”；《阿鲁伯梁子以西》中的“牧羊的人们，细如沙子/少如黄金。他们赶着羊群，每只羊的腋窝中/都有北回归线的气温”；《乌蒙山脉》中的“上亿的头颅选择了低垂，可巨大的落差/仍然陈述着陡峭和威仪，谁也看不出半点卑微”，都包含着一种基于微缩的宏观视角。只有被置于这种微缩的观察镜片之下，江水才会“很细”（《从一座小寺看漾濞古城》），如一条“细微的白线”（《凉山在响》），才可能像“背着镜子的乡下理发匠”。

我喜欢那些河流脊背上的镜子

黑颜色的边框，无休止地耸动着
与远处的山脉保持一种流向
至于它的玻璃部分，我心慈悲
我从中看见了累死于天空的鸟
它们细小的双翅和骨架
堆满了坎坷不平的河床

——《有几条河流在赛》

值得注意的是，“细小”不仅是雷平阳把云南地域风貌进行微缩处理后获得的直观印象，也是他观察日常生活的一个着眼点和切入点。这正是雷平阳诗歌的另一个向度：对日常生活中细小事物和场景的关注。他的诗中大量涌现了诸如蚂蚁、蜘蛛、草、鸟、羊、狗以及“卖麻雀肉的人”“虹山新村的压腿人”“扛着花椒箱的老人”等物象，他怀着某种悲悯的意绪，以一种同情的眼光打量着那些细小的事物。譬如，《欢乐的蚂蚁》这首短诗中，核心词无疑就是“细小”，但其间潜隐着“细小”与执着、轻微与庄重所形成的张力；于是，“在自己的梦中练习长跑”的蚂蚁们便有了悲怆的意味，它们穿越、跑动的行为显然被放大了。这首小诗也体现了雷平阳此类题材诗歌的一个特点：专注于细节，尽量把笔墨集中在事物的细部，然后通过意义的升华将这些细部连缀成一个整体，并赋予它们以某种主题。如《一棵漆树》以“一副身子，一把刀痕组成的楼梯”的细致入微的刻写，令人触目惊心；《小学校》通过几个极小的物件（紫云英、鸟粪、描红纸、黑木耳、板报）来映衬时间的“废墟”，引发“我真是我小小的敌人/一直潜伏下来”的自我询问；《枝条》从“纯洁的花朵”写到“有灵的”“枝条”，最后因“枝条”“体内”之花的“奔跑、死亡或下沉”，而引申出“我的悲伤/却布遍了死亡的河床”的感喟；《雷霆》临近结尾处这样写道，“我希望黑夜走开/让我小小的灵魂，抱着一块小小的松香/在腐殖土上柔软地徘徊”，此处连续两个“小小的”，连同该诗上文“风的小脚，也卷不起细小的灰尘”，突出了“小”中的“大”和“寂静”中的内在喧响，因为“那些/干枯了的草叶上，静悄悄地走动着雷霆”。

不妨说，“微缩”与“扩大”成为雷平阳诗歌在表现不同对象时采用的两种手段：前者主要用于对巨型的山脉、河流的描摹，它有助于观察者宏阔视角的展开，并更好地设置人与自然的关系；后者则常被用于对某些日常景物的揭示，雷平阳曾言："让万物生活在放大镜下面，小小的，卑微的，是苦难，是幸福，还是尊严？这些，只有诗歌才能回答；是洞穴的暗，是宫殿里的秘密，是时光循环不体的谶语？请诗歌回答。"这表明他是愿意将那些细小的事物放在"放大镜"下，借以彰显它们的"幸福和悲伤"的："此时，它们正在变黄/——它们刚从去年羊群的舌尖上归来"（《草原》）。他的细腻的笔触使它们定格，使它们从混沌的现实场景中得以凸显，如同历经漫漫岁月的"青铜"。

在人与物互为参照之时
它是唯一有血的物，唯一的
时光最忠诚的奴仆

——《青铜小令》

在某种意义上，雷平阳似乎打算通过对日常生活的书写，在诗歌中发展一种关于日常的哲学。像作为当前社会生态和景观之缩影的《昭通旅馆》，始终保持着某种生活习性和姿态的《虹山新村的压腿人》，在瞎子的二胡声中渐渐暗淡下去的《黄昏》，瞬间发生的意外交通事故的《学府路一景》，以及弥漫柔和气息的《昆明的阳光》……选取的都是现实生活中极为寻常的景致。看得出，借助于那些细碎的生活场景，雷平阳力图发掘蕴藏在普通人日常生活中的"恐惧""战栗"与"挣扎"："有一种恐惧已成了我的邻居/像一批骨头的影子"（《恐惧》）。这种对日常生活的重视，延续着20世纪80年代中期以后诗歌写作中的一种路向。不过，雷平阳的一些作品具有一定的反思性，在那些杂沓的事象后面总是包含了强烈的审视意味："我所居住的昆明/它已经变成了一座荒芜很久的后花园/它所有的梦想都等同于邪念/所有与它对抗的力量，也都等同于/一片棉花般的云朵"（《退却的方式》）；或者是充满思辨的自省："被踩死了的蚂蚁，它可带走了我的哀痛？""黑铁一样的水/依旧不为所动，顽固地结成一块，而且/不仅仅是一个孤立的断面/它插了多深？它以怎样的信念/为自己的柔软堆集起密不透风的壁垒?”(《类比的哀痛》)还有交织着惶惑的沉思:“一个个伴着火焰,可食用的光/而升起来的背影,像破废了的钢铁厂?/或是光阴和尘埃的垃圾场?”(《看麻雀》)以及略显峻急的追问:“你能携带着:美,瞬间的,脆弱的/不可触摸的——来到我们身边/诉说它的厚、它的薄、它的体积和容量?”(《集体主义》)显然,日常生活在他笔下经过了一定的主题上的抽绎。

雷平阳诗歌对“细小”“卑微”的事物的关注,和在展示某些日常生活场景时所显出的“原生态”特征,在很大程度上暗合了当下呈强劲势头的“底层写作”潮流。所谓“底层”其实是任何社会都会出现的一种群体和现象,不过,由于社会文化的剧烈变动,“底层”的问题在当前似乎显得格外尖锐,其在文学和诗歌中寻求表达的要求和期待也变得殊为迫切。这多少构成了当前文学“写实主义”焦虑的诱因。在雷平阳的日常生活书写中,出现了不少“底层”人物形象,如《战栗》中“躲在玻璃后面数钱的人”,《存文学讲的故事》中的乡下放映员,《四吨书》中几个憨直的搬运工,《工地上的叫喊》中坠落而亡的老年民工,《昆明的阳光》中的民工和建筑工人,《昆明,深夜两点》中的下岗司机,等等。他也确实表现出对“底层”的敏感:“生活在底层/我们一样的贫困”(《篆塘码头》);“一旦天放晴,我就去邮局寄信/顺便把死去的飞蛾/埋葬在都市的底层”(《埋葬》)。不能不说,这些作品的背后实则隐含了某种强悍的诗学观念:探求诗歌写作的现实根基。然而,诗歌价值的恒久性和重要性,是否取决于它所描写对象的现实指向的严峻性,或者它对重大社会事件和问题的即时的反应?这恰恰是所有以“写实”为旨归的“底层写作”需要考虑的。另外,对主题的过分渲染可能会导致诗歌技巧上的某些不足。比如,构思堪称巧妙的小诗《欢乐的蚂蚁》以相同的句子开始和结尾,这种看似自然的安排其实削弱了诗情朝纵深推进的可能(相似的例子如《生活》《在碧色寨车站》)。此外,作为“写实”的一个重要元素,细节难免会使作者“在叙述一个/残忍的案件时,我怕案件不够残忍/一味朝极致推”(《挣扎》)。实际上,对细节的重视是一把双刃剑,《杀狗的过程》在阅读上引起的双重感受,便是一个颇能够说明问题的例证。

由此可见,当代诗歌写作所面临的问题,其关键或许并不在于是否描

一

值得注意的是，雷平阳的诗歌带有随着时间而来的“中年”写作的特征，他诗歌中的“滇南”似乎与现实中的场景一起构成了报告和记录式的“真实”。而在笔者看来雷平阳实则是不断在看似日常化的真实的生存场景和“云南”的地理学场域中设置大量的戏剧性、荒诞性、想象性但同时更具有强大的暗示能量和寓言化的场景，在这些苍茫的黑色场景中纷纷登场的人、物和事都承载了巨大的心理能量，更为有力地揭示了最为尴尬、疼痛，也最容易被忽视的时代的华美衣服的肮脏，褶皱的真实内里。实际上，这些经过语言之根、文化之思、想象之力和命运之痛所一起“虚拟”“再生”的景象实则比现实中的那些景观原型更具有持久的、震撼的、真实的力量和可以不断拓殖的创造性空间。实际上，全球化和城市化就是以取消地区特征、文化区域和地理景观甚至个体思想方式“地方化”和差异为前提和代价的。而雷平阳近年来尤其是近期的诗歌写作恰恰就是要不断恢复和强化“地方性”，他个人的“基地”组织已经足够强大，但是我也看到了诗人努力背后所经历的巨大的冲击、尴尬、挑战和冷嘲热讽。套用网络流行语，雷平阳写的不是诗歌，是“寂寞”，是一个时代的寂寞。

我们的时代多像迪士尼乐园和经过华丽包装的麦当劳游乐场，其掩盖的是商业时代的平庸和垃圾。我们已经目睹了个体、自由和写作的个人化、差异性和地方性在这个新的“集体化”“全球化”时代的推土机面前的脆弱和消弭，“异乡”和“外省”让诗人无路可走，“是街道，就得永远躺在手术台上/是房屋，旧了，就得押赴刑场/是城中村，尽管它是祖祖辈辈生活的/地方，那它就不是故乡，它就是/脏乱差，就是藏污纳垢的温床/它就必须在推土机开来之前/主动投降。是贩夫走卒，就得谋生/于广场”（《偶感》）。雷平阳近期的诗作甚至以义无反顾的姿态来构筑自己“基地”的地缘政治学。他不断将散落在各处的地理空间以诗化的意义，不断在日常化景观中呈现一个当代诗人的微观地理学图景。那些宏大的、虚假的、卑劣的、龌龊的政治文化、乡土文化、城市文化以及三流诗人的自大、自闭传统所一起构筑起的广场谄媚学和纪念碑早已在无比令人惊悸的黑暗与痛苦中烟消云散。正是在真实地域和想象空间的交织中，一个诗人在语言的空间和自身生命履历的轨迹上呈现出波诡云谲的气象与心像、梦呓与白日梦、现实与寓言。

在德钦县、昭通城、欧家营、滇南山中、滇东北、莫边府、大理苍山、玉局蜂、杰卓山、基诺山、佤山、梅里雪山、狮子山、倚邦山、布朗山、哀牢山、密支那、傈僳族教堂以及澜沧江、怒江、牛栏江、昭鲁大河、伊洛瓦底江、澜沧江—湄公河、白水等一个个坐标上，诗人看到了“方言”和一个个群落的母语以及携带的全息密码难以挽回地消失，同一化的普通话改写着山寨、部落后裔的记忆和根性，文字中的历史和历史中的文字正在一同“义无反顾”的末日一般的消失，“佤山的巫师，基诺山的/自腊泡，雪山上的天葬师……/当他们用汉语布道时，世界已死”（《末日》）。是“集体主义的虫叫”取代了个体的窃窃私语，神圣的雪山和山脚下流淌的雪水以及神奇而伟大的诵经声、祷词依然不能洗净工业时代一个个铜臭的欲望的恶俗的灵魂，在寺庙的香火中，山脚下有人会肆无忌惮地野合。一条条河流之下是痛苦的亡灵，而诗人内心的闪电成为唯一能够照彻这里的亮光，而这些亮光则由一个个针尖组成。我想雷平阳所持有的更像是黑暗中的诗学，我们已经没有必要再重复光明、天空和黄金的稻穗，作为创造者和发现者代名词的诗人有必要有责任对大地之下的黑暗之物予以语言和想象的照亮与发掘。基于此，地下的洞穴中细碎的牙齿所磨砺出的“田鼠”般的歌唱正契合了最应该被我们所熟悉然而却一直拿捏不准的歌唱。

二

可以毫不夸张地说，尽管目下有一些诗人自命或被命名为后移民时代的“乡土派”“新乡土派”“农民工派”或“草根”诗人，但是真正体悟当下语境中乡村的家族、历史和个人命运，能够具备震撼人心膂力的诗作却是相当匮乏。当人们普遍陷于工业化和科技理性的官能欣快症，当一些貌似真诚的批判者在浅尝辄止中喷出各种哈气时，真正能够穿透生存的迷雾发现“黑暗中”的疼痛的诗人肯定是弥足珍贵的。雷平阳却在真正意义上从生命和语言的临界点出发，从血脉的根性出发，抒写的“滇南”边地繁复的气象，铺展开不断决绝但又犹疑的文化地理学上的“乡愁”。从农耕情怀在20世纪80年代沦落到此后急速推进的工业时代再到后社会主义时代，尽管雷平阳的诗歌写作一直试图在多元化的路径中进行拓殖，但是他一直存留着一个黑色精神“乡愁”的见证者和命名者的身份和胎记。通往圣洁、“乡愁”之路的灵魂安栖之旅被一个个渊薮之上的独木桥所取代，而当我们胆战心惊终于下定决心要踏上独木桥的一刻，却有一种我们难以控制的力量将那根木材抽走，留下永远的寒风劲吹的黑暗。语言的温暖和坚执的力量能够给诗人以安慰吗？答案显然是否定的，过多的时候仍然是无物之阵中的虚妄，仍然是寒冷多于温暖，现实的吊诡胜于卑微的渴念，“从今以后，我必须写一些/温暖的文字，给自己信心，给冬天/多燃几个火炉，未来不可猜度”也只能算是悖论中难以实现的愿望。当然我所说的雷平阳的这种“乡愁”远非一般意义上的对故乡的留恋和反观，而是更为本源意义上的在奔突狂暴的后工业时代景观中一个本真的诗人、文化操持者，一个知识分子，一个隐忧者的人文情怀和酷烈甚至惨痛的担当精神面对逝去之物和即将消逝的景观的挽留与创伤性的命名和记忆；一种面对迷茫而沉暗的工业粉尘之下遭受放逐的人、物、事、史的迷茫与坚定相掺杂的驳杂内心，“一千年的故乡，被两年的厂房取代”（《在坟地上寻找故乡》）。巨大冶炼厂的粉尘和矿渣已经掩埋了村庄，也将虫鸣和星光一同掩埋，只留下无以言说的乡愁，“以后的每一年清明，我都只能，在坟地里/扒开草丛，踉踉跄跄地寻找故乡”。

这个时代我们需要“回乡偶书”吗？雷平阳自觉或被动地与现场、地理、生存、文化和历史产生了多层次的精神交叉和不停的摩擦，而冰冷、黑色、虚无、苍凉、疼痛，无不象征了雷平阳这一代人在特殊的历史语境下生活史、思想史和诗歌写作史的低沉底色。雷平阳近年来的诗歌写作在理想主义的乡土晚景的失落和欲望勃起后工业时代的夹缝之中，在精神的自我挖掘、奔突和深度沉潜中发现了时代的宿疾，同时不可避免地担任了带有时下人所认为的“老旧”特征的近于孤独的“书写者”的形象。而在这一点上，雷平阳的诗歌恰恰获得了最为先锋的成色与质素。我从来都不否认雷平阳诗歌的高蹈性的一面，但是雷平阳的意义恰恰是在于不断向下探询的姿势，天鹅绒般的监狱见证了他持续发着高烧的额头。值得注意的是，在雷平阳的诗中有着大量的地理场景，而这些工业化语境中的曾经令人反复感怀的意象在诗人的世界中更多是经过哲思的过滤和折射，因为这些物象已经沾染上时代的锈蚀的痕迹。雷平阳的诗歌声带既是喑哑的又是高亢的，“滇南”在雷平阳的诗歌谱系中更多是作为连接历史与现实、家族与时代的一个背景或一个个窄仄而昏暗的通道，欲望和虚无夹击中“向后眺望”不能不是诗人的选择，而强大的诗歌精神和“出生地”的根性元素却都尴尬地成为“空荡荡”的被追悼的词。在秋风的吹拂中柔弱而坚韧的根性力量在折射出时间无形力量啃啮的同时更暗含了一种无限向上伸张的情怀。近年不断行走于滇南的雷平阳不断以带有执拗性的个人视域抒写了家族的历史、个人的成长史和社会剧痛，其大多诗作所涉及的“乡土”与一些所谓的时下的“新乡土”诗人比较，没有伪饰的道德涂抹和虚假的情感呻吟，而是在极富象征性的场景设置和个人感怀的具体意象的创设以及情感的抒发上都具有开阔的容留力和不断盘诘的摩擦甚至惊恐的心理场景。我想雷平阳关于乡土和民生的“村庄保持了/特殊的漠然和沉默。对一个/村干部之死，冰下的流水/似乎也只献上了一块冰做的墓碑”（《昭鲁大河记》），已经代表了这个时代诗人应有的高度。

三

雷平阳近期的诗作尤其是为数不少的长诗、组诗的意象体系值得关注，这些意象基本上是同时在上中下三个维度展开的，在“上”的是教堂、寺庙、雪山、雄鹰、宫殿、天空、经书；在“下”的是乡村、工厂、矿山、监狱、广场、城中村、开发区、寡妇、鳏夫、早年的知青、牛棚、坟墓、家族、死亡、流浪、田鼠、蚂蚁、青草、丛林、石头；居“中”的则是流淌不息的大大小小的河流。这三个维度的意象构成实则是一体同构的，呈现了诗人繁复的诗歌视域和纠结的内心思考。

在雷平阳这里，像“乡村”“云南”“雪山”“寺庙”“教堂”等这样的关键词，已经不再是地理学上的空间概念，而是广义的后工业化时代履带的重重碾压下的剩余一角的隐喻。作为“语言”的幸存者，他反观着黑暗的无处不在，反观着工业时代的荒诞和虚无。雷平阳本质上的对语言、文化、诗歌、生命的“宗教”般的虔敬成就了其诗歌特殊的成色。他在广阔的生活空间蕴含跌宕起伏的戚戚绵思，在想象空间中构筑起令人屏息的氛围。雷平阳的诗歌写作在不断印证着一个不断重复的时代话题，同时这也是一个时代诗人所必须面对的难题。换言之，我们都在谈论诗歌与时代、诗歌与现实的关联，而我们却时刻在漠视这些日常生活化的真实景观，但是它们无不处于不断消逝和灭亡的边地。雷平阳的近期诗歌是对世纪初以来流行的阶级诗歌、乡土叙事、底层神话、“道德”律令沉疴的警告，换言之雷平阳的诗歌写作已经证明诗人绝非是为了“流行”和“道德”而沦为庸俗的耽溺者与幼稚的病患者，更非什么新一轮的“主旋律”写作的时代伦理的被强奸者。

值得注意的是，雷平阳近期的诗作很多具有家族命运的“本事”色彩。后社会主义时代和移民时代，真正的诗人都不能不与强大的生存现实发生巨大的摩擦甚至冲撞。而近年来，雷平阳的诗歌显然除了与现时代的橱窗、游乐场、夜总会、玻璃幕墙、高速城铁发生有距离的诘问之外，更多地将视野投注到山川、河流、丛林、寺庙、教堂、村庄等带有原生态和文化遗存的重新复活的灵魂般的景物和场景之中。而更为真切的父亲的仙逝更是不断将诗人带入黑夜、坟冈、墓碑、阵痛、死亡的河流当中，它们所组成的巨大的寒流和闪电包围着一个诗人远非强大的内心。当诗人不断在诗歌中出现“我像他们留在世上的墓碑”“一个人，在路边的野草丛中/錾他的墓碑”等这样的诗句时，我们能够体味真正的死亡和死亡般的气场所带给一个诗人的究竟是什么。甚至在这种家族的命运和死亡阴影的旋涡中，亲人会因痛苦和怀念而有企图“修改”现实的渴望。当诗人在晴朗无比的天气回到故乡院坝的时候，母亲却不允许这样美好的天气，她希望一切都应该具有怀念逝去亲人的沉重气息，“我的母亲，一个悲观主义者/她怎么承受得了你的蓝”（《蓝》）。父亲的离去成了诗人写作的资源，死亡所牵扯出的命题更为切实也更具张力，诗歌也同时有了个人性与普遍性、现实性和寓言性容留的空间，“在360公里长的高速路上，我亦感到/有一个人，从我的身体里/走了出去，空下来的地方，铁丝上/挂着一件父亲没有收走的棉衣”（《奔丧途中》）。我甚至认为长诗《祭父帖》无论是在家族叙事、历史想象力、诗歌结构、语言成色、现实经验的深度上都具有不言自明的力量和能量。一个欧家营凝聚了所有的阴云和暴雨，一个平凡、病痛的父亲66年的光阴就是中国当代历史最为生动的档案和真切寓言。我甚至想有朝一日雷平阳用毛笔书写这首诗作，在舒缓有别、高低起伏的文字山川中诗人的情感、力道和节奏会更为直观地呈现。我非常赞许雷平阳所恪守的诗歌从阅历中来的“写作规矩”，尽管我同样强调想象力对于诗歌不可替代的重要性，但是来自真切的生存体验和人生阅历的文字显然更为重要。雷平阳的诗歌在现实的场景中会不断生发个人不无辽远坚执的怀想，而怀想和并不从容的内心却在不断重现现实的吊诡性和人生的悖论性。在《德钦县的天空下》这首诗中，诗人不断使用“似乎”“我真的”“我真的像”等这些似是而非的词语从而呈现了个人与现实之间巨大的缝隙。雷平阳似乎更像是一个难以安栖而又尴尬无比的精神“逃亡者”，他不断被现实强大的尘埃掩埋，又不断从其中挣扎出来，痛苦地寻求已经远离这个时代的最为原始、最为本真的失落的血缘，“到底是怎样的一种命运，命令你/向后转，却又怎么也转不过身来/像颗铁针，一直存在于刀刃里”（《在孤鹤亭》）。

我曾经在文章中反复强调一个没有时间感的诗人和诗歌是不可思议的，而雷平阳的诗歌显然时时处于校正时间的刀刃之上，时时处于苍茫时间河流的怀想、寒冷与疼痛之中。时间的强大再次在雷平阳的诗歌中得以凸显，而凡常生命以及事物背后无处不在的阴影和命定性的寒冷无不证实了生命的“失语”状态，“地下有一些田鼠/悄悄地死了，不须埋葬/它们死于无光？人世间/有很多人，死得不明不白/像它们一样”（《光辉》）。在时间的单向街的晚景中，似乎只有浩叹和回忆才是我们能够做到的，“三十年了，流水没有/送回他们的容颜，大河之上/只剩下苟活者！天啊，这是/多么的荒诞，这又是怎样的一种晚景”（《离别咏》）。在诗人看来似乎只有理想中的只属于自己一个人的“寺庙”能够让生命安栖，能够让“隔一会儿就催一次命”的时间得以关闭，但是谁能够脱离这个纷繁喧闹的市井呢，正如诗人所感喟的“从生活中走开是多么的吊诡”。

我相信雷平阳仍然会在自己的“基地”和“拟象”中接续他的寓言和白日梦，难以抹平的地方史和个人志会给我们以及这个时代以猝然一击。

都市土著雷平阳

杨　洁

我就是觉得无力回答

我只能说我一无所知

——摘自西蒙·奥提兹《第一个铁杆分子》

一直想写一点介绍西蒙·奥提兹（Simon Or – tiz，我所热爱的一个北美原住民诗人）的东西，正在酝酿的时候，撞上了雷平阳。我惊诧于他们的诗歌在某些界面上的交叠程度，以至于我无法不把他俩的诗歌乃至他们两个人搁在一起谈及。

一

诗歌里的雷平阳，像一个埋伏在都市里的土著，跟轻浮的快乐保持张力，严肃、认真、倔强地，用谷粒一样的文字，缅怀着那些已经逝去的，记叙着那些正在发生的。在诗歌里，这个昆明“83 路车上的普通乘客”，确如韩旭所说，是一个自然之子，对于除人（也许还除了乌鸦）以外的万物和生灵，充满丰沛的爱，保有足够的敬畏。如果说面对“同类”的雷平阳有时或可矛盾、孤傲的话，那么面对蚂蚁、蜘蛛、漆树、青草、小花、羊、狗、土地、石头、河流、鱼、蚱蜢、蟋蟀的雷平阳，则是谦卑的、柔和的，像一个清澈的孩子。

我要到蟋蟀的家乡去
那儿的兔耳草绿了，它的细小的藤子
缠住了蟋蟀的翅膀，它的细碎的叶子
遮反了蟋蟀的眼睛——鼓一样的眼睛
我是多么的迷恋！那儿的水
它们从草根里流出来，透明的汁呀
洗干净的何止是蚂蚁的小腿
和蚱蜢尖尖的屁股，还有蟋蟀的触须

——《蟋蟀》

这些纯洁的花朵让我无地自容
它们在一根根枝条上走动
枝条，在这一带的山冈之上，每一根
都是有灵的

——《枝条》

这是一些只有心灵明净的孩子才能看到的东西。人们或可会说，诗人都是不肯长大的孩子。但诗人为这“不肯长大”所付出的代价是，他们必须像君特·格拉斯《铁皮鼓》里的小奥斯卡那样，在抵制“成人世界”的贫乏、卑琐、荒诞、无知的同时，承担更多生而为人的考验与煎熬，其中包括孤独、悲悯和绝望。雷平阳也不例外。所以他写了《亲人》，所以他写了《恐惧》，所以他在《暴雨之夜》将自己与虚空的对峙暴露无遗，所以他在《雷霆》这篇油画一般的诗歌里老实交代：“我希望黑夜走开/让我小小的灵魂，抱着一块小小的松香/在腐殖土上柔软的徘徊。我累了/我的躯体中，为什么总有一块石头掉不下来。”

所幸的是，雷平阳并没有因此而丧失愤怒和幽默的能力。在《存文学讲的故事》里，八哥边边的昆明句式（“你可见到张天寿?”）不止一次地让我哑然失笑，为这只鸟儿感动，替张天寿惋惜。在《天上的日子》里，雷平阳的“异想天开”读起来更让人掩口会心，一方面笑话他的痴人说梦，另一方面赞叹他的坦荡诚实。而在《我为什么要歌唱故乡和亲人》这篇“代诗人简历”的跋文里，我看到了雷平阳的快乐乃至幸福，尽管这赤贫至土的快乐、幸福“像针尖上的蜂蜜”，但它却是真实的、珍稀的，扎进血管，就会流散到全身。至于他对那个“深入”云南的摄影家所表达的愤怒，我则认为，那是一种令人尊重的愤怒，是一种行为能力的体现。

西蒙是艾可玛普韦布洛（AcomaPueblo）[①] 人，在美国新墨西哥州的印第安保留区长大。别人将西蒙称作诗人、小说家、散文家，而西蒙本人则自称为“一个讲故事的人力——讲述自己的亲人、土地、文化、族群”。

躺在石头上面
石头将自己切开，以适应
你的形状
是谁赋予它这样的形状
是谁
在一百万年之前就已预知
一百万年之后我将来到这里
仰望永恒的蓝天？
我的儿子就在近旁，他坐着
屁股背对着我
爬向那些石头
他捡起一块石头，握住它
把它送进嘴里
石头的味道
除了石头还会是什么
儿子，你的嘴巴里还有泥土
儿子啊，你可知道你是在品尝永恒
我们走到悬崖边上

① 即美洲原住民普韦布洛民族中的艾可玛族人。艾可玛是他们建立和居住的地方，被认为是北美最古老的、延续至今的原住民聚居区。艾可玛在其本族语中是“天上的城市”的意思。

俯视峡谷
在这一边，我们望不到
悬崖的底部，但再远一些
我们看到了田野
沙地的褶皱，和白毛杨
在冬天，它们呈现出温柔的灰色
远方，几百英尺以下的地方
有悬崖的影子
我们看不到自己的影子
风吹进我们的身体
我的儿子跟风一起欢笑
他气喘吁吁地笑
我们找到灰色的根，和古老的木头
它太老了，里面全是
神奇的卷曲，那些年轮
一个圈倒撞进另一个圈里
它是刺柏，矮松，抑或其他什么
春天里挂满坚硬的红色浆果的树种
这些浆果尝上去清甜
而且微苦，是那些蓝色的布基鸟①
最可口的美味，这样的植物
扎根在峡壁砂岩的旁边，体质敏感
容易受伤，太阳
把它们细小的针叶照耀得闪闪发亮
意识到这古老的质地
我的儿子，他小心翼翼地触摸着面前的根须
他细嫩幼小的手指放在上面
眼望着我寻求信息

① 即 bluejay，此处系笔者的音译。

我说：木头，古老的根

在它的周围，是土，我们自己

这是西蒙·奥提兹的《谢伊峡谷》（*Canyonde Chelly*）。2005 年 8 月，西蒙来中国访问的时候，我有幸充当了他在中国人民大学讲座的会场翻译，他低沉的声音充满故事的感觉和讲故事者的智慧。大多数时候，他都黑着脸（因为长得比较黑），认真而且严肃，像一个与岁月交锋的长者。但当他笑的时候，你就会在他漆黑晶亮的眼睛里，看到一个质朴天真的印第安小孩儿。

当西蒙讲到自己孙女的命名仪式，讲到他怀抱孙女走进群山环绕的海湾，面对初升的太阳，高举着这个出生四天的婴孩儿祈祷道："太阳之父，我们将叫她 Kashdasin①，请接受这个名为 Kash - dasin 的生命，请您以光照耀、护佑着 Kashdasin，就像您以光照耀、护佑着土地上的任何生灵"的时候，你会觉得，他所讲述出来的每一段故事都是诗歌。而且，无论人置身于怎样的冲突（比如殖民文化与土著传统的冲突、城市文明与乡土积淀的冲突），总有一些东西，是不会轻易消逝的，像雷平阳的记忆。

二

雷平阳是一个用经验言说的人，他的眼睛的经验、耳朵的经验、皮肤的经验、心灵的经验、真实的经验、空想的经验，一切都那么具体，有温度、有气味，有光影、有色彩，看得到的、被遮挡的，都是活的——连死的都是。所有这些经验，雷平阳可能更愿意称之为记忆。他在一次访谈中曾经说道："对写作者而言，唯记忆最可靠。"② 对记忆到底在多大程度上可靠，我向来持保留意见，认为记忆中的事，说它有过它就一直有过，说它没有过它就从来没有过，具有超乎我们肯于承认的可塑性，但对于记忆

---

① 在艾可玛语里是"彩虹"的意思。

② 书剑飘零：《雷平阳：83 路车上的一个乘客》，载 http：//club. zniufo. com/poesy/read. aspx? id = 234。

之于每一个相关者的抚慰功能，我却是从不置疑的。我喜欢的一个女人曾经说过：“坚信离去的那个人仍深爱着自己，未尝不是一种幸福?”我想这句话同时道出了记忆的可篡改性和有用性。

西蒙在其 2005 年中国之行的一次发言中曾以一条河（Riode San Jose）的逝去或干涸为线索讲述记忆，一如雷平阳讲述《澜沧江在云南兰坪县境内的三十三条支流》和他的欧家营地图一样，西蒙无比详细地讲述了这条河流的历史、作用，以及（特别是）它南北东西的地理状况。他说：“好几百年了，艾可玛普韦布洛和拉古衲普韦布洛（La－guna Pueblo）人都用这条河的河水灌溉他们的果园、苗圃、草场、农田？直到不知道哪一天？河死了。”西蒙平静的声音像河水：“在实实在在的死亡发生之前，我们通常看不到事物的死亡？多么奇怪呀，事物就在我们的眼皮底下死着，但当我们真正看见这种死的时候，已经为时太晚。”在短短几十分钟的发言里，西蒙一遍一遍地诘问：“我们记住了什么？记忆到底有何功用?”

有些风物不可以聆听，不可以让它们
静止，有些流动不可以接近，不可以
把自己想象咸水鸟，在它们的表面上飞

有些厚这几十丈的滚沸不可以切断
不可以蔑视它们的冲击力；有些没有尽头的
循环不可以隐喻时间

不可以把它们分成一个个断面
有些一再抬升的河床不可以视为崛起
不可以用它们运输黑暗

有些高迭数千米的空谷，不可以
错认为自由的空间；不可以
鼓动空气和阳光，以及风的暴乱

有些不能分散的整体不可以孤立，不可以
把它们用数亿的个体才橡合成的，骨肉相连的
一个拥抱，仅有的拥抱，当成异端

有些沉默不可以骚扰，不可以抵押上
众多弱势者的悲欢有些河流
像一支孕妇的队伍，它们怀着胎儿

像欧家营旁边的这条，走得很慢
通常能看到，我们的倒影
和渐渐缩小的未来

——《河流之二》

这是雷平阳关于河流的即时记忆。我们甚至可以说，雷平阳看到了西蒙提到的那种死，而且是在实实在在的死亡发生之前就看到了：但又有什么用呢？

西蒙的回答是：“我们需要铭记，我们不敢忘却？记忆是抚慰，是安放？铭记就是不忘却，记忆已经成为我们的本能和习惯。”他还说：“记忆的意义就在于实际发生过的那个经历本身，而不在于它后来在我们的感觉或脑海里复现的那些东西。”西蒙强调，他对“经历”，或者说对那个即时的、当下的“时刻”，所给予的信任，要远远超过“记忆”本身。

雷平阳的很多诗歌都是在描写“消失”——消失的河流、消失的树木、消失的时光、消失的亲人、消失的生活、消失的“旧”。在这一连串有关“消失”的祭奠当中，唯有一样拒绝消失，那就是雷平阳的生命印记：他借由诗歌记录下来的经历与时刻；或者说，他借由诗歌保存下来的对于“消失”的记忆。

三

雷平阳对自然万物充满了休戚同体的热爱。他替树木喊疼、为生灵叫

累；替昆虫发泄怨愤、为石头表达伤悲。以至于我甚至会想，把雷平阳挂在树上，说不定他会长成一截树枝；把雷平阳丢进水里，说不定他会变成一个鱼王；把雷平阳安到山上，说不定他能蜷缩成一座寺庙；把雷平阳抛到天上，说不定他能羽化成一只鹰鸟。

在诗歌里，雷平阳这个“乡村测绘员”除了以当年手绘故乡欧家营地图的耐心，徒手用文字布置出云南昭通市土城乡为参照周遭几千里的地景外，还徒手用文字绘制成一幅幅以爱与痛惜做地标的生态图。

尽管现在生活于昆明市的雷平阳逃不出他已经身陷其中的都市日常生活，逃不出他自己《在“橡树”的一个下午》和他不得已而为之的《埋伏》，以及他周遭类似《茴香酒吧的技艺》和《中午》里的尴尬之境，但占据他内心生活更多面积的，无疑还是日照的海、乌蒙的山、施车的杨树、沧源的榴莲。雷平阳曾在一次访谈中表达过他对“土地”的热爱，说他没有理由不以肉体和魂魄守望乡土，我认为他在这样说的时候并不矫情。因为只有乡土，才是雷平阳思想营养的源头。

与来自土城乡的雷平阳一样，来自艾可玛的西蒙现在也居住于城市——在加拿大的多伦多大学教书。但西蒙讲述的故事，无论是诗歌的形式、小说的形式还是散文的形式，也与雷平阳一样，大都跟他的“源头”相关。这一点，你只消看一看他为自己的那些诗集所起的名字就知道了：《赤裸风中》《交织的石头》《闪电前后》《求雨》《抵抗：为了亲人，为了土地》《来自沙溪①：在这个地心升起我们的美洲》。

在 Aacqu，有一堵屹立了将近 400 年的老墙。它承受着几百吨泥土和骨头的重量——它是一座建立在陡峭斜坡上的墓地。这墙看上去随时都可能从斜坡上倒塌，但它不会，在很长一段时间内，它都不会。

我的父亲，一个跟石头打交道的人

---

① 即 Sand Creek，一译“沙河”或“桑德河”。1864 年 11 月 29 日凌晨，美国白人上校约翰·奇文顿（John M. Chiv - ington）不顾白人对印第安人许下的承诺，率军对“黑壶”（black kettle）领导的夏安族（Cheyenne）印第安人的冬季扎营区沙溪发动突袭，短短几个小时之内，超过 200 名夏安人被杀，其中除 75 名战士之外，剩余皆为老人、妇女以及儿童（一说有 133 名印第安人惨遭杀害，其中包括 105 名妇女和儿童）。该事件后来被称为“沙溪大屠杀”。

他跟我说：“那只是你看到的部分，
那些看起来
只是从外部堆砌起来的石块。”
他的双手把石块和灰泥搁到
它们应在的地方，“在那些貌似松散的石块下面
有交结在一起石头。”
他将一只手扣在另一只手上面
宛如他的骨骼结构一样
严丝合缝，“就是这样
结在一起。”

“要非常仔细地建造。”
他，耐心地，
说：“要用手指。”
他在掌心调和着灰泥，“将灰泥混合到一定的火候。”
“这样，将灰泥抹进石头之间，它们
才能很久、很久地
黏结在一起。”

他向我讲述着那些事情。
故事，在他的指掌间
运动，直到那些石块和灰泥
它们变成了那堵，能够屹立很久、很久的墙

这是西蒙讲述的《关于一堵墙如何保持不倒的故事》。作为一个“讲故事的人”，西蒙就像那堵墙一样，坚持让根基屹立在他的“乡土”——印第安保留地——之上，用他独有的方式叙述着经验和记忆，抵制着那些来自城市、科技和人自身的破坏力量。

雷平阳也是这样。

陈超说："诗人的生命状态是构成诗歌话语之本的东西。"① 对此我始终认同。我认为，雷平阳和西蒙的诗歌之所以能够诱人深入，就在于它们展示了诗人那种粗粝真实的生命状态。我想，在眼下这个姑娘们都跃跃欲试嫁给护照的年代，读雷平阳的诗或尝试进入西蒙那样的生命状态，都应该算作一次抚慰人心的旅行。

① 陈超：《打开诗的漂流瓶——现代诗研究论集》，河北教育出版社2003年版，第29页。

地理的诗学
——读雷平阳《云南记》

草　树

诗人陈先发给我讲过一个故事，说是雷平阳陪同一位诗人去看他仰慕已久的著名舞蹈家杨丽萍，见面时，杨丽萍犹如天人的美突然出现在他眼前，他不敢相信是真的，什么话也说不上来，哇的一声哭了。一个中年男人的哭，什么都没说也什么都说了。这让我想起雷平阳多年前写的一首诗《澜沧江在兰坪县境内的三十三条支流》，他除了像地理说明书一样陈述了这三十三条河流外，其余什么也没有。该诗引发了徐敬亚和臧棣对峙，讨论会中途徐拂袖而去。在很多人看来，这首诗是地理的翻版，没有生命力的参与，是毫无价值的。当然，此诗存在某种形式主义倾向，是一种零度写作的一次性范例。但是从另一个角度看，一个长期行走在云南的山河深处，熟知她的河流和沿岸人们生存境遇的诗人，他有太多的话要说，而当他真正面对这些河流，他除了说出这些河流的名字，他还能说什么？这正如那个看见杨丽萍哇的一声大哭的中年诗人一样。

我之所以在一个事件和一首诗之间探求某种心灵的内在联系，主要是因为，这是一首几乎纯地理的诗，也是成功的诗，具有巨大的冲击力。为什么云南的地理元素频频在雷平阳的诗中出现，而且地域性色彩十分鲜明——他几乎是偏执地偏于一隅，书写一地，不断向下挖掘，向云南的山地拓展，我想绝不是偶然的。

《云南记》摆在案头，已经有大半年。读了一部分，就放下了。我似乎还没有找到一盏进入它的核心的灯。现在灯亮了。

一个艺术家和他的时代的日常生活关系越密切，就越容易传达自己的感受，但是也越难做出诚实公正的观察，难以摆脱自己拘囿其中带来的偏见和缺乏足够的独立性。雷平阳似乎懂得这一秘密，比如他至今不上网，放弃现代科技带来的海量信息资源，坚持用笔书写。这不是一个姿态问题，而是一个有抱负的诗人力图保全一种冷静的、适度距离的观察，尽可能在远处和时代构成犄角，扩大语言的张力。我们来看一看《亲人》："我只爱我寄宿的云南，因为其他省/我都不爱；我只爱云南的昭通市/因为其他市我都不爱；我只爱昭通市的土城乡/因为其他乡我都不爱……/我的爱狭隘、偏执，像针尖上的蜂蜜/假如有一天我再也不能继续下去/我会只爱我的亲人——这逐渐缩小的过程/耗尽了我的青春和悲悯"。不爱外省只爱云南，只爱昭通，只爱土城乡，只爱"我"的亲人，我们不能说《亲人》表达的是一种狭隘的爱，正是由于它的情感上的偏执和地理上的偏远，成就了它的艺术魅力：真实、诚挚、毫无伪饰，也符合人性。这种人性的表达由于打上了地理的烙印，就更加容易识别。而艺术作品的生命在某种意义上不正是在于它的个性或者可识别性吗？

当然，地理与诗，远非这么简单的关系。地理和人，血脉相连。一个人在城市对地名失去了感觉，那是因为城市的面目千篇一律，无从分辨，也不断地把人从大地上放逐出去。诚然，城市也是地理的一部分，但是它在中国几千年农耕文化的背景里，远没有高山厚土来得凝重，没有江河大川来得深沉。一方水土养一方人。地理灵性，无声无息地滋养着人类的心灵。尤其对一个诗人，它有着一种特殊的赐予和格外的启迪，每一寸记忆，每一个想象，都和它的岩石、树林、泥土、河流和天空有关。地理，不是地图上的线条和符号，它是具体可感的，是诗意的一个根基。其实在中国的诗歌史上，地理从来没有离开过诗歌、诗人。无论是李白还是杜甫，诗歌里都有大量的地理印记。"朝辞白帝彩云间，千里江陵一日还"；"即从巴峡穿巫峡，便下襄阳向洛阳"，这些伟大的诗篇，无不因为地理而增辉，而心口相传。雷平阳偏居云南，只写云南，并不是他褊狭，而是他的诚实。菲利普·拉金说："我写的诗，都跟我的生活和我这个人绑在一起。但我不觉得这会使它们变成表面化；反而觉得这使它们变得更好。如果我回避抽象，例如见诸政治和宗教的抽象，那是因为抽象的东西对我的影响未曾强烈得足以成为我个人生活的一部分，从而变得不再抽象了。”雷平阳的诗歌，无疑是和云南绑在一起的，连他诗歌里出现的，那些带有浓郁地域色彩的鬼神故事，也是他可感的，甚至是他生活的一部分。雷平阳多年行走的云南的山水之间，和当下一些掷笔不写或者根本就是“江郎才尽”而不断以诗歌活动家和表演家的身体、戴着诗人的帽子坐在诗歌舞台上的20世纪60年代诗人，形成了极大的反差。从一册《云南记》，我们可以读到一个诗人的抱负。

每天，都有一个容颜
从我的脸上落下。每天都有一个人
从我身上离开。在夜郎国的山上
我常常会遇到那些离开了我
的人和我的容颜，他们搬开石头
砍掉荆棘，向泥土表达着
他们恶狠狠的爱。在昭通市
或昆明近郊，我亦一再地碰上
那个发誓要为天地立心的青年，他有着
冲天而起的豪情，像缪斯的私生子
单薄，易碎，偏执，一直
想把菩提请到作品中来……

——《离开》

当然，中年的雷平阳已经有了更多的反思和内省，他的声音是低沉的，有着怒江的浑厚，也有着雪山的清冽。像一根根钻头，旋转着，向下，似乎要钻穿云南的大地，直抵地心，在那里建一座“伟大而自由的演播厅”——

田鼠在地下歌唱，它们黑暗的声音
穿透了自己黑暗的身体。它们
迷宫般的洞穴与人世有别，伦理，美学

和立场自成一体。谁都知道顶上就是
黄金堆集的稻田，再高一层
就是透明的天庭，但它们乐此不疲
张着一张张小嘴，在暗处
唱个不停，细碎的牙齿跃跃欲飞
仿佛地下建起了一座伟大而自由的演播厅

——《田鼠的歌唱》

一个诗人，没有穿透黑暗的勇气，就不能抵达真正的光明。诗歌从来不是空中楼阁，不是大师手里的苹果，不是哲学家的唾沫的重新搅拌，不是 **F117**，而是生长于大地之上、穿透于黑暗之中，带着地理印记一般的鲜明感受和诗人的深沉思考。一个真正的诗人除了扎根泥土以外，他还会不断地反省自己，不让自己把“还魂药”，炮制成了“迷药”。

……以前，我在山上
炼丹，走火入魔，把还魂丹
炮制成了迷药。作为惩罚
我提着一把斧头，来到了这棵树下
我的劳役，就是不停地
挥斧、砍伐，让斧头的光
得以射向人间。……

——《月亮记》

雷平阳的诗篇是沉重的，几乎每一首诗里都有一个地名，无论是标题还是内容：云南的，鲜少他不熟悉的外省。词语承载着它们。太重了，里面有基诺山，乌蒙山，雪山；有怒江，红河，湄公河；有昆明和欧家营、密支那和楚雄；有土司，道士，李家柱，雷天良，鳏夫，疯子，十字架，庙宇，菩萨，鬼魂。没有哪一个诗人的诗篇布满了如此多的地名和它隐含的一切。巴勃罗·聂鲁达足迹横越南美，他也没有如此密集地在诗歌中以语言去承载那里的地理和地理包含的一切。但是雷平阳似乎毫不隐晦他这种偏执，更准确地说专注于脚下的大地，专注于本体。他是要穿越云南这一片高山后土，为天地立心，在语言里建造一个庙堂，为业已失去的故乡重建一个语言里的故乡。像每一个智慧的诗人一样，他深谙语言的秘密，敬畏语言如神灵。语言是一种古老的存在，它和人的命运、地理、习俗、宗教、文化紧密相连，那里面有祖先的气息，有《诗经》和《论语》的语调，有血脉、有神灵。在云南，少数民族聚居，高山大河相隔，语言更是故土。语言像《雪山传》一样，没有文字，口耳相传，一代又一代。卡瓦菲斯写过一首很有名的诗：《就是那个人》，诗歌通过琉善的《梦》一书的内容进行了虚构。在书中，一位叙利亚辩士和一位作家谈到他是怎样选择文学生涯的：在一次梦中，他见到“文化”。后者应允他：“一旦你去外国，即便在异域你也不会默默无闻或无人知晓，因为我会赋予你身份标志，谁看到你都会碰一碰邻居的肩膀，然后用手指指你说：就是那个人!”

寂寂无名——在安条克的一个陌生人——
这来自埃德萨的男子
写了又写。终于，瞧，最后的诗章写就了。

它一共包含八十三首诗。但是写了这么多，
作了这么多诗，以希腊语从事
如此紧张的遣词造句，已令诗人疲惫不堪，

现在一切都向着他压了下来。
但是一个念头突然使他从沮丧中振奋起来：
那句崇高的“就是那个人”，
琉善曾在睡梦中听到过。

——卡瓦菲斯《就是那个人》（黄灿然译）

埃德萨是奥斯罗伊尼（参见《在奥斯罗伊尼的一个城镇》）的首府，其人口主要是闪族人。安条克是第一次十字军东征时期欧洲封建主在亚洲所建立的一个十字军国家。这首诗虚构了一个诗人的写作状态，也表达了写作的根本意义所在：一个人最真切的存在，最终是在语言里。雷平阳显然明白这种写作价值，在诗里有更深入的表运。

在广州，有人问我
什么是末日？我没有多想
脱口而出：佤山的巫师，基诺山的
白腊泡，雪山下的天葬师……
当他们用汉语布道时，世界已死

——《末日》

有一次他到山东日照，遇见一个从云南远嫁到那里的姑娘，他甚至觉得他的到来是对那个离开母语的姑娘的搭救（《江水流淌》）。

故乡，是一个古老的大词，当它渐渐在现代诗歌中消失，却在雷平阳的诗里大量出现。我们不再称我们的出生地为故乡，而是老家。甚至连老家这个词也少用了，直接称之为乡下。对那些没有“乡下”的城市人，我不知道他们面对故乡这样一个抽象的概念时，会有怎样一种感受。《云南记》，实际上就是旨在寻找一个地理和语言双重意义上的故乡。当代中国，喧嚣不已，人从来没有这样感觉孤独，但又狂妄、虚伪、自欺、冷漠。当中国摆脱了“文革”十年的集体主义的癫狂之后，北岛以一句响亮的诗“我不相信——”发出了怀疑的声音，开启了一个个性觉醒的时代。一位近十年搁笔不写的诗人，说到诗歌，必言北岛，必朗诵这一句惊天动地的诗，但是每次他都做了修改——

老子不相信——

这是一个大写的“我”在特定时代的发声，但是人们很快走向了另一个极端：狂妄。最近三十年，中国实现了经济上的巨大飞跃，盛世之下，歌舞升平，但是中国几千年的道德、伦理、价值观，以及一切维护人的精神的规则，统统土崩瓦解。物质主义和享乐主义统辖着当代人的精神世界，无聊和荒谬成为最主要的时代精神特征之一，人们的精神从来没有这样一片“废墟”。也许太多的诗人无视了这样的真相，他们隔江唱着“后庭花”，临屏写着“吐真药”，在词语里自摸、意淫，从词语到词语，演绎着毫无灵魂的观念。雷平阳说，“良知是生的底线”，他的作品也表现出了这种可贵的良知。他对大地和大地上的人们的生存境遇充满了悲悯。

不要打扰风声里睡觉的鸟
不要打扰，拉直了身体
站立在河床上的蛇。不要打扰
这一个拉祜老人，他刚刚灵魂出窍
也请你们，不要打扰我，我必须记住
这么对细小的山规，必须皈依
这么多蝼蚁的宗教……
老人安身的地点，曾经一层叠一层地
埋过他的祖先，他们终于手找到了手
骨找到了骨，心上草根
互相盘绕。请不要打扰啊，他们
在地下，也该歇息了
那儿静悄悄的，似乎只有一群
搬运骨头的蚁蝼，天上人间
不停地，来回搬运

这几乎是一种呼告，一种终极的、对人的尊严的维护。而这样的声音，只是我们的时代的喧嚣里，一种鸟翅振动的声音，没有几只耳朵去倾听。这是一个言说而非倾听的时代，也没有几个诗人去倾听语言那古老的允诺。诗人或艺术家，稍稍偏离，就极容易“走火入魔”，一味地形而上，结果有了“上”，却没了“形”，或者“形”也有了，“上”也有了，双脚却远离了大地，像断了线的风筝。有这么一种倾向，仿佛书写日常经验，“文以载道”，担当精神，都是等而下之的写作，远不够“纯诗”的标准。在一个长达百年或更长的时间维度里，到底什么样的诗歌经得起时间的淘洗呢？雷平阳双脚深深扎在云南的大地上，他的写作富有良知而清醒，充满悲悯情怀，他对土地和人的命运的沉重经验的书写，是有穿透力的，其光芒，足以穿越时空。显然，他在寻找故乡的行程中，时刻都在致力——致力于重建人的敬畏之心。他的诗歌，是我们冒着热气的天灵盖迎来的一瓢凉水。

水漫过了河堤。梨树，苹果
石榴，一切拖儿带崽的植物，惊恐万状
都想抽身离开。白杨和翠竹，喊醒了
睡梦中的斧头和镰刀，从房前屋后纷纷赶来
它们比谁都清楚，只有失陷于灭顶之际
失陷于对内心刀斧的深情呼唤
颠覆与埋葬，才会有限度
我们，才有机会，站在旁边
聆听人们奢谈未来

——《昭鲁大河记》

狂妄是狂躁症的前奏，是“疯狂”的开始，也是人心之间的高山大河，阻碍着，使自身落入孤立的存在。但是，吊诡在于，这一切人所回避、不愿面对的，却又被人们漠视，乐于自欺，在自欺中张狂着欲望。在这样的背景下，云南的地理就更清晰、清醒，雷平阳的诗歌也有着一种青霉素输入静脉的治疗的力量。

——我路过的村庄，名叫守望乡
静静的，一条狗，没有受谁的指派
纯粹是它想叫，跑过来
在我身后，叫得没完没了
始终没有扑上来。如果人都可以
自己说了算，那天，我只想
在守望乡做一块石头，稍稍
比泥土，高出那么一点点

我不能被埋掉，守望乡往西二十里
我的母亲还住在欧家营，她让我
头颅一直伸在人间，从来不敢
缩在地面。这也是我个体的意愿
没受到谁的摊派和指点

——《乌蒙道上》

这种诚挚的语调、悲悯的声音，一个诗人与生俱来的、像狗一样的古老忠诚和使命感，洋溢在诗行间。雷平阳绝不高亢发声，他生怕惊动了那一片土地上的神灵、庙堂里的菩萨。他的质朴的叙述，其力量来自他坚守云南的固执，也构成了他诗歌中一种独特的力量。他极力保持着一个诗人最大的诚实，写他所感、所悟，写他熟悉的云南地理、土地和人的命运。他的诗歌的触角一旦触及外省，地名就模糊了，高山大川似乎就有了一种阻隔。即便黑龙江、新疆、天山，也于他有了陌生感。“如果我站在天山脚下，我一定会/非常的忧伤，天之山啊，挡住了/去路，它让一个诗人回不了故乡”（《偶感》）。他也一再感叹：“一千年的故乡，被两年的厂房取代，再也/不姓雷，也不姓夏或王。堆积如山的矿渣/压住了树木、田野、河流，以及祠堂”，他只能“在坟地里/扒开草丛，踉踉跄跄地寻找故乡”（《在坟地上寻找故乡》）。这些直接的表达，带着深深的失根的沉痛感，虽然失于直白，却也因为细节的支撑、情感的真挚，具有一种动人的力量。更好的表达当然是《火车开往暗处》。

一列火车往暗处驶去
它的车厢，全部放空。可它跑得
多么沉重，像拉着一车的
铅锭或民工。像拉着屠宰场的案桌
像拉着坟头上几棵苍松……
在沮丧和绝望中，它途经了
很多个省市和三角洲
那书本上的江南，迎面开来

一艘艘工厂的巨轮，贩卖明月和秋风
有一条大江，烟囱一样，笔直地
站了起来，青山当佛阁，抖落下来的
却是无处藏身的鱼骨。这列火车
没有受到阻遏，它空荡荡的车厢
却因此更加沉重。里面鼓吹的秋风
似乎变成了庞大的炼钢炉
沃尔玛和皮革之都。它不知道
哪儿会是真正的暗处，但在一个
三等小站，它停了下来，希望能查出
必须运往暗处的东西，还有什么
没有带上。一个列车长的绝望
在于他看见了虚空。带上的或
没有带上的，全都叫不出名字
抓不住形态，比如欲望，比如强横
比如天空里废弃的庙堂。他只好
长长地、重重地，又一次鸣笛
开着这列火车，一头扎进了暗处
那一夜，许多没有睡去的人
都听见了，一个虚拟世界
摔碎在渊薮里时发出的巨响
像世界的外面，发生了一场山崩

此诗有着迷人的结构之美，有现代符号的精准介入和内在诗意的圆满合缝，具象和抽象连接无痕，一种冷静但又沉痛的语调赋予了诗歌震动人心的力量。它显示着雷平阳扎实的写作风格和圆熟的诗歌技艺；一种质朴的诗学，火车一般推进的力度以及不惜毁灭自身的坚定信念，也显示了诗人的良知和使命意识。有趣的是，地理在这里模糊了，连江南，也是纸上的，事实上它们不正是这个物质主义统治的世界的本来面目吗？—— 一片模糊，无从区分。

如果说雷平阳的诗歌是这样一列火车，那么它是双向行驶的：一方面，它行驶在云南的山水之间，穿过高山、河流、村庄、城镇和这一片大地上的人的存在、苦难和命运；另一方面，它又朝着远古行驶，探询语言的流脉、矿藏和古老的语调和气息。他活着，就渴望这样一种活：“子时，坐在床头/想象西施的美。凌晨，对着曙光/高声朗读《前赤壁赋》。太阳升高/去一下寺庙。下午，一边喝茶/一边听京剧。”他希望活在“西施、慧能、苏东坡和梅兰芳等人死去后仍属于他们的时间里”（《晚风》）。这种古典情怀是他的信念的一个支撑，或根本的支撑，也是他要为天地立心而奔走的一个方向。不是倒退、返古，而是试图在传统文化的流脉里奠立故乡的根基。他相信，“圣贤已逝，魂还在/出巡。云南虽然偏远，他亦频频/莅临”，但是这些出巡的魂，不能改变什么，因而诗人更“沉默、拘束、昏沉”。当然他也看见了傣历年泼水节的狂欢洋溢的美，他说，这，方才像他一次：“暮春者，春服既成/冠者五六人，童子六七人/浴乎沂，风乎舞雩，吟而归。”（《本能》）这是知识分子固有的情结，也是对那样一种健康活泼、清新优雅的古风的无比向往。在回溯的语境里，外省的地理也清晰起来：无论石鼓或赤壁，长安或秦岭——

山姓秦，水姓汉。辞别长安
一路南行。我知道，汉水流经之地
都是汉人的故里。有人闭关已久，制作迷药
和凶器；另外的人，从水牢中伸出
湿漉漉的头，生蛆的身体，渴望能赶上
汉字的偏旁部首间，举行的一个又一个葬礼
“地白风色寒，雪花大如手”
在水里洗干净出头，挖山的人
越过了秦岭。访某道士不遇，蜀中怅饮
大醉，抱松而睡。挖开雪，看见冰
挖开冰，露出顽石。冻土埋得太深
他们始终没有挖出，金刚塔和舍利子

——《大江东去帖》

精神的溯源，尽管也有落空，但是诗人似乎顷刻间底气十足，中气充沛，语调也高亢起来，沉郁中透着兴奋。“我是儒，我是佛哦，我是道”，激昂之处，刀剑有声。他相信轮回，历史的、个人的，精神的、魂灵的，在轮回里展开时间：“落在今年的，是往年的雨”，“他们早已死掉的/亲戚，又折回来，借我的身体偷生人世/一十三省的江水，把他们洗了/又洗，磨了又磨，我的体内全是沙砾。”而对诗人来说，谁都不会忘记布莱克的名言，一沙一世界。不但要这样的胸怀，还要借汉魏之风，治当下之软骨病；要“以水洗水”，洗出东坡之“净”，“咒语里锁住的美玉”。他甚至慷慨陈词：

> “圣灵运行在水面上。”我们也乐于
> 将水中的倒影，说成时光的痕迹，它是
> 人类缺席的不多证据之一
> 我们始终相信，水一直流淌在
> 《诗经》和《论语》里，它是菩萨和其他神灵
> 的寓所。它当然也是《诗经》和《论语》里
> 流出的液体……
>
> ——《大江东去帖》

《大江东去帖》沉雄、豪放，接通了历史的气脉，烛照了当下的荒诞，它的地理远远突破了云南而呈现出广阔的诗意，无疑是《云南记》中的精品，是诗人另一种风格的展示，也是当代不可多得的优秀诗篇。

在《云南记》中，最沉重的部分是诗人的“列车”穿越大地的那一部分“风光”。这一部分主要由卷三和卷四构成，诗人把对大地的钻探转向了人性，呈现了触目惊心的荒诞存在，打开了一幅幅乡村的苦难生活和灵魂的遗世孤立的荒凉图景，也有力地开掘了人性的善和恶，卑贱和庄严，展示了人性的复杂性和多样性。在当代诗人中，很少有人敢于像雷平阳这样直面黑暗，更多的人是从坚硬的现实面前退缩，一直缩到他的象牙塔里去，而不是像雷平阳一样走到不能再远的、雪山林立的德钦县，人性的边地，不怕孤独，像一个乡下木匠“建起了一座永恒的圣殿”，在佛塔

里走丢了，终又有机会，活着，“从其尖顶爬了出来”（《德钦县的天空下》）。他深知，不穿过黑暗，不接近边界，就无法进入地心，进入人的灵魂。在他看来，人类就是像蚂蚁一样沿着一根绳子，走向大地，走在大地上。“爷爷抱着父亲，父亲抱着我/我抱着儿子，努力地接近地面/我们都想闻一闻土地的芬芳/我们都想生活在地上/神的庇护，给了我们足够的身体的饥荒”（《边疆》）。当我们坐在几十层的高楼上，眺望远方的天空、山河、大海，我们以为我们高出了一切，不知道自己正是城市那一只巨大的猛兽吹起的、一只飘在空中的气球：自己扎着口子，没有人为你拉线，坐在宽敞的写字楼里其实早已飞出去了，不知道会飞向何方。雷平阳正是在这样的地方，反向而行——甚至面对一辆卡车装来甘蔗，一屋造爱的声音。他的反向而行，和现代人无聊枯萎的生活，形成了巨大的张力。

在城市化进程不断加快的今天，土地和命运，仍是诗歌能量不竭的主题。雷平阳生长于农村，长期行走在云南的崇山峻岭、江河大川之间，对那一片土地上的存在，有着血脉相连的感受。他清醒而自持，从不认为可以悬空在语言里建立一座庙堂、一个故乡。他的每一个字、词，都尽可能触及人性的边疆，挖松那里的每一寸土，以便生长，似乎是他的诗歌的一个愿望。

在他冷静的叙述里，众多人和事物，一一登场，带着他们的地理和口音，苦难和吊诡。是这样一些人：养猫的尼姑，狱中哺鼠的仇海明，屠狗的矿工，筑墙的少年，杀猪的屠夫，有名的、无名的，亲人或陌生人。尼姑惧怕寂静，养猫予以反抗，结果猫不愿委屈自己，叫春、逃跑，然后生了几只小猫。猫缓解了孤独，尼姑却愤怒了，请来木匠，做出木牌，将刻着牡丹的木牌悬挂在猫的屁股上。而她自己念经，“有意无意”，居然“带着一丝丝猫的口音”（《养猫记》）。仇海明在狱中训练幻觉，在幻觉里拆除了墙、顶，甚至底。在他看来，“牢狱”，比“街道、广场、会议室安全多了”。他在狱中哺鼠，不肯出狱，虽然没有找到更高的哺鼠的意义，还是觉得老鼠有了他需要的功能：三斤重的老鼠，“一斤暖脚，一斤暖心，剩下的一斤/在狱房中，跑来跑去，暖一暖/结冰的空气”。而当他无限接近了幻觉本身，他停顿了。“三只老鼠拔光身上所有的毛/扭成绳子，也没有将他拉动”。人们最后发现他死了，搬开尸体，发现下面三只老鼠，也死了（《狱中哺鼠记》）。这些带着寓言色彩的、荒诞不经的书写，闪烁着阴沉的民俗智慧，也像一个外科医生一样冷静，对存在的荒谬和人性的复杂，进行了无情的解剖。但是，看似无情，背后实际上藏着一颗悲天悯人的心。

《云南记》出版以后，网上有很多评论，啧啧称赞者众，但都无关痛痒。我想原因无非有两个，一是盛名之下的雷平阳，使读者对他的阅读失去了警惕心，甚至一些名家，都带着一种奇怪的心理条条是道一概褒扬；而另一些"反对派"，根本没有读过《云南记》，只是凭着对网上有限的几首诗的匆忙阅读就做出了判断。这是当下这个时代诗歌批评的一种有趣的现象。对于成名诗人，"捧"是不会错到哪里去的；而对于那些民间写作者，寂寂无名，名家就是在他们的作品中像发现了白鹭腿骨间的金子一样发现了文本的价值，也会缄口不言——因为那里有新的东西，存在着判断失误的危险。这种如本雅明说的"不道德"的批评习气充斥着当代的文学生活。有趣的是，在谈到第三卷《隐身术》一系列的"记"时，恰恰是那些"反对派"蒙对了。这一系列的"记"，雷平阳无疑想以小说的手法把大量民间故事和生活经验延请到诗中来，但我以为这一部分的写作是失败的，一是散文化倾向太重，缺乏一个诗性的结构，为了扩大语言的张力，诗人往往又从对本体的叙述中跳出来，嵌入一些语言本身的规则不容的主体意识；另一个是叙述本身也拖沓、平实，不够灵动，题材多有重复，缺少新发。

名家的批评，对有经验的读者无关大碍，对没有读诗经验的读者，则极可能形成误导。为此我还想说一说书中的两首长诗，《怒江，怒江集》和《春风咒》。"怒江"一诗，可能隐含诗人的雄心，旨在深入勘探怒江和它的两岸深邃的精神史和文化史，但是诗歌显然失败了——既没有传递出诗人清晰的声音，也没有和当下真正接通，诗歌的抒情显得空泛，看似浑厚实则无力。而《春风咒》完全进入了另一种语境，出现了另外的和诗人内心不和谐的声音，或许是因为诗人一直偏于云南，不太关注诗歌的回声而出现了一种无力感，从而发出了不同的声音。

谢天，谢地，这儿贫穷
穷得怒江两岸，山，高，高如教堂

天，空，空如展开的经书
穷得只剩下充盈的自由

——《怒江，怒江集》

在里尔克的年代，“贫穷是一种美德”，也许是深刻之词，但是我们今天面对的世界已经完全不同了。况且这种声音，和全书的基调不符，也和诗人真正的心灵之音不符。一个诗人的内心是复杂的，也可能，当诗人一路挥着铁锹前行，疲倦了，因而只想“做一个土司”；或者只想睡下，鼾声如雷，不愿再在梦里起身去看布朗族巫师在景迈山巅用母语赞美月亮（《惠民乡日记》）——当然这也可能不是无力感的流露，而是一种“穷则独善其身”的自我告慰，或自嘲。

《春风咒》中有一个刺眼的词语，就是飞机，唯一的一个现代文明的符号。一个少女和飞机的对峙、对撞，抱着母亲的白骨，端坐于高山之巅，在剩下不多的时光里不想错过任何一架飞机：她要用头把它们撞毁。在我听来，这是诗人疲惫无力或深处异族老林之时，发出的杂音。

我抱着对《怒江，怒江集》的一丝失望，几乎愚蠢地想跳过接下来的诗篇：《昭鲁大河记》。幸亏我没有草率从事——它又找回了那属于一种正大高远的低沉之音，每一个词语都像钉子一样扎入读者的心坎，带着痛感和思索，让诗意生成并无限敞开。土地和依附其上的地理、命运，依然是主要的元素。但是诗歌对现实的开掘是非常深的，除了触及了那些古老的母题比如恐惧、绝望之类，它最可贵的是在日常生活中有着不同凡响的发现，“他在那儿/找到了向下生长的一棵杏树/坐于枝丫，品尝苦涩的火焰”，这样的表达和对一种麻木中透出悲戚的存在的发现，是沉实有力的。当一个地主的小孙子被人扔进粪池，“他把他，救至河滩，洗了几遍/河水清且涟漪/河水清且直漪/河水清且沦漪”，这种恰到好处的巧妙抒情，充满了复杂的感受。诗人对那个贫穷年代生活受制于贫困的人们，饱含着深深的同情。那些生活，是那一代人，也就是我们的父辈的，也是我们的——属于我们的童年。“因为饥饿，他哭过/因为生死，他不知道哭”，他去给别人守灵，就躺在棺材上睡着了，醒来发现灵堂空无一人，被吓哭了，“他恐惧的泪/比黑夜，比棺材，都黑”。这些悲剧性的存在，因着昭鲁大江，因着清晰的地理，其内在的诗意被大大强化了。

当地理聚焦于出生地：欧家营，诗歌的书写有了某些自传的特征，更真切、更犀利，诗人在更进一步挖掘人性的同时，也展开了对历史和现象的批判。

病怏怏的村官，微风八面
他带头烧掉寺庙，把关圣人塑身
丢进了流水。把欧家营改名为爱国村
他指着悲天河："以后，谁也不准乱叫
从今天起，它叫胜天河！"
安排工作，他把男人喊上山
女人，好看的几个，喊到仓库择种子
遭他暗算的不少，剩下的孩子
一律罗圈腿，也是病怏怏
有一天，他进城开会，疯疯癫癫地回来
口中，全是谵语。碰到女人
马上就脱掉裤子，不干那事
命令女人，不准走开，一定要看他
独自表演。他死的那天，道士说
"这个人，去过地狱的妓院！"

而杀猪匠则是临死惴惴不安，"躺平了，又撑起来/我只会杀猪，那边，有没有猪可杀？/没人回答他，他头一歪/带着疑问，一个人去了那边"。雷平阳叙述这些乡村故事，表现了极大的克制和冷静，一字一句，扎中痛处。他写蛤蟆，甚至有几分神秘感，仿佛那蛤蟆像个先知，预言了那个民工的死。诗人对底层社会的无常命运的同情，完全隐藏在词语的背面。事实上，"村庄"虽以片断呈现，没有交代时间，但时间在内在流动。那个跟着白痴妈妈进到继父家的疯子，他有着常人不具备的勇气，突破了古老理性的束缚，像恺撒大帝一样，我来了，我看见，我说出。他看见并说出人世的种种荒谬：草垛后的交配，烟叶地的盗窃，丑女的引诱，等等，他说出的一些秘密，连棺材里的死者都感觉不安。《村庄，村庄集》写得隐忍、节制，沉痛、庄严，诗意延伸点的位置十分精确，它是现实主义的，也是无边的现实主义——它的界限不限于大地，越过了人的灵魂的阴阳属地。

纵观《云南记》，我以为雷平阳最为完美的诗歌是《八哥提问记》。它对事物本体看上去纯客观叙述和内在诗思的深度达到了高度统一。

一个鳏夫，因为寂寞
想跟人说说话，养了只八哥
调教了一年，八哥仍然
只会说一句话："你是哪个?"
一天，他外出办事，忘了
带钥匙。酒醉归来，站在门外
边翻衣袋，边用右手
第一次敲门。里面问："你是哪个?"
他赶忙回答："李家柱，男
汉族，非党，生于1957年
独身，黎明机械厂干部。"
里面声息全无，他有些急了
换了左手，第二次敲门
里面问："你是哪个?"
他马上又回答："我是李家柱
知青，高考落榜，沾父亲的光
进厂当了干部。上班看报
下班读书，蒲松龄，契诃夫
哈哈，但从不参加娱乐活动。"
他猫着腰，对着墙，吐出了
一口秽物，但里面仍然声息全无
他整个身体都扑到了门上，有些
站不稳了，勉强抬起双手

第三次敲门。里面问："你是哪个?"
他又吐了一口秽物，叹口气
答道："我真的是李家柱
父亲李太勇，教授，1968 年
在书房里，上吊自杀。母亲
张清梅，家庭主妇，三年前
也死了，死于子宫肌瘤。"
里面还是声息全无。他背靠着墙
滑到了地上，一个邻居下楼
捏着鼻子，嘴里嘟哝着什么
楼道里的声控灯，一亮，一灭
黑暗中，他用拳头，第四次敲门
里面问："你是哪个?"他又用拳头
狠狠地擂了几下门："李家柱
我绝对是李家柱啊。不赌
不嫖，不打小报告，唉
唯一做过的错事，却是大错啊
十岁时，在班主任怂恿下
写了一份关于爸爸的揭发书
噢，对了，也是那一年
在一个死胡同里，脱了一个女生
的裤子，什么也没搞，女生
吓得大哭。后来，女生的爸爸
一个搬运工人，狠狠地
一脚踢在了我的裆部。"里面
声息全无。刚才下楼的邻居
走上楼来，他翻了一下眼皮
但没有看清楚。随后，他躺到了
地上，有了想哭的冲动
左手抓扯着头发，右手从地面

抬起，晃晃悠悠，第五次敲门
里面问："你是哪个？"他已经不想
再回答，但还是擦了一下
嘴上的秽物，有气无力地回答
"我是李家柱，木子李，国家
的家，台柱的柱。你问了
干什么呀？老子，一个偷生人世
的阳痿患者，行尸走肉，下岗了
没人疼，没人爱，老孤儿啊
死了，也只有我的八哥会哭一哭
唉，可我还没教会它怎么哭……"
里面，声息全无——
他终于放开喉咙，哭了起来
酒劲也彻底上来了，脸
贴着冰冷的地板，边吐边哭
卡住的时候，喘着粗气
缓过神来，双拳击地，腿
反向跷起，在空中乱踢，不小心
踢到了门上。里面问："你是哪个？"
他喃喃自语："我是哪个？我
他妈的到底是哪个？哪个？
我他妈的李家柱，哪个也不是……"
他一边说，一边不停地吐着秽物
里面，然声息全无

也许，你完全可以把它作为一个独幕剧，无须改编，只需按照它提供内容布景，演员两个：一个李家柱（主角），一个邻居（没有台词，只有眼神，是冷漠人世的一个代表或象征）。至于八哥，只需字幕交代，它完全是虚无的。这是一场存在与虚无的对话，对话里逐步展开的李家柱的个人史，何尝不是一个时代变革大潮下的缩影，或者说大地上一种卑微的存在。在这个带着某种黑色幽默味道的演出中，始终有一个导演站在镜头后，那就是诗人，他没有把半点主体意识加诸本体，却通过本体自身的言说，说出了一切。它看上去是纯客观的，毫无抒情可言，真正的零度，但它的沸点随着本体的言说出现了。我们无须把这样的诗歌归为什么主义，你说它是批判现实主义，它有犀利的批判锋芒；你说它是超现实主义，也成，它根本就是一场虚无的对话。你也可以说它是存在主义的、结构主义的、象征主义的。它超越于任何“主义”而完美存在。

雷平阳的诗歌，多沉重篇章，但偶尔也有清新爽目之作。他对佛文化的浸淫，使有些篇什充满了禅意，读来令人心头一亮。

每一根甘蔗里，都建起了一座
小小的糖厂。那些古老的茶树下面
渴死的人，排起了长队。一盒台湾来的
茶客，悄悄跟我说：“死了，我就
来云南，砍棵茶树做棺木……”
每个寨子里，都有寺庙，我领着他
听诵经，接受约束。花，菩萨说
开吧，花就开了；树，菩萨说
绿吧，树就绿了……“在这片土地上
每一种物体内，都住着菩萨或其他神灵。”
我跟他边走边说，他若有所悟
又一次悄悄对我说，“死了，我就
埋在茶树下，但我希望，草不要长高
一定要让我，躺在土里，也能看见
寺庙、江水和日出……”我俩
在寺庙旁边，嚼食着甘蔗
树上掉下一个芒果，打中了他的头颅

诗里是平实的叙述，有诗人的信仰，但那不请自来的诗句，才是真正灵光一闪。

树上掉下一个芒果，打中了他的头颅

谈到《云南记》，《祭父帖》是绕不过去的，是它的压轴之作。事实是，从全书一开篇的《光辉》，就奠定了本书挽歌的调子，其间有十来首短诗写到了父亲，贯穿整部《云南记》，《祭父帖》只是一次火山爆发。由于关于它的评论已经很多，我就不再赘述了。

《云南记》无疑是当代诗歌的重要收获，它是面向土地的，却一扫中国几千年乡村抒情矫饰和唯美的遗风；它烙满了地理的印记，且基本限于云南——在一个相对封闭的地域里，雷平阳固执地操作着他的偶尔带着云南方言的语言，他的固执的力量显然转化成了诗歌独特的力量。我想一方面地理及灵性天然地和诗人的心灵相通，其滋养不仅限于个性、气质、胸怀等等。另一方面，地理可以补足那些汉语不能真切传递的方言的微妙和情感的地方特征，唤起读者在地理上的共同经验的共鸣。最主要的是，地理，作为一个诗意诞生的场域，它是诗意的敞开之所，也是遮蔽之所，或者更准确说是庇护所。

这是诗歌的一个秘密，在读者那里，得到了欣然的回应。

用“祷辞”重建空间与秩序
——读雷平阳长诗《春风祷》

霍俊明

出入无时，莫知某乡。

——孔　子

一个我们曾经熟悉的世界作为一种老旧的空间和秩序正在可怕的消失。

读完雷平阳的长诗《春风祷》的时候，北方的秋风正抖落大片大片的落叶。穿过阴霾浓重的城市街道，我希望在时代的墓碑上錾刻下这些名字：哀牢山、金沙江、奠边府、佤山、司岗里、基诺山、乌蒙山、他郎江、小黑江……我们所面对的是没有“远方”的时代。极其吊诡的则是我们的“地方”和“故地”，尽管就在身边，但我们却被强行地远离了它。而“地方”和“故地”的改变更是可怕和惊人，因此文字空间里携带着精神能量的地理就成了不折不扣的乌有之乡。在一个丧失了“远方”和“主体精神”的时代，我们的诗人是否都疲软地低下头来？我们可以抱怨高耸的城市让人一次次经受胯下之辱，抱怨在同质化和仿真化的时代我们积贫积弱的精神和情感。但是我们更应该像蚂蚁一样在黑暗面前对不可知的“远方”抱有的高贵和自信，还有它的大过小小躯干几十倍的惊人力量。在隆隆的推土机和拆迁队的叫嚣中一切被“新时代”视为“不合法”的事物和景观都以不可思议的速度在消亡——“心慌、不安和焦虑，已经让一座座纪念碑/每天夜里，都梦见了轧轧驶来的推土机”，“老去的/是烟囱上面的天空，厂房里的江南”。是的，一切都快烟消云散了。雷平阳的出生地已经从“欧家营”变成了“爱国村”。强硬的带有“时代合法性”的铁臂正在取代一切曾有的秩序——尤其是精神秩序。然而，诗人在此刻必须站在前台上来说话！在此，诗人不自觉地让诗歌承担起了挽歌的艺术。那些黑色记忆正在诗歌场域中不断弥漫和加重。雷平阳无疑是一个真诚而朴拙的写作者，而用真诚完成的诗歌精神更为可靠。他的真诚和朴拙使得他将诗歌视野仍一贯地停留在“云南”空间。这样的好处在于能够强化一个诗人的风格，而存在的限囿和问题则是容易导致某种程度的自我封闭。雷平阳的诗歌性格冷静而克制，孤苦而决绝。他的诗歌更像是黄昏中顽健老牛的尖角，在安静的背景之下向下、向内挖掘的同时不断给人以持续性的颤动与撞击。

一

请注意雷平阳《春风祷》以及其他文本中被强行置换的空间和时代弃置物。雷平阳诗歌中有很多被历史、时间、权力、政治等力量所闲置和荒废的物象、器物和空间。这些物象、器物和空间代表了一段历史性的社会和文化构造，代表了更具精神启示性和命运性的事物关联。这自然牵涉到历史、政治、社会、文化、语言和人自身的多重纠结性的存在关系。雷平阳似乎一直都有重新追寻“逝去之物”的冲动。对于照样生活在灰霾滚滚的城市时代而言，云南的高原、山川、河流、草木以及更为细小的事物使得雷平阳成了一个类似于狂奔的“刑满释放的自由主义狂人”。无论是对于一条消失的小路，一座颓圮的寺庙，还是对于一条流到中途就消失的河流，他都在承受虚无和迷幻的过程中呈现出关于“时代废弃物”的孤独的追挽。这种暂时逃逸紧张“当下”的精神出游以及往返于“云南血统”的过程极不轻松。

雷平阳又是一个“笨拙”的写作者。他不会取巧，即使是对于极其细小的虫草和石块他也必须弯下腰去翻检和察看。我曾经在一篇文章中说过，我们难以自控地跟随着新时代看似“前进”的步调和宏旨，但是却很少有人能够在喧嚣和麻木中折返身来看看曾经的来路和一代人的命运出处。而即使有一小部分人企图重新在“历史”和“现实”两岸涉渡和往返，但是他们又很容易或者不由自主地成为旧时代的擦拭者和呻吟的挽歌者，成了新时代的追捧者或者不明就里的愤怒者。而一种合宜的姿态就应该是既注意到新时代和旧时代之间本不存在一个界限分明的界碑，又应该时时警惕那些时间进化论者或保守论者的惯性腔调。

雷平阳似乎一直在现实和文字中的云南空间寻找古诗所云“我心安处是故乡”，也一直在与现实和尘世抗争中于纸上搭建一片旷野和一座寺庙。但是，既然我们能够再造城市却不能再造故乡，既然我们不能重返过去又不能超越当下，那么焦虑和紧张感就必然一直紧紧伴生在雷平阳的云南空间里。而随着“空间转向”，空间诗学以及“地方性知识”的研究也随之呈现了诸多哲学思想以及社会思潮的交叉影响（比如结构主义和后结构主义对空间的具有差异性的理解）。其中代表性的空间理论“空间社会学”“异质空间”“空间对话”“诗性地理”“诗意空间”“想象性地理空间”“建筑的空间伦理”“光滑空间”“条纹空间”“多孔空间”“第三空间”等。在福柯看来20世纪必然是一个空间的时代，而空间在公共生活中显得极其重要。空间、地方、地域、场域、地景（landscape）等词一旦与文学和文化相关，这些空间就不再是客观和“均质”的，而必然表现出一个时期特有的精神征候甚至带有不可避免的意识形态性。

多年来我对诗歌的“地方性知识”越来越发生兴趣。我不断想起美国自白派诗人伊丽莎白·毕晓普在其诗歌《旅行的问题》中这样的诗句：“陆地、城市、乡村，社会/选择从来不宽也不自由。”然而在特殊的年代里这些地方和公共空间甚至会成为社会灾难与政治灾难的见证，“从高处望着这些鳞次栉比的宫殿、纪念碑、房屋、工棚，人们不免会感到它们注定要经历一次或数次劫难，气候的劫难或是社会的劫难。我几个小时几个小时地站在富尔维埃看里昂的景色，在德·拉·加尔德圣母院看马赛的景色，在圣心广场看巴黎的景色。在这些高处感受最深切的是一种恐惧。那蜂拥一团的人类太可怕了”①。对于当代中国而言，广场、街道、学校、工

① 〔德〕本雅明：《发达资本主义时代的抒情诗人》，张旭东、魏文生译，生活·读书·新知三联书店2007年版，第104页。

厂、农村、城市、城乡接合部、高档社区、私人会馆无不体现了空间以及建筑等的伦理功能。这些“地方知识”又在不同情境和年代经历了换转甚至剧烈地转捩。雷平阳则一直试图在诗歌世界中完成对“云南”这样一个城市化时代看起来仍然有些“异秉”地带的发现和命名。他的任务就是在诗歌世界中发现时代表盘背后的结构和动因，“是一双隐形的手，把人们推向了末日”。他企图重建一种精神秩序和“地方性知识”。而这可能是最后一块安置内心和灵魂的特殊空间了。这也是为什么在长诗《春风祷》中雷平阳不断重复“寺庙”“经卷”“宗教”“命运”“灵魂”的深层原因。据此，雷平阳更像是一个充满野心的土司，企图为民众和山水重建和规划一种精神性空间与秩序。然而，这只能是一场新时代的幻梦。这一切呈现和印证了关涉本土“现实”话语的焦灼和失语症状。

由雷平阳的诗歌空间我首先想到的是曼德尔施塔姆的诗歌《列宁格勒》的第一句：“我回到我的城市，熟悉如眼泪，/如静脉，如童年的腮腺炎。”然而当我们今天再次考察诗歌和地方性的空间构成时一种巨大的陌生感却不期而至。多么吊诡的命运！我们必将是痛苦的，我们可能必将惨败——“自从新混凝土公路建成，家乡变了样；树林消失了，茂密的铁杉树被砍倒了，原来是树林的地方只剩下树桩、枯干的树梢、枝丫和木柴。人也变了——他现在可以写他们，但不能为他们写作，不能重新加入他们的共同生活。而且，他自己也变了，无论他在哪里生活，他都是个陌生人”①。既然20世纪30年代的美国人都在痛苦地经受“失根”和“离乡”的过程，那么现在中国这个在现代化路上狂奔的东方国度又怎能幸免于一体化的寓言或者悲剧？

而尤为可贵的是，雷平阳的诗歌文本中的“云南空间”已经超越了自然地理意义上的存在指向。这一特殊的文字化、精神性空间因为带有了超越性而有了普遍人性、现场感和生命诗学的意义。他的诗歌来自乡土却又超越了乡土。这对于众多黏滞于“乡愁经验”的诗人们而言无疑是一个重要的启示。雷平阳诗歌里的“云南”显然不再是单纯的地理风貌的代名词，而是成为精神重组后的个体乌托邦意义上的灵魂空间，“当区域文明

---

① 〔美〕马尔科姆·考利：《流放者归来——二十年代的文学流浪生涯》，张承谟译，重庆出版社2006年版，第195页。

被全球化逼到天空的外面，所谓云南，我视其为世界的灵魂。它的天空住满神灵，让我知敬畏”①。尽管“云南”足够阔大，但是到了雷平阳的诗歌中则不断被他收缩成个人化的封闭性的精神构造。他不断在高原和河流间跋涉、翻检和发现，他也甘心情愿只在这片领空里故步自封、仰卧观天。在这里一切都可以独立，一切都可以有灵——“哀牢山的树，一棵/想变成两棵，它们都爱上了自己”。但是他最终指向的终极性精神却在当下情势面前遭受到了前所未有的规训与挑战。在雷平阳这里“云南”已经不再是地理学上的空间概念，而是广义的城市化时代履带重重碾压下“人类童年期”剩余一角的隐喻。而作为“语言”的操守者，他反观着黑暗深处的虚无。雷平阳对语言、文化、地方性知识有着“山野土著”式的“宗教”一样的虔敬。雷平阳更像是这个时代的“孤筏重洋”者。他驾着自己的诗歌之筏穿行在神秘、伟大而又令人恐慌、颤悸的汹涌无比的河流之上。两岸的丛林、文化的遗迹、惊险的小路、生死的宿命和动物的鸣啼都呈现了一个我们可能熟悉但可能已经完全陌生的地理空间。诗人永远都是一个夜行者！在那些用高科技手段都不能定位的地名以及现实和虚构性相掺杂的空间里，雷平阳不断去祷告。他在用祷告重建一种秩序和空间——秩序和空间却正在不可挽回地消失。祷告实际上成了名副其实的哀歌。

雷平阳在很多场合都会用他遗留着马帮的粗粝低沉的声音诉说发生于云南的特殊故事。雷平阳之所以成为这个时代最会讲故事的诗人，正源自他精神血脉与滇地现实和历史之间的互相滋生与砥砺。这些故事就是一个个寓言，诗人必须把它们转换在诗行里。长诗《春风祷》的第一节使用了极其繁密的祈使句式——诗歌的祷告开始了——“我们就成全它们吧”，“我们就默许它们吧”，“我们就为它们超度吧”。而需要追问的则是这些祷告是由什么引发的呢？显然，是一个个时代无情的咒语造成的。面对被拆的旧城，连根拔起的寺庙、牌坊和祖屋，诗人也许除了祷告已无他法。诗人在此就是完成极其艰难、不可思议甚至是难以完成的高蹈的工作——为地方性知识，为了一颗固守的心地。雷平阳的诗歌写作在这样的时代氛围与精神语境下不得不面对着多重困境。多年来，一方面之所以雷平阳的

① 雷平阳：《希望纸上有片旷野》，见《云南记》自序，长江文艺出版社2009年版。

诗不断穿梭往来于滇地的世界，就在于他在这里找寻到了精神的对应之所，而另一方面滇地又对他形成了巨大的黑洞一样的限制性空间。当然，空间自身并不重要，关键是作为主体性的人在其间发现了什么样的构造和机制。对于雷平阳而言，当他在诗歌中不断重复、叠加那些经常出现的地带和空间时，他的写作难度也在不断加大。在此过程中，雷平阳包括长诗《春风祷》在内有很多高蹈的精神性的趋向，这样下去可能会形成另外一种写作的缺陷——诗歌质感和可感可触的生命力的丧失。而雷平阳比较可贵的是在他不断伸开的精神线头中始终保持了生命的热度。或者说他是在还原生命的过程中自然生成了精神性的寓言景观和沉痛不已的追问与省思——“那些挖出来的白骨/没人收拾，还请流水，把它们/洗干净，葬之于天涯”。在一个如此诡谲的时代我们进入一个时代的“内部”是如何不易，而进入一个无比真实又空前“虚幻”的空间更是如此艰难。

二

面对着那些沉暗的异乡人、出走的人、再也回不到故乡和旧地的人，雷平阳只能用经书一样的极其朴拙的祷告声调开始发声，“我们来自司岗里，嗯哼嗯哼嗯哼哼……”我更愿意将这些声音看成是抽搐痛苦的呻吟。在这里，诗人遇到了巨大的悖论。当“我以为”在诗歌中不断出现的时候，诗人看到的却是不可能完成的精神救赎。时代的咒语过于强大了，强大到每一个草籽都没有安身之所了。雷平阳自觉或被动地与现场、地理、生存、文化和历史产生了多层次的精神交叉和不停地摩擦与撞击。冰冷、黑色、虚无、苍凉、疼痛，无不象征了雷平阳在特殊的时代语境下生活、思想和写作的遭际和低沉底色。雷平阳在精神的自我挖掘和深度沉潜中发现了时代的宿疾，同时不可避免地成了带有“老旧”特征的近于孤独的“书写者”形象。我赞许雷平阳的所恪守的诗歌从阅历中来的“写作规矩”，尽管我同样强调想象力对于诗歌不可替代的重要性。

值得注意的是，《春风祷》这首长诗中出现了很多散文化的惯用语，比如“远处落日熔金啊”。为何？如果我们深入探究就会发现，在“落日熔金”“落日苍茫”这样的语言背后是凝固化的前现代性乡土的时间景观——这在几千年来都是不变的。换言之，词语所对应的景观和内心体验是一致而融合的。而当一个极其强大的城市化和全球化时代到来和迫近的时候，这种物我一致性的体验被强行撕裂。当这些老旧和固化的词语再次出现的时候，它们就与诗人一起成了空荡荡的被追挽的部分。而这些物象也不可避免地沾染上时代锈蚀的痕迹。

雷平阳面对着时代的强大诅咒只能用祷告去面对。然而，祷告有用吗？由此，诗人承受的是一次次的虚无，因为“念咒的母语灭绝”。山是空山，庙是空庙，人是空心人。面对着时代和正在烟消云散的历史，为了获得一种普适性的精神道义，雷平阳有意在诗歌中淡化了时间。比如长诗的第五部分，那个背着母亲的残骨疯狂而不懈地追赶飞机的女人正是一个超越了当下和时空的白日梦一样的寓言。这种寓言化写作方式的出现似乎正在成为当下中国诗人的集体宿命。在雷平阳这里，生发于“云南”的诗歌既是一种命运，也是个体的宗教。而命运和宗教一旦与文字发生关联就一体而不可分割了。面对着活生生而又面目全非的土地，诗人可以毫不避世地俯下身子寻找，但是那条精神救赎之路似乎仍然在无边的晦暗之中。据此，雷平阳不能不是矛盾而分裂的。他将伟大的颂词给了这里，他也不得不把分裂、尴尬、痛苦、剥离和除根的过程也同时袒露出来。

在雷平阳这里，入世与高蹈、诅咒与赞颂、介入与游离、市井与经卷、城市与旷野如此不可分割地纠结缠绕在一起。而正如一个诗人所说，向上的路和向下的路实际上是同一条路。雷平阳在长诗《春风祷》里面就呈现了在向上的路和向下的路之间不断折返的过程。与此同时，雷平阳不断使用一些似是而非以及充满了矛盾和互否性的词语。这再次印证了写作与现实之间的巨大反差与龃龉。雷平阳是水深火热的介入者、冷静祛魅的旁观者、若即若离的测量者以及冷暖自知的卜水者。雷平阳似乎更像是一个难以安栖而又尴尬无比的精神“逃亡者”，他不断被现实强大的尘埃掩埋，又不断从其中挣扎出来。他在痛苦而虚妄地寻求已经远离这个时代的最为原始、最为本真的血缘和语言。雷平阳在长诗《春风祷》以及同时期的创作中不断将诗歌置放在荒草、山林以及旷野之中。在此，雷平阳进行的不能不是一种隐喻式的寓言化写作。他只能用诗歌重新找回一种秩序。

而这找回的过程无异于竹篮打水、痴人说梦。尤其是“旷野”（“荒野”）在这首长诗中不断累积叠加。在俗世的谷底（包括人尘、旧城、山寨、村落、兵工厂、屠宰场、殡仪馆）和精神的山顶（注意其长诗中不断出现的寺庙、尼姑庵、高山、山峰、山顶、雪山以及雪山小屋）之间，诗人不断折返。在虚无与浩叹之中，这不能不让人想到1925年写作《墓碣文》的鲁迅——“……于浩歌狂热之际中寒；于天上看见深渊。于一切眼上看见无所有；于无所希望中得救。……”“……有一游魂，化为长蛇，口在毒牙。不以啮人，自啮其身，终以殒颠。……”“……离开！……”雷平阳在不断地袒露和剥现自己。而实际上雷平阳更处于“自啮”的过程之中。这就是“自戕性的挖掘”，“借着酒兴/背靠一棵松树，捧起《离骚》/高声朗诵。又一次，忘记了地点/忘记了时间，一个人的革命/像场没有观众的哑剧”。这也是一次次沉默噤声的过程。

雷平阳在诗歌中不断抬高精神的高度，最终个体想象视域中的神学景观就诞生了。雷平阳诗歌的精神景观让我想到的却是当年的海子。不是海子的那些长诗，而是他的一些代表性的抒情短诗。当海子在诗歌中提前目睹了一个时代结束的时候，他选择了最终的离开。而雷平阳在面对一个时代行将结束的时候，他选择了在诗歌中直接面对。他的诗歌中出现了类似于海子体验式的句子“村庄在尽头，房屋在尽头，粮仓在尽头/语言和情爱，在尽头，儿孙在尽头。”正如诗人所说，诗歌不是修辞练习，而是精神淬炼的大火。尽管雷平阳试图一次次建立起精神的秩序，但是他面对的则是一个个锋利的碎片。在这个时代，已经没有任何人能够将这些碎片捡拾并拼接成一个整体了。所以，雷平阳越是努力就越是失败。可叹的西绪弗斯！现实当中的雷平阳用世俗的生活和饮酒、喝茶、写字一定程度上冲淡了海子式的精神决绝与自戕的冲动。尽管雷平阳的诗歌充满了自啮、反讽、救赎，但是他能够在诗歌中找到那些与现实生活榫接的点。当雷平阳的祷辞式的诗歌写作不仅生发于现实场域的直接碰撞，而且还来自个人化想象力前提下的历史空间时，二者碰撞和龃龉出来的除了卑悯和自剖之外不能不是悲痛而荒诞的，“一种反向的文明，被培育，被倡导/贴着地皮，翻卷着，无边无际/高僧不诵经，入屠门，喝生猪血/娶肥臀女子为妻，言必半生虚度/一定要从头活一次。农夫不种地/田边地角，听广播，读报纸

/喊口号，赛诗词，坐地日行八万里/——我们为此祈求吧”。诗人能够做到的就是在黄夜的静寂中将燃烧的火焰抵在胸口上。当任何人企图测量一个时代的精神地形，他都应该为此付出难以想象的努力和痛苦。时间的历史性呈现以及时间的断裂性体验从来没有像今天这样显豁，“我有过一个苍老的邻居，把很多钟表/埋进土里，或放入草丛，或装进红色的/小木匣，投入溪水”。雷平阳在长诗《春风祷》以及其他诗作中完成的“还原”工作非常重要。这种“还原”体现为对词语与事物之间惯常意义上的能指与所指之间关系的重新观照甚至祛除。诗人由此直接呈现和打开了词语与事物之间最为本质和原生的体验性关联。当雷平阳将时间体验还原为中国现实的精神性过程，那么他所要做的除了呈现之外还有更难的工作要完成。他不仅要做类似于加法的工作——不断添加那些有精神势能之物的重量，而且还必须进行减法式的去除、摘除、剔除——去除那些时代的赘余和肮脏的部位。但是结果是否如诗人所愿呢？“我在药丸中，加入过闪电、鸟鸣、黄金/寺庙的香灰和经卷的粉末，还在药罐旁边/摆放了一面蓄满阳光的镜子，也难以改变/药丸的品质。它们的黑，总是无力剔除/有一次，我在白天煎药，一只乌鸦飞过/它的影子，漆黑，一闪便下落不明/空荡荡的山，为此陷入心理上的/不可救药的黑暗，孤绝，暗疾流传。”

诗人所目睹的“时代风景”更多已经变形并且被修改甚至芟除。“真实之物”不仅不可预期，而且虚无、滑稽、怪诞、分裂、震惊体验一次次向诗人袭来。虚无的诗人已经开始失重，并且给时代巨大的离心力，甩向无地。在此，时代情势之下，诗人的“祷辞”就只能是一种虚无体验的无奈验证之举。诗人在为那些消失和正在消失之物以及空间祈祷，也不能不对那些现代性和城市化时代的现实之物抱以“不解”和警惕。当雷平阳不断处于世俗经验的旋涡和形而上空间的挣扎过程之中时，那些高蹈就获得了以生命体验为基座的可靠支撑。而在当代中国的文学写作中企图当一个历史主义者和有机型的知识分子显然难度更大。包括雷平阳的这首长诗《春风祷》在内，我都不得不重复我几年前所说的一句话：中国的诗歌美学很难与社会学和伦理学剥离开来。这是悖论，更是必然。但是诗人也必须时刻提醒自己——诗歌对公共性话题的介入和发声必须是建立于个体主体性和诗歌本体意义上的。换言之，应该是个人前提下的公共性。

这首长诗的片段化的叙事性和戏剧化手段也值得注意。而在频繁的时空转换以及历史和现实相交接的缝隙和孔洞里，我不断与诗人留下的空白、喘息、哭泣、失声、沉默、死寂和寒噤相遇。让我们看看诗歌中出现的那些弱小卑微之物的命运，这一切就知晓了——昆虫、小蚂蚁、身份不明的蛹、梦境中的马。诗人似乎是在茫茫无际陡峭凛冽的千座冰原上彳亍。呓语者、挖药者、祈祷者、流亡者、彷徨者、信使、土司一起构成了长诗《春风祷》中复合体的诗人形象。但是他们都已经对于重建一种空间和秩序无能为力。咀嚼草根的诗人，胃中必然有难以消化的暗疾。

在当下，诗歌的写作旨趣已经与几十年前的民国乃至古代有了天壤之别。当诗人从篡改得面目全非的现实世界中艰难地抬起头来，他所看到的山水、亲族、星光、波浪、柳丝和鹭鸶都只能是一种遥远的古典旧梦——“我一生最大的梦想”——“可以/狂热信仰太阳和山水，信仰父亲和母亲……/老之将至，在水边，筑一条长廊/扶着栏杆，细数江上的波浪、星光和柳丝/鹭鸶飞来三两只，搅乱了方寸，但不惊慌/从头再数，江上的波浪、星光和柳丝”。

痴人说梦，天方夜谭！而梦想将尽，诗人又情何以堪？

故乡鼓舞者的长歌
——读雷平阳系列长诗

雷杰龙

一

在近年的中国诗坛上，不管诗人雷平阳是否乐意，他的许多诗歌都不断被讨论，成为一个又一个“诗歌事件”。最近，他的《祭父帖》《木头记》《春风咒》《昭鲁大河记》《大江东去帖》等系列长诗，又加入了被讨论的行列，成为新的“诗歌事件”。

如何解读他最近集中发表的系列长诗，诗人雷平阳隐秘而更加真实的身份——“故乡鼓舞者”的角色，可能是一把最好的钥匙。

在谈及自己写作的故事中，诗人雷平阳讲到一个童年的故事。在诗人的故乡——云南省昭通市土城乡欧家营村，儿时的雷平阳被舅母抱着，在一个下雨的日子，沿着利济河的河堤，参加了爷爷的葬礼。看见所有人都哭了，自己也跟着大哭不止。“后来，看见了那十几个跳鼓舞的人，我的哭泣便告一段落，以致许多年后，我的舅母每每提及此事，都会笑着说：‘小孩子不懂事，爷爷去了，他还笑个不断，像遇上什么喜事似的。’”① 诗人说，自己记住了当天的一切，大抵是因为“看见了送葬队伍中忽前忽后，疯狂地跳着鼓舞的那几个青年男子”②。令那时的雷平阳始料未及的

① 雷平阳：《土城乡鼓舞——兼及我的创作》，载《当代作家评论》2007年第7期，第89，92页。

② 雷平阳：《土城乡鼓舞——兼及我的创作》，载《当代作家评论》2007年第7期，第89，92页。

是，自己后来也成了一位故乡的鼓舞者。只不过，这位鼓舞者成年之后，从昭通土城乡来到了昆明市，鼓舞的道具全都变成了语言，舞蹈的动作，大都变成了诗行（某种意义上，诗人雷平阳的散文以及被许多人忽视的小说依然是一位故乡鼓舞者的舞蹈动作）；而一成不变的，则是一名故乡鼓舞者的灵魂。这正如诗人所说的："有时候，在内心里，我也把自己的写作，视为送葬，为布满了记忆刻痕的、渐行渐远的村庄，为那些只有在清明节才回家来与未亡人团聚的我的死去的亲人。"①

把自己的写作"视为送葬"的写作无疑是沉重无比的写作。这样的写作虽然立足于当下，但灵魂在未来的时光向度中却没有任何路径和前途，因为在许多时候，写作者在内心深处，已把自己等同于一位为"死者"（包括死去的亲人和事物以及行将死去的人和事物）服务的鼓舞者，所有的动作和歌哭只为了一个个送行仪式的庄重。为了一个个送行仪式的庄重进行，而不至于使仪式沦为徒有其表的轻浮表演，鼓舞者的内心和灵魂，就得首先承受所有送行仪式的不堪承受之重。而诗人雷平阳，则在诗歌书写中"不幸"地承受了这种不堪承受之重；而在同时，诗人雷平阳也在承受这种不堪承受之重的书写中"幸运"地成就了自己诗歌的仪式般的庄严和厚重。

或许，隐秘而更加真实的故乡鼓舞者的角色和在内心里，把自己的写作"视为送葬"的挽歌式书写方式，是解读雷平阳许多诗歌，也是解读其最近一系列长诗的精神情感密码的最为关键的一把钥匙。

二

长诗《祭父帖》是一位灵魂根植于土地的乡村孝子为父亲送葬的一曲当哭的长歌。

像一出荒诞剧，一笔糊涂账，死之前

---

① 雷平阳：《土城乡鼓舞——兼及我的创作》，载《当代作家评论》2007年第7期，第89，92页。

名字才正式确定下来，叫了一生的雷天阳
换成了雷天良。仿佛那个叫雷天阳的人
并不是他，只是顶替他，当牛做马
他只是到死才来，一来，就有人
把六十六年的光阴硬塞给他
叫他离开。而他也觉得，仿佛自己真的
活了六十六年，早已活够了，不辩，不说谜底
不喊冤，吃一顿饱饭，把弯曲的腰杆绷直
平平地躺下，便闭了眼……①

一曲当哭的长歌，竟以如此冷静的方式开始，着实令人吃惊。而更加令人吃惊的是，诗人竟以如此冷静的方式，总结了父亲沉默得更加令人吃惊的一生。诗人雷平阳总结父亲的一生“像一出荒诞剧，一笔糊涂账”，死之前，名字才确定下来，叫了一生的雷天阳，换成了雷天良。而父亲却像以往一样逆来顺受：“活了六十六年，早已活够了，不辩，不说谜底/不喊冤，吃一顿饱饭，把弯曲的腰杆绷直/平平地躺下，便闭了眼……”父亲直到临终时分依然如此被动，对包括名字在内的命运任何安排保持完全沉默，不做任何分辨和抗拒，这让人无比吃惊却又不知该做何感想。因为如果要真的做点感想，那就不是仅只做一点点感想的事情，而是会牵涉到整个土城乡、整个云南，甚至整个中国乡村上下几千年的农民命运问题。面对这些无比复杂的问题，父亲对命运的绝对沉默，全盘接受的态度也许是最无奈、最无力，也最“自然”的态度。

而诗人一开始鼓舞的态度，也是压抑着强烈的悲哀，保持不动声色的旁观者的角色。面对父亲悲凉到接近完全沉默，无力抗辩，也懒得抗辩的一生，诗人的态度和父亲一样，也是“不辩”“不说谜底”“不喊冤”。这合乎一位故乡鼓舞者的态度。故乡的鼓舞者，以鼓舞的方式，参与乡村或喜庆或悼亡的一切重大人生仪式。为了仪式的庄重或喜庆的有效进行，鼓舞者一方面需要感情的适当投入和一定程度的癫狂，以便完成仪式为之举

① 雷平阳：《祭父帖》，载《边疆文学》2009年第2期，第5页。

行的当事者和与当事者有关的神灵之间的神秘沟通；另一方面，鼓舞者毕竟是鼓舞者，许多时候，并不是仪式为之举行的当事者，鼓舞者在进行鼓舞的时刻，又需要和当事者保持适当的疏离，保持旁观者的冷静和清醒，以便更好地进行自己鼓舞的表演和技艺。在为送别父亲而进行的诗歌鼓舞一开始的时刻，技艺成熟的鼓舞者雷平阳冷静而近乎残酷地遵从了一名优秀鼓舞者进行成功鼓舞的技艺秘诀——情感克制的旁观者的角色，哪怕为之鼓舞的对象是自己的父亲。

以旁观者的角色，鼓舞者雷平阳，一开始鼓舞，就极端冷静地发现和总结了父亲的一生。但鼓舞的目的，并不是为了沉默，而是为了喊魂。对于诗人雷平阳来说，至少要让父亲沉默的灵魂在自己的诗歌中重生。于是，在诗歌中重生的诗人父亲的灵魂，让我们难得地发现了那曾经如此张扬的个性和灵魂。

> ……1982 年，水里的青蛙、鱼虾、地下的石头、耗子
> 埋得最深的白骨，成群结队，跳了出来。它们来到阳光下
> 寻找和确认它们的主人。土地下放了，每一颗尘埃
> 有了姓名，每一条沟渠，变成了血管。大地上，到处都是
> 怦怦直跳的心脏，向日葵的笑脸。他和他的几个老哥们
> 提着几瓶酒，来到田野的心脏边，盘腿坐下，开怀畅饮
> 不知是谁，最先抓了一把泥土，投进嘴里，边嚼边说
> “多香啊多香！”其他人，纷纷仿效。用泥土下酒，他们
> 老脸猩红，双目放光，仿佛世界尽收囊中……①

这是诗人的父亲在诗歌鼓舞中复活后的灵魂最为张扬兴奋的时刻。甚至，这也是唯一张扬兴奋的时刻。但这是一种多么奢侈，令人感到多么疼痛的张扬和兴奋！在这里，自称“对‘宏大叙事’的无力以及对观念化写作的逃避”② 的雷平阳却无意中捕捉到了中国现代史，尤其是中国现代乡

---

① 雷平阳：《祭父帖》，载《边疆文学》2009 年第 2 期，第 8 页。

② 雷平阳：《土城乡鼓舞——兼及我的创作》，载《当代作家评论》2007 年第 89，92 页。

村史“宏大叙事”中的一个令人难以忘怀而又无比惊怵震撼的细节。中国农民和土地之间的问题，是中国现代化进程中最为要害的一个问题之一。对于这个宏大的问题，诗人雷平阳显然无意深究。但在对父亲进行的诗歌鼓舞的送葬仪式中，故乡，或者说是乡土的鼓舞者雷平阳，还是不可避免地对整个传统的昭通土城乡，乃至中国古老而传统的乡村社会进行了一次诗歌仪式的送葬。在这次仪式性的送葬中，诗人雷平阳捕捉到了那个父亲，以及“他的几个老哥们”终于获得土地的时刻的兴奋和癫狂。那是一种类似于终于找到灵魂归宿时刻的兴奋和癫狂。我们有理由相信，在诗人雷平阳对父亲进行诗歌送葬的庄重仪式鼓舞中，这种“用泥土下酒”的癫狂细节绝非虚构！而令人疼痛和颇费思量的却是：这些祖祖辈辈生活在故乡的土地上，以故乡的土地作为生命和灵魂归宿的“父亲”和“他的几个老哥们”竟然直到1982年才终于能够获得一点点土地，而获得了那么一点点土地就竟然值得以“用泥土下酒”的方式进行那么癫狂而隆重的庆典！

以“用泥土下酒”的方式进行终于获得一点点土地的癫狂而隆重的庆典背后，隐伏着沉重的悲哀。而诗人雷平阳在长歌鼓舞的结尾，为我们道出了一种双重的悲哀。

……我现在所处的世界，已经是另一个了。给他的墓上
添完最后一捧土，叩过三个头，转过身，我对朋友说
——诸位，以后见面，请别喊我编辑或诗人，我只是孝子
一个只能去菩萨面前，继续哭泣的，他的二儿子
我试图给他写句墓志铭：“他的一生，因为疯狂地
向往着生，所以他有着肉身和精神的双重卑贱！”
这个念头终被放弃，我将它写在这里，如果可能
不妨作为我将来的墓志铭。他这个农夫
和我这个诗人，一样的命运，难以区分①

① 雷平阳：《祭父帖》，载《边疆文学》2009年第2期，第14页。

诗人试图给父亲写墓志铭：“他的一生，因为疯狂地/向往着生，所以他有着肉身和精神的双重卑贱！”这是诗人为父亲送别的最沉痛的一句话。一个农夫，为了最基本的生存，就得疯狂劳作，耗尽一生的力气和自尊，而换来的却只有肉身和精神的双重卑贱！这已经不只是云南省昭通市土城乡一位农民父亲的墓志铭，也是广大中国内地“沉默的大多数”的农民父亲们的墓志铭！而同样悲哀的是，故乡的鼓舞者诗人雷平阳敏锐地意识到，虽然在表面上，自己已经走出乡村，成为一位居住在城市里的诗人，但骨子里的灵魂和命运与父亲却并没有什么不同，依然有着肉身和精神的双重卑贱。

诗人雷平阳和父亲的命运并没有什么不同，给父亲的墓志铭也有可能适用于自己。这该如何理解？一位带着浓重乡愁的诗人，一位故乡的鼓舞者，换了鼓舞的道具，进入城市中的现代社会，但命运依然同样艰难，肉体和精神承受的命运重量，和故乡的农夫父亲并没有本质的区别。也许可以这样理解，但似乎还不够恰当。实际上，这应该是故乡鼓舞者雷平阳在父亲的灵魂面前的自我灵魂告白：彻底地认同父亲的命运和灵魂，相当于认同泥土，认同尘埃，认同“用泥土下酒”的癫狂和舞蹈。在诗人的灵魂告白中，没有臆想的太阳，没有臆想的太阳下金灿灿的麦子的光芒，没有“以梦为马”的飞扬和浪漫，也没有各种知识分子所谓的超拔的精神殿堂和华丽的灵魂庙宇，而只有“原本山川，极命草木”的朴素。这是父亲的朴素，是大地的朴素，也是任何一个意识到自己的肉身和灵魂里都继承了一代代农夫的血液者的朴素，一种看似无比卑微但却有着大爱的朴素。

雷平阳的长诗《祭父帖》是对自己的农夫父亲雷天阳（或者叫作雷天良）的一曲当哭的长歌，腔调哀婉、悲凉而深沉。在我不多的阅读记忆中，中国的当代诗人中好像还没有谁像雷平阳这样大张旗鼓地用诗歌为自己的父亲，为一位具体的农夫父亲立传和安魂。雷平阳虽然只是在为自己的父亲立传和安魂，但他对父亲命运深刻的洞察力和笔锋深厚的穿透力，却使他的这曲长歌远远超出了为自己父亲立传和安魂的意义。或许，单凭这一点，这首长诗就值得写进中国当代诗歌史。

三

长诗《木头记》是诗人雷平阳对古老的木头弹奏的一支深情的安魂曲。

诗人为木头立传，为木头建立起来的传统文明立传。

用木头，我们建起了庙宇
或教堂，也建起了宫廷、战船和家族
的祠堂。紫檀或沉香，雕出的佛像
念珠和十字架，今天我们还佩戴在身上
尺度和欲望不同，木头的建筑
大的，享有专用的邮政编码
小的，小如尘埃。“你看，这根廊柱
粗得不可思议！”在老宫殿里
人们常常忍不住惊叹。景区的宣传册
一般都会重点强调，这些原木
出自遥远的南方，江水上浮来
九万九千根下水，到了这儿，只剩下
九百九十根……多么幸运
这些木头，他们还活着
以宗教和宫殿的名义，肃穆、庄严、神圣
金碧辉煌。那些走丢的、下落不明的
被焚毁的或腐烂的，它们的传奇
已经不会被调查、记录和讲述
它们成长的山峦，变成了梯田，化肥
和农药，让泥土换上了健忘症
然而，这些晋京的木头，只是木头中
的少数。在人口替换最快

恩仇最多的地方，木头，一轮接一轮
被肢解，被强行的命名：梁、柱
棺、门、轴、床、卓、椅、凳
柄、柜、桶、盆、柴等等
而且，每一个命名，还可分解出
更多的子命名，它们只是一个氏族
一种姓氏，个个都香火不断、子孙浩荡个个都一代顶替另一代；个个都一再地花样翻新，形成了一种最为古老的传统文明……①

在古老的传统文明中，木头以各种方式参与了人类文明大厦的构建。木头不仅全面地参与了人类传统文明形态中宗教、政治、艺术等上层建筑部分的构建，成为人类建构起庙宇、教堂、宫殿、战船和家族的祠堂以及佛像、念珠和十字架等文明形态的主要物质材料，成为人类引以为豪的凝聚着人类巨大创造力的历史物质见证；木头还全面参与了人类历史中最基本日常生活文明的构建，成为虽然被日渐遗忘但却更加重要的人类最基本的日常生活得以赖之正常进行的基本生活用具：梁、柱、棺、门、轴、床、卓、椅、凳、柄、柜、桶、盆、柴等等物事。

在诗人雷平阳为木头立的传记中，古老的木头不仅全面参与了人类文明大厦的构建，还派生出来木头的“阶级性和政治学”②。围绕着木头，人类派生出了不同的工种，出现了“监工、师父、徒弟和户主等四个阶级”，“派生了漆工、胶工、画师、鉴宝先生、收藏家等等人类”，“划分了活计、技术、艺术、瑰宝等等级”。③ 但在木头派生出“阶级性和政治学”中，“更多的人，生活在乡下/俗称贱民。他们和木头生活在一起/所以也分不出木头的贵贱”。④ 这些乡下大量的和木头生活在一起的人，他们的身份、地位也几乎等同于木头的阶级中最下等的木头。

在对木头的立传中，诗人雷平阳对木头充满深情，发现古老的木头对

① 雷平阳：《木头记》，载《大家》2009年第4期，第4，5页。
② 雷平阳：《木头记》，载《大家》2009年第4期，第4，5页。
③ 雷平阳：《木头记》，载《大家》2009年第4期，第4，5页。
④ 雷平阳：《木头记》，载《大家》2009年第4期，第4，5页。

人类充满恩义，和土地、食物、水和阳光等事物一样不可或缺。但人类对古老的木头这位大恩人，准备的却是一大堆刑具和对木头行刑的各种技艺：“针对木头，我们发明了斧头、锯子、凿、雕刀、工字尺/墨斗和火，练就了砍、雕、凿、镂、烧、劈、锯、刨等一身超人的技艺。”[①] 由此出发，诗人发现了人类对于木头的“原罪”，并由此开始一个人孤独地对木头进行忏悔和安魂。

唉，所有由木头支撑的家庭
都是暴君；每个以木为生的匠人
都是刽子手。……
……我想像过木头
与匠人的世仇，也在树木生长的山上
铆足了劲，鼓着腮帮，大声地歌唱过
它们的繁殖力和生命力，可是一次次
我最终都呆若木鸡，木讷，麻木不仁
朽木不可雕也，内心的木偶化为灰烬。……
……有些不可救药，我一度
想为木头弹奏安魂曲，然而太多的乐器
以木而成，令我难以下手；也曾想
制一批木斧、木剑、木刀、木枪
和木人，分发给山上的树木，让它们
学会保护自己，可是这些木头
谁又愿意成为我的手下亡魂？我就像那
木偶戏上的主角，已经被操控
泯灭了巨大的道德，体内残存的一棵胡杨
它的泪，在我的眼眶里，变成了沙砾[②]

人对古老的木头的忏悔和安魂是对自己，也是对人类生存方式尖锐的

---

① 雷平阳：《木头记》，载《大家》2009年第4期，第4，5页。

② 雷平阳：《木头记》，载《大家》2009年第4期，第4，5页。

道德拷问。这触及人类存在方式的根本悖论——人类为了自身生命的存在和延续，总是以消灭大量的包括树木在内的其他物种的生命为代价。而如果不以其他物种的生命为代价，人类的生命则似乎无法存在和延续。

这样的道德拷问，对那些信奉所谓“物竞天择，适者生存”的进化论者们来说是荒谬的。而在西方文化传统里，《圣经》也早就明确地记载了上帝创造了世界和人类，并把世界交给人类托管，人类有权代理上帝处置包括树木在内的万物的故事（对此，米兰·昆德拉在小说《生命中不能承受之轻》中辛辣地嘲讽说，因为《圣经》是人写的，不是马写的）；因而，人类向世界进军，包括随心所欲地处置树木并不存在太多的道德问题。而20世纪开始兴起的环保主义，作为一种观念，其最主要的逻辑出发点也并不是因为道德，而是因为功利——担心人类的过度繁衍和消耗，毁坏了人类赖以生存的地球生态环境，反过来让人类自然湮灭在自身的过度繁衍和消耗之中。无论是在进化论面前，在当今世界的主流文化——西方文化面前，还是在当今流行的环保主义面前，诗人雷平阳针对木头发出的人类存在方式自我道德拷问都是孤独的。

雷平阳不是一位善于观念写作的诗人。雷平阳针对木头发出的道德拷问，虽然必然会牵涉人类的存在悖论，但这却不是诗人为木头立传，为木头安魂的逻辑出发点。

诗人雷平阳的逻辑出发点显然还是因为自己是一位故乡鼓舞者。故乡鼓舞者是相信万物有灵的，并且能够切身感受万物之灵，尤其是那些消逝的和正在消逝着的万物之灵。而为那些亡魂和正在“亡”着的魂灵进行鼓舞安魂，是一位故乡鼓舞者的分内工作。而树木和古老的木头的急遽消逝，是我们当今生活的这个故乡每天都在加速发生着的事情。但可悲的是，我们对这样的事情无能为力，并且我们自身也被各种强大的，看得见的、看不见的，外部的、内部的力量所操控，业已沦为生活这场大戏的木偶，早已在心里“泯灭了巨大的道德”，逐渐习惯对故乡和身边各种因我们自身的存在而消逝的亡魂们视若无睹。这是我们的无耻和悲哀，也是诗人雷平阳的无耻和悲哀。只是作为一位对各种亡魂有着超常敏感的故乡鼓舞者，诗人雷平阳却不能对此无动于衷。他的超常敏感，他的内心职责迫使他对古老的木头进行安魂，即使他的安魂是那么孤独、那么悲凉、那么无奈，也那么尴尬。

在雷平阳最近的系列长诗中，《木头记》其实并不算长，只有短短84行。像鲁迅说的向子期的《思旧赋》一样，似乎刚开了个头，就草草地煞了尾。但这样的仓促，却不是因为所谓的“时代”的原因，而是因为当今人类的整个存在方式丧失了对包括木头在内的万物的恩义。这样的话题太沉重，让人欲说还休，欲说难休，不如仓促、不如木讷、不如麻木、不如心如死灰。而正是这样的仓促、木讷、麻木、心如死灰的诗歌言说方式，却使短短的《木头记》具有了一种苍凉强大的余韵，使之成为雷平阳诸多优秀诗作中一首不可多得的奇诗。

四

雷平阳最近的其他系列长诗依然在延续着他“视为送葬”的挽歌式书写方式。

长诗《春风咒》① 是对诗人长期居住的云南边地及其周边地区古老的传统历史文化和生活方式的一曲送葬长歌。在诗中，诗人雷平阳像一位通灵的巫师，灵魂出窍，在云南和云南周边地区做着自由穿越时空的灵魂漫游。诗人魂魄所到之处，那些早已消逝的和正在消逝的人和事物，身体和魂灵依次重生，再度焕发生机，然后又依次消逝，复归于沉寂，只留下惜别安魂者的不绝惆怅。

长诗《昭鲁大河记》② 是对诗人故乡昭通的昭鲁大河、河边的人和事物以及自己在昭鲁大河边的青春记忆的送葬长歌。这是一首带有某种自传性质的长诗。雷平阳的许多诗歌都带有强烈而具体的个人生命印记，自传性质的长诗更加明显。在《昭鲁大河记》之前，雷平阳还有一首自传性质的长诗《郊区》。③ 诗人数年前创作的《郊区》追忆了一段自己在郊区某

---

① 雷平阳：《春风咒》，载《大家》2009年第4期，第5～10页。

② 雷平阳《昭鲁大河记》，载《大家》2009年第4期，第10～14页。

③ 雷平阳：《效区》，见《雷平阳诗选》，长江文艺出版社2006年版，第220～227页。

条铁路边的一段青春生活，节奏紧张、情感紧密一带有某种类似铁轨枕木的狭隘和逼仄。和《郊区》相比，《昭鲁大河记》更加舒展、流畅、温情、苍凉而唯美，从中，我们不难看到诗人生命经历和诗歌技艺的双重推进和成熟。

长诗《大江东去帖》是诗人漫游在更大的故乡——中国的大地上，对中国正在经历着前所未有的剧烈变迁的长江大河的一曲深情挽歌。这是延续着苏轼、杨升庵等中国古代诗人对长江的古代书写的现代诗歌书写，同时也在对苏轼时代、杨升庵时代中国的长江大河以及深情书写他们的古代诗人们所代表的一种中国传统文化的惆怅回望和依依惜别。

长诗《乡村记》是对诗人更加具体的故乡——云南省昭通市土城乡欧家营的送葬和惜别。在这首长诗的结尾，诗人在诗歌中再次安葬了自己的父亲，走出了很远之后，发现自己的姑妈依然孤独地跪在自己的父亲——她的弟弟——的坟前。

只有长诗《怒江，怒江集》不能完全算是一首送葬的长歌。在这首绵长、自由而哀伤的诗歌中，我们能够读到诗人最近的长诗中某种难得的欢快和激荡。也许，这是因为，怒江，是中国的长江大河中目前尚极少被水电站和其他现代工业文明所染指的唯一的一条大江，因而也是故乡的气味和灵魂保存得最为完整的一条大江。虽然海拔较高，但在这样的大江边欢歌鼓舞，故乡的鼓舞者，诗人雷平阳大概不会感到缺氧。

五

雷平阳最近创作的一系列长诗，延续着他一贯的浓重的乡愁。只是，在他最近的一系列长诗里，他的乡愁更加浓重、激烈而广阔。这一系列长诗的出现，显示着诗人雷平阳正在进入自己的一个成熟的创作高峰期。在诗人雷平阳的生命历程中，他也刚好在这个时期跨过了“四十不惑”的门槛，进入了自己生命历程的盛年。但从他最近的系列长诗中，我们很难读到他精神情感上那种“不惑”的轻松，反而读到了他灵魂深处的某种“大困惑”。这是来自对生命的灵魂故乡不停惜别，不停咏叹，也在不停追寻的“大困惑”。也许，正是这种发自灵魂深处的“大困惑”，致使诗人雷平阳最近的系列长诗中既带着丝竹管弦之音的哀婉曲致，又有着鼓石金缶、黄钟大吕般的慷慨庄重之声。而这两种音调的完美结合，使得他的这些长诗，既是他个人的深情咏叹，却又带有某种叙事史诗的质地。

值得注意的是，故乡鼓舞者雷平阳，用“灵魂叙事”的方式进行“送葬式”的挽歌书写，借以安顿逝者和生者的魂灵，成就了最近一系列震撼人心的长诗。而在诗歌书写的过程中，他的个人灵魂、个性情感一直鲜活在场，没有迷失在各种“时代”“文化”“观念”“智性”的陷阱和旋涡里。这在“灵魂叙事”（谢有顺语）严重缺席，书写主体情感个性灵魂普遍迷失的当下中国文学书写中，应当具有别样的启示意义。而这，已经是题外的话了。

雷平阳，为故乡守灵

钱映紫

“去路非此即彼……我们当驻足家园，只是家在何方?”

很多年前，伊丽莎白·毕肖普的这首诗让我突然间四顾茫然。我们一直想寻找某个地理空间，寄托自己的身心，可是，家园何处？即使身处故乡也无家可归，这种悖逆的处境，让身不由己陷入城市化的人们失魂落魄。1993 年前后，我读到一些文字，读到一个带着痛感与死生故事的他者的故乡——云南昭通、土城、欧家营，作者叫雷平阳。被这个跟我无关的“故乡”吸引，被那些招魂一样的文字吸引，终至后来与作者相识结谊。

这个叫雷平阳的云南昭通男人，就像土城欧家营普通的农民，像那里的泥巴，健康、本色，沉默少语、心有忧思，脸上却无忧郁，偶尔有点诡、有点闹。看过文字之后再来看他这个人，更觉得这家伙诡黠：泥土一样平实的长相似乎屏蔽了他绮丽的内心意向，沉默多于话语的性格让他隐退到一个更加从容的观察空间，他的常态是听、看，而你却不知道此时又有什么妖、什么神，正在用语言填塞着他脑袋里那个令人讶异的世界。十多年间，我们一群来自云南各地的朋友在昆明各自奔劳，闲暇时常聚在一起饮酒喝茶、打牌嬉笑，玩完各回各家，年轻时光就这么消耗掉了。十多年间，雷平阳一直在勤奋写作，像农民劳作一样不误天时，我们看着他越写越多，越写越好，越写越令人惊讶，他总能不断突破自己。当他的新书《我的云南血统》出版后，有朋友说：雷平阳就像个巫师，在跟各种灵魂打交道。

是的，他就是个通魂之人，他用自己的文字沟通万物之魂。他可以看到秋的意愿、蚱蜢的梦想与叹气，花朵坠落的声响、劳作者梦游与忍耐的喘息……大到天空、土地、原野、山峦、河流、村庄，小到田鼠、懒惰的菜虫、谷粒、雨滴的小脚，雷平阳意欲用自己的文字之臂将众物之魂揽入胸怀，他用诗文拥魂聚魄，让自己成为守灵人（“鼓是好鼓，却不常跳。为此，当我四岁时迷上它，我就成了欧家营之后的岁月中每一个亡失者年龄最小的守灵人”——《我的云南血统·土城之鼓舞》）。雷平阳用文字来进行的守灵，不仅仅对着死界，也面向生场。读雷平阳，你总是不得不沿着某些反复出现的空间意象一再进入：云南、昭通、土城、欧家营。在那里，冬天冷而灰，生者的房舍、正在耕作的农田，逝去的先人如此接近地静卧其旁，生场与死界紧挨，大地上劳作的人与天空巡游的先祖灵魂相与共存，一同承接自天而来的雨露霜雪，一同吮吸土地勃发的精气。天空与大地、神灵与小民、阳光与阴影、温情与狂暴、至爱与至痛，被文字的边界箍紧，却饱含激情与酷烈，意欲突破界限四处奔突。总有一种感觉：那文字仿佛巫师的咒语，先堵塞门道、构筑园囿，然后唤醒那些致命的激情，调动起灵魂舞荡。文字，成为雷平阳的突破口，却成为魂魄们簇聚的坛场。

总是如此的真切，却总带着魔法世界的夸张。雷平阳的乡村世界是一个透过水晶球显现的云南乡土景象，它细节毕现如此真切，却魔力环绕仿佛虚幻。正是这种既真且幻的特质，使得雷的作品具有一种普遍的感染力。

昭通土城欧家营，少年雷平阳的出生地、出发地，很多年后，成为他写作的据点，成为中年雷平阳开始不停想在精神上回归的故乡。我曾经数次去过昭通，一次次张望过那个叫作土城欧家营的地方，可是，具体的地理空间总是给我一种比文字虚幻的印象，哪个是真正的土城欧家营？

雷平阳现居昆明城中心，住在离翠湖很近的地方。被商业生态包围着的翠湖，承载了太多人为赋予的文化和城市含义，这些含义，跟边上住着的雷平阳无关；翠湖的水，早已失去从前的流动性，它不是雷平阳家乡的沙沟或是利济河。住在不断追求现代化的昆明，雷平阳继续自己的坚守：用文字为故土守灵与招魂。他的写作越来越具体，他的存在越来越尖锐，他说自己的爱越来越小。开始步入中年的雷平阳说自己一直在寻找故乡，他经常感到自己没有故乡，他笔下的欧家营，也许不是真实的欧家营，他文字里的父母更多注入了中国农民的命运色彩，云南昭通土城欧家营，注定将因为雷平阳的诗文被文学史记录与穿越。曾经有读者问他：为何敢于写那些不美和苦痛的东西？也许，对于别人，这样的写作是需要勇气的，不过，我知道，对于雷平阳，如此尖锐地表达存在，就是一种直面灵魂的承担。“一片土地上的生与死，爱恨情仇，历来都在被一些人挪作他用。作为这些人中的一员，我更多地挪用了乡愁。在中世纪的欧洲，医生有时被指控为传播疫病的罪人，由于他们是瘟疫流行时期仅有的从中获利者。我从乡愁中获利，或许我也是个罪人。”（《我的云南血统·自序》）

雷平阳绝不是一个矫情的写作者——虽然他的某些文字因抒情而有矫饰。结婚成家后，他变身为负责的丈夫，会在家做饭，为儿子煮冰糖莲子羹，用蹩脚不流畅的普通话跟儿子沟通。儿子雷皓程长着如此酷似父亲的脑袋，倔强的脾气也一如父亲，可是，对于儿子来说，故乡已经不再是父亲血液中洗不掉的昭通土城欧家营，而是昆明翠湖边。小儿子开始喜欢名牌，懂得扮酷，至于父亲的老家：“那是一个小地方，一点玩场也没有。”

话题及此，雷平阳显得无奈与忧伤，他的苦笑，透着不可更改的孤独。

雷平阳：为云南的大山立传

黄代本

一

我认识雷平阳是1982年的秋天，我们在沙坝中学读高中时认识的，因缘际会，缘起性空，人生易老，光阴易过，一晃已经整整25年了。在沙坝中学的那段日子，是我们所谓为理想和生存而奋斗的日子，由于日子特别艰难，所以留下的印象也就很深。我们的父母都是长期在社会底层挣扎的小人物，我们村子离城只有20公里，但有的人活到70岁还没有进过城，社会底层的家庭背景导致我们见识很少，从小在农村长大，我们都很少进城，对外面的世界和外面的人物都很神秘和向往，都以为能到沙坝读高中是很了不起的事情，都以为在这里会遇到许多很高明的老师。用雷平阳的话来说，读到初中相当于秀才，读到高中就是举人了。所以，尽管物质生活极其艰难，但我们的感觉很好，都以为光明的大道就在我们的脚下。到上课的时候才发现，想象的东西和现实完全不是一回事情，当时的沙坝中学里只有两个工农兵大学生，其余的老师都是高中毕业或者师范毕业，有的老师在教室里抽叶子烟，有的老师讲几分钟就要喝一口酒，有的老师喊学生起来回答问题不喊姓名只喊这个老大、那个老二，老师当中最流行的穿着是穿西装戴军帽。两个工农兵大学生走过的地方，学生们就会在后面悄悄指点说，这是大学生。学生们最高的奋斗目标就是考昭通师专，如果我们说今后想考师专，就会被其他人取笑说，你家祖坟上埋着狗了，也认不得脸红，什么造型嘛，也不看看头像还是脚像。

沙坝中学的学生，几乎都是来自农村，百分之九十的学生在城里没有亲戚，偶尔有个别人穿上中山装，凭感觉就知道这家人有人在工作。几乎百分之九十九的学生没有洗过热水澡，我和雷平阳、赵声安考上大学后，第一件事情就是到温泉去洗热水澡，洗热水澡出来的感觉，有一步登天的感觉，就像是踩在棉花上一样，脚手都是飘的，轻松得很。由于营养不良，百分之八十的学生都有在早上跑步时贫血的经历，我们早上跑步都是向着城里跑，路两边都是苞谷林，跑不了几步，头也昏了，眼也花了，耳朵也听不见了，就像被一顶黑帽子罩住了一样，有的老师竟然请神汉来为学生隔治。个个都在努力，人人都在奋斗，在觉得奋斗无望的时候，就互相鼓励说，星期天进城到师专去看看，感受一下什么是大学生活。几个人相约，穿过成片的苞谷林，到了师专门口，萎萎缩缩地进去，生怕被看门的提出来，在师专的校园里走一转，觉得脚是脚、手是手的。从师专看了回来的学生，就无限向往地说，繁花似锦，繁花似锦啊，简直就是天堂。为了能进入天堂一般的师专，为了能过上神仙一般的日子，就用墨水瓶自己制造煤油灯，在学校熄灯后看书到深夜，教室的墙上，就到处挂满了墨水瓶制作的煤油灯。

二

人是环境的产物，适度的贫困是上天恩赐给我们的礼物，要向大家介绍我所认识的雷平阳其人，除了介绍当时的学生状况外，就不得不用过多的笔墨来介绍当时的沙坝中学和周围的环境。沙坝中学的前身是原来的农中，离城有 4 公里左右，在一个馒头一般的山包上，占地面积很宽，围墙外上百亩的庄稼地都是学校的地盘，学校就在庄稼地里。一出围墙就是苞谷地，间或有些已被荒草淹没了的古墓。在围墙内，除了一个开会和打球用的水泥球场外，其余地面则全是泥巴地，天阴下雨，便满地都是泥浆。雷平阳是土城乡欧家营人氏，站在沙坝中学的门口就可见到他家周围那些宽展展的农田，他家旁边有一条河，河的名字很好听，叫悲天河。为什么叫悲天河呢？大家都很搞不清楚，雷平阳说，河的名字可能跟地方历史有关，这里曾经是彝族的发源地，在大清雍正四年（1726 年），云贵总督鄂尔泰在这里对彝族进行过血腥的屠杀，彝族被迫逃离家园，渡过金沙江到了凉山。据说，在清军屠城后，血水将稻田里的水都染红了。雷平阳常说，他们家就是在彝族离开乌蒙后从外地移民进来的。他读小学的地方就正在当时清军屠城的中心打鱼村，农民们经常在挖地的时候挖出成堆的白骨来，用他的话来说，他读小学的时候学校经常闹鬼，一到傍晚老师就不敢出门了，因为到处都是阴风惨惨的。在天阴下雨的时候，还有鬼火在学校附近晃动。我奇怪的是，雷平阳家周围，都是农田，为什么会钻出一个打鱼村来。据他说，这里的坝子在百多年前，曾经是水淹没的地方，曾经是渔歌互答的水泊，是“一官已留清白去”的大清知府挖人工河将水排出去的，水排出去了，地名却留了下来。在他的描述中，他们的教室，曾经是生产队清扫出来的牛厩，所以，老人们骂人，就说这个人是进了几天牛厩们的，跟畜生一样。学生下课的时候，老师就到学校附近的烤烟地里和农民们吹牛，骂学生就说，是牛么都会听人话，你们连牛都不如了。由于学校附近都是生产队的牛厩和马厩，他们就经常在粪堆上杀仗，看牛下儿看到天黑才回家。由于附近都是农田，稻草很多，她的母亲在家打草席，在星期六的时候，还要随父亲一起背草席到十多里路的城里去卖，在城里一天守到黑，卖了草席，父亲就一角钱买一个椒盐饼给他，作为劳作一天的奖赏。

雷平阳在打鱼村读书，从小学到初中，留下了许多印象，童话一般，美丽得很。但是，当他带我们去看到他所描述的小学时，教室成了废墟，学校门前的水塘里长满了水葫芦，有几只鸭子在水里游，有一个牙齿都掉完的老者在挑水泼菜。雷平阳说，这就是他们的小学老师，会拉二胡。

三

从打鱼村小学到沙坝中学，相距不过七八里路，都是在山头上，站在这里就看得到那里，实际上就是从一个山头经过两个村子到另外一个山头。有单车的学生可以回家吃饭，但有单车的学生实在太少了，甚至有的老师都没有单车。学生个个都是破屁股，因为他们的裤子都是补过屁股的。有一个老师抽叶子烟，教书教得很好，但裤子也是补过的，学生就喊这个老师是破屁股老师。有许多学生没有鞋子，光着脚，每一个老师都穿着长筒水鞋。秋季入学的时候，天气是阴沉沉的，校园里的泥浆随时可以漫上鞋口。秋日难得的阳光偶尔将路面照干，又被连绵不断的秋雨打湿地皮。秋雨是不停地下，有时可以下到月余不断。待秋雨下完，风也凉了，天也高了，草也黄了。校园外的苞谷地渐自变得浅黄，经风一吹，苞谷叶子便沙沙作响。可以这样说，城里的学生是生活在人工环境里，而我们是生活在自然环境里，我们站在教室里就可以看到农民们种地，就可以看到两口子在地里打架，就可以听到附近村子里狗的叫声和骂人的声音。有几棵白杨树贴了围墙长，有我们的教学楼高了，站在窗前看白杨树在风中摇动，看久了，就会产生错觉，就像是坐在船上一般。

因为学校的前身是农中，学校的地很多，每个班都有几亩地，我们每周有两个下午是劳动课，其实就是为学校种地，种一年的地，唯一的收获就是在每年挖洋芋的时候，学校用大锅煮洋芋，每个学生得一斤煮熟的毛皮洋芋。而学校里，就将我们种出来的洋芋切成片片用水煮熟，舀一勺油辣子在里面，当作菜卖给我们。由于学校有好几百亩土地，学校就有专人管理劳动工具。管理工具的高老师是一个很有特色的人物。许多年后，当许多老师从我们的记忆里淡出了，而管工具的高老师的形象却越来越鲜活地出现在我们的印象中。高老师的学历如何，我们不得而知。他常年穿大清朝的对襟短衫，戴一顶志愿军入朝时戴的那种有毛的帽儿。一脸的胡子像小花书上的李逵。高老师不上课，也没有什么具体的事，也领工资也分住房，但从来没干过什么具体工作。十天半月不见，也没有什么人说他，领导也不过问他去了哪里。高老师心思不在学校，但他在学生心目中威望很高，他穿着朴实，像画家画笔下的陕甘农民。高老师十天半月不见，回来时总牵着一匹马，将马拴在我们上体育课时的双杠上，用小镰刀割草来喂。吃了晚饭后，我们在高老师拴马的地方，拿本书在手上，听高老师吹长猪短马秤砣牛的知识，以及如何鉴别牛黄、朱砂、马宝。高老师讲得通俗易懂，比我们上课的老师生动得多。关于马的知识，又全面又深刻，我们听得肃然起敬。

冬天下雪时，我们到高老师家去烤火，高老师就同我们从沙坝中学的人文历史吹到自然景观，让人十分向往。要不是我们就在沙坝读书，还以为是什么了不得的地方。高老师说沙坝中学的山头，是历史上皇家挑过龙筋的地方。高老师见雷平阳的字写得好，就请雷平阳为他写春联，雷平阳将他家家谱上的“得鱼便沽酒，一醉卧江流”写给高老师，高老师高兴地拍拍他的肩膀说，好好干吧，我看你的相法有点格局，只是山根低了点，祖业无靠，要白手起家。许多年后，我们在一起时，都还十分怀念养马的高老师。

四

我们在这样的环境里读书，常在晚饭后顺校园后的小路走进收割后的庄稼地里。手里拿本书，有时看，有时也没有认真地看，更多的时候是一边走一边吹一些家乡、小河、民风民俗、三亲六戚的故事。直到夜色上来，围墙内的铃声响过，才三三两两地回到教室去上晚自习。

昭通的冬天本来就冷，沙坝中学在一个半坡上，正当北风。那时的学生都很贫穷，吃的是苞谷饭，穿的是空心衣服，冷了灰嘴灰脸的，班主任老师便拿一个北京回风炉放在我们教室里。除了看书外，我们要做的另一件大事就是生火取暖。将学校地里苹果树上剪下来的树枝一抱一抱拣来，时常弄得教室里黄烟黑虹的。大家便围炉夜话，讲一些不知天高地厚的大话，最向往的就是考取师专，因为除了师专外，我们几乎就不知道还有其他大学，我们的奋斗目标就是像学校养马的高老师一样早点吃月中桂的绿豆糕，晚点吃糖水鸡蛋。我们教室的楼上有一个初中班，楼上洒水扫地，水便顺了楼板的缝隙漏将下来，洒在我们的课本上。我们升火时，苹果树枝那呛人的黑烟便顺墙而上，弄得楼上硝烟弥漫，像农民熏野猪一样。每到夜晚，就围在火炉边，大声地唱歌，唱得最多的是《被爱情遗忘的角落》《知音》《驮铃》，雷平阳最喜欢唱的是民间唱书《蟒蛇记》里有关光阴的歌谣。由于常守在炉子边烤火，人走过的地方，微风吹来，便有淡淡的烟味。

在沙坝读书的日子，大家都没有用过热水。校长刚上台，就在大会上说，要解决学生在冬天用热水的问题，男同学每周三张热水票，女同学四张热水票。但一直等到校长下台了，学生们还没有用上热水。早上起来跑步，就便在秧田里洗脸。好像每天都是饿的，一次要吃两大碗干苞谷饭。我们最快乐的时候就是在小卖部里买一个椒盐饼，读两年的高中，我只吃过一次回锅肉，雷平阳的条件要好点，但我估计也不会超过五次。每到周末，同学们作鸟兽散，回家去吃两顿饭，第二天回来时，带来毛皮洋芋，也带来三亲六戚发生的最新故事，加一些评论，发一阵感慨。

五

当时的高中是读两年，到了二年级，就分为文理科，我们读的是文科，多数是理科和英语很学不好的。因为我们的英语老师是烧锅炉的老者，有些单词他要请语文老师用拼音拼出来，后来我们才发现我们读的英语跟其他人不同。在高考成绩中，雷平阳的数学成绩不会超过 30 分，英语成绩不会超过 10 分，并且是蒙的。文科班其实只有十来个人，有四五个男生，全部来自农村；有七八个女生，清一色来自城里，在我们的眼中，每一个城里的女生都是天仙女。许多年后我们才发现，农村人能到沙坝读中学，已经是农村里的优秀的了，而城里的同学到沙坝读书，已经是城里没有办法的下层阶级了。而就是这些城里的下层，都是我们只可仰视的高峰。雷平阳字写得好，文章也写得好，便有女生请他抄歌，抄幸福的花儿迎风开放，爱情的鸟儿展翅飞翔，他们的关系便发展成那种很特别的关系。由于城乡差别严重，我们几乎都不跟城里的女同学说话，班上一个城里的男生和一个城里的女生谈恋爱，经常打饭在一起吃，你喂我一嘴我喂你一嘴，他们感觉很好，我们看着就麻筋，一个叫陈代理的同学端着苞谷饭看不惯就说，多吃点，要吃饱点，吃饱掉才做得起事情。谈恋爱这个城里的同学起来一脚，就将陈代理端着的饭盒踢了飞出几丈远，雷平阳说这个城里的同学，是不是欺人太甚了，这个城里的同学才道歉，重新打了一晚米饭来给陈代理了事。这样的饭也竟然吃得下去，说明我们卑微到了什么样的程度，而饭盒被踢飞的陈代理同学，竟然有因祸得福的感觉。这个同学后来考取了财校，下岗后成了风水大师。

我要说的是，尽管存在着严重的城乡差距，尽管我们的生存艰苦得卑微，但是，在最艰苦的这一段时光里有爱情，在这最艰苦的地方也有诗歌。雷平阳在这个时期开始诗歌创作，但谁也没有想到穿对襟衣服的雷平阳会走这么远。当时的语文老师不喜欢他的诗歌，经常在课堂上表扬他的书法批评他的作文，为了给我们做榜样，这个老师写了许多啊啊啊哦哦哦啊花儿香啊好风光的诗歌，据说这些诗歌在地方报纸上登载过，只是我们都没有看到过。由于经常受到老师批评，雷平阳对自己作品的评价也不高，用他自己的话来说，不写又手痒。有时，决定人的命运的就仅仅是一点长期坚持的业余爱好。有许多评论说，雷平阳在师专开始诗歌创作。据我所知，雷平阳的诗歌创作最早不是在师专，而是在沙坝中学围墙外的坟茔上和苞谷林里。在农民们收割过的苞谷革上晒太阳，雷平阳将他写的诗歌拿给我们看，我们都说写得好，只是不押韵，如果押韵就更好了，其实好不好我们也不知道，他当时写了些什么，到今天我们已经一句都记不得了。有一个城里的女生，对雷平阳有点那种意思，经常在校门前买椒盐饼送雷平阳。十多年后我在昆明西郊一个叫二十八公里的地方见到雷平阳，他买了许多椒盐饼在办公室里就着开水吃，说是怀念沙坝中学的那一段时光。其实，用现在的眼光来看，我们在那一段时光里过的是猪狗不如的日子，由于贫穷和前途的无望，我们的形象都畏缩而自卑。师专毕业的彭云虹老师对他的同学说，沙坝中学的学生几乎都没有气质，唯一一个有气质的是黄代本，原因是她在讲课的时候我敢学她讲课，她想跟我打招呼我从来不理睬。其实，这叫什么气质呢？什么都不是，这是无聊。许多年以后，这位老师看了雷平阳写的散文诗《登凉风台》后对人说，气质最好的是雷平阳。毫无疑问，对于雷平阳来说，沙坝中学和欧家营打鱼村小学这一段时光，在岁月的河床上积淀了多年后，这时光就成了诗歌和感慨，就成了雷平阳作品中最厚的故土，在他的云南血统里，我们发现最早的源头，就是他老家的悲天河，就是沙坝中学围墙外的乱坟塬。

六

1983年沙坝中学毕业后，雷平阳考上了昭通师专学中文，成了雷家历史上的大事情。因为他家的家谱上，出得最多的是木匠，信奉的是“得鱼便沽酒，一醉卧江流”的随意和舒适。他考上师专，他感冒多天的父亲喝下半斤酒后就好了，从此以后，不论是犁田还是耙地，他的父亲都要整一个酒葫芦挂在腰杆上。他的穿着由天蓝色的姑爷兰对襟衣服变成了草绿色的军衣，在还没有收到师专录取通知书的时候，请他抄写歌词的女同学写了一封信给他，表明跟雷平阳是同学关系。他到师专读书后，这女生经常来找他，写信表明除了同学关系外还有其他关系，前一封信是对他的考验。这样的考验未免庸俗，他就没有接受这样的考验。到了师专后，今非昔比的雷平阳继续写诗，便当上了文学社长。开始在当地的几家刊物上发表一些诗歌，那时又正是文学非常热门的时代，在地方上便有些名气。当时的师专，集中了许多名人，雷平阳经常讲起师专的有个老师讲到“西出阳关无故人”时，在课堂上反复唱，唱着唱着就泪流满面，学生们也跟着泪流满面。

不论条件如何艰难，在有诗歌的地方，就会有互相折磨的爱情，师专毕业后，由于跟一个女生谈恋爱，分到了盐津县，字写得好，又会写一点东西，就进了县委办。按常理说，在县委办，应该是洞明世事、练达人情，当官从政的地方。但雷平阳将全部心思都用在读名著和写诗上，上山下乡，走村串寨，走完了全县的八十多个行政村，创办了一份油印的诗刊《山里入》。当时的县委书记说，你写的叫什么诗嘛，一样意思都没有，我们年轻时写的是：日眉苕眼老美国，鼻子弯弯像麻雀。一天尽讲鸡巴话，欺负咱们新中国。书记要雷平阳写一点押韵的诗歌，雷平阳写了一些，有一首是：好久不走这方来，这里的凉水长青苔。扒开青苔吃凉水，一朵鲜花出水来。说到档案管理，这个书记说，整屎一个大柜子来锁起，要着的时候拿出来翻就是了。

在1986年秋天，我还在昆明读书，由于要写县志，雷平阳到昆明档案馆查资料，那是他第一次到昆明，也是他第一次出远门开眼界，还在路上就写下“出了昭通，路就平了”的诗句。几个大笔记本上写满了乌蒙磅礴的诗篇。盐津的山、盐津的水、盐津的人，那被风吹翻的吊桥、那守着江水的渔夫、那凄凉而忧伤的川江号子、那黑夜里在窗子上炸响的巨雷，进入了他的诗歌。由于当时没有手机，电话也不方便，在昆明三个月时间，我亲眼见他为等女人的信等得憔悴而发狂，用他自己的话来说，爱情就是互相在乎，由于互相在乎，就互相折磨。对于昆明，由于昆明是春城，春城无处不飞花，除了喜欢昆明吹面不寒的风外，好像也没有什么不得了、了不得的地方。半年后放假，我到了他工作的盐津县城。盐津县城是朱德元帅在这里待过两个月的地方，两面都是悬崖，中间有关河水流过，城是建在悬崖上的，在清朝末年，有人在这里起兵，席卷了大半个中国。具体时间是 1987 年的 7 月 15 日，当时从昭通到盐津全是土路，一百多公里路，都是在关河大峡谷里穿行，现在两个小时就能到的路程，当时几乎要一天才能到达。天气热得闭气，一到县政府我就开始问雷平阳住在什么地方。我以为应该每个人都晓得他，殊不知连问几个人都是一脸的茫然。年老的不知道，年轻的也不知道，他们不知道雷平阳是干什么的，我就有些泄气，开始从值班室起一间一间地问。在盐津两天，我见到了他在盛名之下的辛酸，也感受了作为同学和弟兄之间世俗的温暖。由于远离故乡，他喜欢喝酒，烟瘾很大，但为了招待我吃一次凉猪脚，不得不将一条“阿诗玛”提去二十三元卖给街上的小摊贩。盐津那地方给我的感觉是两面是山，很高，朱提的江水顺了山脚奔流而下，汇入金沙江。即使没有太阳，也还是热得闭气，身上随时出汗，男的不穿上衣，天不亮就有人在茶馆里喝早茶。雷平阳住在一间木地板的房间里，墙上挂着他写的“南山采薇”条幅，和他下乡时从农民们房子背后扛回来的竹根。竹根很大，挂在墙上像飞翔的大鸟，满屋都是杂志和诗歌。顺了沿江而下的街道，到了夜色笼罩下的街头，站在桥头便听到满河的水响。在漆黑的夜幕下，不见了山，不见了岩。就像是来到一条河边，岸边的大柳树那巨大的黑影将灯光映衬得十分微弱，见不到了高山和大地。

七

雷平阳在盐津的山谷待了整整五年，每年的春节回家过年，初一的早上他就骑自行车顺昭鲁河埂出发到洒渔街上的赵声安家。赵声安是我们在沙坝的同学，在师专跟雷平阳也是一个班。在赵声安家吃了早饭，就跟赵声安到我家。初三左右，我们三个人就到土城耿声乾处。耿在农行储蓄所，喜欢读一点文史资料之类的东西，沙坝中学时语文老师很喜欢他，认为他的作文在雷平阳之上很多。耿送我们许多邮票，说雷平阳要邮寄稿子，就多给些大额邮票。然后，我们一起到他在悲天河的老家。那时，他家刚修了新房子，大红春联杠朗朗的，对联是他自己写的，我记得其中一联是“独居村东，旭日最先照我家”。他父亲是挑生意到过昆明的，现在半天的路程，当时他们走了十三天。在这期间，由于经历的大起大落，他写出了许多大气磅礴的诗歌，便因之而出了名，工作也回到了自己的家乡。1990 年 7 月，我第二次到盐津。在盐津街上，雷平阳见到了他为之而到盐津的女朋友离他而去后跟着其他人打一把伞在街上。当时的盐津正下着大雨，我们跑步到盐津文化馆，他那满脸的无奈是一般人体会不到的。在人的一生中，最折磨人的是爱情，最靠不住的也是爱情，一个很漂亮的女诗人对他说，你的作品哪天上《人民文学》，我哪天就是你的了。许多年过去了，物是人非，一切都已经烟消云散，只有盐津城脚下的关河水，依旧万古奔流，只有那江面上不知名的水鸟，依旧在江面上低飞。事后我想，一个人要干什么，命运的轨迹似乎早就画好了，个人要做的似乎只不过就是顺着这条路走下去而已。有许多东西，我们不在乎不行，太在乎了也不行。雷平阳在盐津的大山大水之间那几年的欢乐和痛苦，究竟是人为的因素还是冥冥中的定数，这其中的玄机，有谁能说得清楚呢

八

他乡的水也清，他乡的月也明。雷平阳家的家谱里有句话是：去马登

程走四方，日久他乡是故乡。在盐津县这几年，正是诗歌的浪潮风起云涌的时候，几乎在昭通所有的县都有他写诗的朋友。他一到昭通，多数时间待在西街二楼的木板房里，就有万声平、陶永平等人在冉旗的宿舍里出没。冉旗准备了许多大碗，每一次都用面条招待大家，几个人成立的诗社也就叫“大家”。在这里我认识了许多十分善良和单纯的朋友，陈衍强、周富强等人。在这些人中，有些人坚持一段时间之后就离开了诗歌，有的人就像疯子一样但一直没有疯，有的人看上去很正常却在后来的岁月里真的成了疯子。

只要有人的地方，都很复杂，不论是成功还是失败，不论是凡夫还是神灵，你可以征服许多地方，但你最难征服的是你的家乡。雷平阳在昭通工作了一段时间，在一家小报当编辑，时间不长，一年左右，由于当时的报社领导是写古体诗的，看不惯他写的新诗，经常说他编辑的诗歌不是诗歌，在几个吸大烟筒的老者的排挤下，被置之死地而后生的雷平阳愤然离开昭通到了昆明，到了一个报到之前从来没有到过的叫二十八公里的地方。我在彝良牛街镇的一家小餐馆里吃饭时遇到盐津的领导，知道雷平阳在昭通不顺畅，就叫我转告雷平阳，实在不行，就回盐津去，盐津虽然贫穷，但养一个诗人还是养得起的。雷平阳没有回盐津，既然走出来了，就没有回去的道理，用他自己的话来说，再穷无非讨口，不死总要出头，再咋个艰难也不会有沙坝艰难，沙坝那种苦都吃了，还有什么苦头是吃不了的。话是这样说，但是我还是在他的笔记本上看到这样的诗句：站起身来我泪流满面，走出门去又满面春风。看看日期，正是他在家乡编小报的时候写的。他写给我的信落的地址是读书铺，我在读书铺下车，走了半个小时，人们告诉我要到雷平阳在的单位还有一站。我问他为何写个读书铺，他说这名字好听。单位在一个山头上，有许多荒冢在密林中，有松鼠在门前跳来跳去，鲁班的塑像就在他的门口，一脸迷茫地看着远处的高楼。

九

其实不想走，其实我想留。有一首歌说，放飞的是希望，洒下的是泪滴。在昆明的时间转眼又是十多年了，城市在飞速地发展，岁月在不断地流失，在人山人海的都市里，我不知道他是否找到了家的感觉。故乡的亲人都指望在昆明的雷平阳对自己有所帮助，其实，在许多时候我们都是爱莫能助，要让一个诗人来养家糊口，我们可以想见这其中的辛苦和无奈。我在他一部叫《像袋鼠一样奔跑》的作品里，读出了他的无奈和困惑。年过四十的雷平阳对他的亲人们说，如果不是为了生存问题，就不要让我去找这个、找那个了，我多年来没有尊严，你们就让我多少有点做人的尊严行不。

虽然会绣花但不识字的母亲不知道她的儿子在昆明干什么，村子里的人问雷平阳的母亲，诗人是干什么的？她的母亲说，我也晓不得是干啥子的。在离他的家乡仅一公里的平滩子，说起雷平阳的父亲，一个姓王的老人说有点印象。雷平阳说，在他的家乡，有点印象就是没有印象。问是否知道雷平阳，这个姓王的老人说，知道知道，雷平阳是周家庄的宰猪匠。有次在昆明翠湖边的一个茶楼里，说到一本写老昆明的书，读后在内心会有一种甜蜜的温暖。他说，你那是学生期间在的昆明，正是幻想的年龄，所以留下的都是温暖的感情，这是一种时间过滤后留下的甜蜜。那么，在里面闯荡了十多年后，经过了多少事，见过了多少人，昆明留给他的又是一种什么样的印象呢？从他的作品中看来，春城也不仅是春天，昆明也有下雪的时候。给他温暖的，是 83 路公共车上那个抱狗的女人，原因是他为这个抱狗的女人让座时，这个女对他微笑。到了哪里，都是有钱人的天下，一个人在少年时代的教育背景，决定了一个人的思维方式，作为 83 路公共车上的一名普通乘客，要将自己融进这无处不飞花的春城，又是如何面对自己过去那些故乡小河之类童年的印象呢？对于这里的现实，除了接受又能做些什么呢？雷平阳作品里那些关于故乡和亲人的作品，是不是离开之后时间过滤后留下的甜蜜呢？现实是残酷的，而甜蜜的东西都在想象里。人往高处走，水往低处流。人的愿望和水的命运让我们多年来只能向下。我有八年时间没有到昆明，天天在昭通的大山大水之间跑，我怎么就没有发现那些针尖上的蜂蜜呢？而在这八年的时间，雷平阳经常待在西双版纳的布朗山上，成了普洱茶专家，写出了一大批厚重的作品。从他的作品里，我读出了他水的命运和人的愿望。他是一个有宗教情怀的人，尽管他不信任何宗教，在他的笔下，万物有灵的观点，和佛教“普度众生”中“众生”的概念是一致的。十年的时间，雷平阳有许多时候是在云南的大山大水之间跑，他要为云南的大山立传。从二十八公里到省建，从“大家”到《滇池》，最后在翠湖边定居下来，从悲天河到翠湖，我们可以想见他付出了什么。

十

地方越大，人情味就越淡。在人心的沙漠里回望家园，便会产生一阵一阵的乡愁。在昭通的时候路不平，出了昭通路就平了，走了许多路后成了不断线的风筝，风筝飞满天，雷平用就成了追风筝的人，由此他写下了一大批有关家园的诗歌。在他的诗歌里，到处弥漫着对小人物的可怜和对命运无常的喟叹，《只爱一个地方》和《背着母亲上山岗》等诗歌的出现，在感动了许多人的同时，我们也读出了他内心的伤痛。我一直在想，他作品中的家园也是经过时间过滤了的家园，和现实中的家园是有一定距离的。四川成都的一个女教师在看了雷平阳的作品后，打电话到昭通电视台询问，昭通能不能找到事做，这个地方太美了。其实，这里哪有四川美呢？谁不说咱家多好，但他作品里的家乡，已经不是严格意义上的他生活了许多年的地方。在二十岁前，我们的活动范围根本就没有超出过二十公里。

二十多年坚持在一个地方，在一个地方扎根长叶，毫无疑问，雷平阳早已经长成了一棵大树。他的影响，已经不止是在云南，在他的身后，有许多人从昭通走出来成了森林。在文学创作上，我们都只能看到他的背影，他成了昭通师专的骄傲，成了昭通的骄傲，为我们带来了光荣。出个人物不容易，希望我们善待他。郁达夫在纪念鲁迅的时候说过，产生不了伟大人物的民族是可怜的生物群落，产生了伟大人物而不知道爱戴的民族，是没有希望的奴隶之邦。

仿佛有永远的暮色

——雷平阳其人其诗

霍俊明

雷平阳出生于 1966 年。在我看来任何一个人的诗歌写作的“出处”或者“来路”是相当重要的，而雷平阳的诗歌“生发地”似乎从一开始就有了某种极其强烈的“饥饿性”、命运感乃至宿命性。从 1966 年轰鸣的闷热的夏天开始，他就在故乡昭通土城乡土城村的偏远地理与精神迷津中不断前进又不断身不由已地折返寻溯。当雷平阳出生于暗不见光的农舍，当这个村庄由“欧家营”改为“爱国村”，那么他多年之后是否想到这一切与诗歌相遇的时候意味着什么？这出生于 1966 年的沉暗的针尖也只有在多年之后才得以擦亮和现身。多年后，对于自然、故乡的命运性关联雷平阳，将自己定位为一个“旁观者”。这个离群寡欢的欢乐和“饥饿”同在的“梦游者”确乎从少年时代开始就宿命性地以诗人的“非正常”性格冷静而无望地面对着身边和心灵中所有的遭际。雷平阳的诗歌仿佛有永远的暮色一样令人在无边的苍茫中窥见人生的踪迹以及神的训谕。

与雷平阳的相遇最早的记忆来自多年前的额尔古纳。那时正是最为寒冷的冬天，气温已经是零下 30 多摄氏度。与雷平阳的第一次相遇就是从无边无际的寒冷草原开始的。深夜里我和雷平阳、沈浩波、小引等人用热酒来取暖。我们走在空无人烟的雪野上不得不时时跺脚来去除那无比真实的寒冷的眷顾。在茫茫的原始森林里，雷平阳在风中抖落的积雪中一次次按下相机的快门。这极其空旷的边陲草原被白雪所覆盖，而夜晚的璀璨星光却离诗人之心如此贴近。当雷平阳在酒桌上站起腰身，伸开嗓子吼出“月亮出来亮汪汪”时，我从这位云南汉子沉暗的脸上第一次倾听到了如此陌生的“边陲”之音。此后在江苏连云港和北京再次相遇的时候，夜晚似乎一次次充满了烟草的气息。尽管在当下的时代“诗人”已经成了十足的被质疑的角色，但是对于听从了语言和良知律令的少数人来说我们应该怀有庆幸和敬畏。他们仍然是不可多得的时代幸存者，因为他们得以保留了黑夜里那抖动的渺渺的星辉。为了主持当时《滇池》的“诗手册”栏目，我多次与雷平阳通话交谈，而几年来这个栏目的广泛影响已经证明了我们多年的友谊。

尽管雷平阳的小说和散文写作已经有诸多个人气象并为业内人士称道，但是我仍然愿意面对他的文字时将他还原为一个实实在在的“诗人”形象。尽管对于诗歌界来说雷平阳已经绝对不是一个陌生者，甚至从世俗（比如某某奖项）的角度来看他已经是一个有了诸多光环的人物。但是从诗人的精神境遇而言，一定程度上雷平阳仍然是时代高速旋转的聚光灯之外的“边缘者”。他的冷静、坚深和沉暗的面色一起构成了这个时代启示录意义上的特殊性存在。我一直听到一种声音，说在云南这个“地盘”上雷平阳是于坚的“追随者”。我对此不以为然，甚至觉得这种“外行”或者“别有用心”的说辞太过于荒诞无稽。于坚和雷平阳都因为强烈的个人性诗歌精神而难以被相互消解和抵消。一定程度上，于坚“耳感”的缺陷使得他的诗歌的内在化的声响要更为强大，而绵密而高亢的意象如涧瀑令人处于思想的轰鸣之中而难以招架。而雷平阳的诗歌似乎更为平朴地将诗歌的语言和情志毫无痕迹地榫结起来，他诗歌内在的气息一次次验证了这个并不轻松的写作者的沉暗空间里冷冷的精神闪光。多年来在我的观感中雷平阳其人其诗都带有“一根筋”的性质，这来自他的性格，也来自他今天看来已经相当“老旧”的生存环境。而正是这种倔强、彷徨却未曾彻底迷茫的内心与诗歌的持守使得他的诗歌每于平常之处有撼人心魄的惊雷之声。他诗歌中总是有一种弥漫不散又沉沉坚固的“土气”。这种特有的味道让人踏实，也让那些被现代性和城市化时代所溺染的人们有恍如隔日之感，未免心生唏嘘。

由于“旁观者”“漫游者”和“土著”角色，雷平阳诗歌的语言在我看来更近于一种生长性的植物性的方式。它们的每一寸延伸或者弯曲都来自环境的冷暖阴暗，都来自每一寸心灵的惊悸与阵痛。当雷平阳每年一有闲暇就立刻奔向云南山林草木的时候，当他一次次在黄昏融进大地的时候在山巅俯瞰或仰面躺下于草木之间面对遥远而切近的一切，他“云南血统”的复活与再生不能不是以巨大的尴尬、失落和无言为代价的。在此，诗歌成了致幻剂，也成了精神的安慰剂。面对着这些在加速度时代即将消逝和早已远逝之物，诗人内心的翻搅杂陈是一般人难以想象的。这个时代时时“后视”的写作者反倒是获得了同时代人少有的写作愿景和无比清晰的方向性。而那一个个从 1966 年即开始生长的精神的芒刺与针尖最终得以擦亮，被黑暗和隐忍一次次擦亮。这是一个为自己的精神地理抱有“写碑之心”的志撰者，这也是一个为灵魂寻找一丝亮光在寒夜侧身挤过窄门的漫游症者。更为可贵的是，尽管雷平阳的很多诗作都带有“云南”的关键词和地方性影像，但是他并不是一个观念性的写作者。雷平阳并不是一个抱有野心抒写“历史”的人，尽管他在诗歌中呈现的身份性是相当明确的，但是他的建立某种诗歌世界秩序的努力是存在的。他诗歌的视点往往很低，而频生的细节、鲜活的意象和多少带有寓言性、叙事化的笔调印证了他是一个实实在在的观察者，一个不只是识于鸟兽草木之名的观察者。雷平阳在诗歌中同样懂得适度的“沉默”，这种沉默却会让更多的人不安或者需要反复去揣测。而当下的中国诗歌单看起来个性十足，但是吊诡的则是整体性上一旦予以比较就相互抵消。在我看来雷平阳是一个保留了个体、家族和地方性知识的有着明显的“过敏史”的诗人。这种“过敏性”显然在一个更愿意在饭桌或床上来谈论自由和民主的人们来说要高贵得多，也艰难得多。当一个诗人在笔尖和心间以及石灰、水泥覆盖的草木间还在寻找失落的“神性”和“历史性”的痕迹的时候，我们不能不说这是真正意义上的化血为墨迹的阵痛。在此，在与雷平阳每次沉默相对的时候，我更倾心于他的自足和沉静。而这种自足和沉静显然是他在奔跑了几千座大山、几千条河流以及几千个村落之后在极其痛苦的寻找中通过文字分娩之后渐渐释放的那一小部分的结果。

雷平阳的诗歌是个人的诗歌，很难想象一首与“个人”无关的诗作是如何产生的。当雷平阳在深山林莽与激流石崖间一次次远离了城市的喧嚣，他也得以在去除巨大的时代和心灵的浮尘之后还原了人和诗歌的最为直接也最为本源的相遇。在雷平阳这里我很少看到一个矫情和伪饰的声音，而这正是一种有“根”的写作，也是有着活生生的时温时冷体温的呼吸方式。但是这种诗人的“根性”却面临着时代巨大推土机的“无根”的挑战甚至惊惧。多年来我一直看到的雷平阳是一个别于他人的存在。这个差别来自他在这个忙乱时代还时时葆有独立的精神禀赋。而当他一次次在现实的旋涡和历史诡谲的波澜中不断抽身，他就愈益感受到前所未有的沉滞。读雷平阳的诗歌绝对不是一件轻松的事情，他个人的生活与家族记忆的闪烁斑点构成了寒冷夜色里的一个个冷冷的针尖。面对离奇的、荒诞的、难以置信的社会事件和热点现象，我觉得似乎中国已经进入了一个真正“寓言化”的时代。换言之，中国正在成为“寓言国”。而多年来雷平阳的诗歌一直带有着强烈的寓言性特征。而这些经过语言之根、文化之思、想象之力和命运之痛所一起“虚拟”“再生”的寓言化景象实则比现实中的那些景观原型更具有持久的、震撼的、真实的力量和可以不断拓殖的创造性空间。正是在真实地域和想象空间的交织中，一个诗人在语言的空间和自身生命履历的轨迹上呈现出波诡云谲的气象与心像，梦呓与白日梦，现实与寓言。在昭通城、欧家营、滇南山等一个个精神坐标上，诗人看到了“方言”和一个个群落的母语以及携带的全息密码难以挽回的消失。雷平阳却在真正意义上从生命和语言的临界点出发，从血脉的根性出发所抒写的“滇南”边地繁复的气象铺展开不断决绝但又犹疑的文化地理学上的“乡愁”。雷平阳近年来的诗歌写作在精神的自我挖掘、奔突和深度沉潜中发现了时代的宿疾，同时不可避免地担任了带有时下人所认为的“老旧”特征的近于孤独的“书写者”的形象。而在这一点上，雷平阳的诗歌恰恰是获得了最为先锋的成色与质素。我从来都不否认雷平阳诗歌的高蹈性的一面，但是雷平阳的意义恰恰是在于不断向下探询的姿势，天鹅绒般的监狱见证了他持续发着高烧的额头。雷平阳的诗歌声带既是暗哑的又是高亢的。而“滇南”在雷平阳的诗歌谱系中更多是作为连接历史与现实、家族与时代的一个背景或一个个窄仄而昏暗的通道。雷平阳的诗歌写作在不断印证着一个不断重复的时代话题，同时这也是一个时代诗人所必须面对的难题。换言之，我们都在谈论诗歌与时代、诗歌与现实的关联，而我们却时刻在漠视这些日常生活化的真实景观，但是它们都无不处于不断消逝和灭亡的边地。

这里不是阿卡迪亚
——雷平阳诗歌的“云南形象”分析

李海英

云南形象，在当代诗歌的书写中是极为丰富的。在分析雷平阳塑造的“云南形象”之前，我们先简单回顾一下当代时期以来“云南形象”是如何被书写的：“十七年”文学阶段，对云南形象进行书写较多的诗人是公刘、白桦、饶阶巴桑等。这一时期的作品多是借助云南边地生活的书写完成强化少数民族对中华民族共同体的认同，内容多以表现少数民族“新人”的成长、少数民族“新人”的劳动和爱情生活为主。此类作品喜欢模拟一种家庭中的“创生关系”，即父亲是子女生命的创造者，而毛主席和共产党也给予了少数民族新生命和新生活；共产党、解放军与少数民族、边地居民的关系，也如同父子关系。在强调云南是中华民族共同体的一部分的同时，也多会渲染“边地的景观和风情”，此时的边地景观是体现国家政治、经济、文化整合力量的场域。① 新时期以来，本地诗人（如于坚、海男等）和一些少数民族诗人（如景颇族诗人晨宏、傈僳族诗人密英文、佤族诗人聂勒、哈尼族诗人哥布、普米族诗人鲁若迪基等人）都曾对云南的山川河流、村庄山野等家园式的意象或对当地的民族图腾、民风民俗等民族文化进行过书写，提供了一些具有现代意识的地方经验。② 与此同时，

---

① 王家平、段凌宇：《论“十七年”文学的云南边地书写》，载《民族文学研究》2012 年第 5 期。

② 涂鸿：《抒情个体的民族精神皈依———西南地区少数民族诗歌创作的文化解析》，载《西南民族学院学报》（社科版）2002 年第 8 期。

越来越多的诗人开始到此地进行旅行式的采风，云南如青海、西藏、新疆等边地一样，也慢慢地被构建为一个充满诗意的“阿卡迪亚”。

雷平阳目前被认为是在书写云南家乡上花费心力较多的一位诗人，他的许多诗歌都涉及该地的地方性知识，并形塑出了比较丰满的“云南形象”。但雷平阳不同的地方是，他并未把家乡有意“整形”为一个“阿卡迪亚”式的人间天堂；相反提供的却是一个满盈着爱、恨、情、苦、喜、怒、悲、痛的“撕裂”中的地域形象。本文将以雷平阳诗歌中“云南形象”为分析的一个路径：首先是对雷平阳诗歌中“云南形象”构成层次进行分析，了解雷平阳是如何运用描写与抒情完成了其云南形象的建构。二是对雷平阳诗歌“云南形象”进行形式分析，查看他是如何通过个人的“认知方式”塑造了一个反对虚拟“阿卡迪亚”的书写。三是对雷平阳诗歌“云南形象”进行感觉结构的分析，理解其创作的意图。

一、“云南形象”的构成层次分析

雷平阳诗歌的描写对象主要是“云南”，可以说“云南”一词，既是客观的、词语的，也是隐喻的、精神的。在其出版的几部诗集中，云南地域的河流、山谷、乡村、村庄、树木、石头、飞鸟等都是被一再描写的对象。其文本的意象在内涵和质地上是有所差异的，它们在构成“云南形象”的过程中所起的作用各不相同，其基调和意图时有变化。但总的来说，达成的效果却是一致的。暂以《山中赶路记》① 一诗为例：

从曼赛镇去阿卡寨，只需要
几个小时的时间，我们却走了整整两天
见到溪水，香堂人光着身子，钻了
进去。时间像一条鱼，在水芹菜
的叶子下面，张合着小小的腮

① 本文所引用的雷平阳诗歌文本，皆出自其《云南记》，长江文艺出版社 2009 年版。不再另注。

路边的橄榄已经熟透，克木人知道
有一颗，是悬挂在树上的天堂
时间，在舌面上，缓缓地
由苦变甜。白云是傣族人的表姐
清风是傣族人的姑妈，路边的竹楼上
这一个傣族人，麂子肉和鲜竹笋下酒
喝醉了。时间，是一张阔大的芭蕉叶
盖着他的脸。基诺人，有着石头
一样的沉默，他的耳朵，却一直关注着
雨林里的动静，不知是什么鸟
叫了一声，他便像一支射出的响箭
时间，被他带走了，很久才从
一只死去的白鹇身上重返人间
整个旅程，只有谦卑的布朗人
静静地守在我身边。我们坐在山头
看落日，看老挝丰沙里烧荒的狼烟
暮投一座古老的缅寺，我睡着了
他才离开，他在我的梦中赕佛
身子紧贴着尘埃。时间，在贝页经里
跪了下来，几双隐形的手，按住了
时针、分针和秒针。我们一行人
还有拉祜和爱伲，山野之上
他们都有着各自的相好，时间
奔跑的马蹄，被他们移植到了肺腑里
我这个汉人，多想飞速地抵达阿卡寨啊
催促，埋怨，焦虑，像个疯子
最终的结局，我一个人上路
多次迷途，天黑前，才找到自己的流放地

先说这首诗里的人物形象，他们都是以直接描写的方式出现的，这几个人物形象共同的特点是：野性、自由散漫、随性享乐、虔敬。之间的区别是，每一个人在共性之外，还有独自的习性偏好：香堂人对河流的热爱，傣族人对美酒的沉醉，克木人对果实的喜爱，基诺人对捕猎的迷恋，拉祜和爱伲对情爱的追求，布朗人对宗教的虔敬。和他们有着根本区别的是“我”，一个汉人，急躁、焦虑，像个疯子。

大地的形象是以潜在的方式被描写的，大地上的事物，溪水、橄榄树、清风、白云、雨林、白鹇、落日、古老的缅寺等每一事物都有与之心有灵犀的伙伴，其证据在于，它们可以随时随地招引各自的伙伴驻足或留下，共享属于他们之间的某种乐趣。

“人物形象”与“大地形象”组合出来的地域形象，有着相互衬托、相互依附的味道：“大地形象”能以其的客观状态营造出一个具有鲜活感的“地域形象”，“人物形象”能以他对自然的应和形成浑然天成的个性。于是，“云南形象”便包含着边地少数民族生态的种种风情，亦有着边地自然风光的旖旎闪烁。

单从这首小诗从文本运行的动力来看，客观的“云南形象”之下，显然是对于“时间”的言说。雷平阳看似并没有玩弄技巧，只是随手摘取身边的野生之物，然后又看似很简单地每一种自然之物与人物的行动通过时间的链条拉扯起来。

人	原　型	指涉对象	想象链条	意　指
香堂人	溪水	时间	像一条鱼，在水芹菜的叶子下面，张合着小小的腮	娱乐
克木人	橄榄	时间	在舌面上，缓缓地由苦变甜	饮食
傣族人	新酒	时间	一张阔大的芭蕉叶盖着他的脸	饮食、休息
基诺人	白鹇	时间	一支射出的响箭，从死去的白鹇身上重返	生产方式
布朗人	贝页经	时间	几双隐形的手，按住了时针、分针和秒针	宗教、信仰
拉祜、爱伲	约会	时间	奔跑的马蹄，被他们移植到了肺腑里	情欲
汉人	流放地	时间	多次迷途	焦灼、烦躁

对于时间，每一个族群和地域都有各自的认知方式。要表现出一个地

域的时间观念或时间意识，无疑是一件相当庞大的设想，而云南是一个多民族聚居的地方，不同的族群的认知方式和态度更是千差万别，要在短短的一段文字中把其间的差异呈现出来，就必须借助一些其他的材料。这首诗中，雷平阳的设计是很巧妙的，他先是选定“行走一段路程”（从曼赛镇去阿卡寨）为言说动力，同时选定一群人（八个族群的人）一同上路，然后让每个族群的代表“演示”各自的旅途，结果是：香堂人被清澈的溪水带走；克木人被成熟的橄榄带走；傣族人就着麂子肉和鲜竹笋下酒喝醉了；有着石头一样沉默的基诺人被雨林里白鹇的叫声带走；布朗人被贝页经留住；拉祜人和爱伲人被山野之上各自的相好留住；汉人不停地赶路，被迷途滞留。于是我们就看到，时间的言说中，地方的人物个性、地方的自然风物、地方的生活方式都被共时性地呈现出来。因此，我认为雷平阳这首诗中，至少是四股绳子扭在一起的：一股是时间意识，一股是地方风景，一股是人物精神，一股是词语的。

在雷平阳培植的“云南形象”上，此诗只是一小小的枝蔓。他已经用了大量的文本来讲述这片土地的河流、山谷、人物、动物、植物、村庄、亲人和自己的七情六欲。不过仅从这首诗来看，雷平阳诗歌中的“云南形象”至少具备这样几个层次：一是客观形象的再现；二是隐喻的形象，用来谈论对时间、空间、生死、尊严、耻辱等的体认；三是语词的形象，河流、溪水、橄榄树、清风、白云、雨林、白鹇、落日、寺庙、大桥，以及许多的舞蹈和饮酒，这些语词原本是一种“符号”、一些材料，但它们的原型意义具有难以抵挡的向心力，与我们的感觉搭配在一起，往往产生一种“虚拟的生活体验”，它们在牺牲指称功能来突显信息本身时能赋予事物“有意味的形式”，构成具有情感性的形象；四是审美的形象，毫无疑问，雷平阳诗歌中看起来是在竭力避免把“云南”形塑为一个“阿卡迪亚”式的人间天堂，太多的痛和苦总在其诗歌中穿行冲撞。可有意思的是，他在“反向”言说的过程中又生产出了不少具有“诗意的”“神秘的”“奇诡的”“迷幻的”地域色彩，使其“云南形象”一样有了可欣赏甚至是可消费的品质。这样的效果肯定是雷平阳不愿意看到的，但因所表达的事物在不知不觉中达到“某一”图像性类型，便无可避免地产生了美化装饰与煽情的效用。

我并不认为雷平阳的诗歌已经完成了“云南形象”的体系性建构。首先，它并不是一个神圣空间的象征。雷平阳在调动高原上的雪山、河流、草原、谷地、湖泊等这些原本具有某种神性之物作为诗歌材料时，并不是以信徒的膜拜去顶礼。这点和昌耀诗歌对青藏高原的表述极为不同，昌耀是有意地锻造一个圣地，因此选用的每一个形象以及每一形象的细节都在补充着主形象“高原”的神圣伟大。怒江、雅鲁藏布江、金沙江、高黎贡山、碧罗雪山等云南土地上这些伟大的存在物，不是没有神话故事也不是没有宗教信徒，但雷平阳诗歌表现出来的是，这些神显之物是可以用来依偎用来亲近的。这种态度类似于孩子对母亲的态度，一面满心认为自己母亲总是最美丽、最温暖、最贴心的，一面为母亲青春的逐渐消逝、活力的逐渐减退、疾病和痛苦的难以承受而焦虑。因此，他笔下的河流形象，会激荡出雪白的浪花也会发出痛苦的呻吟。其次，“云南形象”也并非就是诗人个体内心的象征。尽管雷平阳诗歌中不断地涉及云南的地方事物对自身的多方面影响，但显然他不是要以此为自我角色确立一个可资模仿的精神映像。用他的话说，他愿意做的是云南地理的“测量员”，用肉身去测量这里的每一寸土地。再次，雷平阳的“云南形象”是撕裂的，像《山中赶路记》这样的平静且充满情致的诗歌只是很少的一部分，他的大部分诗作中关涉的地域形象（如河流形象、山谷形象、乡村形象、宗教形象、生产形象、风俗形象等）总是处于“撕裂”或“破碎”的状态。“撕裂”或“破碎”意味着它还处于变动之中。

二、云南形象的形式分析

下面从外在形式的构成与形式内容的意义两个方面对雷平阳诗歌“云南形象”进行分析。了解“云南形象”外在具象形式的构成，从文本谈起大约会方便一些。

江河是上帝的目光
山造的塔，自然而然，站在两边

烟幕，有时垂下，有时拉开
背后的那根绳索上，人类的蚂蚁
荡着秋千。像猴子捞月亮
爷爷抱着父亲，父亲抱着我
我抱着儿子，努力接近地面
我们都想闻一闻土地的芬芳
我们都想生活在地上
神的庇护，给了我们足够的身体的饥荒

——《边疆》

雷平阳的诗歌里，通常会直接以具体的地名、河名、物名、村名，在文本中，把名称具体化，有助于赋予事物性格也便于文本的推进，不便的是会产生印象上的混乱。但把事物概括化，则可能会使经验变得抽象、细节变得粗糙。比如，像“边疆”这种笼统的题名，我们通常期望它达到植物种子的能力（类如这样一种包含与推进的过程：新芽长出时种子的包衣还在，包衣消融时新芽已粗壮得可以开出花朵，花朵掉落时包衣曾在的部位会结出种子）。然而这样的题名之下，极易带有明显的意识形态，且很难在数行之内有效地把“现实材料”过渡为“诗歌经验”。就如这首小诗，不过十行，前三行过去了，感觉上铺垫还没有完成，后三行又像是集体性的愿望表达，生动的是中间几行，生动的效果还是来源于寓言故事的明示。可一旦把事物具体化，它们便会立马有了自己的性格，以《怒江，怒江集》为例，这首长诗里有大量的关于河流本体个性、河岸的自然生态现状、人文生态的变迁、地方风物形成的缘由等地方性知识，它们都在怒江奔腾的浪花里裹卷着。

天威之下
神性，最先从碧洛雪山
缓缓地袒露，人性则升起于大峡谷（二）

黎明至暮晚，几百公里的天空

蓝，从碧洛雪山之上，蓝到了怒江河床。(四)

千千万万的母亲，组成了
圣洁的河床。左边是碧洛，
右边是高黎贡，父亲们站在天空两岸，
建起了村庄和教堂。(六)

溪水生于冰雪，青草
和石头，都有家谱。鱼儿产卵的洞房
寒水、月光和白雾。长满青苔的榧木
死于雷电，不知道什么是利斧。(七)

一头牦牛，顶着天空
专注于啃草。透过它
黑色的肚囊，远山，落日，怒江……(十五)

雪山的背后，更高的一座山
外形是佛："众多的山丘、溪流、羽兽
数不清的草木，都是它的信徒。"(十八)

从田野悬挂在水牛的乳房，怒江
在熏透了柴烟的经书里流淌
柿子，多么灿烂，照耀着石板房
鲜艳的被褥，晒在路边的木栅上
凹下或隆起，有着
上帝睡眠的模样
嘎娃嘎普峰，寂静的阴影
带着雪霭的清凉，几个犁地的人
从里面跳出，身上的草屑和泥土
闪闪发光。(二十一)

从列举的这些关于河流个性和两岸的自然生态来看，怒江流域原本是这样一个地方——“神在头顶，英雄居中/山川和人民在下方”。可这只是该地的一个面向，其另一面是“秩序毁于人欲，敬畏少于空荡”。

有人在水井里修筑大电站
有人在人民的骨头上
挖出密密麻麻的矿洞。（三）

高山里的一座高山，被人剥开
蚂蚁搬家，大卡车空着进去
拉着什么，喘着粗气，一辆接一辆
开出来。（五）

古树，纷纷倒下
泥土和石头跳了起来，但一直
缺少必要的高度。耕地
一直都像疯狂、破烂的大字报
死死贴着壁立的山坡
玉米刚收不久，苦荞挺着
鲜红的血管。劳作之苦、收获之微
代价之惨，不忍著述
而生命又如剑麻和仙人掌，顶着蛛网
在旁过，咄咄逼人地生长
宛若一群走投无路的狮子。（九）

唯有年老的人们
抽着土烟，望着江山
不语，不动，所有的铁血
与悲怆，在血管里，停止了喧响；……（二十三）

可见，雷平阳诗歌中的云南并非是一个秩序化的世界，而是一个在逐渐散乱甚至破碎的地方。这正是雷平阳不同的地方，在迷恋所热爱的土地上的种种美好时从不回避发生在其上的种种龌龊。因此他在表述自然美好的同时，会不断地出现复杂的甚至是撕裂的经验。很多人认为雷平阳采取的是叙述手法，但我认为是描写。因为，叙述是时间性的，描写是空间性的。是描写的自由空间化的定格保证了诗人可以同时展现“撕裂”的过程和状态。其撕裂经验主要包括如下几种：

（1）是杀生系列，有《杀狗记》《猎虎记》《屠麻记》《杀鳝记》《狱中哺鼠记》《矿山屠狗记》《牧羊记》等诗，在闪光的刀影和喷涌的鲜血中，撕裂着的不仅是动物们的生命，被撕裂的还有手持刀柄者和围观者对生命尊严的体会。

（2）是建设系列，有《怒江，怒江集》《昭鲁大河记》《开发区的春天》等诗，被撕裂的经验主要表现在故乡的河流如何因经济建设的需要一而再再而三地被征用，在征用中失去了河流自身的形态，也改变了河流两岸的自然生态和社会生态。

随之推演的是人物系列，有《春风咒》《村庄，村庄集》《电线上的人》等长诗和一些短诗《酒鬼》《为一个拉祜老人守灵》《集市上看飞机》《铁匠》等，这些文本呈现的是生活在云南土地上最普通的人的最普通的生命状态，这些普通人包括病怏怏又威风八面的村官、一生没去过外省死心塌地守护土地的父亲、失去土地四处打工的兄弟、被贩卖到他乡的姐妹、为自己身后无处安葬忧心的父老、熬骨头汤喂羊的牧羊人、与人老死不相往来的屠户、传说中的贼，每个人都有他们的快乐和安身立命的支点，同时也有难以对付的死坎和纠结。比如说这里的“母亲”，“母亲们都有过寻死的记录/有的自己返回，有的被中途拦下，有的/在渴望返回的时候，发现农药太毒/绳索太紧，流水太深。还有一种/走了很多年，想返回，一次次托梦/丈夫和儿女，却因劳役太重而睡得太死/没有人听见墙外半夜的哭诉/这样的母亲，在地下开荒种地/收获的粮食，不知道怎样才能送回来”（《昭鲁大河记》十五）。

除此之外，还有自我身份的破碎，雷平阳的诗歌中一直都有一个类似传统的诗人（汉人?）在游荡，这个汉族诗人处于比该地的其他族群看似优越实则更尴尬的位置，因为他能清醒地意识到他（或他的祖先）并非是这片土地真正的原居民，从根源上有一种不理直气壮，尽管他是多么真心地痛大家所痛、爱大家所爱，然而隔膜却牢不可破——“我爱他们，想拥抱他们/他们却不认识我了，一脸的茫然”（《离开》）。诗人又因在现代文明中的滚打，能清醒地看出这片土地曾经遭遇过、正在遭遇的、将要遭遇的种种破坏，于是便有着为其刻录下所有影像的“士心”，刻录的结果却有着嘲讽的意味——“写流水，仿佛在骂石头和陆地/歌唱死亡，仿佛在嘲笑活着与永恒/《买船记》里，我迷醉于过去，似乎/我厌倦了现世”（《大江东去帖》）。此外，诗人个体也有化不开的情结——“多年来，我极尽谦卑之能事/委身尘土，与草木称兄道弟/但谁都知道，我的内心装着千山万水”（《穷人啃骨头舞》）。

有如此多的撕裂事实和经验，或许“描写”是比较合适的方式，因为描写可以比较全面地顾及历史感和现场感。雷平阳采用的方式大致如此：在表述美好自然的过程中，多半会利用绘画的效果，展示的是瞬间的定格空间，对事物进行客观描写，描写带来了细节的独立化，顶着天空专注于啃草的牦牛，黑脸盘的怒族，晒在路边的木栅上鲜亮的被褥，圣洁的河床等等，这些独立的细节描写，使诗句变得精美、个性化；在表征撕裂经验的过程中，采用的是对运动事物定格法的观察的描写，比如《穷人啃骨头舞》《木头记》《昭鲁大河记》。对它们的描写带有一定的想象性，人物和事件在时间延续中的变化现场“置换”为一种空间的定格现场，让我们看清了人与事物结构内部的各种样态。与此同时，雷平阳习惯在动态与静态的描写中加入音响描写，尤其是在涉及河流、舞蹈、宗教等事物时。

这些都有助于完成一种“艺术的形象”，因为“描写”这种古典的诗歌方式，便于在抒情中添加哲思、命名、诗意、感悟或态度，也便于形成文本的节奏、频幅、时序、语态或焦点。关于“云南形象”的生命，我比较赞同贝尔的说法，是“一种有意味的形式”。“有意味”，我的理解是“有情感”在其中发挥作用，它是诗人（或人类）情感向外部的投射，“是在技术器官中体现并因此具有社会性的人类性格，它与现实存在的人类世界联系密切，通过技术表达器官体现的有关人类感情具有激动人心的作用”①。

一个“有意味”“有情感”的形象得以生成，自然也与其形式的内容有关。雷平阳诗歌中的云南形象之所以丰满，首先就在于这一形象是有性格的，概括起来有：性情的、野性的、木讷的、虔敬的、顺从的。但这些被我们概括出来的特点，诗人是用不同个体的生命细节去演绎的，生命细节的演绎提供的是血肉感。比如这样一些小诗：

神啊，感谢您今天
让我们捕获了一只小的麂子
请您明天让我们捕获一只大的麂子

神啊，感谢您今天
让我们捕获了一只麂子
请您明天让我们捕获两只麂子

——《基诺山上的祷辞》

性格可以从三个基本层面上来考察，从本能性格查看个体的生命能量，从地缘性格查看个体或族群的生长环境，从社会性格了解一定历史社会时代的状态。《基诺山上的祷辞》虽只有短短的六句，却把“基诺人”这一族群的习性爱好、生产方式、生活态度与他们生活的自然环境、地缘文化一同具象了出来。这可以算作是雷平阳诗歌的一个特点，先从某些感性的想象中寻找同类的事物进行描写，再从理性的想象中寻找某些观念性特征进行描写，然后在感兴和理性的缝合中使其形式有了生命精神。雷平阳在描述个体时喜欢以“族群”的命名来直接替代（比如会以香堂人、基诺人、布朗人、彝人、克木人等等），通常以族名指代人物，是以集体化约个人的途径，有助于读者（尤其是异域读者）在想象界里进行分类，却也容易造成个人性情被集体化。可奇怪的是，雷平阳诗歌中这些顶着族群命名的个人，在行动中却都有着自身的个性，雷平阳并没有把他们同质

① 〔俄〕瓦·费·佩列韦尔泽夫：《形象诗学原理》，宁琦等译，中国青年出版社2004年版，第16页。

化，反而像是要从个体中提炼出一个个族群最根本最重要的东西出来，给我们这些外人看。

三、“云南形象”的感觉结构分析

威廉斯认为，对活生生的文化的复原不应忽视对那一特殊时期生活的特别的感知。这种特别的感知，是实际经验的共同体，是“对一种特殊的、与生俱来的方式的非常独特的感知”。为此，他提出用“感觉结构”（structure of feeling）（即“是一个时期的文化，它是一般组织中所有因素产生的特殊的现存结果”）来描述活生生的文化。他提醒我们说，当我们注意到不同代人之间的对比的时候，当我们读到社团之外的人对我们生活的描述的时候，当注意到那些学习我们的生活方式，但未在这种方式中长大的人身上所表现出来的言语或行为风格上的细小差异的时候，就是“感觉结构”在发生作用的时候。因此可以说，感觉结构“在我们行为的最微妙和最不明确的部分中”① 发挥着巨大的作用。

花费如此多的篇幅去分析雷平阳诗歌中“云南形象”形式的构成，目的正是在于，希望能够从他的文本中展现出来的真实的现场感觉出发，从其残留在文本中的某些细节，去寻找一个时期以来的文化作品、社会特点、经济活动、价值模式存在的某种强烈的共同的感觉结构。我曾在《传说的河流——作为抒情形象的河流阐释》一文中，以新诗中“河流”这一抒情形象的变化为线索，分析了这一形象的诸般样态及不断转化现象的基础上，去尝试理解当代时期的社会经验、历史经验、文化经验以及其他的一些社会现象，是如何成为“河流”这一自然审美物的衍生产品，它们又是如何漂浮或潜伏在河流里，成为占据更核心位置的审美对象。其中，我也选用了雷平阳关于“河流”的写作，去尝试了解诗人对外界事物的感知力、感受性、敏感点在当下发生了怎样的变化。这里不再重复，另以乡村世界的变动为例，查看诗人是如何对现实进行表征的。在《村庄，村庄

---

① 〔英〕雷蒙德·威廉斯：《马克思主义与文学》，王尔勃等译，河南大学出版社2008年版，第136～144页。

集》这首诗中，可以看到“乡村”的一些基本状态是如何在代际更迭中运行的。

病怏怏的村官，威风八面
他带头烧掉寺庙，把关圣人塑身
丢进了流水。把欧家营改名为爱国村
他指着悲天河：“以后，谁也不准乱叫
从今天起，它叫胜天河！”（二）

黄昏，她进城打工的丈夫
回家来了。由几个工友抬着
一根根骨头，锋利无比
全都钻到了皮肤外面。（四）

他干着最脏最苦的活，葬礼上
他会比孝子更悲哀，路上
碰到老人，他肯定提前让开……
不幸的是，村庄里，只要有什么丢了
人们又开始指桑骂槐：“你看
他那样子，贼眉鼠眼……”（七）

村子里只剩下四种器皿
孩子：装满了水，水底沉着枪支
妇女：装着锋利的碎玻璃
老人：藏着过时的密件，几声蛙鸣
野草和落叶，贴地低飞
虫类爱上了黑夜，不知代表谁
在旷野上窃窃私语。压住它们的
是几声闷雷，从大树上久已不用的
高音喇叭里传出，这个

喊魂的法器，深不见底。（十一）

第二诗节，族长被村官取代，意味着族人既失去了“共同行为规范、宗规族约”的监督人，也失去了可以“人情相禀、人伦不乱”的社交语境；第四诗节，青蛙跳上灶台的征兆与男人的工伤之死像是一个寓言，迂回地讲述着市场经济大潮中的建设者主体每日面临的风险；第七诗节，“孤独的贼”不用上法庭，人们的日常目光和惯性猜测就足以建立起四面牢不可破狱墙，让其终身不可逃脱；第十一诗节，曾经云南的乡村是环山绕水邻圣地，“门前，有人在打青稞/屋后的柿子红了，左边的草丛/昆虫在交配，右边的牛厩/一个牛头，伸出了栅栏/羊羔，小狗，鸡鸭和孩子/围着木楞房，找食，捉迷藏/笔直的炊烟，在房顶，伸向天空”（《一座木楞房的四周》）。这样的生活模式如果一直可以保留到现在，或许可以真的成为现代人“心中的桃花源”。可惜的是，它尽管远在“在地图结束的地方”，今天依然被涂满了这个时代同质化的“惊惶和悲伤”。

云南地域虽居于主流文化与政治的边缘地位，但在种种政治运动与经济运动中，其基本的生产方式也一样受到了各种冲击。比如明清以来，政府在此地进行大规模的移民，实施屯田、鼓励耕垦，发展农业的同时大力开掘此地的矿业、交通运输业，在改变此地生产方式的同时也不断地改变着此地的社会关系、文化经济及生态环境。就说云南金沙江流域吧，金沙江地区处于青藏高原向云贵高原的过渡地带，居民是以彝族先民为主的藏缅系民族，元代以后才有汉族在此定居，清代道光时期有大量的汉人移民此地，因为此地有储量巨大的矿产资源（尤其是铜矿）、林业资源，还有一种可获重利的富源“虫白蜡”。日本学者野本敬曾深入探究过清代移民潮是如何对该地区民族社会与生态环境产生影响的，他发现：一是原本在彝族土目那氏管理下平衡的自然生态与社会生态被逐渐破坏，因为移民的开发是无节制的，他们大肆地挖矿而不敬畏地方神灵，对森林的砍伐更是疯狂，炼矿需要大量的木材，种植汉人习惯食用的农作物需要树木腾出土地，获取“虫白蜡”的重利需要对森林的物种进行置换；二是移民在商品经济渗透、资源开发、山货贸易和土地典卖的活动中逐步取得经济实权，将当地的民族社会与自然环境日渐逼入困境，导致土客双方相互疑惧和冲突；三是当地的原居民对商品化的态度开始分化，他们原本的传统文化观念与人际交往模式开始发生变化。[①] 再比如说明清以来的“兴修水利”，积极的效果看起来是耕地分布区与面积日渐扩大、高产农作物的普遍种植、刀耕火种密集化，其实也严重破坏了此地的水文生态系统，河道渠坝塘堰的大量修筑造成了河身变浅、湖面缩小、泥沙淤积堵塞，雨季时“诸水皆横入大河，沙石填壅，每遇水暴涨，宣泄不及，沿海田禾半遭淹没”。“维滇有池……末流如线，难通易塞，加以淫雨，洪波泛滥……陇田尽没，极望弥漫，龙蛇所窟，呼吁天无从，民艰食难。”[②] 而近几十年来，在边疆“大开发”的旗帜下，自然环境中植被的种类、分布、密度，动物的活动场所，以及该地的生产和生活方式如土地利用、耕作制度、饮食结构、人口分布更是发生了极大的变动。现如今，我们更是越充分地看到了乡村中蕴含着众多的不同思想、不同观念的冲突。

有不少人认为在这样一个历史语境中，诗人必然面对的是如何容纳正处在激烈变化中的农村的急迫问题，而不仅仅是再造一个包孕着童年、衍生着农耕社会记忆的永恒古老的世界。这只是事实的一个面向，作为一个常常主动（也有被动）把自己和乡村的情人勾连在一起的诗人，他面临的不仅是被撕裂的命运，“旧的我”被现代文明不断地粉碎，“新的我”却在幽暗处闪烁不定。还要面临着自我背叛的压力，在处理自己原本熟悉的生活方式、风俗习性、伦理关系、生产方式、人际关系，以及物种、气候、风土、血缘、家庭等生命经验时，语言的问题会不断地与生存问题进行相互质问、嘲讽或者扭打。诗人他有野心去表述乡土人性是如何从乡土人群里生长出来的，也有愿望去探讨乡村秩序深层的生理与心理结构，但同时他也面临着背叛、揭发的情感压力。更迫切的是，云南的自然生态与人文生态的变化可谓是日日新、月月新，那些原生态的河流、森林、峡谷、古城，以及习俗、生活方式、节日礼仪、舞蹈音乐，不都被印成华丽的宣传彩页贴在云南的大小机场和车站了？这是基本的事实，因而我猜测雷平阳行走在家乡时之所以会痛苦不堪，就是因为他彻查到家乡被肢解得

---

① 〔日〕野本敬：《金沙江流域的开发及其对民族地区社会、环境的影响》，见《明清以来云贵高原的环境与社会》，杨伟兵主编，东方出版中心2010年版，第230页。

② 清光绪《云南通志》卷52《建置志七之一·水利一》。

面目全非是无可阻挡的事实。

河流张开，田野打开
天空敞开，鸟的翅膀伸开
人心是推开的，撬开的是牙齿
土地被挖开，昆虫从土里跳开
人被撕开，不知撕的蛮力
从何而来。餐桌下的狗、乌鸦
厉鬼、吸毒者、通奸和不孝的儿孙
通常是被赶开。暗娼被摊开
秘密被公开。假的农药、化肥
和籽种，连同擅自提高的电费，以及
村官随意涂改的账本，只能在
私底下，偷偷说开，慢慢地传开
我是离开的，像风儿吹跑的
一颗尘埃。我的父亲，一个躲不开
的人，他是被丢开，生活提起
他的白发，丢在野外。母亲想逃开
实际是被维持秩序的人，沉默地赶开
真相、幸福、尊严，像皮球，被踢开
仅剩的一根傲骨或反骨，被劈开
血管，被切开。一本本家谱被翻开
等于遮羞布被揭开，里面的名字
活过来，一个个，低眉、弯腰
战战兢兢，眼睛都不敢睁开
紧握的拳头，吓得马上就散开
破开压顶的云层，撑开良知的双眼
把手脚放开，把睡觉时重如千钧
的被褥掀开，把封死的大门炸开
——整个村庄，它需要人们

把它从坟地上拿开

——《村庄，村庄集》十

雷平阳曾在《出云南记》的自序中恶狠狠地说：“7年前，这条路的两边植物丰沛、虫羽翻飞，人鬼混杂，仿佛太初。可是，时间仅仅过去了7年，7年前的世界已经被彻底颠覆，热带雨林不复存在，代之的是清一色的疯狂的橡胶树。”① 家乡的土地成为文化、经济、道德合伙的“作案现场”时，再用“蔚蓝色、湍急、洁白、青草”等一些干净的词条去描绘“河面、滩涂和堤岸”，或者“再补上鱼群、鸭子、白鹭、柳丝和鸟儿”，必然会有种犯罪感。所以，“云南形象”于他，绝不是一种让你尽情欣赏陶醉的风景，更不是一种可供无限制消费的景观。

这应该跟雷平阳的观看方式有关。由于观看方式是想象物得以实现的方式，是使意义与意象成为一个整体的直观关系，所以诗人的经验和思想便在“观看”的过程中弃绝了表面的模仿论，而达成了一个意义的集合群。就雷平阳而言，面对家乡，看到的是一切都如鲍德里亚所预言的“符号与所指对象之间的联系已经被切断，而且影像还创造了其自身的现实，即一种为现实自身充当所指对象的现实”②。他自然没有办法把一个不是“阿卡迪亚”的地方虚构为尘世的乐园。相反，他利用了空间与时间之间、暗示与直白之间、想象物与意义之间、原型与变异之间、感性与隐喻之间、明晰性与象征之间的所有冲突，对经验和材料进行了转移和互换，从而形成了既有词语、句子、语式等语言层面的张力，也有文体形式与内容之间的文体张力。张力于他，不是一种技巧，而是激烈情绪波澜的承载物。

雷平阳诗中的“云南形象”之所以与“外地”人（泛指那些来云南旅行、观光、采风者）的“云南形象”有着极大的差异，也在于认同方式的极大不同。我们知道认同基本上可以划分为两种，一种是“想象性认同”，另一种为“符号性认同”，他们之间的关系即理想自我（idealego）

① 雷平阳：《出云南记》，北岳文艺出版社2014年版。

② 〔斯洛文尼亚〕阿莱斯·艾尔雅维茨：《图像时代》，胡菊兰等译，吉林人民出版社2003年版，第30页。

与自我理想（idealich）之间的关系，是“被构成的”认同与“构成性的”认同之间的关系。[①] 观光者看云南会有意地把它构想为一个具有边地风情的“阿卡迪亚”，是出于想象性认同的结果。当他们把自己置身于荒漠、大草原、高山绝壁、河流、异域时，其对异乡的认同并非是宗教意义上的皈依，而多半是自我陶醉中的自我抚摸，其实是对表现“我们想成为什么”这样一种意象的认同，是观看者在自讨欢心。他们很难去想，布朗山上“一年之中，死掉了多少只昆虫/野兽和飞禽？从乔木、灌木、藤条/和草茎上，有多少张叶子出走？又有/多少种植物走到了尽头？一天之中/有多少次交媾、受孕和坐果？在密林里/发出了多少声心跳、喘息和鸣叫？”（《布朗山的秘密》）相反，他们看到的是山上的植物、动物与光、影构成何种值得描述的迷人事物，他们在“迷人之物”中复制出的是自身隐秘的欲望。

而本土诗人雷平阳则是“对某一位置的认同”，这个“某一位置”是他最切实的家乡，从那里他感受到的是“被人观察”，并且从那里“注视自己”。[②] 他可以从每一个生命体中看到自身的映像，“每天，都有一个容颜/从我的脸上落下。每天，都有一个人/从我身上离开。在夜郎国的山上/我常常会遇上那些离开了我/的人和我的容颜，他们搬开石头/砍掉荆棘，向泥土表达着/他们恶狠狠的爱”（《离开》）。所以他能痛之所痛、爱之所爱、忧之所忧。

正因如此，雷平阳诗歌创作中对“云南形象”的描述，让我们看到“云南”和“边地”都不仅仅是一个词，它更是指向了一种特殊的生物气场，而且它在现代性的全球化语境中产生了一种合乎于“人”的抒情精神。这为当下诗歌创作中如何寻找和实践符合中国汉语基质的抒情性语言，提供了可信的样本。

---

① 〔斯洛文尼亚〕齐泽克：《意识形态的崇高客体》，季广茂译，中央编译出版社2002年版，第145页。

② 〔斯洛文尼亚〕齐泽克：《意识形态的崇高客体》，季广茂译，中央编译出版社2002年版，第145页。

雷平阳诗歌的地域元素与自然哲学[①]

胡争飞

作为“云南昭通作家群”代表性人物之一，雷平阳本人及他创作的诗歌及散文越来越多地受到世人的关注和赞扬。不仅仅是他创作的文学作品荣获了一系列重量级的国内文学大奖，更关键的是他的文学作品本身所体现出乡土的地域元素和深厚的自然哲学。同时，文学作品那独具魅力的艺术特色更是一大闪烁的亮点。

雷平阳是以成功的诗歌创作初登当时文坛的，相继而出版了《云南黄昏的秩序》《我的云南血统》《雷平阳诗选》《云南记》《风中的群山》《普洱茶记》《像袋鼠一样奔跑》等作品集。《浮华》是云南组诗《基诺山上的祷辞（外八首）》中的一首诗作。

《浮华》是一首自然与人性“和谐相融”的作品。这首诗灵跃地描绘一幅动感的云南花香风景图。在云南大理苍山，靠近玉局峰处，那儿有一座奇妙的山谷，谷中有一种叫乔木杜鹃的花。每年的春天，那美丽的乔木杜鹃花都会散发着浓烈的脂粉花香，在湛蓝而宽广的天空中，那花粉并没有随着和煦的春风洒落广阔的云贵大地，或飘落异地他乡，而是一点儿不剩地洒向了一座石头悬崖。作者清楚地记得那是个为了白雪的春天，诗人本打算去欣赏洁白明亮的雪山，去领略和感受清爽畅快的大自然风光。可是，诗人恰巧路过那里，又恰巧遇见了这一幕，一座从里到外都被那美丽的乔木杜鹃花粉“渗红”了的石头悬崖，却能散发着浓烈的脂粉香。也

---

① 本文发表在《文学教育下半月》2013 年第 7 期。

许，那是上天赐予雷平阳创作“自然人性”诗歌的一幕一景。然而，诗人并不想完全“独吞”这一幕自然风景。奇妙而宁静的自然属于我们每一个人，同样属于自然界本身。我们是欣赏者，自然也是欣赏者。那一旁边的溪水，里面则“埋伏”着一群清冽的“哑巴”，其实不断流淌的溪水自然而然会发出清冽的流水声，即哑巴，诗人其实并不是想以此说明，只是作者一个人看到此情此景，通过清冽的“哑巴溪水”，表明诗人触景生情用无声的语境表达胜似多语的深情感怀，其具有朦胧诗的丰富韵味。

在雷平阳笔下出现的诗作并不完全是咏物诗，也不是单纯的风景诗，而更多类似意蕴深刻和内涵丰富的寓言诗，有着特别的话语味道，描绘的自然景物，具有特殊的人情味道，并不是简单语言的堆积和叠加，却蕴含着无穷的人生体味与自然哲学，在雷平阳的诗歌中，云南的地域元素，犹如诗人一生写作的文学底色。《浮华》一诗，描绘了那片云南大理土地上的河流、山脉、花朵的神奇色彩，透过一些再寻常不过的景与物，深刻展示了自然与人类、景物与人性深处细微的不易察觉的瞬间联想，他的思绪已越过了眼前实实在在的景物，而陷入一种自然哲理化的幽深冥想。他捕捉了具有云南明显的地域风貌的景物，用自己的所见所闻、所感所受，用诗意般的轻柔味道，道出了大自然与现实世界的象征和隐喻。标题“浮华”既与美丽的自然之景，五彩缤纷的世界连接，又与“红色的脂粉香味”有千丝万缕的联系。诗人把单调的自然之景巧妙地延伸到浮华的社会生活，可谓是联想丰富，诗意超群，质朴深刻。在这片宁静的自然山水画中，也许是作者的善意到访，打破了这里静谧祥和的一切，自然而然就有这种“怎么也不习惯”。也许诗人看到了这一幕，一座从里到外都被那美丽的乔木杜鹃花粉“渗红”了的石头悬崖，散发着浓烈的脂粉香。美丽和谐的大自然，被世间的万事万物所“浸染”，或者说宁静突然被浮华或者奢华的外物所“浸透”，油然而生失望和可惜。诗人借外物之景衬托出对当前浮华社会的讥讽和嘲笑，对这种宁静祥和的万物之景无限向往和期盼。诗人的故乡，有诗人对自然之景的美好向往、无限追求。就在大理，诗人平静地漫步山山水水，倾听自然的无限旋律。雷平阳的诗歌作品，努力地把自我抒情深深地掩藏在平实的笔法和冷静的叙述中，深刻地凸显出一幅幅逼真的自然和社会本相。总之，雷平阳的诗歌以其独特的视角和话语，深刻的历史理性和人文关怀，完成了现代诗歌的转型，开拓出了一片新的审美视野。

在细细咀嚼这首雷平阳的《浮华》时，我个人认为此诗的“诗眼”就是再平常不过的六个字：“怎么也不习惯”，统筹全诗的主旨内涵和诗人的情感世界，使整首诗前后照应，密不可分。以此句为界，前半部分，表现得柔和、平淡、通俗，通过浓郁地域色彩的意象，体现了诗人走近自然、贴近自然，对大自然万事万物的喜爱和眷恋。“怎么也不习惯”之后，表现得怪诞、喜剧、浓烈、幽默，这种诗文的强烈感情反差正好表现出诗人对现实社会的忧虑和反思。一座石头悬崖，却从里到外都能散发着浓烈的脂粉香；旁边的一泓溪水，里面则埋伏着一群清冽的哑巴。“渗红”“埋伏”“一群”“清冽”“哑巴”，诗文上下字眼都能够显示出这种自然景观影响了诗人的视觉冲击和感情变化。这种自然景观和心境复杂的反差，也许让我们这些读者无法接受。这种情景下，诗人的心情有很大的起伏。当诗人看到那种情景，希望这种情景只是自己一个人，不希望被那打破，让那种景象继续存在，其实在那清幽寂静的山谷中，流淌着一条潺潺溪水，那溪水的自然之声，是那样清脆、那样美妙、那样灵动，不可能真正的“哑巴”，对于“清冽”与“哑巴”，看似自相矛盾，实则作者或许想表达自己当时的心境和想法。从这里，我们可以看出雷平阳眼中的自然界就是一个复杂的矛盾体，自然界的万事万物相互都离不开，溪水里面到底是什么，估计作者无法知道，“埋伏”一词感觉是大自然万事万物有目的地偷窥这一自然景象，作者把无形的东西变得有形的意境和感觉。“一群”“清冽”“哑巴”简简单单几个词，各个意象平铺集中却能传达出诗人对于物是人非的自然变化的清醒认识和独特感受。从人世间的浮华物象中，欣赏了物象的美感，看到了丑陋的自身，获得了陶然沉醉的升华和享受。

所有读者都能从这首诗这里感觉到雷平阳诗歌中的那种平实、简朴、决绝、穿透的魅力。此诗的语言，平淡朴实、含蓄生动，具有童话色彩。全诗用语简单自然，运用了象征、反衬、比喻等表现手法。诗作里有明显的云南地域风格，诸如“大理”“苍山”“玉局峰”；而且，这些都并没有被华丽辞藻所修饰和点缀，保持了清纯的地域遐想。雷平阳的诗歌意象在语言上通过对词语的准确运用表现形象的场景，往下深究，可以理解为，一是作者对自然理解的深度，二是作者对语言的锤炼。他所极力表达的就是语言质朴和语言般的童话色彩奇特的想象。它在用语上表现出诗歌的形象性。即不加雕饰的率真朴素、自然生动、韵味无穷，同时常常不是直接叙述，而是曲曲折折、婉婉约约地倾诉表达，选用确切的字眼，直接叙述，全用白描，不加修饰，显得真切深刻，平易近人。最后，“一群清冽的哑巴”，让人具有童话般神奇的向往。这种返璞归真的精神世界，这种个性化的质朴语言，体现了诗人诗歌创作的真功夫。

总之，真诚是艺术的生命。庄子曰：“真者，精诚之至也。不精不诚，不足以动人。”诚如钱谷融所说：“在艺术创作中，绝没有纯客观的、未经心灵观照过的真实；也没有独立于客观的描写对象之外的真诚。”

第五届“华语文学传媒盛典”颁奖典礼授予雷平阳“二〇〇六年度诗人”的颁奖辞中说：“雷平阳的写作简明练达、质朴有力。他的语言，具有石头和土地的光泽；他的感情，隐忍、细腻并保持着事物原生态的品质。他善于通过经验与智慧、人心与自然的语言驳难，澄明自身对事物的爱、对世界的好奇，以及对土地的敬畏。这个深怀赤子之心的诗人，总能在粗粝而渺小的细节中发现生命的欢乐和悲怆，正如他的散文，以风尘仆仆的行旅风格，测量大地的胸怀和灵魂的重量。”

参考文献：

[1] 邓清海．论雷平阳诗歌艺术的哲学底蕴．昭通师范高等专科学校学报，2008，(2)：44－48.

[2] 谢有顺．华语文学传媒大奖・二〇〇六年度杰出作家：韩少功授奖辞．快乐语文家园，2007－08－03.

雷平阳诗歌是对人类灵魂真实的拷问

解　非

海德格尔曾说："诗人的天职是还乡。"而我更喜欢一个诗人的创作在还乡的过程中能够发现自己就是那个"诗神"，发现自己存在的意义或者人类本真的实质，接近自己的内心，接近古老的性灵。雷平阳先生的诗歌正是这样的作品，他的诗歌是对人类灵魂很真实的拷问，表达对生命的需要和对自然的敬畏，清醒地审视这个世界，思考这个世界和人类的关系以及人类社会自身。他深刻地揭露出生活中的种种问题，预先感知那些人生最细微的疼痛，进而使用语言把世人熟视无睹的事物发掘出来，呈示给我们一幅当代社会平民百姓的生存画卷。

雷平阳先生的诗歌善于书写日常的生活经验，抒发个人的情感体验，体现一种诗意的人格精神。他自己说："看待事物、处世、写作，我都选择低姿态……我一直认为自己就是一个谦卑的写作者，像野草一样贴着地面。"而正是这样的一种低姿态的写作显示着诗人内心深处被重重遮蔽的隐秘思想，让我们看到了他文字背后的精髓，即：善良、卑微、悲情、粗粝、锋利、温润、质朴、正直、诚挚……因此，我们在读他每一首诗时都会很轻易地被诗人带入他真实的感情里，感觉到一个诗人的品质、情怀和道义。从这个角度上说，他的诗歌主体作品已经渐渐成就了诗歌史上的平民百姓的心灵之歌，因其真而美，因其美而具有美学品位和诗学价值。

坦然地讲，读雷平阳先生的诗歌是悒郁的、悲悯的、沉重的，他的诗歌无论标题、内容，意象似乎都承载不动他笔下那雪山、庙宇、菩萨、神灵、道士、刽子手、女人、孤儿等，没有哪一个诗人的诗篇布满了如此多隐喻的内涵，他似乎毫不隐晦他这种偏执和诡异的文字表达，他深谙这样的语言是一种古老的存在，它和人的命运道德、地域习俗、宗教伦理都紧密相连，甚至还弥漫着古老祖先的气息，一代又一代。《孤儿》《白袍后面的袈裟》和《暮秋》有血脉，有神灵。比如："一个孤儿，在炼丹炉里/硬生生地活着。"又："梅里雪山，白袍外面又套白袍/它们神性的洁白，贬低了/人世的苍白。"又："老板的妻子患有忧郁症，来到/另一扇窗口，爬上去，带着一脸/的笑容，跳了下去，落在那些/美丽的瓷片中间。"这样的诗句几乎是一种充满悲悯的呼告，一种终极的对人尊严的维护，一个诗人与生俱来的忠诚和使命感洋溢在诗行间，也构成了他诗歌中一种独特的力量。

他的诗歌不仅让我们知晓了云南的历史传承、地理风貌、风俗人情……以及这样的地域性物质空间和精神空间的巨大差异；他的诗歌还让我们知晓了关注生存、关注生命、关注现实生活中"小人物"的命运，一些司空见惯的庸常俗事在诗人笔端被挖掘出诗意。《往事一》和《相逢》引领我们洞悉了生活在水深火热中的女人们的卑微、羞辱、苦难、麻木、绝望……撕开表层的悲惨，让我们看见了一个个真正的悲剧，而这样的诗歌就超出了日常经验由个体生命的悲剧上升到人类生存的普遍性悲剧。

当然，他的诗句中也不断地涌现出乡村、自然、青草、花木、土地和生命，使得他的诗歌总于平常之处有撼人心魄之感，其诗歌神性与俗性对立统一的存在，对生命体验触目惊心，他热爱生命又常让生命毁灭，演绎出很多别具一格的死法被诗歌以文本的方式记录在案。我们无法对这些熟视无睹，一再展现的悲悯自信、率真冷静的文字风格深深地打动了我，他让自己的心路历程变成了文字，化成了诗歌，以小见大地从有限见无限，通过独特的构思运用来突出象征体，着眼于精神实质来揭示事物的象征意义，发挥了一个诗人更大的主观独创性。一如雷平阳自己说的："'原本山川，极命草木'是当代诗歌书写的一个最大的命题。"

他还像医生一样平静干练，在他的叙述里闪烁着一道冰冷锐利的智慧之光，看似无情的背后实际上藏着一颗悲天悯人的心，也表明了一个当代诗人的良知和使命。他的诗歌甚至有神经质的幻视、幻听、幻觉，一如他的《脸谱》《忧患诗》《妄想症》《睡前诗》等。诗人到底要表达怎样的主旨是一般人难以想象的，即："大行其道的权力/和黄金，在日常生活的头顶上/操纵或反操纵，玩的几乎都是/有制度保护的杀人游戏……"又："城市像个作案现场/你，我，他，一样的/白刀子进，红刀子出/都是生活的刽子手。"其诗歌意象仿佛是一个个精神的手术刀被一块黑布擦亮，真切犀利地代生活在下层的病入膏肓、苟延残喘的人们割去毒瘤。

诗歌的创作是一种精神上的创作，诗人笔下的生存、流亡和肉体的毁灭象征着某种绝对精神和终极价值得以确定的程度，有着无数的形而上的哲学辩证性思考。他的《幸福》和《深蓝》这样阐述："当然，在我们眼中/幸福，通常就是一个悲伤的词条/含在口里，毒性发作之前，以及之后/人们都以为这是上帝的恩赐。"又说："阒寂之地，深蓝色的空中广场上/因此鸦雀纷飞，到处都是雷电的幽灵。"当一个诗人在生命之轻抑或生命之重的承受中找不到生存的理由及意义的时候，面对这样的生存状态和生命秩序，死亡的黑色魔影自然就开始笼罩了阳光下一个个生灵的影子。

雷平阳先生的诗歌内在丰富性就在于故乡和他乡之间的行走，在理性和情感之间飞翔，从这组诗歌来看雷平阳先生不停地行走在高山、河流、村庄、庙宇……似乎有一个信念在支撑他，无论是《河北去山西道上》或《过无量山》《场景》或《浮土》……以及刻画的："骨瘦如柴的道士"或"三头不齿于时代的野兽"或"一个民工在抱头痛哭"或"丧心病狂的嫌犯/就住在废弃的寺庙"……他在挖掘人性的同时，也展开了对历史和现实的批判，对底层社会的平民无常命运的揭示和同情，诗意延伸点在于对事物本体看上去纯客观叙述和内在诗思的深度达到了高度统一。

他对于现实的叙述和批判是在寒冷阴暗中摸索着温暖光明，他的诗歌价值取向有自己明确独立的思维认知，体现的不仅仅是对社会的担当，而是要穿越这个时代让诗歌最终回归到一种审美价值的体系上，于是，他的诗歌在风格上便有这种"寓巧于朴"的特点。同时，他紧扣时代脉搏在现实生活中选材立意，执着地去追寻一种人生价值的确立和回归。可见，一个诗人对于生命意义、人生价值的追寻和拷问也是他责无旁贷的使命。然而，雷平阳先生自己说："安放大地之心的地方，我始终没有抵达。"其实，这也怪不得他，因为佛说："过去心不可得，未来心不可得，现在心不可得，生命就在呼吸之间。"

雷平阳先生的诗歌不放过每一个和自己擦肩而过的生活细节，总能从日常生活中提取诗意，以琐事和细节糅合娴熟的技巧进行加工创作，内蕴丰富，角度多样，显示了作者深厚的功底。他的诗歌体现出他赤子般天真情谊奉献给同道和纯朴善良的下层人民，善于以朴素自然的语言描画出诗歌的艺术形象，语言平易浅近，自然活泼，常选择和熔炼俗谚口语入诗，透过语言的张力可以寻求到一种思想平衡的状态。精神的溯源尽管也有落空，但他相信亘古的历史，个人的精神，魂灵的轮回，呈现了一个个触目惊心的荒诞存在，一幅幅人生苦难生活和灵魂的遗世孤立的图景，敢于直面社会的阴暗面，清醒自持的笔调赋予了诗歌震动人心的质朴力量。一如："他的诗其实也不是观世音菩萨，是游方癫僧，泥腿子不衫不履。他不是在找一座容身的庙。他是在庙起庙废、残垣断壁中参悟世间法。"（李敬泽语）

雷平阳的诗歌意象浅析

朱　江

雷平阳，云南昭通人，中国作协会员。他的诗在回归事物本身的过程中大开大合，在大胆的想象中清新、自然，在理性的思考中表现出了悲悯与孤独。他的诗歌是当代诗歌的代表。但是，要讨论一个发展中的诗人是很困难的。我们现在能做的就是将过去的东西静止，所以本文只能就他的诗歌意象做一些浅析。

回到事物本身的意象

文学的价值是对生活的反映，这是文学写作的真理，文学要反映生活中的“真”而不是“伪”，要达到这个高度，途径就是回到生活的本身，进入生活的本质。这就是写作的一种高度，雷平阳的诗正是通过语言的生活细节化来还原生活的，语言的过程也就完成了他对生活的理解。所以，你看他无论是小题材的诗歌，还是大题材的诗歌，都是很有生活价值和文学价值的。随便举一首小诗比如《鹭鸶》，他可以让历史穿透时空还原，大的题材比如《曲靖，一年之后》，他却能让生活回到文学。

雷平阳有一首诗《枝条》，它的写法是通往物的内部、回到事物本身的。诗中有“枝条，在这一带的山岗上，每一根/都是有灵的，山岗一动不动”，从修辞的角度，用“枝条”与“山岗”对比，回到了枝条本身，通过有我之境暗示了无我之境。“每一根都是有灵的”，表面上，有作者的痕迹，但与后一句“山岗一动不动”合在一起。“每一根都是有灵的”又不是作者的感受，是枝条在山岗这个背景下自行的感受。如果说，这两句只是回归，还没有进入“枝条”内部，那么，后两句深入“枝条”的内部：“枝条，一根枝条的体内/飞翔着一百根枝条的头颅/还有一千朵——或者更多的花，在他的体内/如此的密集，如此纯洁、奔跑、死亡或下沉。”这种想象非常大胆，它预示的是诗人对事物把握的一种深度。而《枝条》的开始两句：“这些纯洁的花朵让我无地自容/它们在一根根枝条上走动”，作者要写的是“枝条”，为何一出笔就写“花朵”，这里表现出起兴，先说枝条也许就没有意思，并且“我”预示了什么，作者与“枝条”合二为一。从整首诗来看，枝条与花朵是相依为命的，两者被“互文”在整首诗中，以至于诗歌在敞开的过程中，暗示了一种群体的美，因为，“可我的悲伤/却遍布了死亡的河床”。它为什么所感染？为“花朵”而已。“死亡的河床”在何处，“枝条”罢了。

同样，回到事物本身也意味着作者在思维上、手法上回到自身。他的《记忆》结尾是这样写的：“那是一次类似于黑颜色的行走/在日常生活中，只有巫师才把它视为/一只蜘蛛，在黄昏，把自己从身体中/脱离出来，然后在想象中反扑，练习刺击/最终死在身体之外。”作者在非常平缓的语气中完成了一次死亡，而叙述者是永存的，这让人想起了博尔赫斯的一些小说的思维方式，比如《墨中镜》《叛徒和英雄的故事》，可以这样来说，诗歌是形象的，要回到事物本身，同样蕴含着思维的形象感，它是作者写作彻悟之后的结果。

意象的形象性

真正的文学是形象，如果离开了形象，文学是没有价值的。形象性是文学的表象要求，形象性要贯穿文学的语言，即使在文学内部出现理性思考，也应当是形象的。尤其是像诗歌这样的行文方式，更应当表现出文学的形象性价值。

雷平阳的诗歌意象在语言上表现为通过对词语的准确运用表现形象的

场景，往下深究，可以理解为，一是作者对生活理解的深度，二是作者对语言的锤炼。他有一首《记忆》：“我还能如此清晰地记起从前/这真是奇迹：一个姓张的瞎子，在河流上/练习飞翔；一个姓李的木匠，在屋顶上/模仿狼哭；一个货郎，姓刘，摇着手鼓/在一个新寡的妇人屋后吞金自杀/他们一齐埋伏在我的记忆之中/这真是奇迹，我的时间为他们倒流/我的身躯因他们而裂开。那是从前/我的寨子：云南，昭通，石头生崽/处处都弥漫着生命的尘埃。”作者通过非常密集的意象敞开了一个场景。这是个带有浪漫色彩的生活场景，它自身的意象是形象的，这是“真正”的生活场景，是生活场景在诗人内心沉淀的结果，要不然瞎子怎么能够“练习”飞翔呢，木匠怎么可以“模仿”狼哭呢。“埋伏”这个词语使无形的东西变得有形，使“我的记忆”变得更有形象性。‘倒流”让我的时间这样虚幻的东西重现了一定形象性的情景。而这些，作者最后点出的正是要言说内心的某种存在：“那是从前/我的寨子：云南，昭通，石头生崽/处处都弥漫着生命的尘埃。”这种近乎倒叙式的描写，体现了诗人在语言运用方面的娴熟。整首诗表现出来的就是一个完整的形象场景。

有时，一个很小的局部，雷平阳也能很好地体现诗歌的形象性。比如他写的夜：“我愿意像现在一样，坐在灯下/望着窗外的夜，有雨点穿过它/但我看不到它的破洞。”（《流淌》）一般人来写，也许写到“有雨点穿过它”，觉得都比较形象的了，因为“穿过”这个词语的存在，已经让“夜”带上形象性。“但我看不到它的破洞”让诗歌变得更有质地，“破洞”一词的存在，真正地击穿了夜，让夜变得深不可测，在心理上体现了时空的统一。

一些带有理性的东西，在雷平阳的诗歌中，照样可以看到作者直面形象，体现了一个诗人作为诗人的本质。比如：“它暴烈的奔跑/忽然一个急停，竟然没有惯性/竟然还能把石头的力量牢牢地控制”（《从东川方向看大海梁子》）；“这些红色的土壤上，一样的人影憧憧/背猪的、抱鸡的、提篮里装着猪鬃的/他们很少交谈，与反向的那些/抱着猪头的、提着鸡肠的和带着洗衣刷的/在灰尘中擦肩而过，仿佛谁都不认识谁”（《西街的西面》）；“但我常常紧闭双眼/因为我的体内永远也囤积不起足够的/可以用来稀释悲恸的能量”（《有几条河流在赛跑》）。从理性的角度，写作，预示了思维的变化，即使是诗歌也是一样的。不过，理性的思考导致的结果就是意象的大气与整体性。它与琐碎无关。即使是整体性，照样与词语的准确性有关，比如“奔跑”“惯性”“控制”“反向”“囤积”“稀释”。

意象的情景性

真正的文学还原的是一种情景，而不是事实。这就是一般人说的，文学来源于生活而高于生活。还原是文学作品虚实的中转站，它是作家对生活烂熟于心之后对生活的高度概括。这种手法古人就有运用，比如：“杨柳岸晓风残月”，“谈笑间，樯橹灰飞烟灭”。这就是在还原一种情景，而不是对事实原原本本的描写，前一句是作者无数次情感会面的经典场面，有可能发生过这种经典的会面，也有可能是无数次会面的相加，然后作者将多次会面的最美好的东西集中在一起。后一句是作者大胆的想象那场战斗场面的经典画面，是作者内心的战争场面，是作者主观情感之上的客观再现。应该说，战斗不可能是那个样子，这就是作者还原的情景而不是还原了事实本身。可以这样说，情景是无数事实的精髓。

雷平阳诗歌在这方面做出了很好的探索。他有一首诗《蜘蛛》：“是的，她的身体是我的小庙/在荒山野岭之上，被风雨不停地拍打/又被飞鸟装饰的那一类/而且我不是风尘仆仆的信徒//一个过路客，像途经伤口的刀叶/我能留给她的仍然是破损与斑斑驳驳/能够做罪人中的一个/能够在走远了之后毫无悔恨和愧疚/在这样的欢乐中，我绝不会/逢人就讲。她的身体像一朵百合/她的身体，其实，我们都去过/那儿有一只蜘蛛，红颜色，但无毒。”作者一开始就将自己异化，以第一人称进入“蜘蛛”，三行诗的功夫，就还原了蜘蛛生活的环境，特别是“在荒山野岭之上，被风雨不停地拍打”，让人仿佛真的进入了一个蜘蛛的王国。而描写又在“她的身体是我的小庙”这个背景之下，读者就被一种完全模拟的情景所占有。这几行诗已经决定了这首诗歌的情感基调，它设定了一个奇妙的情景，这种情景是真实的，因为，它的确带有形象性，不琐碎，是整体式的印象。尤其是第二句它所表现出来的意境与蜘蛛生活的情景是何等的相似，是意境上的相似，当然，这源自一个作家的想象力，在意境上与事物的本质是相通的。接下去的七行，语言依然在蜘蛛的本体下活动，这里说的本体，是诗歌本身要写作的对象，作者没有离开蜘蛛这个题目，而叙述的主体可以想象成一个逃离者对蜘蛛的感受，这个逃生者本着非常客观的态度理解蜘蛛，作者在这里就是以一个逃生者的口吻来还原情景的。在还原中，作者通过大胆的想象对生活做深刻的把握之后回到蜘蛛的普遍性的。本质上讲，这也是对事物的回归，诗歌中的“我”为何，是从蜘蛛网里的逃离者，可以感受到一个逃离者的自豪。

以上说的是意象的整体表现出来的情景价值，而还原情景还可以进一步引申，意象也能带上情景。这种现象在雷平阳是很多的，就拿一个“河流”来说，他的诗歌中，“河流”首先是事实性的“河流”，更主要的“河流”也是作者内心的“河流”，它已经变成了一种情景式的意象，而不仅仅是生活的意象。就像“无边落木萧萧下”里边的“落木”，如果只是真正的“落木”，那“无边”就失去了价值，作者正是通过“无边”的暗示，让“落木”成了一个情景式的意象，这就是作家将客观生活转换为主观生活的过程。雷平阳内心的“河流”与其他地方的“河流”肯定是不同的，是“河流”在作者内心的显现。他的《有几条河流在赛跑》，一开始就说：“在云南的北方，几条河流/在并列奔跑，它们像几个/背着镜子的乡下理发匠。它们在打赌/顶着白茫茫的阳光，看谁/跑得又亮有响。”这里的“河流”在视觉上，因为前边的“在云南的北方”仿佛是生活的实景，但是“在并列奔跑”最终让“河流”变成了作者的生活，将现实还原成情景，从修辞的角度，那是拟人，让事物带上人性；而从语义的角度，“河流”也从生活实景上升为一种情景，“河流”就从“伪”变成了“真”，拥有了行而上的实体。另外一个角度来说，这里也是整体性的意象，诗句也像一个兵团在推进，这里整体性的东西并没有降低文字的速度，其中的一个奥秘，即是“河流”这个词语的存在，左右了语言群体的价值，这里的“河流”不再是一条简单的河流，不是哪条河流，它上升成所有河流的代言，这样就加大了词语的容量，再加上后来句子的补充，它的形象性就出来了。问题的关键是，它毕竟还是河流，可以任意到随便的一条河流，本身又是有质地的，是具体的。它的具体性还源于“奔跑”这个意象的存在，使它更形象，凸显了某些人性化的东西，你还可想象这些河流不是一般的河流，是汹涌湍急的河流。

意象的悲悯、孤独和豁达气质

雷平阳的诗歌整体意象上是悲悯孤独的，这也是他的诗歌的精神特质，或许可以说成是他内心的一种情节。在他的诗歌中，提到“悲悯孤独”也好，没有提到也好，都能读出这样一种感情。随便找：“这逐渐缩小的过程/耗尽了我的青春和悲悯”（《亲人》）；“没有人会怀疑这些被恶棍贬低了的现实/值得怀疑的是那些循环的梦境/以及从天而降的悲悯”（《西街的西面》）；“唯一的例外是，有一个身份不明的人/每天都坐在二楼的长椅上，往窗口往外看/窗下是条小街，有几个老头在/以代人写信为生。这人说，他的老家/在甘肃。那是我第一次遇到甘肃人/沉默的人，萧条的人，天蓝色的夹克/旧了，发白，显得有点小/袖口上有一丝血迹。也许他的体内/也压着一封信，旁边的邮局/像他的身体一样结实/我很少惊动他，一个亡命天涯的人/他的身上一定裹着一层一敲就响的铁皮/记得警察把他带走的那天，他用一双/还残存着自由的手，扶着楼梯往下走/脸上没有什么特殊的表情”（《昭通旅馆》）。

但是，他的诗歌还有豁达的一面，比如他的《高速公路》，你可以看到他非常平和的心态，就从最近发表的《流淌》来看，简直就是变成了一种无谓的精神，“流淌”的是什么，是一种精神，是一种思想。最后的几行：“这么多年，我之所以坚韧地在云南奔走/从一座山峰走向另一座山峰/我只是想，让我的灵魂，与金沙江的灵魂/在自由的流淌中相逢，有源之水，归于结局/永远坚持向下的姿态，牺牲的风中/静静地，含着笑容，让牛羊把身上的汁液汲走/让大地之心保持平静的跳动/静静地，含着笑容，牺牲在风中。”这是一种无谓的牺牲精神，是一种感恩。诗人似乎在悲悯之后回归豁达。诗句在叙述中抒情，简洁而顺口，很好地体现了当代汉语音律上的技巧。

雷平阳诗歌中的地理景观

郭冬勇　南　英

20 世纪末叶，学界开始了一次新的“空间转向”。在这次“空间转向”中，地理景观在空间中的意义被文学作品更突出地表现出来，文学和地理空间不再是互不相干的两种知识，开始更广泛地参与到空间经验的转移之中。这种文学和地理学的融合，对于具有很强地域性的诗人雷平阳来说，更显得意义重大。雷平阳在他的《澜沧江在云南兰坪县境内的三十三条支流》的创作手记中写道：“除了云南，我真的了无牵挂……所以，10 月 26 日，当我从云龙县塔乘一辆夜行货车回到大理古城，风尘未洗，便在酒店的留言信笺上写下了这首《澜沧江在云南兰坪县境内的三十三条支流》。它的每一个数字、地名、河流名称都是真实的。有据可查的，完全可用作人文地理资料。”在这首就连诗人自己也认为重复和铺张的诗作里，文学和地理学达到了一种完美的融合，澜沧江的地理状况在诗歌中得到再现，诗歌的审美又再生产着诗人心中的澜沧江，文学和地理学相互渗透，构成了一幅壮阔的文学地理景观图。诸如此类的作品，不胜枚举，《怒江》《红山》《布朗山之巅》《在会泽逅车看风景》《凉山在响》《昆明的阳光》《郊区》《小山》等等。在这些作品中，不论是地图上标明或者是地图上未标明的地理名称或者地理内容，都通过诗歌这一文学经典形式的再生产，成为一种独特的地理景观，叙说着诗人心中的这块土地以及诗人对这块土地炙热的感情。因此，可以肯定地说，地理景观的文学生产，在雷平阳的诗歌作品中具有举足轻重的意义，对雷平阳诗歌中的地理景观进行深度的观照，将会有助于读者更深刻的把握诗人的作品，对诗歌中的地理景观的深度审视，也将会成为解开诗人内心世界的一把秘钥。

一

其实，地理学家们早在20世纪中叶就意识到了文学作品对地理景观的描述以及地理景观对文学作品意义生成的重要作用。正如H. C. 达比1948年发表在《地理评论》中的一篇文章说的那样："小说作为一种文学形式，天生就具有地理性……任何一部小说都可以呈现一块地理知识领域，展示不同的，甚至是互为冲突的地理知识形式，从对地点的感性认识，直到地域和国家的专业观念。"事实上，对于诗歌来说，同样具有这种作用。诗歌和小说一样，它们作为文学作品的重要形式，都具有反映外部世界的能力，地理景观作为外部世界的组成部分，就必然会在文学作品中得到反映。只是如果单纯地把从文学作品中获得对地理景观的感性认识，当作文学作品功能的一部分来对待，就会降低对文学作品的理性思考。尤其是对于那些具有强烈地域性的作品，或者更进一步说，对那些以地理景观为主要描写内容来塑造的作品来说，更是这样。因为不论是什么样的地理景观，多少都会在某种程度上揭示着所属地的地理空间结构，获得对地理空间的感性认知。但是，在文学作品中，这些地理景观经过文学的再生产，发生了重要的变化，地理景观就不再是单纯的地理情感的载体，它们之间的关系开始获得社会意义，业已成为社会规范的表征。

而雷平阳恰恰就是这样一位善于运用地理景观来进行写作的诗人，因此，如何把握雷平阳诗歌中的地理景观以及在哪些层面上对其塑造的地理景观进行把握就显得尤为重要。纵观雷平阳的诗歌，可以发现诗人塑造的主要地理景观大致可分为三个类型：第一类型主要是诗人笔下的乡村，第二类型则是城市，还有另外一种就是连接第一类型景观和第二类型景观的特殊地理景观。

二

乡村景观是诗人描绘的第一类型的景观，雷平阳曾在他的《我为什么要歌唱故乡和亲人》中说得非常清楚："我曾亲手绘过一张欧家营地图，确切到每一户人家以及它周边零零星星的几座坟。在那张地图上，欧家营坐落在一片无边的田野中央，没有山，没有苹果园，平展展的，只有水稻和玉米。它的东面，一公里以外是另一个叫背天河的村子，北面是周家庄，西面是三甲村，南面是回族聚集的大庙。"[①] 而在那首叫作《亲人》的诗中，他则这样写道："我只爱我寄宿的云南，因为其他省，我都不爱；我只爱云南的昭通市，因为其他市我都不爱；我只爱昭通市的土城乡，因为其他乡我都不爱……" 诗人的这种"狭隘、偏执。像针尖上的蜂蜜"一样的爱，全都蕴含在那一幅他亲手绘制的小小地图当中。也正是因为这种爱，驱使着诗人一次次的歌唱他的故乡，歌唱那一片偏居昭鲁坝子一角的乡村。在这个乡村里，"清晨，树木的阴影会走路/鸟，一只，或一群，逆着阳光飞/它们翅膀上的金边，是忽生/忽死的曲线，时暗时明/相对静止的是人，站在田野上/举起锄头，仿佛想离开手/让所有铆足的劲，成为中间的哀愁/真实，彻底"（《村庄的清晨》），就是这样一个真实彻底的乡村，田园的清幽明朗在诗人笔下诞生。即使是在这样的乡村里，有吃不完的苦、流不完的泪，但是父亲们和母亲们用"木质的""锄柄"从那些"几万亩石头"中养育了子孙，这是一种顽强的生命力的启示，这也是诗人所要歌颂的乡村的真实力量。

三

城市作为诗人所要突出的第二类型景观，对其做了不同的处理。如果说，在雷平阳的诗作中对乡村景观的描绘可以被认为是诉说着诗人对于有

---

① 朱立元：《当代西方文艺理论》，华东师范大学出版社2005年版，第499页。

机社会的留恋，那么对于作品中的城市来说，则是包含着一种深深的伤痛的感情。城市，在雷平阳的诗歌中，成为一种现代化进程中的表征力量。这种现代化的代表以物质生产的数量和经济指标的增长为准绳，来衡量城市之外的世界是否应该存在，对于这样一个留恋有机社会的诗人来说，“同样是他们拆除的对象：一幢才启用了三十年的楼房/在善变的经济学和强势的理论中/它成了政绩的敌人”（《城市建设座谈会》）。诚然，城市的不断建设和扩张，在丰盈物质生产的同时，也在生产着日渐庞大的“荒芜”。在“郊区”，“一个外省人。年纪很小/将一张医性病的广告贴到了门上”，“当肉欲的渴求登峰造极，而死神之手/又一再地抓空之时，我们的瘾君子/作为欲望的牺牲，作为一种反面的证词/它们挥舞着的手，也许更愿意倾向于下沉”，“那真是疯子的乐园”（《郊区》）。如果说城市群体的这种生命力的荒芜只是一个方面的话，那么城市在其扩张过程中，对乡村的吞没，则是制造着更大的荒芜。“那个躲在玻璃后面数钱的人/她是我乡下的穷亲戚。她在工地/苦干了一年，月经提前中断/返乡的日子一推再推/为了领取不多的薪水，她哭过多少次/哭着哭着，下垂的乳房/就变成了秋风中的玉米棒子/哭着哭着，就把城市泡在了泪水里。”（《战栗》）无数的农民工人，被城市吸进了钢筋混凝土的森林，“我乡下的穷亲戚”用她的泪水灌溉着城市，而那个“提着一桶红色的油漆”的“四川民工”，则用他“在空中散开”的叫喊，来标记另一种“死亡来临的方式”（《工地的叫喊》）。那些有幸被城市吞噬后又“排泄”出来的，大多是“带着淋病和梅毒回家的打工仔”，在被城市的喧嚣抛弃之后，“那么多的混乱、卑贱和惨痛/均没有找到合适的寄托”（《贫穷记》），他们也只能像石头一样苍老下去，成为另一种“荒芜”。与在城市中挣扎的群体生命力的荒芜相对照的是诗歌中经常出现的一种精神的荒芜，“酒吧”在作品中经常出现，已经成为城市景观的重要组成部分，不论是“上河酒吧”，还是“茴香酒吧”，乃至“废墟酒吧”，在那里，作为城市状况“书记员”的知识分子，他们的挣扎显得更为无力，他们对城市生命力的丧失的批判呼声在疯狂生长的城市动力那里显得如此渺小，乃至于他们本身都成为要“拆除的对象”。至此，城市在诗人的作品中，已经完全地蜕变为一部奇怪的“荒芜”制造机器。

四

雷平阳诗歌中特殊的第三种地理景观，主要是指那些在茫茫的群山之间穿行的高速公路和铁路。说这种景观是特殊景观，其特殊性在于，它们在乡村和城市这两种相互对立的地理空间结构之间起着联结作用。也正是因为这种景观的存在，相对立的城市和乡村之间的空间距离和障碍被逐步地减少。正是这种人类创造的特殊景观，日益地把城市和乡村连接起来。现代化进程的经济动力源源不断地沿着铁路和公路扩展，使更多的乡村开始成为城市的郊区，但是也正是这种特殊景观，让在地理空间上日益接近的城市和乡村之间的社会心理认知差距更进一步地扩大。城市的意识形态并没有在其吞没乡村的时候得到再生产，乡村在被城市吞没的时候，乡村群体的意识形态也并没有被城市群体所接纳。在这两者逐渐融合的过程中，再生产出来的却是更加巨大的裂隙。审视一下高速公路和铁路的景观，会很容易发现这种真实存在的断裂："在云南省会泽县/一个叫迤车的小地方/我看见大路两旁的大树/一种叫作白杨的树，全都很粗/在冬天，大雪已经落了多次/这些成长了多年的树/在这个到处是荒山野岭/缺少更多树木的地方，在一个个/贫穷的村落旁边，在大路旁边/全被齐腰砍伐。"（《在会泽迤车看风景》）高速公路两旁的作为城市和乡村之间的连接带的树木已经不存在了，高速公路所到之处，在城市和乡村之间裂开了一道鸿沟，里面光秃秃的，而在那些更有贯穿力的铁路更是"笔直地修了过来/将小山的心脏/用洞劈成了两瓣/多小的一座山呀/只比隧洞大一点点/多小的山呀/挖掘机在胸膛里挖掘时/它浑身抖作一团/多小的山呀/它被串在铁轨上/火车轰轰烈烈驶过/它根本受不了两根/庞大异物的同时贯穿"（《小山》）①。自然山水在公路与铁路的蹂躏之下，带着对有机社会的留恋，迅速地老去，失掉自己的生命力量，最终留给诗人"面目全非"的家乡。

哈维说："空间上的各种障碍只有通过创造特殊的空间（铁路、公路、

---

① 雷平阳：《雷平阳诗选》，武昌：长江文艺出版社2006年版，第230页。

机场、远程运输等）才能减少”。[1] 正是这种被创造出来的能够消除空间障碍的特殊地理景观，在制造着与其本身存在目的相悖的现实。

五

英国达勒姆大学地理系的迈克·克朗在他的著作《文化地理学》一书中引用斯瑞夫特的话说：“描写地区体验的文学意义以及写地区意义的文学体验均是文化生成和消亡过程中的一部分。它们并不因作者的意图开始或停止，不寄居在文章中，不局限于作品的创作和推广，也不因读者的类型和特性而开始或结束，它们是所有这一切或更多综合作用的结果。它们是历史发展过程中空间被赋予意义的时刻。”[2] 雷平阳的诗歌正是通过这种对地理空间的文学体验，来生产着地区景观的审美意义。在此，地理景观因为有着文学审美的参与，进而有了一种文化的存在的色彩，不仅显示着景观自身在地理空间中的存在关系，还表征着它们所属地理区域具有的生活方式以及意识形态，因此，这种被文学审美所体验过的地理景观成为一种“有机区域的最终表达形式”。也正是在这个意义上，雷平阳通过自身的写作行为，不仅仅成为一个文学家，更成为一个地理学家，或者更为严格地说，成为一个人文地理学家。

---

① 〔美〕戴维·哈维：《后现代的状况》，阎嘉译，商务印书馆2003年版，第290页。

② 〔英〕迈克·克朗：《文化地理学》，杨淑华、宋慧敏译，南京大学出版社2003年版，第58页。

雷平阳诗歌中的乡愁主张

刘玉霞

不论是过去还是现在，写乡愁的作家、诗人都不少，雷平阳也写乡愁。他的许多诗都蕴含着或多或少，或浓或淡，挥之不去的乡愁。他写云南，写云南的昭通，写昭通的土城乡。他笔下的乡愁有着浓烈的地域色彩，成为他的诗歌一个有力而坚实的依托。雷平阳的乡愁主张是这样的："我希望能看见一种以乡愁为核心的诗歌，它具有秋风与月亮的品质。为了能自由地靠近这种指向尽可能简单的'艺术'，我很乐意成为一个茧人，缩身于乡愁。"（封底）[①] 中国素有诗言志的主张，"《尚书·尧典》：'诗言志。'《左传·襄公二十七年》：'诗以言志。'《诗大序》：'诗者，志之所之也，在心为志，发言为诗。"闻一多认为：志有三个意义："一记忆，二记录，三怀抱。"[②] 不难看出，渗透在雷平阳诗歌中的乡愁主张，正是诗人所要言的一种志，它既是诗人对家乡的记忆，又是对家乡变迁的一种记录，更是一种容纳、安抚诗人灵魂的温暖怀抱。总体来说，诗人的乡愁有三个方面，一是对云南、对家乡的热爱和眷恋；二是城市化进程带给诗人的乡愁；三是带有功利色彩的乡愁，诗人借助它作为自己诗歌的标志。

---

① 雷平阳：《雷平阳诗选》，长江文艺出版社2006年版，封底语。

② 邓程：《论新诗的出路》，中国社会科学出版社2004年版，第40页。

一、诗人的乡愁中饱含着热爱和眷恋

在诗人心中和笔下，他的家乡是一个充满阳光和风，一草一木都充满着灵性的人间天堂。诗人通过他的诗将种种美好的意象定格，以便永久拥有。在捕捉、呈现这些意象的过程中，诗人不仅完成了一次又一次的怀乡之旅，而且在频繁的回归之旅中，也由一个天真幻想的男孩变成了一个心怀悲悯的成年男子。“在云南的北方，几条河流/在并列奔跑，它们像几个/背着镜子的乡下理发匠，它们在打赌/顶着白茫茫的阳光，看谁/跑得又响又亮”（《有几条河流在赛跑》）①，诗中湍急的江河折射着云贵高原强烈的阳光，水汽升腾，江水在山谷中的回音响彻云霄，令人不由得心生敬畏。“水富县新滩乡，两只鹭鸶在大雾中/顺着横江河床缓慢地飞。它们的速度/比江水慢，两边的山体、竹林/和榕树，是它们的背景”（《鹭鸶》），缓缓流动的江水，大雾中悠然飞着的鹭鸶，让人在宁静中生出无限遐想。

对于诗人而言，越是逝去的、不可挽回的美好旧日，越是能够引发诗人无限的热爱与眷恋。“断墙上长满了紫云英；破损的一个个/窗户上，有鸟粪，也有轻风在吹着/雨痕斑斑的描红纸。”（《小学校》）在历经了三十年风雨的学校废墟中，诗人在轻风对描红纸的抚弄中再度审视过去的自己，发现潜藏在小学校废墟中的另一个自我。这种热爱和眷恋有时甚至带着偏执的激情。《亲人》中诗人毫不掩饰这种偏执的激情，直白地告诉世人，尽管他是个“寄宿”者，但他爱云南，更爱昭通，最爱昭通的土城乡，如果三者都爱不了了，他会把所有“狭隘、偏执”的爱都给他的亲人。《亲人》中诗人没有博爱，也没有踌躇满志、迫不及待地奔向外面的世界，而是让读者在自己情感的引导下，一步步地向内走，逐步将之引向更小的世界，最终直抵诗人激情澎湃的内心。所以，尽管这首诗很简单，但在极简短的散文式的抒情中喷涌着诗人积蕴已久的浓烈情感，虽然“狭隘、偏执”，却能激动人心。

---

① 本文所引雷平阳诗均引自《雷平阳诗选》。

由于对家乡、对云南的钟情，诗人会不由自主地将其美化、浪漫化乃至神化。《澜沧江在云南兰坪县境内的三十三条河流》一诗一度在诗界引发了激烈的论争①，首肯者认为，该诗犹如一曲磅礴的交响乐，把三十三条河流的走向和诗人对家乡山河深沉的爱、激动的情绪交织在一起。诗人把河流复杂的地理分布，用一种看似单调的地质性的介绍呈现出来时，实际上完成的是一幅壮美恢宏的山河画卷。当然也有诗评批评他的这一形式，认为“它的‘格式化’特性，会叫你在同一对象题材面前严重‘撞车’，而且诱惑你偷懒”②。在诗集中，还有一些诗作散发着云贵高原生活中的神秘气息。《地上的阳光》这首诗扑面而来的就是这种诡异气息，卖水人和磨刀人走后都被父母视为神灵。卖水人来有水的村上卖水，桶上还画着饱满的谷穗，意味着买了他的水，就能带来五谷丰登，不幸的是，母亲打翻了卖水人的水桶，旱灾随之降临。磨刀人以象征风调雨顺、粮食丰收的云雨仪式完成了对天神的祭祀和祈祷，他和让他磨刀的女人一起消失后，大雨普降，旱灾祛除。可以说，浓郁的神化色彩背后，仍是诗人化不开的乡愁。

有爱就有恨，爱之愈深恨之愈切，对破坏云南美好事物的行为和现象诗人感到痛心疾首。“在这个到处是荒山野岭/缺少更多树木的地方，在一个个/贫穷的村落旁边，在大路旁边/全被齐腰砍伐！那些被砍掉了头颅依然狂奔几步/才倒下的罪人。它们令我感到恐怖。”（《在会泽遁车看风景》）贫穷恶劣的生存环境使村民加剧了对环境的破坏，这种“风景”令人对云南的生态环境、对在贫困中挣扎的村民不由得心生悲悯。“有个疑问我一直无法问：多少柄小刀/才能结束一头羊的性命？多少头羊/才能组合成一个牧羊人？我知道/所有人都会选择终身沉默/因为一个牧羊人和一根草/他们的尺寸相等。”（《疑问》）人本是这个世界上最宝贵的资源，当一个人的生命价值和一根草等同时，人就丧失了宝贵的生命价值，人的渺小与生存环境的严苛让人无法轻松释怀。

---

① 佚名：《这样的诗还是诗吗》，http：//www. yanruyu. com/jhy/10253. shtml. 2005 -08 -09。

② 陈仲义：《警畅类型化写作》，http：//www. yanruyu. com/jhy/10253_ 3. shtml. 2005 -08 -09。

二、城市化进程带给诗人无限的乡愁

“高扬乡土精神与重视都市经验，两者之间本来是没有矛盾的，但是，现在看起来有。”整个20世纪，中国文学的现代化叙事中，一直充斥着这种农业文明的感伤乡愁以及这种乡愁的自我美化，乡土被描述成充盈、慷慨、生机、梦想、拯救之地；相比较而言，都市文化一直是他者，悲伤的乡愁使都市他者化，很多时候，它被建构和表述为匮乏、糜烂、退化、失禁的汇集地。”胡正如葛红兵所分析的，从乡村来到城市的诗人，在内心对都市是抗拒的。① 雷平阳的诗歌颂的是云南乡土的质朴可亲，城市在他的诗中本质上仍是一个他者，城市的残酷、冷漠和无情及诗人面对城市的普泛性焦虑被诗人用极本土化的方式表达了出来。《裂腹鱼》中裂腹鱼如果没有现代化的旅游开发，它仍然会丑陋但自在安全地活着，后来旅游使它成为云南一个旅游景点和一道菜，在众人麻木地享受这种鱼的美味的时候，诗人看到的却是它“别人最脏的地方它们最干净/别人最不敢敞开的地方它们天生敞开”这种纯洁品格，裂腹鱼从而在诗中成为一种高贵人格和坦荡胸怀的象征，这是诗人对现代社会人的内心世界越来越肮脏、越来越狭隘的一种反讽。较之《裂腹鱼》，在《我的家乡已经面目全非》一诗中，诗人更加直白地表达了对城市化进程给家乡造成的侵蚀和异化的心痛和憎恶。老人们更老了，许多老人留守在年轻人越来越稀少的村寨中，既体谅他们的远行又期盼着他们的归来；年轻人变得毫无生气，“仿佛在举

---

① 诗人在《我为什么要歌唱故乡和母亲》中提道：2003年一个摄影师请雷去看他的影展，但摄影师对云南边寨的切入角度——贫穷落后——激怒了诗人，他将此摄影师列入“杂种”之流。此外，作者在讲述自己成长的历程时，提及了年少时自己对城里人的态度：“我在那时候一度对城里人充满了仇恨。仇恨，不是基于他们的富有和我的仇富心态，而是基于某些人的不良。”高中时期，诗人开始往返于城市和乡村，城里人给他和他所代表的乡村的伤害带着一种普遍性和典型性。诗人强调说这种仇恨只是“一度”充满了他的内心，但这种心灵创作即使在诗人移居城市，对城市和乡村的关系有了新的认知，在诗人成为城市人群中的佼佼者之后，也不会被抹去。它沉潜在诗人的内心深处，总是不经意地在诗中流露出来。详见《雷平阳诗选》第236页、240页。

行一场寒冷的比赛/看谁更老，看谁比石头/还要苍老”；在化肥的催化之下，桃子不再自然成熟挂果，而是只需要三年就可以采摘上市；人们对时光的敬仰被破坏和消解；像奶浆花一样可爱、天生丽质的女子们不堪生活的重负自杀死去。这个曾经温馨、和谐、充满爱和诗情画意的村庄，被诗人用一千个理由爱着的村庄，如今变得面目全非，城市的现代化进程对乡村及其精神的损害有着不可推卸的罪责。《战栗》这首诗赢得了不少好评，因为诗人对一个底层的打工妇人抱以巨大的同情。进一步说，这首诗客观反映了从乡村来的农民工生活的残酷面，城市和乡村的对立使她始终只能作为一个局外人、边缘人在城市打工，应得的报酬是在千辛万苦的争取讨要之后才得到的，她的战栗使城市的残忍和面目可憎毕现无疑，妇人所代表的弱势群体边缘人群的生活经验和遭遇，体现出城市魔鬼化的一面。这类诗还有不少，如《1999 年 7 月》《城市建设座谈会》等，不再一一枚举。

雷平阳诗中的城市，也往往带着浓郁的乡村气息。乡土式的悠然、宁静、喧闹在不经意间扑面而来，备受赞美的是城市生活中朴素、鲜活的一面。《早安，昆明》中许多意象杂陈交织在一起，诗人点的小锅米线、辣椒、韭菜、天上一架架从四周飞来的飞机、诗人身边 T 恤和牛仔裤顽强搏斗的身材丰满的少女、大面积流淌开来的晨光、梧桐树下的报童，晴朗的早上，昆明市区一隅喧闹的市井图被勾画得栩栩如生。《西街的西面》中肉铺、杀鸡厂、猪鬃厂、凌乱的郊外是诗人笔下城市的代表，平凡的人们背着猪、抱着鸡、篮子里盛着猪鬃，在灰尘中奔忙着各自的生活，构成了熙来攘往的凡俗街市景象，这种景象让人亲切而放松，散发着昭通这座城市独有的舒缓和温和，诗人歌颂赞美这种充满生命力的生活，将贬低这种生活的人痛斥为“恶棍”。精神所依附的乡村和肉体享受快乐的城市博弈的结果是诗人鲜明的乡土立场的彰显，或者说是民间立场，诗人热爱、同情生活在低处的人，他的诗与乡土、民间是融合的而非对立的。

三、“乐意成为一个茧人”缩身于乡愁

“乐意成为一个茧人，缩身于乡愁”这一坚定的创作立场和叙事策略

成为雷平阳风格的重要标志。葛红兵曾这样断言了都市化的进程：“随着社会的发展，中国社会的都市化已经是不争的大趋势，中国文学对都市的表现力将成为衡量中国文学进展的重要指标。”雷平阳虽然自觉地选择了都市生活，在肉身和精神上同时获得了某些愉悦，但在本质上他已经是一个叛逃了乡土的诗人。[①] 他同样宿命地经历了许多文人共同的失落和尴尬——身体离乡、精神返乡。在这一点上，他和20 世纪初的启蒙作家的思乡病有着相似之处。因此，若从这一点来考察诗人的乡愁主张，这一主张不免带上了刻意维系和坚守的功利色彩，是他有意而为之的一种叙事策略。这个乡村是个宽泛的概念，不论诗人写什么，它都或明或暗地隐匿在诗人身后，雷平阳的诗从未脱开云南和他的家乡。毕竟，他认为只有被他自然真切地热爱着的乡村和乡村气质，才能给他带来宝贵的创作灵感和与众不同的诗歌气质。

在《三个灵魂》中，他执拗地表达了一种永不离乡的观念：“第一个将被埋葬，厚厚的红土层中/紧贴着大地之心，静静地安息/第二个将继续留在家中/和儿孙们生活在一起/端坐于供桌上面的神龛，接受他们祭奠和敬畏；第三个，将怀着/不死的乡愁，在祭司的指引下/带上鸡羊、银饰、美酒和大米/独自返回祖先居住的/遥远的北方故里。”肉身不离开故土，灵魂仍和儿孙们生活在一起，并且还要怀着不死的乡愁回归先祖居住过的北方故里。这种对故乡的固守和崇敬正是我们这个时代所缺失的，越来越多的人出于种种原因离开故土，开始漂泊的生活，诗人的乡土观念虽然有着很强的针对性，但并不难引发读者的共鸣，它触发了无数读者内心对故乡的隐痛。

谢冕在不同的文章中相继表达了一种对诗人的期望，力主诗人应该有一种世界的胸怀和眼光，把悲悯同情之心和笔触投向世界。令他遗憾的是，中国诗人对世界的灾难和不幸却没有留下自己过多的笔触[②]。同样，

---

① 1980 年诗人进入昭通县一中读高中，1983 年高中毕业后考取昭通师专。从读高中始，他的离乡过程就开始了，师专毕业后他没有返乡，而是彻底地走进了城市。见《雷平阳诗选》。

② 谢冕：《悲天悯人真诗人》，载《文艺报》2005 年 1 月 3 日；《当前诗歌述略》，载《广西大学梧州分校学报》2003 年第 13 卷第 4 期，第 1 ~ 3 页；《世纪反思——新世纪诗歌随想》，载《沙南社会学科》2004 年第 12 卷第 3 期，第 65 ~ 67 页。

雷平阳也没有写出谢冕所期望的那种关怀人类的大悲悯的诗歌。尽管他的创作有功利的嫌疑、刻意的色彩，但他关注底层社会平民的凡俗生活，用心认真写诗，正因为他的诗歌在本质上表达了他的一种理想，他的诗脱颖而出。正如艾青所言：“假如是诗，无论用什么形式写出来都是诗；假如不是诗，不论用什么形式写出来都不是诗。”“宁愿裸体，却绝不要让不合身材的衣服来窒息你的呼吸。”① 诗是性真的、心灵的，是诗人的个体行为，是“心灵之光对外界事物的照耀”②，“心灵在感知时把生命和热情倾注进它所领悟的世界”③。雷平阳的诗歌虽然不是宏大叙事，缺乏世界性的眼光，但仍然不失为好诗，诗人通过刻意的乡愁主张在喧嚣物欲的城市化进程中来拯救自己、安慰自己。在乡愁中，诗人对人性、人生和人世的关注、反省和反抗无处不在。

经过1983年开始至今的二十四年诗歌创作，雷平阳从一个依靠激情创作的诗人转变为一个在心境上接近“中年写作”的诗人，他已经拥有了创作的“累累果实”，“在这种心境下的写作不仅依靠激情和才华，而且更加依靠对‘激情的控制’，依靠‘综合的有效才能’、‘理性所包含的知识’和‘写作积累的经验’”④，他向我们传递了一个现代的诗学观念，诗“需要心智和技艺的经营”；需要“让激情得到充分的酝酿、沉淀和凝缩，只有这样的诗歌才能获得更宽广的辐射力和更强大的穿透力”⑤。在抒写乡愁时，他的语言极平实，接近口语，有时带有散文化特征，“它的日常性、貌似浅显和缺乏韵味等特征，也难免给人以‘反诗歌语言’的印象”，但对于新诗而言，“口语化、散文化不可避免”，新诗“‘追求语言结构的内在节奏与情感起伏变化的同构’和‘超语义’的语感美；新诗之诗意的获

---

① 艾青：《诗论》，人民文学出版社2005年版，第17～19页。

② 〔美〕M. H. 艾布拉姆斯：《镜与灯：浪漫主义论及批评传统》，郦稚牛、张照进、童庆生译，北京大学出版社2004年版，第68页。

③ 〔美〕M. H. 艾布拉姆斯：《镜与灯：浪漫主义论及批评传统》，郦稚牛、张照进、童庆生译，北京大学出版社2004年版，第75页。

④ 张桃洲：《现代汉语的诗性空间——新诗话语研究》，北京大学出版社2005年版，第47页。

⑤ 张桃洲：《现代汉语的诗性空间——新诗话语研究》，北京大学出版社2005年版，第58页。

得并不特别倚仗外在的诗形，而主要是依靠内部深层结构的营造。”① 对于雷平阳的诗歌而言，对云南的乡愁就是他营造的深层结构之一，没有乡愁几乎无法谈及他诗歌的诗性。对任何一个诗的评价总有好坏褒贬，对雷平阳诗的评价同样如此。从乡愁这个角度来讲，虽然有其偏狭、局促的一面，但执拗的乡愁主张使他的诗具有一种独立品格和诗性，众多读者是肯定的，诗评自然也无法将之忽视。

① 张桃洲：《现代汉语的诗性空间——新诗话语研究》，北京大学出版社2005年版，第25～26页。

论雷平阳诗歌的底层叙事

邱丽平

雷平阳（1966—，云南昭通人）是云南“昭通作家群”里一位颇具代表性的诗人，是目前中国文坛上最活跃、最有影响力的诗人之一，其诗歌作品曾多次在国内获得大奖并获得学界的一致认可与好评。诗人在诗作里关注当下社会现实与人民的生活现状，以敏锐的生活洞察力和娴熟的创作技巧对当下的社会现象与生活现状进行了深邃的思索，对底层人民现实存在的艰难与人生价值的失重深感焦虑与失落，诗作体现了诗人高度的社会责任感与历史使命感。在仔细研读了雷平阳的诗作后，我们会发现他的诗歌体现了诗人对底层民众生存现状的深切关注与深厚的人文关怀。

一、凝眸——底层生活的荒诞

诗人雷平阳来自贫困的云南昭通，早年亲身经历了生活的艰难与困窘，亲眼见过周围人们在生活的清贫与困顿中挣扎，很清楚那块土地的贫瘠与人民生活的艰辛。这些丰富的经历与无数的痛楚都深深刻在了诗人的记忆中。诗人曾在《雷平阳诗选·我为什么要歌唱故乡和亲人（代诗人简历）》里提到那种亲历的痛苦记忆：“满屋都是阳光，生活却是灰暗的。像村里所有的人家一样，我目睹了太多的父母之间的争吵和大打出手。他们互不相让，类似于仇人，现在回想，都是因为贫穷。”[1] 粮食是永远不够吃的，肚子是永远不会饱的，为了充饥，我们家，以及村庄里百分之九十以上的人家，当稻谷分下来，立即碾成米，挑进昭通城去换玉米，不是不愿吃米饭，是米饭在肚子中不如玉米充数。[2] 这就是诗人生活过的那片热土，在那里，人们因为物质上的贫乏，至亲的亲人也会因为一些生活上的琐碎小事怒目相向大打出手，在那一刻，人们最关注的是生存、温饱问题，关爱与理解无法抗拒肚子的饥饿，亲情在渐渐疏远、走向陌生。

在那种困顿生存图境中，人们不可能去享受生活，只能在僻远、闭塞、贫穷落后的大地上不断地挣扎着求生，正如诗作《母亲》里叙写的那样：“我见证了母亲一生的苍老。在我/尚未出生之前，她就用姥姥的身躯/担水，耕作，劈柴，顺应/古老尘埃的循环。她从来就适应父亲/父亲同样借用了爷爷衰败的躯体/为生所累，总能看见/一个潜伏的绝望者，从暗处/向自己走来。”[3] 诗作展示了底层民众的生存状态与生命情状。他们的生活是艰难的，命运是残酷的，“古老尘埃的循环”，祖辈如此，后辈也依旧，过去先辈们在挣扎，现在后辈们仍然在抗争。“一个潜伏的绝望者，从暗处/向自己走来”，古老的悲剧命运还将继续。

雷平阳的不少诗作反映了人们生活在一方被漠视的凄凉环境里，尊严与人格已不再具有意义，生命在失重，人生价值在贬值。如：“一位丈夫截掉了妻子的两根手指/因为她遗失了两毛钱。一毛钱一根手指/家庭中的市场价，时间史里的经济观/他让她增长必要的记忆，要像/鹰那样，闪电似的，飞抵生活的彼岸/她没有用沉默抵制暴力，而是用忏悔/用更加辛苦的劳作，弥补自己的过失？”（《贫穷记·二》）这是多么可悲、残忍的一幕啊！贫穷使人性畸变，使罪恶繁衍；在贫穷面前，乡村的道德意识、道德观念承受着巨大的冲击。妻子因为不小心“遗失了两毛钱”，“丈夫截掉了妻子的两根手指”，“一毛钱一根手指”，与具体的物质财富相比，人的生命显得无比的低贱、极度的卑微，诗作展示了底层老百姓生活的艰辛与生存的艰难，物质贫乏的重压导致了精神上的变异。在这首诗作强烈的视

---

① 雷平阳：《雷平阳诗选》，长江文艺出版社2006年版，第231页。

② 雷平阳：《雷平阳诗选》，长江文艺出版社2006年版，第232页。

③ 本文所引雷平阳诗作均引自《雷平阳诗选》。

觉冲击与情感震撼后面，我们能深深体会到诗人对作为弱小群体存在的下层民众苦难的生存境况的深切关注。

认真研读雷平阳的诗歌作品后会发现，他在许多诗作里毫不隐讳地描绘了故乡的贫穷落后与人们生活的艰苦不幸，这类作品还有《鹭鸶》《小学校》《村庄的清晨》等，诗人叙写了底层人物生活的艰苦与贫困，被生活所逼、为现实所迫，他们的存在备受漠视与忽略，个体的人本应有的主体性正在缺失、远离，人成了一个荒诞的存在。

二、失落——艰辛的寻梦之旅

在雷平阳的诗作中，尽管乡村人民生活在如此贫瘠的土地上，但仍然对生活充满了期待和希望，并且不断地努力、挣扎，以不同的方式纷纷涌进城市，开始他们艰辛的寻梦之旅。诗作《欢乐的蚂蚁》便是对此的一个很好的注解，诗中写道："在自己的梦中练习长跑/它们首先穿过原野，之后，它们/穿过了黑夜。那一段路，什么也看不见/它们中的几位，还被草叶/打断了肋骨。最后，它们才开始/围着一座城市跑。绕着圈子。一支细小得/可以省略的队伍，它们/在自己的梦中练习长跑。"这里的"它们"寓意从乡下来到城市里的寻梦人。寻梦人冲破层层障碍终于来到了他们的目的地——现代化的城市，但他们在城市里的生活是艰辛的，希望是纤细的，他们的存在也几近可以忽略，只有带着自己的希冀一次次去追寻。诗作里呈现了生命存在的痛苦与无奈，更多地表现出了对底层民众悲剧命运的深切关注和由衷惋叹。

进城的农民工，在城市里的奋斗、拼搏举步维艰，难以摆脱悲剧的阴影。诗作《战栗》就绘写了农民工的悲剧性存在："那个躲在玻璃后面数钱的人/她是我乡下的穷亲戚。她在工地/苦干了一年，月经提前中断/返乡的日子一推再推/为了领取不多的薪水，她哭过多少次/哭着哭着，下垂的乳房/就变成了秋风中的玉米棒子/哭着哭着，就把城市泡在了泪水里/哭着哭着，就想死在包工头的怀中/哭着哭着啊，干起活计来/就更加卖力，忘了自己也有生命/你看，她现在的模样多么幸福?"诗作写出了底层人生存的悲哀，农民工拼命劳作换取属于自己的微薄薪水，内心却感到无比的幸福甚至还以为那是恩赐。为了获取生活的物质财富，在他们看来，所有的付出都是值得的，在他们心里，金钱高于生命、高于尊严；从未意识到他们也有享受生活的权利，有人格，有尊严，有人生价值。诗作反映了诗人对底层民众生存现状的关注与忧郁！

从突进城市的乡村人的视角审视和反思生活，乡村人的挺进城市之旅不容乐观；未来的收获是微薄的，昨日的五彩期望如今已变成更大的失落，一如诗作《贫穷记》中描述的那样："带着淋病和梅毒回家的打工仔/走到半路，饥饿和寒冷令他们选择了/停顿，一块岩石下，点燃篝火/抽一支烟。山没有尽头。城市的喧嚣/停止了，那么多的混乱、卑贱和惨痛/均没有找到合适的寄托。"诗中写出了寻梦人的失落与失望：待在乡村虽然贫穷，但至少他们还有健康的体魄；为了改变贫穷的生活，曾经满怀希望去寻梦，但他们的生活现状并没有得到任何的改变，依旧时时受到饥饿与寒冷的侵袭，而且属于他们的唯一资本——健康的身体也在寻梦旅途中失去。诗作展现了底层人物在逃离乡村、挤进城市的过程中，一步步地舍弃乡村的道德观念和做人准则，渐次迷失在城市的喧嚣中，他们既失去了"物质之城"，也在"精神之城"中迷失，现在，他们是彻底的一无所有了。

三、瞩望——诗人的人文关怀意识

雷平阳是一位富有社会责任感和现实使命感的诗人。诗人关注底层大众的生活，关注故乡人民的生存状况与未来发展。

诗人的故乡云南昭通山区非常贫困艰苦，虽然诗人后来远离了贫乏的乡村在现代化的大都市里生活；但是诗人依旧深深眷念着那个生他养他的故土家园。他曾在一次访谈中这样表达过对故乡的那份浓厚乡情："我家中养花的那些泥土，买自花鸟市场，有身价、坐过公共汽车、被人为地加入了许多化学物质，它让我感到不真实，是假的。由此，我没有理由不守望着我的乡土，以肉体，也以魂魄。而且，我一直以为，我是在呼唤更多的人对故土的记忆，我也愿意让大家与我一同分享土地的体温。”① 雷平阳将他对故乡的这份深爱与真情呈现在了他的诗歌创作中，诗作《亲人》就很好地诠释了诗人对家乡的关注与厚爱：“我只爱我寄宿的云南，因为其他省/我都不爱；我只爱云南的昭通市/因为其他市我都不爱；我只爱昭通市的土城乡/因为其他乡我都不爱？/我的爱狭隘、偏执，像针尖上的蜂蜜/假如有一天再不能继续下去/我会只爱我的亲人——这逐渐缩小的过程/耗尽了我的青春和悲悯。”在这首诗作里，诗人向世人表明了他对乡土的坚守与瞩望，因为那是他精神的寄居地，是他憩息灵魂的地方，我们可以从诗中体会到诗人对故乡的那份浓浓的缱绻爱意。关于乡愁，诗人曾在《对话名家》栏目接受采访时做过详细的注解：‘这里边最主要的一点就是说出了那种生命缩小的过程，说出了人们想说的那种不朽的乡愁，包括自己对亲人的那种沉痛的铁着心肠的爱，这才是主要的，这种地名，这种概念上的词语是次要的。”② 诗人的这段话意在告诉人们，他的乡愁不是一个简单的地理名词概念，而是一个复杂的载体，它承载了丰富的思想，是一种厚重的感情，是对故乡的关注与对亲人的关爱。

雷平阳的诗歌关注民生疾苦，反映社会现实，诗歌创作常常取材于平凡生活中的卑微人生，从身边的人事变化中提炼出创作主题，关注社会底层人物的生存困境。诗人在参加《对话名家》栏目时就说：“我想这是我最有效的体验世界的事。也可以说是我简单的记录生活的方式。因为我写诗，我不大喜欢写那种想象里面的平息照相的东西，我就喜欢写发生在我身边的，而不是远方的事。”③ 诗人注重对社会底层大众的尊严、价值的书写，显示了诗人的人文关怀精神。“人文关怀”在本文中主要是指对人的生存现状的关注和对人的尊重，尤其是对当下农民物质生活与精神皈依的审视或观照。穷困是底层人民生活的最真实的世界，无论怎样地辛勤的劳作也无法改变他们的窘困命运：在《村庄的清晨》里就写出了农民付出的

---

① 书剑飘零：《雷平阳：83 路车上的一个乘客——雷平阳访谈》http：//club. yninfo. com/poesy/read. aspx？ id =234. 2007 -05 -30。

② 《专访雷平阳：糟踏诗歌就是背叛祖选》，http：//www. cq. xinhuanet. com/2007/book/lby. htm. 2007 -05 -09。

③ 《专访雷平阳：糟踏诗歌就是背叛祖选》，http：//www. cq. xinhuanet. com/2007/book/lby. htm. 2007 -05 -09。

徒劳："相对静止的是人，站在田野上/举起的锄头，仿佛想离开手/让所有铆足的劲，成为中间的哀愁？/荒凉的真理：土地比人/更专横，人是它窖装痛苦的器皿。"人们在贫瘠的土地上拼命耕作，试图去改变贫困的现状，但是现实让他们感到了未来的无助和无望，"土地比人/更专横，人是它窖装痛苦的器皿"，这是诗人对底层人民生活现状的关注与思考，生存本身便是与在场的生活（生存境遇）挑战。诗人在另一首诗中写道："一个牧羊人和一根草/他们的尺寸相等。"（《疑问》）诗作反映了大写的人在现实社会里失重了、失衡了，生命正在变质——"牧羊人"与"一根草"的价值相等，这是人的存在的悲哀。诗人在他的创作中反映了他对人的存在的关注与忧虑，体现了一种广义的人道主义的关怀。

诗人在作品里呈现了底层民众的淳朴、善良与真挚，将充满艰难的底层日常生存景观展示在读者的眼前，挖掘出这些底层人物的美好人性，就如《四吨书》里写到的那样："搬家时，民工们的汗水/透过一个个纸箱，打湿了我的书/这些浑身汗臭的家伙，站在客厅里/双手对搓，一脸愧疚。"民工们因奋力工作而流下许多艰辛的汗水，汗水打湿了书籍，他们为此倍感愧疚，这其实是在一个高度城市化的空间里非常罕见的一幕了。正是通过对社会底层人物的质朴人性的展示，突出了雷平阳对底层民众的悲悯与关怀，并且还凸显了诗人底层关怀中对于底层人性的深入的触摸与剖析。

诗人雷平阳是一位客居异乡的"游子"，经常往返于城市与乡村之间。作为一位深受当代文明浸染的知识分子，诗人对故乡的落后与衰败有一种理性的思考，对故乡的感情是复杂矛盾的，常常徘徊于深深的眷恋与理性的批判之间；诗人将这种复杂的心态投射、反映到了诗歌创作中，使他的诗作呈现了独特的内涵。"为了一寸土地的耕作权、一碗饭/一个夜晚的安宁，有人选择了杀人？/这些古老的话题，现实之痛，大树的根蔓/一直都期待着绝灭之日的来临？"（《贫穷记·一》）从这里，我们可以看出底层民众生存的苦难与迷茫，因贫穷与困窘，为了获得瞬间的拥有，人们丢失了昔日的淳朴与善良，泯灭了应有的人性，这是生存之痛，也是现实之痛。这种悲哀的存在还得继续，未来的希望是如此的渺茫，诗人感到了无限的悲伤与哀痛；这是诗人对人民生命的关怀、对珍惜生命的高尚情怀的热切期待。即使是这样，诗人在他的许多诗作里依旧展示了对那方故土及生活在那里的亲人乡邻的深厚感情，如《纪念》《记忆》《望乡台》以及《昆明的秋天》等诗作，我们能感受到诗人对那块乡土的坚守与关注，展示了诗人对被漠视的乡村的深切人文关怀。

综上所述，诗人雷平阳在他的诗作中展示了底层民众的生存现状，以一个诗人的良知和社会责任感关注底层大众的悲欢际遇，以一种人文关怀意识逼视底层民众生活的不平与不幸，从而体现了自己的诗歌创作价值所在。

论雷平阳诗歌的生态意识

邱诗越

随着全球环境的恶化，生态危机直接影响到我们的生活与生存，严重阻碍了社会健康、持续、和谐的发展，生态问题成为人们日益关注的话题，人们开始关注自己的生存环境。我们在仔细阅读了当代著名诗人雷平阳（云南昭通人）的大量诗作后，发现他的诗歌呈现出明显的生态意识。诗人在诗作里表达了他对人与自然、人与非人关系的思考和关注，并且他的诗作呈现了鲜明的地域性特色。

一、眷恋——诗意的家园

我们在阅读了诗人雷平阳的诗作后，发现他在诗作中常常吟咏自然的美丽、赞叹大自然的多彩丰姿，在诗人眼里那才是一方令人神往的诗意家园。这类诗作如《澜沧江在云南兰坪县境内的三十三条支流》《在日照》《一棵漆树》《乌蒙山脉》《蟋蟀》《从一座小寺看漾濞古城》《石门关》等，它们均表达了诗人对大自然的热爱与眷恋。此时的人与自然、人与非人的关系是一种美丽与平衡的存在。诗人在他的这类作品中写出了大自然的和谐与静谧，这里弥漫着鲜活的生命气息。如，诗作《在日照》中就颂赞了大海之美、之博大，大海给人以享受与畅想：“我住在大海上/每天，我都和大海一起，穿着一件/又宽又大的蓝衣裳，怀揣一座座/波涛加工厂，漫步在/蔚蓝色天空的广场。从来没有/如此奢华过，洗一次脸/我用了一片汪洋。”（《在日照》）这里写出了人与大自然的一种和谐的存在状态，无论是人还是自然界都是一种自在、自由的存在。

在诗人看来，自然界中的生命与人的生命一样，也应该受到尊重与关爱，我们应该平等地对待自然万物，人不应该脱离大自然，更不应该站到自然之外。这是诗人对生命的敬畏，也是他对自然的热爱和诗意家园的眷恋。他本人曾在重庆举办的第十七届全国书市上接受采访时说过这样的话：“当你知道了每一棵树，每一棵小草都有生命，都是值得敬畏的，你就会发现每一个世界都有自己小小的角落，这些小小的角落就是你要去认真对待的。”① 诗人很清醒地意识到只有人与自然万物融为一体，这个世界才会充满生机与灵气，这也正如生态整体主义者所坚信的那样：“人与自然万物生死与共，因此尊重所有的生命也就是尊重了人类的生命，保护了整个生态系统也就是保护了人类和他们在自然界里的兄弟姐妹。”②” “人是自然的一部分，人永远也不能脱离自然，唯有确保了整个自然的持续存在，才能确保人类安全、健康、长久的生存。”③ 因此，雷平阳在一次接受采访时，就曾呼吁人们回归诗意的家园：“我家中养花的那些泥土，买自花鸟市场，有身价、坐过公共汽车、被人为地加入了许多化学物质，它让我感到不真实，是假的。由此，我没有理由不守望着我的乡土，以肉体，也以魂魄。而且，我一直以为，我是在呼唤更多的人对故土的记忆，我也愿意让大家与我一同分享土地的体温。”④ 在诗人看来，人对植物生长环境的改变即是对人与自然关系的改变，也是对自然规律的违背；那些花草有属于它们自身的生存方式，人们不应该人为地改变它们的生长环境。诗人呼唤人们关注诗意的故土，故土是一个人精神上的一份依凭，是一个人内心永远渴盼的一隅灵魂的栖息地。

雷平阳在他的许多诗作中都表达了对大自然的深情与挚爱。如《欢乐的蚂蚁》《河流》《重返》《蜘蛛和蚂蚁》《怒江》《我爱苍山》等作品，

---

① 《专访雷平阳：糟蹋诗歌就是背叛祖先》，http：//www. cq. xinhuanet. com/2007/book/lpy. htm. 2007 - 05 - 09。

② 王诺：《欧美生态文学》，北京在学出版社 2003 年版，第 245 页。

③ 王诺：《欧美生态文学》，北京在学出版社 2003 年版，第 8 页。

④ 温星：《对话雷平阳：83 路车上的一个乘客——雷平阳访谈》，http：//blog. sina. com. cu/s/blog/48dbe8570/00049. html. 2004 - 11 - 19。

都涉及自然中的花草树木与非人的小生灵，呈现了丰富的地理知识以及诗人鲜明的生态意识。如诗作《我爱苍山》《蟋蟀》《读〈西双版纳植物名录〉》等，写出了大自然与生物的和谐、诗意的存在状态。诗作《澜沧江在云南兰坪县境内的三十三条支流》自发表以来就备受争议，但在笔者看来，这首诗从创作动机上来说，诗人是为了诠释他对大自然的眷爱与依恋。雷平阳本人曾在《我为何写作此诗》里解释道："当我闲下来，我就会离开昆明，像一个刑满释放的自由主义狂人，以奔跑的速度，扑向云南的山山水水。除了云南，我真的了无牵挂。所以，那一年的秋天，我又去了澜沧江。我总爱往江上跑。澜沧江之行，让我得以打开了滇南和滇西的山河画卷，它像一条上帝架设的通往世界之心的伟大走廊。走在上面，每一座壁立的山，都会被你疑为地球的城墙，每一条支流，你都会以为它就是地球的护城河，可世界却远远没有到尽头，当你找到任何一个祭司和任何一只蝴蝶，他们都会为你指点辽阔世界的另一个出口。"① 从这里我们可以看出，诗人对自然怀有一种独特的深情与厚爱，正是这缕浓情建立了人与自然的亲密关系，同时也是诗作本身所要传达的核心思想。这正如北京大学臧棣教授对这首诗所做的评价："但我以为，在实质上，这种偏好反映的恰好是一种生命对自然的独特的敏感和皈依。它既是属于个人的，又是自我超越的。"②

二、批判——栖居地诗意不再

社会生产力迅速发展，人类以空前的规模和速度作用于自然，创造出大量的物质财富。但是，现代工业文明的负面效果也相当明显：温室效应、臭氧空洞、物种灭绝、资源枯竭、大气污染、土地侵蚀和沙漠化等。人对大自然无限度的开发与征服已经威胁到了人类的生存。一如雷平阳在

---

① 雷平阳：《我为何写作此诗》，http：//www. ycwb. con/gb/content/2005/08/06/coutent－956420. htm. 2005－08－06。

② 臧棣：《一种不同寻常的"笨拙"》，http：//www. ycwb. com/gb/content/2005/08/06/content/956420. htm. 2005－08－06。

他的诗作《白色大坝》里所写到的那样：“这条柔软的大江/它头重脚轻，语无伦次/在经过漫湾的那一天，我看见白色的大坝/它几乎高过了四周所有的山峰/但在它的脚下：那些没有撤走的/水电工人，他们守着生锈的钢模/慵倦地，往江水中投掷着细小的石头。”本来澜沧江在未遭遇人类开发、利用前，是一方令人迷醉的山河画卷，但是，现在人们为了让江水造福于人类、为人类所用，美丽的澜沧江正在悄然发生着改变，它的神秘与和谐正在远去，高大的白色大坝正在打碎它的完美，江水已不可能保有它原来的风貌，人力在改变它，“水电工人，他们守着生锈的钢模/慵倦地，往江水中投掷着细小的石头”。人从自然中索取资源来促进经济的发展、社会的进步，这其实无可非议，但人类应该在遵循、尊重自然规律的前提条件下去开发自然，应在自然能够承受的范围内去利用自然。然而，我们看到的现实情况却不是这样，诗人在《有几条河流在赛跑》《上河，上河》等诗中就写出了人类对自然生态的破坏：“我心慈悲/我从中看见了累死于天空的鸟/它们细小的双翅和骨架/堆满了坎坷不平的河床/因为我的体内永远也囤积不起足够的/可以稀释悲恸的能量：这些河流/它们更像是几支精神病患者组成/的队伍，在梦境中演练癫狂/我们为之恐惧的景象/当然还没有绝迹?”（《有几条河流在赛跑》）在这儿，我们看到了惊心的一幕：“我们为之恐惧的景象/当然还没有绝迹”，自然生态的美丽与和谐已不复存在，我们心中的那隅诗意的栖居地，正在遭受破坏，正日趋恶化，正陷入更严峻的危机。“河床成为街道，肮脏/混乱、迟缓；街道成为河床/加速度、陡峭、暗藏杀机。”（《上河，上河》）大自然不再一如往昔那样具有生机与活力，正遭到人类在场的蹂躏与掠夺，人类对自然的改造、征服违背了自然规律，生态文明、自然文明与物质文明正面临莫大的龃龉与冲突，人站到了自然之外，甚至是对立面，人类的贪婪与短视让大自然一再地受难；人类与自然已不是和谐、稳定的存在，我们已不再能够诗意地栖居，这是肯定的。如果我们不能适应自然规律，化解生态危机，冷静地思考一下我们的在场的此在与将来的彼在，我们的未来生存将会怎样，人类还能否栖居，这些都是今天值得我们深思的问题。

诗人雷平阳对社会的现代化进步以及经济的飞速发展有较清醒的认识，他清楚地看到了现代人对物质追求的狂热，人们的贪欲在无限地膨胀。在大多数现代人眼里，生活的快乐即是对物质的无限占有，而人们享有的这种现代化的生活却是以自然的失衡和家园的破坏换来的，人与自然的关系在不断的异化，人与环境的对立在加剧，生态危机愈演愈烈。这也正如生态学者王诺所论及的那样："工业和科技的发展并不都表现为正确认识自然、合理利用自然、在自然能够承载的范围内适度地增加人类的物质财富，在很多情况下，却表现为干扰自然进程、违背自然规律、破坏自然美和生态平衡、透支甚至耗尽自然资源。工业和科技文明对自然的征服和破坏，在20世纪达到了前所未有的程度。"① 诗人对人与自然的这种存在现状深感痛心，他在一次访谈中曾这样说道他的写作态度："我以唯美自慰，以疼痛传达大地的喘息、撕裂和哗变。"② 雷平阳写了大量这类关注生态与环境、自然与非人的诗作，如《一头羊的孤单》《曲靖，一年后》《草原》《贵州某地》《屋顶上的巫师》《在会泽遮车看风景》《城市建设座谈会》等，呈现了诗人对人与自然关系的生态思考；写出了人对生态环境的破坏与掠夺，自然在渐失它特有的生机与灵性，表达了诗人对人类摧毁自然的现代文明的质疑和批判。

三、期待——彷徨的守望诗意的栖居

"只有遵循自然和回归自然，人类才能得到疗救和新生。"③ 诗人雷平阳在诗作中表达了他对人与自然异化关系的失望，控诉了现代人无视自然规律的泛滥的欲望，期盼人与自然间的和谐、亲密的存在。这类诗歌如《高速公路》《石头之歌》《河流之二》《奔跑》《西街的西面》《听汤世杰先生讲》等。在这些诗作中，诗人袒露了他对大自然的深情与期待，希望人与自然能相融相合，能感受到自然的灵性与生气。因为在诗人看来，人对自然的伤害亦即人对自身的伤害。他在诗作《听汤世杰先生讲》里就期

---

① 王诺：《欧美生态文学》，北京在学出版社2003年版，第177页。

② 温星：《对话雷平阳：83路车上的一个乘客——雷平阳访谈》，http：//blog. sina. com. cn/s/blog/48dbe8570/00049. html. 2004-11-19。

③ 王诺：《欧美生态文学》，北京在学出版社2003年版，第30页。

冀人类回到大地，回归诗意的栖居，也就是回到生命的本源，希冀着能找回“没有因为废墟而改变”的“信仰”；诗中的叙事人汤世杰看到了我们先祖文化的本源，在先辈们看来，大地既是维持生命的泉源，又是诗意的家园。

诗人雷平阳看到人类在大自然中不断的掘取，社会在进步、在发展，现代文明却被物质利益所左右，人与自然的距离越来越远，人类有时甚至走到了自然的对立面，诗人为此深感痛心与失望。因此，在他的诗作中不断地呼吁人类负起对自然应尽的责任与义务，唤醒人类对家园的关注与守护。如《高速公路》《河流之二》等诗作写出了大自然的静谧与安逸，这里孕育着神奇、美丽，给人以美的享受，这是诗人对诗意栖居地的坚守，但这份真诚的守望却让我们看到诗人的彷徨与无奈；在《石头之歌》《西街的西面》《雷声》等诗作中，我们看到了诗人对家园诗意的回归，感到了隐隐的落寞与孤寂。在《石头之歌》里，“武戎路”正在遭受人为的改变与破坏，而“义安巷”曾经的诗意与祥和正在渐渐远去；《西街的西面》里，我们看到了大自然本应有的生机盎然与奇美景象，但在“西街”我们看到的却是人与自然的对立与矛盾，诗人感到了美的脆弱。从这些诗作中，我们感受到了诗人诗意守望的尴尬与艰难。

综上所述，雷平阳在他的诗作中关注人与自然的关系，表达了他对诗意家园的深情与眷爱，但当他看到人类因为欲望的无限膨胀，人们开始远离自然、甚至站到自然的对立面时，诗人对此是否定和批判的。诗人在作品中希望人们能控制贪欲，期望人与自然、人与非人是一种和谐、平衡的存在，渴盼那正在渐失诗意的栖居地能够回归，因为诗人深知“守护自然，守护家园，就是守护我们自己的心灵”①。我们看到了诗人对自己的坚守深感困惑与彷徨。人类栖居地的诗意何时能回归？这是诗人面对现实，冷静地思考后的缕缕失落与忧虑。②

---

① 鲁枢元：《生态批评的空间》，华东师范大学出版社2006年版，第326页。

② 本文所引诗均出自《赫平阳诗选》，长江文艺出版社2006年版。

论雷平阳诗歌的艺术特色

王朝辉　张　歌

位于云贵高原以及乌蒙山深处的昭通是一片偏远落后之地，到处是穷山恶水。在过去漫长的历史中，这里是流放犯人之地，不少得罪朝廷权贵和太监的士人都被发配到此。直到外面的世界花花绿绿、纸醉金迷的今天，昭通下辖的各县依然几乎个个都是贫困县。就在这样一个环境极其恶劣的地方，却生息繁衍着五百六十四万人口。不用说，民生是异常艰困的，有一半以上的人口为了起码的温饱而长年挥汗劳作于贫瘠的大地上。按照常理，昭通这片土地并非文学创作的沃土，但偏偏在这块高寒的不毛之土上，文学创作方面取得了累累硕果。一批优秀作家在此崛起，形成了让人刮目相看的“昭通文学现象”。而曾获得2006年度全国最佳诗人称号的雷平阳无疑是“昭通文学现象”中的一个佼佼者。

一

古希腊哲学家柏拉图曾经这样描述某些人的生存状态：“从不翘首展望真理，也不抬起头来高瞻远瞩，他们享受不到纯洁持久的快乐。只是像畜生一样，两眼永远朝下，看着土地，看着它们的食槽；它们吃饲料，长肥肉，繁殖下代；为了追求欢乐，满足自己无餍的欲望，它们用铁角和铁蹄互相踢撞，以至于互相残杀。”[①] 柏拉图说这段话无疑含有一种贬斥之意。但如果我们深入考察体验昭通这片贫瘠的土地，就会悲哀地发现，在昭通大地的很多人过的就是柏拉图描述的这种生活，他们祖祖辈辈“两眼永远朝下，看着土地”，挥汗劳作。只是与柏拉图所说的不同，他们不是“为了追求欢乐，满足自己无餍的欲望”，而是为了满足最基本的生存。毫无疑问，这种生活既不富足，也缺乏浪漫的诗意，甚至有一种难以言说的悲剧意味。但作为诗人的雷平阳却对这片土地和祖祖辈辈生于斯长于斯、繁衍生息于斯的人们情有独钟，他在一次座谈会的发言中说：“每个诗人背后都有一个村庄，背后都有一个个人的根据地，我背后的土地的存在支撑了我的写作……我的心灵离不开那片土地。我从小跟着唱书的瞎子在那些乡村里走。没法抛开身后那片土地的存在。我想强调的是诗人应该知道自己的根在哪里。”雷平阳的根就在昭通这片土地上，在《亲人》中，他饱含深情地写道：

我只爱我寄宿的云南，因为其他省
我都不爱；我只爱云南的昭通市
因为其他市我都不爱；我只爱昭通市的土城乡
因为其他乡我都不爱……
我的爱狭隘、偏执，像针尖上的蜂蜜
假如有一天我再不能继续下去
我会只爱我的亲人——这逐渐缩小的过程
耗尽了我的青春和悲悯

也许你觉得这种爱确实太狭隘、偏执了，但我们不应忘记，雷平阳不是宗教家，而是诗人。宗教家的爱是博大的、普泛的，而诗人的爱则常常是狭隘、偏执的，因为狭隘、偏执，所以深沉、执着。没有这种情怀，就没有对这片土地，以及对生息于这片土地上的人民最真挚的爱！基于对这片土地执着的爱，关注苦难，悲悯苦难，就成了雷平阳诗歌的一个不变主

---

① 〔古罗马〕朗吉弩斯：《论崇京》，伍蠡甫，胡经之译，见《西方文艺名著选读》（上卷），北京大学出版社 1985 年版。

题。如《战栗》：

那个躲在玻璃后面数钱的人
她是我乡下的穷亲戚。她在工地
苦干了一年，月经提前中断
返乡的日子一推再推
为了领取不多的薪水，她哭过多少次
哭着哭着，下垂的乳房
就变成了秋风中的玉米棒子
哭着哭着，就把城市泡在了泪水里
哭着哭着，就想死在包工头的怀中
哭着哭着啊，干起活计来
就更加卖力，忘了自己也有生命
你看，她现在的模样多么幸福
手有些战栗，心有些战栗
还以为这是恩赐。还以为别人
看不见她在数钱，她在战栗
嘘，好心人啊。请别惊动她
让她好好战栗，最好能让
安静的世界，只剩下她，在战栗

当社会上的某些人依靠或明或暗的卑劣手段发家致富、一掷千金的时候，对于偏远山区的底层民众来说，维持最基本生存却是如此的艰难！可是在我们的报纸、电视和其他各种媒体里，只见歌功颂德、歌舞升平，只见一些以小资自诩的伪现代人天天围绕着名车、豪宅、酒吧、咖啡馆上演一些庸俗、浅薄、无聊的所谓“三角恋爱”，打情骂俏、装腔作势。可让我们欣慰的是，在昭通这片贫瘠的土地上，有一大批作家、诗人依然在关注着苦难，而雷平阳就是其中最执着的一位。他在当选“二〇〇六年度诗人”的获奖感言中如是说：“生死有艰险，乡愁无穷尽。这些我身边的生活画卷足够我写作一生。为此，我深知，作为云南这片土地上。像一棵树一样的生长者，我的写作，永远没有高高在上的时候。”确实，雷平阳永远没有高高在上的时候，其《卖麻雀肉的人》《虹山新村的压腿人》《当代妓女》《废墟酒吧》《我的家乡已面目全非》等大量诗作都是扎根大地、关注生命、关注苦难之作。用雷平阳《记忆》里的诗句来说，就是：“云南，昭通，石头生崽，处处都弥漫着生命的尘埃。”

二

雷平阳的可贵之处在于其扎根大地，永远没有高高在上的时候，但同样可贵的是，他在“处处都弥漫着生命的尘埃”的环境里，依然坚持仰望星空。根据日常生活的观察可知，不只是追求庸俗的享乐，就是苦难的重压，也同样能让许多人如哲学家柏拉图所描绘的那样，“从不翘首展望真理，也不抬起头来高瞻远瞩”。鲁迅《故乡》笔下的闰土，不就是在苦难的重压下，由一位活泼可爱、充满童趣的少年，变成了神情麻木、反应迟钝的中年人吗？尤其是昭通这样一个偏远落后的蛮荒之地，无数的普通人每天挣扎在温饱线上，为了起码的生存而劳作、奔波，甚至卖淫、贩毒，自然没有心情也从未想过“抬起头来高瞻远瞩”。但诗人却不同，他除了植根大地以外，还应当仰望星空。雷平阳就是一位关注苦难的同时还仰望星空的诗人，如《底线》：

我一生也不会歌唱的东西
主要有以下这些：高大的拦河坝
把天空变黑的烟囱：说两句汉语
就要夹上一句外语的人
三个月就出栏、肝脏里充满激素的猪
乌鸦和杀人狂；铜块中紧锁的自由
毒品和毒药；喝文学之血的败类
蔑视大地和记忆的城邦
至亲至爱者的死亡：姐姐痛不欲生的爱情

……我想，这是诗人的底线，我不会突破它

在我们这个道德沦丧的时代里，许多人已经彻底忘记了“底线”一词的存在。在他们看来，不但一切的崇高都是虚伪的，就是一切做人的底线也可以弃之如敝屣，为了满足一己的私欲，可以坑蒙拐骗，丧尽天良。这也难怪，丧失了做人的起码底线的人，什么邪恶之事做不出来？在这样的时代里，能够坚守底线的雷平阳，在某种意义上说，就是一个仰望星空的人。又如《城市建设座谈会》：

我的观点是主张旧，让一个城市
旧下去，保持旧。让我们
有着激荡的心却仿佛生活在过去
但我的声音很小，渴望大干快上的人们
并不想听。我同样是他们拆除的
对象：一幢才启用了三十年的楼房
在善变的经济学和强势的理论中
它成了政绩的敌人。它刚刚有点旧
就已经失去了保持旧的权利
确实有一股力量无所顾忌
也不可阻挡，我只能让自己旧一点
生活在咄咄逼人的新城里
假装对所有的颠覆，一无所知

在我们这个高速发展、功利至上的时代，许多旧的东西，不管是旧的建筑，还是许多旧的道德、观念都被当作阻碍时代进步的落后的东西拆除了、抛弃了。这中间也许有些是确实应该被废弃的。但是谁曾经想过，在那些旧的东西中有多少其实是人类几千年历史中保存下来的最宝贵的物质和精神财富？在那些旧的东西里，不仅有我们每一个人的童年记忆，更有我们的精神家园。诗人雷平阳对于“旧”的怀念，实际上就是对家园的守护。也许雷平阳一个人的“声音很小，渴望大干快上的人们并不想听”。

所以我们需要更多有人文关怀的诗人，发出更响亮的声音，让那些“头脑发热，渴望大干快上的人们”住手。即使人类的精神家园最终会被物欲横流的现代文明彻底摧毁，也要让这种毁灭来得晚一点。就如雷平阳在《小学校》一诗中颇含伤感地说：“都是废墟了，用不着落井下石。”

由于一切美好的传统都被当作旧的东西被抛弃了，家园被破坏了，天地分裂，诸神隐遁，我们这个时代就成了德国哲学家海德格尔所说的“无家可归的时代”。海德格尔把希望寄托在诗人身上，在《人，诗意的安居》中他认为：“诗人的天职是还乡，还乡使故土成为亲近本源之处。”在雷平阳的灵魂深处，就存在着一个梦萦魂牵的怀乡情结。如《三个灵魂》：

第一个将被埋葬，厚厚的红土层中
紧贴着大地之心，静静地安息
第二个将继续留在家中
和儿孙们生活在一起
端坐于供桌上面的神龛，接受他们
奠祭和敬畏；第三个，将怀着
不死的乡愁，在祭司的指引下
带上鸡羊、美酒和大米
独自返回祖先居住的
遥远的北方故里

在《望乡台》中，诗人更为悲怆地写道：“如果返回故乡，必须排队，我愿排在最后，甘愿做最后一人/充军到云南，几百年了/也该回去了，每个人怀中的/魂路图，最后一站：山西，洪洞。”显然，诗歌中的“故里”“故乡”，并不仅仅指的是祖辈曾居住过的地方，更是指在“无家可归”时代里浪迹天涯的游子们的精神归宿。对精神故乡的追寻，将让诗人也让读者获得仰望星空的持久动力！

三

昭通不是经济发达、观念新潮的沿海大都市上海、广州，不适合标榜各种各样的主义，乱哄哄你方唱罢我登场；这里不是文化底蕴深厚，遍布历史古迹的古都西安、洛阳，不适合独立于西风残照下，发思古之幽情；这里不是山水秀丽、人文荟萃的江浙一带，不适合风花雪月，无病呻吟。所以昭通诗人应该做的，不是追逐外面的潮流迷失自我，而是深深扎根昭通这片古老贫瘠的土地，同时不忘仰望星空。这两点雷平阳做得非常好，因为知道自己的根在哪里，同时他说："以前强调人们开天辟地、改造世界的能力，云南是一个神论的地方，但知道敬畏的诗人很少，我们要维护自然的秩序，让我们有道德、有标准、有秩序。"因此，他在扎根大地、拥抱苦难的同时，以一颗知道敬畏的心，替人们看护生存家园和精神家园，引导大地上卑微的生灵偶尔抬起头来仰望星空，尽到了喧嚣浮躁时代里诗人的天职。《南方都市报》与《南都周刊》联合主办的第五届"华语文学传媒盛典"颁奖典礼在授予雷平阳"二〇〇六年度诗人"的颁奖辞中说："雷平阳的写作简明练达、质朴有力。他的语言，具有石头和土地的光泽；他的感情，隐忍、细腻并保持着事物原生态的品质。他善予通过经验与智慧、人心与自然的语言驳难，澄明自身对事物的爱、对世界的好奇，以及对土地的敬畏。这个深怀赤子之心的诗人，总能在粗粝而渺小的细节中发现生命的欢乐和悲怆，正如他的散文，以风尘仆仆的行旅风格，测量大地的胸怀和灵魂的重量。"这种评价是恰如其分的。

黑暗之伤痛与沉沦
——论雷平阳诗歌对人性和心灵的探索

蔡　丽

雷平阳在当代诗坛，在对生命和人性的敏锐感知力、洞察力方面是佼佼者。他写下了大量审视人性和文明的诗篇，大多数诗篇并不刻意经营文字，带着平铺直叙或冷静客观的节奏讲述世事，揭示价值世界习以为常、平静无波的表象背后的战栗与悲望，映现自身心灵历史。这些诗歌基本可以当小说来读。这些诗歌，是今天的文明世相与生命痛惑的一面镜子。

其中让人印象最深刻的，恐怕要数《杀狗的过程》。在这首诗中，人性的黑暗被揭露得惊心动魄。诗人有意地突出、强化了叙事的表现形式与事件价值指向之间的不平衡，从而在巨大的文本张力中凸显人性的黑暗。叙事平铺直叙、不动声色、尽可能地保持了客观冷静的姿态。甚至，叙事的语调缓慢，诗歌的分行带来了叙事一次次短暂的停顿，显示出努力平和、不让感情从字里行间流泻出来的努力。而事件本身惊心动魄，直指人性之残忍无情。诗人在展示杀狗的整个场景时，叙事高度紧张，刻意、凝练，笔触精细到位、刻画如刀入骨入髓，使得整个杀狗场景被表达得纤毫毕现而又干净简洁，这就构成了叙事的客观冷静与事件表达上的精细充分之间一抑制一高扬的张力。而叙事的平淡低调、叙事的客观真实、放慢了的叙事步伐最大限度地将读者的注意力推向事件本身。因此，随着事件的铺展，市场上杀狗的场景便像钉子一样一锤一锤地锲进阅读者的脑海。人性，在诗歌中一字未提，但是，仁与忠的悖逆却在凶杀案式的现场获得了最深刻直接的彰显。

同样的效果体现在《战栗》一诗。诗人开篇写道："那个躲在玻璃后面数钱的人她是我乡下的穷亲戚……她在战栗。"这是人间太常见的一幕景，它通常指向贪婪和庸俗，但是，一个模样寒碜的穷女人，她浑身颤抖地、一脸幸福地数着打工得来的血汗钱，这个场景惊心动魄，完全颠覆了钱的庸俗意涵。在茫茫人世间发现常人所未见，需要诗人具备异于常人的敏感和洞察力，且这目光要如锥子般锋利尖锐，直达本质。在这一方面，雷平阳一再地震撼读者。一系列人性主题的诗歌《战栗》《存文学讲的故事》《卖麻雀肉的人》《虹山新村的压腿人》《工地上的叫喊》《暴力倾向》《贫穷记》《地上的阳光》《月亮记》《翠湖三帖》《木头记》《养猫记》《木头记》《狱中哺鼠记》《矿山屠狗记》《少年筑墙记》《杀鳝记》《牧羊记》《屠麻记》《忆郊外生活》等，几乎都能够呈现出诗人对人性的深刻洞察。揭露人性的黑暗、阴晦、变态、反常，并将这个认知扩大开去，揭露我们已经习见、久已麻木的常态生存中的极悲、凄凉、神秘、变态和杀戮，揭露文明世界中几乎成为"自然现象"的残害、抛弃、压制、奴役，是雷平阳诗歌反复表现的主题。

悲天悯人的目光和平视众生的人道主义情怀审视着、包容着这些人性世相。雷平阳曾说诗歌是"观世音菩萨"。在直击底层生活、带有现实主义的客观简练风格的诗篇中，雷平阳几乎在实践新闻记者般的现象纪录，一种排除了自身情感，属于公共领域的善和正义获得贯穿。冷静、客观、本朴的善与是非判断，这是雷平阳直面现实时的基本态度。诗歌唤起公共领域的道德诉求和正义要求，既揭示底层在社会权利层面的弱小可怜，同时也揭示底层在精神生存层面的苍白无聊；既揭示人对人的杀戮，人的孤独无依，维护人的尊严，同时也揭露人对自然的杀戮，对弱小生灵的蹂躏，凸显人的兽性和狰狞。

值得注意的是，在平视众生的审判席前，在公平与正义的天平上考量人的行为，当揭到文明的最深处时，雷平阳不可避免地触及了虚空。比如，在人与自然的领域，面对人对自然生态的破坏、家园与物种的毁灭，雷平阳一直坚持激烈地批判的态度，揭露人的罪恶，文明的罪恶。长诗《木头记》中，雷平阳几乎彻底地清算了人类对自然最深沉的罪恶。把木头看作另一形态的生灵，雷平阳一一数出这一群体的生存本质、社会形态、功能历史和被命名历史，以及由它派生的语言符号和文明意象。木头，即意味着被判决生死，被肢解奴役，被押上名类繁多的刑场，被重新捏造和任意转换，被分出阶级和贵贱，被强加以语词的隐喻、反讽和象征。木头的悲剧性命运折射出人类文明的威权与欺凌本质：“所有由木头支撑的家庭都是暴君；每个以木为生的匠人，都是刽子手。”然而，更大的悲剧性在于：“我一度想为木头弹一曲安魂由，然而，太多的乐器以木而成，令我难以下手；也曾想制一批木斧、木剑、木刀、木枪和木人，分发给山上的树木，让它们学会保护自己，可这些木头谁又愿意成为我的手下亡魂?”文明的批判最后触到了生存自身的本质矛盾，人的生存与发展的历史，确实也就是役用自然、杀戮自然的历史。人类历史具有非正义性；但反过来说，没有役用与杀戮，也就无所谓人，自然的法则就是使用与被使用。人对自然的役用，又是正义的。因此，面对生命价值的正反悖论，雷平阳不得不放弃道德评判，一路走向宗教的大悲悯和大虚空：“我就像那木偶戏上的主角已经被操控泯灭了巨大的道德体内残存的一棵胡杨它的泪在我的眼眶里，变成了沙砾。”

在一系列人性主题的诗歌中，由于人性本身的复杂幽微和矛盾交融，雷平阳的价值评判来得更艰难，是与非、对与错的二元评判逐步让位于多元沉思，现象思奇的意图逐渐大于道德评判的意图，人性与文明世界的含混本质、现象的神秘性和传奇性渐渐凸显，诗歌里的人事呈现出诡异飘荡的气质。如《狱中哺鼠记》《青蚨记》《牧羊记》《养猫记》《矿山屠狗记》等。《矿山屠狗记》很具有说明性。在《杀狗的过程》一诗中，人之不仁与狗的忠诚始终鲜明对峙，人的恶淋漓尽致地、细致入微地刻画出来，道德审判昭然笔底。但在《矿山屠狗记》中，同样是写人对忠实老狗的杀戮，雷平阳却方方面面地减弱对恶的直指而把故事导向诡异复杂的虚空层面：矿工的黑和无常命运与卑微的狗命并无两样；亲手杀死的狗转眼间不见了；预想中的矿难并没有发生；狗回来了并生下一窝崽子；狗对人无所谓仇恨但人对狗越来越惊恐；杀狗的主人最终走了：“他已经忍受不了耳朵里死神无休无止的朗读。”在狗命与人命的相持中，我们看到，所谓的正义，是人为自身巨大的罪感所压倒、逼退，而非正义方或惨烈或壮观的复仇。雷平阳的人性批判，回到了宗教性的人的原罪揭示与忏悔层面。另有一部分诗歌并无浓厚的宗教情怀，而只是单纯地保留一份生死存亡之间界的神秘性，表达了传统意义上敬天畏命的生命谦逊，或是好奇。如《狱中哺鼠记》等。

无论如何，在人性的审查中，雷平阳呈现出并不单纯的立场。基本的善恶、是非判断已然鲜明，但对世界及其文明的神秘与虚空本质的认同带来认知的矛盾性和判断的相对性。这也决定了他面对人性世界时凝然苍茫、无语沉默的心境。反观自身呢?

雷平阳从不畏惧袒露自己、反省自己。他喜欢写黑。“黑”，在雷平阳的诗歌里是一个出现频率很高的字。黑暗、黑夜、黑色、黑影是雷平阳诗歌经常出现的词组。黑，在诗人的笔下，大多数时候不是背景、陪衬，而是世界的色调、质地，是培育苦难丛生的生命现象的厚实土壤。黑暗和苦难，在诗人的认知和经验世界的不同层次，甚至反映到诗歌的表现方式上。大量写苦难的诗歌，雷平阳常用叙事性的描写和铺排来表现、烘托苦难，而并不过多地直接用“苦难”这一语词进行概括。但是，黑暗不一样，有关“黑”的词频频现身于各类诗歌却很少进入叙事性的铺排，它们大都是一些形容词，依附于诗歌所表现的物。如黑暗的大海、黑的颜色、暗黑的夜晚、黑暗的心等等。在诗歌的意义表现上，它起着形容、概括、限定对象的作用，隐喻象征的功能远远大于写实的功能；对事物、事件的质感、气韵、意蕴的呈现远远大于对事物现象的描述。黑，相当程度上，是诗人的身份标志，代表灵魂的本质。

在有关黑的诗歌里，诗歌的物象表现和情感抒发呈现得非同寻常。如《裂腹鱼》：

那儿有一种世界上最悲怆的鱼
裂着肚腹，露出心来，漆黑的苦胆
像一片最冷的夜色……
蓝得叫人绝望的水时刻清洗着腹腔
别人最脏的地方它们最干净
别人不敢敞开的地方它们天生敞开

作为诗人，我真的没有品尝这道菜
那一条条裂口总是让我浮想联翩
它们坦荡地敞开，纯洁得没有
半点血丝。它们敞开着
甚至不给宰杀者操刀的机会
活着，就以受刑的方式，就以被宰割的方式
不以死为凶杀提供动机和罪名

这首诗里，基本的正反判断依然保持："作为诗人，我真的没有品尝这道菜。"但在审视这个物象并展开联想的时候，异乎寻常的客观性和超常认知构成了物象的存在：裂腹鱼让人联想到战场上伤痕累累的士兵在祈求敌人的一把刀，这是痛苦至极而悲壮；它天生敞开肚腹，最是柔弱却自在活着，这是弱小到极处的生之欣然；别人最肮处它们最干净，别人最不敢处它们最大胆，这是向死而生，至微弱处最勇毅；活着，就以受刑的方式，被宰割的方式，这几乎就是自为的受难而神圣了。原本，漆黑的苦胆象征受欺凌被压迫的苦难生存，但是，我曾经在另一篇文章中写过，雷平阳是照见一个深渊而绝不回头的探索者，他突破了常在思维的障碍，把自身放空，赤诚面对自然中仿佛反自然的生命，发掘特殊生命形态背后包孕的生命隐喻和象征。他的思路是把反常推向正常。无论如何，我们看到一种掉进深渊里、逼到绝境、伤到死处时的异常的生存意志和生存方式，它隐隐暗示着灰烬里的时光的辽阔、黑暗处的旷野的蓬勃。它们，往往隐含着大悲无声，大哭无泪般的强悍生命意志。

在这首诗里，作为诗人，他没有品尝这道菜。也就是说，他依然站立在凡俗人世的位置，保持了世俗之人的善和拒绝。但，确实，障碍在意识层面已经突破。一个异乎寻常的世界已经向诗人敞开。深沉敏感的诗人，你怎么收手？

诗人继续把自己往前推。《蝾螈》一诗中，诗人写道：

我喜欢这传说中的两栖动物
它们背着黑色的夜晚，穿过那片遥远的水域

进入炽热的火焰。它们小小的脚步
在燃烧的柴草之上，轻松而优雅

它们在火焰中对话、交媾、产卵
一颗颗扁扁的脑袋像一柄柄正在铸造的剑
就像鱼儿吞水，它们不停地吞噬火焰
然后又吐出来。终生重复，从不中断

我甚至可以想象，被它们吞食的火焰
一定照亮了它们的腹腔，与火有关的痛感
香味、焦臭、灰烬以及各种寓言，都与它们无关
还有温度、烟子，正在上升或者下降，甚至消散
都与它们无关……
它们依旧在火焰中对话、交媾、产卵
甚至唱歌，在我们认为是死亡的地方，按它们的方式
以它们的秩序，演绎着结束或者开始
一切都是如此的寂静或者喧嚣。我们眼中的
燃烧，冬天的流浪汉全力奔赴的火堆
守林人眼中的灾难……天葬师有关生命的颂词
一切都是如此的寂静或者喧嚣

黑色的夜晚，遥远的水域，蝾螈，进入赤色的火焰。这象征了多么疯狂的沉沦！让·热奈在《鲜花圣母院》中写道：“逃避恐惧的唯一办法就是完全投身于其中。”雷平阳呼唤了这一个黑暗的赤色火焰的世界。这是一个声色交错、丰富灿烂的世界。它们有着光照度极暗的深海世界生物的多样性，具有形象、生命和激情，甚至，具有柔软或坚硬的质地，温柔或暴烈的体态。尤其是，具有从伤痛和死亡中升华的气质。黑暗，在雷平阳这里，是要揭露出我们视而不见或不忍目睹的世界，恰恰有着被忽略、被抛掷、被无视的生命异样的蓬勃。黑暗中的腐朽、脆弱与死亡，恰恰代表了另一面向的生存的挣扎或强悍。《蝾螈》一诗，正是雷平阳注目黑暗时

的一个象征表态。整首诗歌激情洋溢，诗句随着温柔中闪耀激越的韵律向着想象的华美驰骋，营造出一个荒远异端的童话——在浩渺无边的黑海的黑夜，金红色的火焰在黑色指向死亡与孤独的隐喻中，闪耀着生命沉酣之舞的欢畅韵律。

而诗歌《我是个黑暗的人》几乎就是宣言了。

我是个黑暗的人
行走在光明的旷野上面
像一个温柔乡里的孤独英雄
我眼里的天堂其实只是路边的旅店
夜深了就去投宿了我要抵达的
并非某一个天宙下的高度
也并非只为了寻找一双
按住我心跳的小手

女人是图腾，不是过程
世界是宗教，不是归宿

在这首诗里，诗人描述了他的来路、他的职责、他的使命、他的宿命，还有他的认命，一条道走到黑，是这首宣言般的自白诗最突出的主题，它表明了诗人甘愿融身黑暗世界，做它的使徒和守灵人的姿态。更确切地说，是诗人对自身感受最深刻、灵魂最亲切的异度空间的坦然认同，就像《雷霆》一诗所言：“每到深夜，我却喜欢怀念山峰背阴的一面，喜欢灌木丛喜欢糜烂的花，它们被水滴击中要害被绿颜色的昆虫咬成碎片。那些潜伏的寂静像亡灵一样升起，又在即将触及光线的一瞬果断地停止。”

但这样的诗歌确也让人的心阵阵紧缩，沉沦是一把双刃剑，一条道走到黑的孤绝也是一把双刃剑。一方面，痛苦具有积极的意义：“这枚大自然的苦涩之果包含着伟大善心的萌芽，它以自己独特的方式提醒危险正威胁着我们：雷声隆隆，预示着震天霹雳即将来临；楼体咯吱尖叫，说明坍塌的危险已经逼近。”[①] 但是，作为一个卓越的心理医生，维尔热里同时强调：“绝不能因痛苦存在于自然中就下结论说：痛苦是事物本性的一部分。这样做就是把确认变为宿命性话语，并且用同样的方式将事实变为价值。痛苦过去有，现在有，将来一直会有，这样一个表面上唯实的预言其形式是理想主义的。”沉沦一不留神就会走向判断的迷失。当雷平阳抑制不住对糜烂之花的喜欢，对黑暗世界激情诗意的想象时，他已经面临萨特用胃溃疡做比方所说的病态：“于是，存在的一个新地带显现出来：我们已经超越了被体验到的痛苦走向被忍受的疼痛；我们超越疼痛走向病态。”[②]

让人欣慰的是，雷平阳新近的诗集《云南记》里呈现出了回归生存大地的总趋势，他从黑暗里升腾上来，探索一种可以共存生与死、明与暗的文明和存在来栖居自己的灵魂。对于黑暗，从《不安的美》《细虫》《集体主义的虫叫》等诗歌中，我们看到雷平阳表现出浑身冒刺，从沉酣中挥剑杀出的狠暴，对于心灵来说，这种强悍来得酣畅淋漓，它昭示了突破虚无阴霾的勇毅。其中有一首非常特别的诗《像哑谜一样黑》，和《蝶螈》并置阅读，就能发现从同一个心灵起点到达的不一样的心灵高地。

我热爱这黑承认自己的黑、努力争着黑
的时刻，我承认这，黑与黑比黑
而又相安无事的现实

说它特别不是因为它写黑，而是诗歌呈现出的激越高昂的节奏。雷平阳的诗歌在情感上倾向内敛、节制，具有刻意的压抑倾向，诗歌有时显得空寂枯朽。这首诗和《蝶螈》一诗是雷平阳诗歌中少有的具有鲜明内节奏的诗歌。内在的节奏直接指向心灵的节奏。心灵，从一开始就被一种激情所笼罩，在表意上是急迫渲染一个黑天黑地的世界，而内节奏却体现出贝多芬的命运交响曲式的不和谐性抗争！强悍的精神从黑暗的诗意中升华，我

---

① 〔法〕贝尔特朗·维尔热里：《论痛苦——追寻失去的意义》，李元华译，浙江人民出版社2003年版，第76页。

② 〔法〕萨特：《存在与虚无》，陈宣良译，生活·读书·新知三联书店2007年版，第439页。

们从非同寻常的延展句式可以强烈感受到这一股悲壮和伟大升腾的形态，心灵意志团聚而上的一路高歌，它凝止在哪里？雷平阳来了一个大跳跃：

在黑海的边上，牛恋乡
有一户人家，男的吹笛，女人
唱歌，解乏，自娱自乐，它们
一点也不在乎竹楼外面，从地面
堆到天边的黑。……

我们注意到诗歌句式的变化。雷平阳在停顿、思索、断开，以细碎的步伐静缓前一阶段冲决而出的激情，然后，慢慢地，将生命的大悲大苦轻放在最原初的安宁快乐。不容易啊！就这样抖落苍茫与凝重，回归平凡、平静。由此，雷平阳完成从沉沦到上浮的心智历程。

总的说来，对黑暗世界一路追踪，面对生命、大自然、人性以及人类文明，雷平阳能够做到的高度是：从光明的反面、理智的对面来考察世界诸相，由逆向的路途来追寻生命，从自然的荒芜消极面来质疑文明。因而，他能够从日常化行为中看到赤裸裸的杀戮、从温情中发现残忍、以卑贱映照周遭的冷酷、以不可能来揭露可能，以真实来写虚妄、以养育来写奴役。他能够以超人的毅力和耐心，在大地的灰暗荒凉地带追踪生命、在黑暗死亡的路上高唱生命的蓬勃灿烂。因而，这些语言素朴的诗歌往往具备非同寻常的切入视角和刀锋般的表现质地，它们呈现出的人性和生命场景尖利地插入读者的心胸，在浑身起栗的震颤中，感念自然的无情、恶的凶暴，生命的卑贱和渺小。诗人通常以尽可能谦逊的语言姿态来表达他对自身情感的克制和世界客观的尊重，但我们仍然能够触摸到诗人的满腔悲愤，他永远对被侮辱、被损害、被奴役者充满同情。而当诗人浸身黑暗的苍茫世界，他又以满腔的激情书写黑暗中苍白的、诡异的魂灵，以丰沛的活力来凸显世界暗处的活跃，并在想象的唯美空间驰骋自己如火般红亮、如酒般酣沉的诗意。而还能在沉沦与病态的边缘收回自身，体现出心智的强悍。他的探索人性黑暗，坦露自身沉沦的诗歌，无疑，是悲怆生命的心灵史，强音奏响处，意志升华。

为大地喊疼
——论雷平阳诗歌里的村庄与乡愁

蔡　丽

雷平阳的诗歌贴着大地和它的生灵而写，这一点已经成为共识。乡愁，是雷平阳诗歌的一个关键词。甚至可以说，乡愁，是雷平阳作为一个诗人的关键词，这一点也已经成为共识。雷平阳的诗歌语言“几乎是公共性的话题场域”①，而且长于叙事，也就是说，很少出现高度凝练、密集和跨度大的意象现象，但是，就是这么一个贴近大地的写作，一个用乡愁和朴素的公共性话语营造的诗歌世界却很不好懂，至少，一开始是很不容易进入的。原因不在技艺层面，而在诗人对时代、生命、文明的特殊视角与悲剧性承担。他反复地书写自己是“一个黑暗的人”，剖析自己身体与灵魂的分裂与杀戮，反复地表达“自我的火车开往暗处深渊”的象征意象。造成这一个相当撕扯分裂的个体的，正是他称之为纸上的旷野的大地与乡愁。雷平阳所展示的乡土与乡愁，属于现代汉语诗歌触及了却从未透彻下去的界面，即大地生存普在性的荒凉黑暗的本质。作为一个诗人，就像陈超所谈：“他的诗歌中，有个很重要的因素，那就是他作为一个细密的开掘者的存在，能够把某件事物（有形的无形的）细密、细致、细微、细小地打开的人。”② 他的确是在行进到一个广大的深渊之时，忍受巨大的悲怆

① 陈超：《谈雷平阳的诗》，载《诗刊》2008年下半月刊，第39页。

② 陈超：《“融汇”的诗学和特殊的“记忆”——从雷平阳的诗说开去》，载《当代作家评论》2007年6月。

与孤独，毅然狠下心把自己掉下去的探索者。一个不顾命的胆大妄为者。他看向世界的眼光是逆向的，感知的大地是背面的。在他的诗歌里，我们看到无数柔弱的、病怜的、苦涩的、饥饿的、残忍的、无情的、凶暴的、精神分裂的、杀戮的、死亡的生命异乎寻常的蓬勃，它们生存于大地，在一个暗空间蠢蠢蠕动，呻吟呼号，而这个暗生存是与光明的、向太阳而生的那一面如影随形，复合而生的生存！它是主宰空间的阴阳本质之阴、主宰时间的太阳与月亮轮替之月亮。它们或是生灵，或是魂灵，或是物质，或是精神。正是在否定的层面上审视生存，对生命“暗处生长”、活着为死的本质的全方位表现，雷平阳的诗歌呈现出现代文明主宰下的大地光芒渐失、黑暗升腾的特征，体现了一个无家可归者生存的悲怆和灵魂的孤独。

苦难的乡村，是雷平阳诗歌抒情的源发地，也是雷平阳思考、表现大地的源发地，他的诗歌多次回到“村庄”这一现场。直接表现村庄生活的诗歌就有《母亲》《背着母亲上高山》《村庄的清晨》《母亲的月亮》《返乡》《记忆》《贫穷记》《地上的阳光》《回昭通的路上》《昭鲁大河记》《村庄，村庄集》《祭父贴》等，大量的人事场景、个人抒怀，都离不开村庄这一场域。村庄意象反复出现，反复书写。可以说，村庄，是雷平阳探索与表现大地及其生存的最重要的空间场域，从故乡的具体的童年的村庄一直写到超现实的诡异的虚像的村庄，贯穿了一个诗人的纸上生存。村庄，成为探索人的生存的空间场域，一种关于生活现象与本质关系的隐喻。通过这些在生命的时间和空间上纵横驰骋的村庄，诗人将人类栖居的荒凉、寒冷，人性的黑暗以及魂魄的轮回等主题，逐一安放。他的乡愁也因为这黑洞般的家园而变得格外苍凉。

一、荒凉的故乡与贫穷中挣扎的农民

雷平阳反复书写村庄，是从故乡开始的。就像被人反复引用的《亲人》一诗所表达，雷平阳对故乡的土地和亲人，有着来自血缘的浓郁深沉的情感，是怎样的故乡和亲人，赢得了一个诗人对它毫不忌讳的“狭隘、偏执”的爱？——雷平阳笔下的故乡几乎不具备一个人爱它的质素。它贫瘠落后，即便在晨光普照之下，它仍旧寂静忧伤，遍布亘古的荒凉和磨难：“我想我是个离土地更近，对村庄还无二心的人，但我怎么也放不下荒凉的真理：土地比人更专横，人是它窖装痛苦的器皿。”（《村庄的清晨》）荒寒的村庄生活记忆跃动在诗人心中，渐渐升华成一个凝练本质的象征意象：“那是从前我的寨子：云南，昭通，石头生崽处处弥漫着生命的尘埃。”（《记忆》）

用“石头生崽”来形容村庄，雷平阳充分地刻画出村庄这一人类栖居之所的荒凉苦寒。村庄的生存环境几乎就是在为“不适人居”做注解，而居住在村庄的人类，也就在从未生、无法生的层面上挣扎出活路。《母亲》一诗里，诗人书写了自己的母亲和父亲的一生：“我见证了母亲一生的苍老在我尚未出生之前，她就用姥姥的身躯担水，耕作，劈柴，顺应古老尘埃的循环。她从来就适应父亲。父亲同样借用了爷爷衰败的躯体为生所累，总能看见一个潜伏的绝望者，从暗处向自己走来。”刻画中国的农民形象，雷平阳沿用了穆旦的《赞美》一诗里“他是一个女人的孩子，许多孩子的父亲”的历史重叠的表现策略，再一次深刻地揭示了中国农民命运的永恒悲剧性。但穆旦最终给予了中国农民在新的历史时刻几乎神性的耀眼光芒，而60年后的雷平阳却又把这光芒毫不留情地掐灭。在他的笔下，人的生存的光辉，仅仅是那紧贴在石头丛生的土地上，在绝望的暗影里踉跄挣命的那一星暗光。如此活着的人生何以谈价值？但现代文明下的平凡人生就是这样坚硬残酷，我们中又有谁能够逃脱呢？在雷平阳这里，它不仅是童年生活体验的铁的现实，更是一个历史了的身份，一个现代人的近乎永恒的现实，是生命的常态。诗歌采用循环往复，首尾相扣的结构形态，这一结构正好封闭了历史与现实的人生，使母亲与父亲的形象仿佛琥珀里的昆虫而获得普遍隐喻意义——父母亲的贫与苦，正是普遍的父辈们的贫与苦，是古老的土地带给这一方农民的贫与苦。

二、黑暗的人性与无价值的生存

贫穷，是这一方荒凉大地上卑贱人生的根本，雷平阳对它的体会太深刻！在诗集的《后记》里，雷平阳谈自己的村庄和童年，几乎没有离开这个穷字。因为穷，一个男人为了一毛钱斩掉妻子的一根手指；因为穷，父亲将偷吃一块腊肉的小儿子倒提着扔进大雪纷飞的黑夜。多少人性的残忍和黑暗都根源于此。在雷平阳的诗歌中，他反复地以低沉的声音，相当克制的姿态，沉吟贫穷压迫下的诸般卑贱，从而奋力撕开装饰贫穷的滞涩灰暗的面影，透彻贫穷的狰狞。长诗《贫穷记》就是典型代表。在这首诗里，雷平阳以最平静的姿态，以几乎不带主观感情的叙事口吻，徐徐展开贫穷的村庄里灰暗压抑的人性画卷。贫穷的阴影茫茫笼罩着的生存场域，穷凶极恶之人恶念顿生的形象、卑贱者无望伸出的双手、至亲至爱伦理下的残酷无情嘴脸，一幅幅画面，一个个人像，在哑然无声的世界里诉说、祈求、伸张着什么，人性的恶和残酷在哑然无声中惊心动魄地演绎，一刀刀直刺人心。雷平阳的诗歌最硬的地方就是这样一种不哭不喊地杀进人心的穿透品质。在很多时候，他的诗歌呈现出平实低调的客观简练的描述风格，我们甚至看不到诗人，诗人站在他的语言背后，熔冶着飘忽的语言和目光的刀子，雕刻着他的行为艺术，将直然屹立的事件和形象像凶杀案的现场式地摆在读者的眼底，将一种源自于生命与生存内部的悲怆呼唤出来。使我们在参观完毕之后浑身战栗：人在人的世界里活着，恰恰没有起码的人性。

更谈不上起码的自然本能之善。《杀狗记》《杀鳝记》《屠麻记》《木头记》揭示人对自然生灵的杀戮。用惊心动魄、惨烈无比、不忍目睹来说明，似乎都不足以说明这些人性的残忍带给读者的震撼。《杀狗记》《杀鳝记》是一个人对一个生灵，仿佛还有特殊性，然而，《屠麻记》里，写的是地上活着的人对村庄上空活着的麻雀，也就是村庄的称为人的生灵对另一种弱小生灵的灭绝性大屠杀。

把麻雀交还给天空！
让它们飞，不分昼夜地飞
我们在地上鼓噪，跺脚，引爆
胸腔内的炸药……
……

在大地的每一个角落，我们
都布下了天罗地网。有的麻雀
累死在了天上。有的，飞得太倦
太困，太饿，只想睡一会儿
小翅膀一收，落入了枪口
也有一些，基于绝望，屏息，鼓劲
撞向悬崖，主动赴死。被声音
震碎肝脏的，是麻雀中的孩子
……
人们在广场
生火、支锅，煮食几万只麻雀
啃碎的骨架，捣碎了，又熬成粥

这难道不是比南京大屠杀有过之而无不及的屠杀吗？我们听惯了人类对人类、自然对人类的屠杀的呼号，却很少反思人类对自然生灵的屠杀。我们习惯了歌赞人为生存、为更美好的生活而进行的种种开疆拓土、改天换地的壮举，却时刻回避大地生灵的审判席。众生平等，面对芸芸众生，雷平阳有着菩萨的悲悯："让我屡屡写到动物和植物，都觉得它们是命，尊严和慈悲比人拥有的还要多。"[①] 然而，世界的现实是：自然的弱肉强食与人的世界的权利意志。雷平阳的诗歌植根于故乡乡土，展开的主题相当阔大凝重：对文明的批判和生命的反思。

关于村庄，我们心中仍然残存一丝希望，这样灰败的生存，黑暗的人性，肯定会逐步改变的，因为贫穷不是永恒。我们如是相信。然而，雷平阳相当的偏执。翻遍雷平阳的诗集，没有一首描述明媚的、充满新生活希望的村庄之诗！诗人没有给我们留下一丁点念想的空间，写今日到城市打工的农村青年，雷平阳写得最多的，是怀揣一身"淋病和梅毒"耸肩搭脑无所期盼的神情，是千里迢迢奔赴回家却已经没有了家的现实——妻离子散、家园荒芜："灶膛尘封已久冷灰压住的火焰，燃烧在邻居的锅底。"

---

① 邹建军、雷平阳：《雷平阳：空身无获者的旷野》，载《中国诗歌》2012 年第 10 期。

（《回乡偶书三》）是热气腾腾迎上笑脸却已经不是笑脸的人情："我尽力地回忆往事询问他们各自的生计，谁也不接话也没人裂开嘴巴，礼节性地笑一下有一丝敌意，隐隐约约在不同的呆滞的目光里。"（《回乡偶书五》）《贫穷记》的结尾，诗人的目光穿越时空，以高度凝练写意的手法，给我们刻画出了形而上的村庄的生命意象。

石头的血液，源于过去
现在和未来，午夜12点或清晨7点
都有细小的灰土，从鲜红的浆汁中
分析出来，完整，高贵，像一个结束语句
带着圆满的姿态。多么美妙的障眼法
像打扫庭院一样简单，扫掉这张树叶
我们就该扫下一张，再下一张
最后，才把树叶码起来，放在地上

在亘古的，如石头般辽阔无极、蔓延不息的"贫穷"面前，村庄的一切人生，或者说生命的积极意义都被彻底消解掉了。轮回往复中，人类如蝼蚁般爬行在自生而死的卑微旅程中。生命，无非是在一个"或者"的时刻，成为一片片被冰冷地分析出来的尘埃，被无情扫除的落叶。作为一个诗人，雷平阳确实相当的偏执。如果我们要找雷平阳诗歌的弱处，也许，这种偏执，这样一种推向极端的挥刀杀进的揭露欲望，带给他的诗歌所揭示的本质世界一元而非包容万象的倾向。这，恐怕也是一种本质的遮蔽。甚至，它也会带来雷平阳诗歌整体上的内收倾向——诗歌平抑、单涩，缺乏丰富韵律感；但是反过来，雷平阳表达的，确实具有发前人之所未见的经验和洞察，这些感受弥漫在他的心中，实际上也正在我们的现实生活中展开，他有把它们喊出来的冲动，诗歌自然会走向极端化的表现气象。所以，这确实就是选择和担当。无论如何，诗人已经把人生写到没有任何退路的渺微绝望之境。荒远乡村普遍生命"无价值"的本质已然在诗人的智慧光芒下暴露无遗，它关联的，是普遍的形而上的人生无价值的思考，以及现代文明下人类生存的茫然。

三、回不去的家园与虚空中的乡愁

轮回般的贫穷足以粉碎人之为人的所有期待、热望和温情，人在现实里的身份、地位的差异也足以粉碎所有关于乡村的诗意想象、希望甚至于回归。面对村庄、故土，诗人看不到一点温暖。或者说，诗人没有给予它一点希望。血脉里深沉流转的乡土似乎伸手可触，而当诗人将村庄捧在手心凝视，却既找不到过去的温暖，也找不到现实的依靠，雷平阳甚至将现实中仅剩的那把泥土都毫不留情地丢了："两亩地，从此交给了荒草，我所谓的故乡，和父亲一起被送葬的人们，抬走了，埋入了泥土。"《两亩地》

这种抛弃，"不仅仅是地理意义上的连根拔起，更是一种存在的被抛"。[①] 对故土如此决绝，还能谈什么乡愁？但问题是，乡愁是一个与生俱来的东西，一个先在于经验和意识的东西，当一个人回头去看他的生养之地时，他的思念与回归就已经集聚。而在雷平阳行经大地的诗中，乡愁无处着落，却又无处不在。对栖居地的渴望与失望痛苦而焦灼地撕扯诗人，村庄渐渐成了一个完完全全徜徉于心中的虚幻家园，它就是诗人灵魂的那缕气息，飘荡在时间与语言交织的野地。因此，当诗人毫不含糊地表达着这种对故乡的弃绝时，他的弃绝就与他的渴望构成了对峙，无言的悲怆就有了石头的质地，异乎寻常的弃绝背后的现实暴露了出来。因为，我们对乡土的无情，恰恰是当下人心的现实。我们对家园的渴望，也是当下人文精神的现实。田园荒芜、无家可守、无祖可祭恰恰是当下生活的现实。能揭示这个现实，首先源于诗人心中固执的、深沉的乡土情怀，家园意志。所以，反过来，雷平阳写了那么荒芜的村庄、无价值的人类生存和人性的颓败黑暗，枯寂的人情世故和无可归依的家，正表达一个普遍的时代生存现实。现实疯狂凝重得听得见血滴落的声音，心绪压抑苍茫得触得到骨头一阵又一阵的痉挛。诗人就像受刑一样，用自己的血肉之躯，用自身的温

---

① 谢有顺：《雷平阳的诗歌：一种有方向感的写作》，载《文艺争鸣》2008 年第 6 期。

暖来负荷它们。雷平阳诗歌中那个在荒草丛中錾自己的墓碑，最后用自己的血成活了碑的人，简直就是自己的写照，我们甚至能够理解诗人在诗歌中的表情为什么那么分裂——他要么是面无表情，要么就是撕心裂肺。可以说，通过一系列的村庄，雷平阳的诗歌实现了对时代生存本质的直抵骨髓的穿透，无论事实多么肮脏、虚无、绝望，无论这样的面对多么伤害自身，消耗生活的意志，他还是狠着心把它的心肝肺掏了出来，以示众生。他的诗歌因此具备了故乡山石嶙峋、狂乱、实沉的质地；具备批判现实、警示文明的社会意义。而他的厚硬气质、赤身面对荒芜黑暗的精神、以身哺诗，诗大于人的持守，充分显示了一个诗人对当下时代、对诗歌的承担，如此担当，在今天的诗歌写作中，实在难能可贵。

现实的村庄就这样连人带土地抛弃掉了，现实的乡愁如何置放？灵魂的骨灰如何置放？村庄，作为灵魂的栖居之地，恐怕只能自己创造。雷平阳对村庄的写作开始超越具象现实的层次，过渡到超验状态下的感官意念或者象征领域的意象刻画。长诗《昭鲁大河记》中，雷平阳以细腻的笔触回归故乡欧家营，但诗歌从一开始就滑离现实的欧家营，直走进记忆中升华的颓败黑暗而又华美至极的乡村。诗歌里的村庄生活，是冷水煮活鱼的残忍场景留给唇舌永远无法消淡的鲜美：“鲜美，犹如囚徒们，在刑场上，最后一刻的怀乡病”；是大树被砍倒之后被惊扰的枯骨的表情：“一张惊恐的脸用水洗，越洗越怪诞。”是两个孤独到疯狂，存在如同幻觉的奇人：“两个影子，单薄，易碎像偷窃空气的贼”……这里的故乡完全是感官化的，充分反映了雷平阳的诗歌创作追求：“努力回到自己的身体中，继续坚守在自己的生活现场，以朴素干净的汉语，谱写属于自己的眼睛、嘴巴、鼻子、耳朵、手、心脏和皮肤的诗歌。”但雷平阳给这个感官的记忆抹上了时间的神秘、虚幻的色泽，记忆和想象、记忆和欲望已然不可分。村庄，更是超现实的、异度空间的存在。它是那么荒凉又那么诡艳，像锋芒刺痛的针尖上晶莹剔透的蜜，在使人畏惧冰凉的紧张中品尝到一丝难以描述的黑暗甜美。

而在长诗《村庄，村庄集》中，雷平阳以半为叙事，半为凝练象征的沉思之笔又一次描画心灵的村庄，但这是怎样的一个人居之所啊！诗人展现给我们的，是广袤的乡野之上漫布着几乎所有走向边缘的人性：魔鬼般的父亲、强奸犯和疯子、遇鬼的赶马人、灵魂化为蛤蟆回家的民工、在生界和死界都记挂着杀戮的杀猪匠、河水里堂姐不灭的灵魂……它们一个比一个神秘、阴暗、幽冷，泛着幽冥世界的光辉，在人形的躯体上扭动着非同寻常的黑暗魂灵。村庄，这一个生存的场域成为人鬼共居之所，具有人性也具有兽性，是人间烟火，更是神鬼通途、妖魔共舞之地。而在大地面前，人只是四种容器，是村庄物中之一种，具有固态无生命和仍由主宰之神处置的特征。大地的统治威慑无边，主宰一切，它最喜欢干的事是无情地把所有的生灵“开”掉。它还以鬼魅般的黑暗力量盯视着人间，规约着人间的道德人伦。在这里，人间的村庄仿佛是幽冥鬼界，大地主宰者的形象，几乎就是地狱里那个掌管着生死轮回的阎王形象。雷平阳的乡愁，最后，竟然变异成这么一副模样。

回忆是黑的，现实是黑的，连想象和虚构，也绝不离开这黑暗的质地。回忆的黑是荒凉的，现实的黑是残酷的，想象虚构的黑是诡异的，人的栖居，永远也翻不出这一尊大黑天神的手掌心。这个诗人固执到了孤绝。不得不说，沉潜于黑的诗人有时难以控制自身对黑暗之颓败华美的想象与倾心，也难以控制自身沉沦于黑的欲望，诗人对黑暗世界一条道走到黑的挖掘，恐怕也与自身内在的某种气质相应和。无论如何，雷平阳的一系列以村庄为题的诗歌，完全颠覆了我们习见的乡土田园、宁静美善的村庄形象，他毫不留情地否定与消解美好家园的工作，最终将家园顽强地搬到幽冥地界。幽暗神秘、诡异妖魅的气韵流荡于人间烟火的屋宇低檐，出没其中的，是寒冽的空气，阴晦、憔悴、疯狂如同影子的人。无数乡村事件隐蔽、残忍、荒唐至极，弥漫着浓重的血腥味，它们阴暗颓败。但正是它们的阴暗颓败，构建了黑暗世界异常的蓬勃和华丽，散发着如罂粟般醉人的花香，引诱着人类深处对黑暗的迷恋。它自童年以来就浊蚀诗人的生活，它宿命般地延伸到诗人的成年生活经验——雷平阳大学毕业后有几年的时间，工作所在地正是精神病医院、肺结核医院、戒毒所、火葬场、坟堆集中的城市近郊，平日所接触之人事，阴郁冰冷之中，总透着病态疯狂的气质。童年的生活体验和成年世界的生活体验奇异重叠，这一个仿佛从坟墓里扒出来的生活感知，这一份浓厚的从腐朽身上散发出来的阴沉香味便长期占据着、侵蚀着诗人的心胸。诗人尽管奋力挣扎，甚至于想“把骨头拆下来，洗一洗”，但最终也只能如蚌育珍珠一样，汇聚自身生命源源不绝的活力来包容、消化这些冰冷的东西。在相当程度上，它们左右了诗人对人世间的认知和表现，直接将诗人观察世界的角度拖离世俗健康、明媚的轨道，奔向人性冰冷黑暗的深处。这恐怕是雷平阳作为一个诗人最基本也最独特的视界。

更重要的是，雷平阳对生活的表现恰恰切中了时代文明的要害。如果仅仅是诗人个体的特殊气质、趣味造就诗歌的独特风味，雷平阳的诗，充其量只是风格独异而已。但雷平阳恰恰不是这样，作为一个诗人，他的禀赋是“情感、经验与智性的融汇”[①]，个人人生经验的独异是他诗歌创作的出发点。这个出发点使得雷平阳的创作一开始就植根于自身身体的体验，而非语言的技巧性演练。他的经验呼唤他的语言，同时，雷平阳对周遭的世界具备高度的洞察力。在他的诗歌中，我们常常惊叹他那见常人之所未见的眼光。对身体经验能够凝练提升，将个人的微小的感知拓展到客观普在的自然物象世界，而又从这自然物象的生存中发现与自身经验融通的时代本质，是雷平阳诗歌处理自我与自然物象世界时的平等交流思维。而关于当下的时代，或者说，关于人和当下文明的处境，我们冷静深思，脑海里就隐隐升腾起那股寒凉之气，关于社会：“这个世界经常发生天国与地狱的循环，发生善意与恶果的恶性倒错。”[②] 关于文明：“话语中的高能趋向于废热。一切真理都已变成多声喧哗中的噪音，一切思想都在渐渐变成闲谈。”[③] 人或者文明的黑暗、虚无、反人性、无价值正向着我们的意识绵绵不绝地渗透。要在繁花美丽的世界暴露它们，需要“照妖”的能力。雷平阳的所作所为让人联想起卡夫卡，本雅明分析卡夫卡：“只要曾经存在的事物没有被看穿、被承认、被完全泯没，伟大的新事物和解放性的事物就会出现在赎罪形象上，这让卡夫卡花大量的笔墨去描写变形。”“在卡夫卡看来，要贴切地表现生活在他这一代及其环境中处于孤立状态且又不知法的人，爬行状态最为合适。为此，卡夫卡使出浑身解数将他作品中的世

① 陈超：《谈雷平阳的诗》，载《诗刊》2008 年下半月刊，第 39 页。

② 耿占春：《书的挽歌与阅读礼赞》，北京大学出版社 2012 年版，第 19 页。

③ 耿占春：《书的挽歌与阅读礼赞》，北京大学出版社 2012 年版，第 77 页。

界描绘得陈旧、腐朽、苟延残喘和积满灰尘。”[①] 雷平阳的目光不在城市而在自然大地，但是，为一种活着，为活着的痛和痛的活着喊疼，是他在诗歌里一再表达的。他的荒芜村庄以及那一个破碎诡异的乡愁，也许，正是这个所谓后现代的人类及其文明家园的象征。

① 〔德〕瓦尔特·本雅明：《机械复制时代的艺术》，李伟、郭东编译，重庆出版社2006年版，第210页。

论雷平阳诗歌艺术的哲学底蕴

邓清海

还有什么人比诗人更无法模拟，更孤独，更通灵？

——雷平阳

雷平阳的诗歌，以其冷硬粗粝、拙厚绵密的外表，成就了其内在的大气和深刻。在当今这浮华喧嚣的诗坛上独树一帜，如黄钟大吕大音希声，刺痛了人们的惯性思维，激活了读者的感觉神经，开拓出了一片新的审美视野，预示着新一代诗风的成熟和转型。究其实，敢于直面惨淡的社会人生，长久地关注苦难、关注现实、关注弱势群体、关注普通人的生存状态，是其诗作坚实的思想内核；而在题材主题处理上的大与小、意象意境营造中的真与幻、情绪情感把握上的冷与热、叙事技巧上的藏与露、语言运用上的拙与巧等方面的匠心独运，则是其艺术上成功的根本。

一、大与小

在创作题材的提炼和主题意蕴的开掘上，讲究“以小见大，以少总多，删万取一收”，是中国诗学的传统。雷平阳既很好地继承了这一优良传统又有所创新，形成了他自己的独有特色。

雷平阳的诗，总是不断地逼近生活，逼近他生存的空间。以个人独特的生命体验和审美感受，从琐碎平庸的生活中，找到让诗歌起飞的支点，成就了一次次灵魂的洗礼。

在亲人、河流和地理这三大题材系列中，不论是《亲人》《欢乐的蚂蚁》《在日照》，还是《卖麻雀的人》《杀狗的过程》《存文学讲的故事》等，都给我们呈现出了一幅幅熟悉而又陌生的画面，既惊心动魄又发人深省。

请看《诗集》开篇的这首《亲人》：

我只爱我寄宿的云南，因为其他省
我都不爱；我只爱云南的昭通市
因为其他市我都不爱
我只爱昭通市的土城乡
因为其他乡我都不爱……
我的爱狭隘、偏执，像针尖上的蜂蜜
假如有一天我再也不能继续下去
我会只爱我的亲人——这逐渐缩小的过程
耗尽了我的青春和悲悯

在这首诗里，诗人的爱，从“云南”“昭通”“土城乡”……到“只爱我的亲人”，再到“耗尽了我的青春和悲悯”。从字面所涵盖的宽度上看，明显是一个逐渐缩小直至“空无”的过程。从寓意深度上看，却是一种慢慢地由粗渐细、递进锲入，最终完成它那“铁杵成针”般的尖峰使命：真实得近乎残忍的生活本相，刺破了日常话语的虚伪、矫情和夸饰，而作者那滇东北高原峡谷汉子所独具的褊狭、低昂、决绝与孤傲，跃然纸间。诗人用他针尖的诗意，诠释着自己对故乡、亲人的爱。这一点一点地不断缩小着的爱，给人的是一种“疼痛到想流泪的情怀”。这样的爱或许狭隘、偏执，却是出自于灵魂深处所显现出来的真实。

再看另一首《背着母亲上高山》。

背着母亲上高山，让她看看
她困顿了一生的地盘。真的，那只是

一块弹丸之地，在几株白杨树之间，
河走小河，路是小路。屋是小屋
命是小命。我是她的小儿子，小如虚空
像一张蚂蚁的脸，承受不了最小的闪电
我们站在高山之巅，顺着天空往下看
母亲没有找到她刚栽下的那些青菜
我的焦虑则布满了白杨之外的空间
没有边际的小，扩散着。像古老的时光
一次次排练的恩怨，恒久而简单

母爱，是伟大的。但雷平阳诗歌所选择的歌咏对象，却集中地突出了“小”：小地盘、小河、小路、小屋、小儿子、小命……“没有边际的小，扩散着，像古老的时光/一次次排练的恩怨，恒久而简单”。在这大与小的对比中，一步步地逼近了生存的真相，呈现给我们的是那超乎所有华美言辞所能表达的醇浓的亲情，是对母亲那最深沉的爱。

二、真与幻

真实是艺术的生命。庄子曰：“真者，精诚之至也。不精不诚，不足以动人。”艺术真实也诚如钱谷融先生所说：“在艺术创作中，绝没有纯客观的、未经心灵观照过的真实；也没有独立于客观的描写对象之外的真诚。”

雷平阳的诗歌，在意象的营造过程中，首先是以主体的生命体验，投射到客观物象之中，创造出了亦真亦幻、出神入化的意象和意境。

先看这首短诗《在日照》。

我住在大海上
每天，我都和大海一起，穿着一件
又宽又大的蓝衣裳。怀揣一座座

波涛加工厂，漫步在
蔚蓝色天空的广场。从来没有
如此奢华过，洗一次脸
我用了一片汪洋

行走于天地之间的诗人，已经把他眼中大海和蓝天彻底地知觉化、情绪化和心灵化了。在这里，自我移入了对象，物我达到了同一境界，“非我”的自然，成了“自我”的象征。人从对象中看到了自身，欣赏了自我，获得了陶然沉醉的美感。清代诗人陈少香说得好：情“得其真，则一花一木、一石一水、一讴一咏，皆有天趣，足以移入”。

他还有一首《记忆》这样写过。

我还能如此清晰地记起从前
这真是奇迹：一个姓张的瞎子．在河流上
练习飞翔；一个姓李的木匠，在屋顶上
模仿狼哭；一个货郎，娃刘，摇着手鼓
在一个新寡的妇人屋后吞金自杀
他们一齐埋伏在我的记忆之中
这真是奇迹，我的时间为他们倒流
我的身躯因他们而裂开。那是从前
我的寨子：云南，昭通，石头生崽
处处都弥漫着生命的尘埃。

作者通过非常密集的意象，敞开了一个生活场景。这既是一个“真正”的生活场景，又是一个带有着浓烈浪漫色彩的意象群。在这里，瞎子能够在河面上“练习”飞翔，木匠在屋顶上“模仿”狼哭。一个动词“埋伏”，使一切无形的感觉和情绪都变得有形，使“我的记忆”被激活流动。整首诗表现出来的，就是一个亦真亦幻的完整的意象群落，体现出诗人在语言运用方面的娴熟和高妙。

雷平阳更多的诗歌作品，则是努力地“往后站”，把抒情自我深深地掩藏在平实的笔调和冷静的叙述中，不厌其烦地以琐屑的细节、场面描写，凸显出一幅幅逼真得触目惊心的生存本相。在他笔下的河流、村庄、山寨、破旅馆、小学校、花朵、杀狗人、电影放映员……生活实景，都已经上升为一种情景，拥有了“形而上”的况味，正所谓“真境逼而神境生”（笪重光《画筌》），“实者逼肖，而虚者自出”（邹一桂《小山画谱》）。

他的《有几条河流在赛跑》，一开始就说：

在云南的北方，几条河流
在并列奔跑，它们像几个
背着镜子的乡下理发匠。它们在打赌
顶着白茫茫的阳光。看谁
跑得又亮又响。

从修辞的角度看，这是拟人，使“河流”从生活实景上升为一种情景。紧接着诗句中的意象也像一个大兵团似的整体性地推进：

我喜欢那些河流脊背上的镜子
黑颜色的边框，无休止地耸动着
与远处的山脉保持同一种流向
至于它的玻璃部分，我心慈悲
我从中看见了累死于天空的鸟
它们细小的双翅和骨架
堆满了坎坷不平的河床
站在俯视的角度
我当然更喜欢河流本身
笔直、坚硬，还带着一丝
直面粉碎的悲怆。但我常常紧闭双眼
因为我的体内永远也囤积不起足够的
可以稀释悲恸的能量：这些河流

它们更像是几支精神病患者组成
的队伍，在梦境中演练癫狂
我们为之恐惧的景象
当然还没有绝迹，孕育这些景象
的高原依旧矗立。不幸的是
在与河流赛跑的队列中
我们常常是最醒目的，像一圈圈
蚂蚁在腐朽的牛骨上雕刻出的花纹。

这里的“河流”，不再是一条条简单的河流，也不是哪几条具体的河流，它上升成为所有河流的代言者。这些河流以及周边的景象，在诗人的笔下，已远远超越了它的本身。它们不仅是河流，更是诗人用以透视过去、现在、未来的镜子；它们已经具有比人类的生活境遇和情感世界还要更为宽广深厚的一种精神存在。它们是存在的，也是虚拟的；是明示的，也是暗喻的；是自我的，更是民族的；是自恋的，更是博爱的……展现给我们的是那不屈的生命意识，是诗人心中按抑不住的悲怆与大爱！

三、冷与热

一切艺术审美，都是抒情主体对客观世界的情感评价，即恩格斯所谓的“诗意的裁判”（《致劳拉·拉法格（1883 年 12 月）》）。诗歌是情感的艺术，缘情体物、抒情言志，是诗歌的本色行当。

雷平阳的诗，像所有优秀诗人的诗歌一样，充满了历史理性和人文关怀；但在情感表现的方式上，却与现当代那些战斗的、呼喊的、召唤的、纯情抑或滥情的诗歌作品大异其趣。仿佛是南极冰层下沸腾的岩浆，尽管内部热烈到上千度，外表仍是冷凛的颜色。艾略特曾说：“诗歌所追求的乃是个性的消逝。”雷平阳的诗歌，拥有米沃什那样平静中的力量，静穆里充满了张力。

请看这首广为大家所称道的《杀狗的过程》。

这应该是杀狗的
唯一方式。今天早上10点25分
在金鼎山农贸市场3单元
靠南的最后一个铺面前的空地上
一条狗依偎在主人的脚边，它抬着头
望着繁忙的交易区，偶尔，伸出
长长的舌头，舔一下主人的裤管
主人也用手抚摸着它的头
仿佛在为远行的孩子理顺衣领
可是，这温暖的场景并没有持续多久
主人将它的头揽进怀里
一张长长的刀叶就送进了
它的脖子。它叫着，脖子上
像系上了一条红领巾，迅速地
窜到了店铺旁的柴堆里……
主人向它招了招手，它又爬了回来
继续依偎在主人的脚边，身体
有些抖。主人又摸了摸它的头
仿佛为受伤的孩子，清洗疤痕
但是，这也是一瞬而逝的温情
主人的刀，再一次戳进了它的脖子
力道和位置，与前次毫无区别
它叫着，脖子上像插上了
一杆红颜色的小旗子，力不从心地
窜到了店铺旁的柴堆里
主人向他招了招手，它又爬了回来
——如此重复了5次，它才死在
爬向主人的路上。它的血迹
让它体味到了消亡的魔力
11点20分，主人开始叫卖

为等待，许多围观的人
还在谈论着它一次比一次减少
的抖，和它那痉挛的脊背
说它像一个回家奔丧的游子

冷静、克制、平缓而决绝，是这首诗歌的魅力。《杀狗的过程》似乎完全是一首没有主观情绪的诗歌。细节有一点琐碎，技巧几近淹没。触目惊心的震撼，似乎已让读者暂时性地失语。面对这样惊人的忠诚和愚蠢、残忍与阴险、奇诡和决绝、温情与叛卖，一切简单断语都是浅薄的。

任何读者都能在这里感觉得到他诗歌中的那种平实、简括、决绝、穿透的魅力。这样的诗歌在当代其他诗人的写作中，是很难发现的。它将简单的事情复杂化、感觉化、情绪化，结尾写得非常好："因为等待，许多围观的人/还在谈论着它一次比一次减少/的抖，和它那痉挛的脊背/说它像一个回家奔丧的游子。"形象、穿刺，升腾而又有张力。

再来看雷平阳另外一个颇为奇特的诗歌文本《存文学讲的故事》。

张天寿，一个乡下放映员
他养了只八哥。在夜晚人声鼎沸的
哈尼族山寨，只要影片一停
八哥就会对着扩音器
喊上一声："莫乱，换片啦！"
张天寿和他的八哥
走遍了茫茫苍苍的哀牢山
八哥总在前面飞，碰到人，就说
"今晚放电影，张天寿来啦！"
有时，山上雾大，八哥撞到树上
"边边，"张天寿就会在后面
喊着八哥的名字说："雾大，慢点飞。"
八哥对影片的名字倒背知流
边飞边喊《地道战》《红灯记》

《沙家浜》……似人非人的口音
顺着山脊，传得很远。主仆俩
也借此在阴冷的山中，为自己壮胆
有一天，走在八哥后面的张天寿
一脚踏空，与放映机一起
落入了万丈深渊，他在空中
大叫边边，可八哥一声也没听见
先期到达哈尼寨的八哥
在村口等了很久，一直没见到张天寿
只好往回飞。大雾缝合了窟窿
山谷严密得大风也难横穿……
之后的很多年，哈尼山的小道上
一直有一只八哥在飞去飞来
它总是逢人就问："你可见到张天寿？"
问一个死人的下落，一些人
不寒而栗，一些人向它眨白眼

这种以听人转述的原始事件作为创作素材的写作方式，有意识地拉大了叙事主体和故事内容的距离。作者站在旁观者的视角上，貌似冷静地对当时的生存条件和生存环境，做出了直接的呈现和展示，可谓触目惊心，可谓果敢决绝！在这里，一切都被打上"残酷"的烙印。凡是对那个年代有记忆的人，都会深陷于他的叙述气氛中而不能自拔。诗人几乎没有使用任何"替代""修饰""侧露"的文字。诗中的开阔与孤决，却蕴含着一股巨大的力量，整个叙述过程一气呵成，丝毫不见艰涩和阻滞。当诗歌的叙述自然而然地过渡到："问一个死人的下落，一些人/不寒而栗，一些人向它眨白眼"时，读者仿佛心灵已被掏空，大脑一片空白。至此已近极限，生存的本貌和人性的本相，已经压迫得我们无法呼吸。

四、拙与巧

品读雷平阳诗作，首先给人以深刻印象的，必然是他那奇特的叙事话语，即北大教授、诗人臧棣所称颂的那“一种不同寻常的‘笨拙’”。

雷平阳的诗作中那种“阻拒性”极强的叙事话语，总令一些诗歌爱好者们愤愤不平；也常让另外的一些人发出会心的微笑。

文学写作，在福柯看来就应该是一种置身在广阔语境中的“话语实践”。俄国形式主义批评家什克洛夫斯基指出：“艺术的目的是传达对事物的直接经验，就好像那是看到的而不是认识到的；艺术技巧在于使事物变得陌生，在于以复杂化的形式增加感知的困难，延长感知的过程。因为艺术感知过程本身就是目的，必须予以延长。”清初贺贻孙《诗筏》在评价李贺诗歌时也曾经说过：“蕴藉极而生光。光极而怪生焉。李、杜、王、孟及唐诸大家，各有一种光怪，不独长吉称怪也。”

雷平阳的价值，恰恰就是他成功地从早期的传统的诗歌风格中摆脱了出来，形成了他那一种以“叙事”为特征的独特的诗歌表达方式。他对所书写的事物采取的是一种客观呈现的方法，直面人类的生存境遇，还原人生的真相和存在的本质。避免那种以自我为中心的主观“抒情”，尽量让事实自己站起来说话。剔除了枝蔓，削减了“侧露”和“修饰”，净化了表达，形成了他自己所向往的那种“秋风明月”般纯净的语体风格。

让我们先来看这首《怀念德宏州》：

我一直想重返德宏州，瑞丽城的
外贸街上，黑颜色的缅甸人
薄薄的表衫下，藏着一串串廉价的手镯和项链
“先生，买一串吧，最好的珍珠。”
塑料和珍珠近似得难以分辨。真与假的连环套
已经不是判别生活质地的教科书。它甚至
透出不可多得的温馨，外加一丝救赎

美妙的边城之夜，秀竹般的少女
用身体运来汁液饱满菠萝、柚子和芒果
与之对衬的是演舞厅里的人妖
妖的味道，堵住了所有皮革画卷上
的毛孔，和谐的邻居，敲击着宽容的
象脚鼓！一座座佛塔，再黑的夜
也闪亮着圣洁的轮廓。它们驯服了人们
豢养于体内的一只只猛虎……我真情
怀念那儿的一切，双掌张开
十个指头均是德宏茂盛的植物
前些天，有人从那里给我带来了一捆甘蔗
甜浆的重量，让我联想到一千个乳头
于谈回报，爱一个地方爱到
如此痴狂的地步，我甘愿承受
整个云南所有的相思与孤独
“先生，买一只手镯吧，它能将你的情人锁住。”
缅甸人的声音，不属于哀求

这首《怀念德宏州》的叙述层次，可以简单地分为两层：一是“我一直想重返德宏州”；二是“我真情怀念那儿的一切”。第一层次中，是有关德宏州生存场景的铺排和渲染。记忆中的德宏州如画如梦般温馨圣洁轻柔：黑颜色的缅甸人、秀竹般的少女、多汁果实、人妖、佛塔、宽容的象脚鼓……诗人对缅甸人卖首饰、人妖、佛塔等乍看是不经意的铺排和渲染，不仅给予诗歌在节奏上的抑扬顿挫，也加深了读者对叙述对象的印象，拓宽了读者的感知，增添了诗的韵味。第二个层次上，则是诗人本体的介入，在一句“我真情怀念那儿的一切”的引领下，对第一层次的内容起到升华的功效。通过适度糅合与拉伸，控制住了诗歌叙述的节奏感和通透性。

再看一首《卖麻雀肉的人》。

卖菜人的脸色偶尔有明亮的/衰枯的占了绝大多数。有一个人
他来自闷热的红河峡谷
黑色的脸膛，分泌着黑夜的水汁
我一直都想知道。他成堆的麻雀
从何而来，他的背后
站着多少
在空中捉鸟的人
但每一次他都丧着脸
并转向黑处
他更愿意与卖瓜人
共享寂静。也更愿意，把分散的
麻雀的小小的尸体，用一根红线串起
或者，出于礼貌，他会递一支
红河牌香烟给我，交谈
始终被他视为多余
把这么多胸膛都破开了
把这么多的飞行和叫鸣都终止了
他的沉默
谁都无力反对
现在，他只是一个量词
死亡的香味，不分等级
可以斤斤计较，讨价还价
我没有劝诫他什么，反而觉得
麻雀堆里。或许藏着
我们共同的、共有的杀鸟技艺

这首诗中的叙述过程，更多地采取“一语双关”“言此话彼”的手法。诗中的动作、表情、对话，都已不仅仅是它的本身；整体事件也不再仅局限于“卖麻雀肉”这一事件。它更注重场景的描写和渲染，通过一系列细微动作的描绘和心理活动的情景刻画，将市场一角的情景凸显出来。

最后，通过诗人主体的介入，将诗歌叙述推向极致——“我没有劝诫他什么，反而觉得/麻雀堆里，或许藏着/我们共同的、共有的杀鸟技艺”。

整首诗歌大巧若拙，通透、秀雅、敏锐而又舒张，使作品具有多向度地诠释和阅读的可能性。

就这一点上来说，作为一个仍在不停地探索和前进的作者，雷平阳也许走得更远。

近期，他那首曾经引起全国大争论的《澜沧江在云南兰坪县境内的三十三条支流》，严格依照地图指南，依次写出三十三条支流名称；全部以现成的地理材料，按先后顺序结构一首诗。用前缀“又南流×公里”和后缀“东纳××××河”“西纳××××河”，组成每一个分支，最后使用三十个分句，共同完成一百三十公里水系的“流淌”，赞誉和毁谤，同样的鲜明和激烈，但它的生命感、实验性、创造性和“唯一性”已是不争的事实。限于篇幅，在这里不再讨论。

总之，雷平阳的诗歌以其独特的视角和话语，深刻的历史理性和人文关怀，完成了现代诗歌的蜕变，开拓出了一片新的审美视野，预示着新一代诗风顺利转型和走向成熟。

参考文献：

[1] 雷平阳. 雷平阳诗选. 武汉：长江文艺出版社，2006.

[2] 走在荷尖的瑶瑶. 眼泪滑过短小的诗句：朴素中感动着：评雷平阳、江一郎的诗.（2007-01-07）. http://ymdliaoyaoya02163. blog. hexun. com/7230525-d. html.

[3] 钱谷融，殷国明. 钱谷融与殷国明谈真诚. 学术研究，1999(10)：87-92.

[4]〔俄〕什克洛夫斯基. 艺术作为手法. 俄苏形式主义文论选. 北京：中国社会科学出版社，1989：65-65.

生死苍茫的大地啊，魂归何处？
——论诗人雷平阳的魂魄意识和轮回观念

蔡　丽

对贴近大地之生存的种种体验与执着思考，从《雷平阳诗选》一直贯穿到了《云南记》，成为雷平阳灵思跃动的诗歌世界的主线。在这条线索上，苦难、黑暗、亡失可以说是诗人雷平阳对这世界延续的主题表现。它们无处不在，成为闪烁在纷繁生活与世相中特殊的光芒刺激着诗人的眼睛，它们像盐水一样腌渍诗人的身体，这腌渍一层更比一层酷烈地灼痛诗人，震颤诗人的灵魂。它们最终成为诗人最深沉、宏广的生存体验，成为诗歌表达的根据地。而从世俗生存的界面来看，三个主题，正是对欲念丛生、兴旺繁荣的人世间的一步紧似一步的远离……这一条路，对多少人而言，是一条死胡同。雷平阳非常决绝地走在这条路上，寻找生、确立生。生在哪里？《云南记》中，最突出的主题是死亡压迫下的辩难与追问，死亡在的地方，即有魂魄在。逆流而上，生机在的地方，更有魂魄在。《云南记》，是肉身与灵魂之间生与死的辩证，是人鬼神三界中魂魄流转的歌谣。

一、在死亡面前痛苦挣扎的心灵

《云南记》开篇第一首诗为《光辉》，是具有总领性的，天问般的一首小诗。写天上飞鸟飞着之死、林中树木长着之死、地下田鼠活着即如死去的死。天上、林中、地下以及人间，一首小诗，就把死亡的时间态、空间态和物质态写完了。题名为“光辉”，死亡，就这样如同灿烂光芒般笼罩大地——或者，翻越黑暗的笼罩，正是光辉所在。诗人采用的是反问句式，生死的辩难由此开始。《云南记》共有一百五十首诗，直面死亡，探求生死辩难与魂魄皈依的诗歌，超过一百首。《云南记》中，死亡形态各异，名目繁多，纷纷然扑面而来。死亡以各种形式蔓延、表现。死，或者说世界的亡失，作为诗人对这当下世界最大的感受，压迫着、撕扯着诗人，诗人身体如何、心境如何？《云南记》中，与他者剥离开来，雷平阳直接坦率地“说我”的诗不超过二十篇，它们是《寺庙》《冬至》《晚风》《铁路》《隐痛》《词语》《离开》《两个人的战争》《小引》《火车开往暗处》《个人前传》《惠民乡日记》《像哑谜一样的黑》《尘土》。这些裸呈心胸的诗歌，最能映现沉沉压迫着的诗人的身影。身心皆是肉做的自我，痛苦和重压一样惊心动魄、鲜血淋漓。一开始，诗人想要移开目光，回避，从俗世孤绝地走离，住进“一个人的寺庙”（《寺庙》）；然而，缩身于象牙塔，诗人的心依旧空茫无依：“我被书卷压着，真的挺不住了白茫茫的心，怎么也找不到桃花源”（《冬至》）；筋疲力尽，无法承担还表现在《词语》里，诗人开篇即感叹：“生的负荷纷至沓来”，面对此，诗人好不容易挺起脊梁：“多少生的勇气和依据，从来都囤积在无法转身的死胡同、文字狱。”慷慨之声刚落，诗人又无可奈何地沉落下去：“然而……土地反过来，压在下面，变成了恐龙化石。”重压，从各个方向围拢，加码，压扁的身体，碎了，决然分裂：“他们不是一个人，是实实在在的两个”（《两个人的战争》），“每天，都有一个人，从我身上离开”（《离开》）。最极致的伤害与杀伐，在自我内部：“一颗铁针扎得越准、越深，伤得越重的不是替我战斗的那个人，而是暗中替我心儿悬着、替我亡命的那个肉做的幽灵。”（《个人前传》）被杀伐的身体惨烈无比，盛满相互射杀的弹头，一直都在追凶的路上。凶手迷离，此在的“我”已经成为死亡的纪念品：“像他们留在世上的墓碑。”为了逃脱，诗人想到过空幻之手的援助：“就像一个走在卖血路上的人，这时候，我多想有一个人能骗一下我，我要去的地方不是血库”，一遍又一遍地听《安魂曲》（《小引》）。诗人也想转身离开：“天刚黑我就上床了，不再看月亮，也不想看布朗族的巫师。”

（《惠民乡日记》）但是，对于命运之惨痛，既然肉身还活着，直面、承担，默默忍受，是诗人无法逃避的抉择。《铁路》中，诗人自言："这列火车，我没有用它运输过什么，就一个人坐在上面，只求被它拉着，把体内的景点跑完。"这漫长的刀切肉割的旅程，什么时候才是终点？《火车开往暗处》中，诗人只给我们留下了声音。粉身碎骨的轰响，在虚空世界里蔓延："像世界的外面，发生了一场山崩。"

世界之于生灵的残忍，雷平阳首先在自身就已经充分地感受到了！所以，他可以在纷繁尘世间，捕捉到那些惊心动魄的残忍，将人性黑暗阴冷的一面展示。《杀狗的过程》《杀鳝记》《木头记》《养猫记》《矿山屠狗记》……这些诗看过一遍，永生不忘。就因为他一顿一断，平平诉说的笔下，潜伏着的黑暗狰狞已经到了极致——在这鲜血淋漓而又喊不出痛的道路上，生的压迫已经到达肉身所能承受的极致；以及，生对死与伤的承担已经承担到肉身所能承担的极致；以及，诗人之肉身已经裂了、碎了、亡了、鬼魂附体了，再不能承担了！但是，在人生的苦难如附骨之疽的真实面前，在这样一个"一切坚固的东西都烟消云散"① 的毁坏时代，敏感的诗人，生的劳役、死亡的面影一而再再而三无休无止地降临啊！

在死亡的对面，魂魄，不可避免地站了出来。

二、魂魄意识

在《云南记》中，死是一个关键词，魂魄更是一个关键词。有死亡蔓延的地方，魂灵的问题随之而来。令人吃惊的是，综观雷平阳的诗，可以发现，魂魄对诗人而言，具有自在自为的性质，仿佛是诗人与生俱来的认同。从《雷平阳诗选》到《云南记》，找不到诗人对魂魄的疑问和辩难，一首都没有！反过来，从《雷平阳诗选》到《云南记》，雷平阳的世界观——人鬼神三界中，生灵以死超度生，经历生死轮回而魂魄流转、生生不息的世界观逐渐清晰、宏阔、坚定、平实。这个世界观的核心仍是灵魂。

---

① 〔美〕马歇尔·伯曼：《一切坚固的东西都烟消云散了》，徐大建、张缉译，商务印书馆2003年版。

魂魄立，人鬼神三界才得以确立，轮回的世界观才能够确立。而雷平阳对灵魂的确认，首先就是对自身存在之本源和本态的确认，《母亲》一诗，是雷平阳较早的诗作，收录于《雷平阳诗选》第二首。情深义重自不必说，它最鲜明独特的地方，是对母与子本为一体，而在人世间分身、错时、经历苍茫时空，完成老与幼、生与死循环的体认。如以下诗句："我的这堆骨血，我不知道，是它从母亲的体内自己跑出来，还是母亲以另一种方式，把自己的骨灰搁在世间。""我祈盼这是一次轮回，让我也能用一生的爱和苦，把你养大成人。"父亲去世，雷平阳写他与父亲共体、分体的那个过程，写得鲜明生动："一直共用着同一躯壳，我们便是我，我一样地接受了死亡，时刻与他争抢嘴巴、心脏和手脚"，直到有一天，"父亲毫不犹豫地破壳而出，走了"。魂魄在肉身之间流荡、传递真切得伸手可触。世间还能有什么力量，把身体本源，最亲的血缘的身体体感抹杀！从最根本的母子、父子遗传的角度，从自身这一团血肉的存在，雷平阳确立起生死轮回、魂魄流转的生命意识。

魂魄游荡于大地，是雷平阳对大地的基本认知。这个认知，从家乡昭通到高原大地一直贯穿。它体现为雷平阳对民间的、自然宗教的体认。在中国，汉民族的民间宗教，源于朴素的大陆农业文明，信仰鬼神的存在、亡灵的游荡、自然的异象及其对祸福的昭示，信仰生死轮回、宿命、因果报应；相信超常事件的神秘意义，相信巫师、神汉以及通灵。这种宗教曾经被时代毫不犹豫地扫进"封建"的垃圾堆。但是在民间，人们的意识观念顽强地遗传，像大地一般野火烧不尽，春风吹又生。这样的信仰是联结大地之母与它的子嗣之间的脐带，代表了人与土地的血脉关联。某种程度上，贴近大地、回归泥土，就是对民间的自然观、生存观的回归。在散文里，雷平阳非常认真地思考过"鬼"的现象。《乡下鬼事》里，雷平阳反思中国的巫术文化，追忆乡人驱鬼，不禁感叹："有神必然有鬼，这是世间常理。""关于鬼，我想，这是我少年时光中最阴冷的部分，这仿佛与生俱来，它是乡村的一个重要组成部分，谁也无力割舍。只要你生长在乡村，鬼的阴影可能就会伴你一生，那几乎是与人平分秋色的一个话题，犹如黑夜之于白天。”① 而在《云南记》里，列在最末的一首直呈自我的诗《尘土》中，雷平阳完成了最彻底的自我体认：“终于想清楚了：我的心是土做的。我的骨血和肺腑，也是土如果死后，那一个看不见的灵魂它还想继续活着，它也是土做的。”

云南高原的特殊之处还在于：它的山川密林之中居住着无数保有原始部落文化和宗教信仰的民族，20 世纪 50 年代，他们开始纳入社会主义现代化建设的主潮。20 世纪 80 年代以后，旅游开发和经济建设，也相当强劲地冲击着这些民族的原始文化，他们的文明和传统也在飞速地消逝，像雷平阳的诗里所展现的，随处可见的“亡失”。但总的说来，由于山高水远，他们的现代化与全国的主流城市主流农村之间，还有着一定的距离。穿着青蓝色、黑色、灰色质地，绣各种图腾和鸟兽花纹的服装的人还闪现在森林里。拜各种庙、诵各种经、祭各种神、保守各种禁忌，仍然活跃在今天的生活中。各种民族，他们所生存的地域环境和文化习俗各不同，但是，作为原始的依靠土地山川为生的民族，他们有着原始先民的生存共性，即信神、畏鬼、崇拜大自然。云南的白族等少数民族，有悠久的佛教信仰背景，佛的信仰、因果报应、生死轮回思想渗透骨髓。部分民族在近代以来直到今天，一直受到基督教信仰的渗透，彼岸的信仰与自然的鬼神观搅揉在一起……这一片大地，不仅有鬼神、有魂灵，而且魂灵的身份多种多样。多年以来，雷平阳曾经两次大规模地“出走”。第一次是在大学毕业后，在个人欲望的支配下，他白天翻越石头丛生、阳光凌厉的大山，夜宿贫苦农民家，最终走遍滇东北和川西部那些最人迹罕至、贫穷苦寒的大地。在行走中，雷平阳逐渐升腾起对大地以及大地之上艰难求生的人民发自肺腑的同情和热爱。近年来，雷平阳再一次“出走”滇南，足迹远至缅甸，尤为关注那些原生态的、荒芜的、人迹罕至的山野，用自己的全部身心接受原生态山野和少数民族文化的洗礼，被人称为：“大地的测量员。”当雷平阳以自己的脚步丈量大地的时候，身份和面目各异的魂灵们，是诗人旅途上最亲密的伴侣。

魂魄，更是诗人自身深处的体验，是闪烁在人生阅历上的命运之光。

---

① 雷平阳：《风中的群山》，云南人民出版社 1996 年版，第 230 页。

雷平阳的诗歌基本都是贴着自身体验写的。用他自己的话说："从阅历中来。这是我私底下恪守的不多的写作规矩之一。"翻阅雷平阳的人生经历，可以看出，对于给自己带来刻骨铭心的苦难童年记忆的昭通，雷平阳的感情深沉炽烈，其间不乏诸般苦涩。对供给自己一日三餐的现代化的昆明则感情平平，怀有旁观之意。浪迹滇东北和川西北的时光，在雷平阳的心路历程中，是一段非常关键的时光。它是雷平阳爱情一塌糊涂，伤痛渗透骨髓，文学逐渐养成并丰盈的时光。痛失所爱，是雷平阳人生的一道险峰，雷平阳在醒悟之时已然绝望至极："黑脸人不知道自己亲手送走的竟然是自己生命中决不能割舍的神的恩赐。"（《走遍天涯》）[①] 内心煎熬，精神恍惚之语弥漫纸上，不忍卒读："我是你心之外唯一的浪人么？"（《仲秋之望》）[②] "我能涉水前来么，彼岸世界的光辉令我的心魂颤抖，我已经为你备下芬芳的人生。"（《神灵之夜》）[③] "那声音，那声音来自地狱还是天庭？"（《我的马，空心人》）[④] ……爱情的失落，使雷平阳最深刻地体会到"丢魂落魄"的痛苦，最深刻地感受到空幻活着的真实，最深刻地触摸到失去后的在场。也就最彻底地用文字来记录心痛、梦幻、超度、意念、来世向往——这一个肉身涅槃的痛苦过程，雷平阳在绝对精神生存界的极致体验成为他重新思考肉身存在的起点。

经过这一轮炼狱，平静下来的雷平阳对芸芸众生便有了不一般的澄澈和悲悯。尔后，投入广阔的云南大地，雷平阳用自己的脚步一山一村地走，越走越深、越远、越荒；越走，心越踏实。云南大地，是诗人心魂栖居之所。从昭通到云南，雷平阳完成了从生我、养我之地到心魂落魄之地，再到达心魂栖居之地的旅程，也即从汉民族的民间宗教之地融汇到多民族的、普遍的人民的自然宗教之地的旅程。在这段从心到心的旅程中，魂魄和轮回意识，从朴素的民间宗教信仰复归为自然自在的大地形态，又从普在的大地山川及其子民的生存现实，经由诗人炼狱般的痛苦阅历，升腾为诗人自我清晰、坚定的生命意识。

---

① 雷平阳：《云南记》，长江文艺出版社2009年版，第263页。

② 雷平阳：《云南记》，长江文艺出版社2009年版，第254页。

③ 雷平阳：《云南记》，长江文艺出版社2009年版，第252页。

④ 雷平阳：《云南记》，长江文艺出版社，第257页。

魂魄之于诗人，还在于人文精神传续的体认。雷平阳是凭着读书走出贫穷大山的诗人，爱读书，他的书累坏了搬家的工人。爱莫迪格利阿尼以及画，爱喜多郎的音乐，痴爱书法。在人文天地中含英咀华，雷平阳领受的，是精神的冶炼，灵魂的涤荡。向前辈先贤皈依，成为他的本能："最后，本能地跪下匍匐时，我把耳朵贴在源头，听见了大地的心跳……圣贤已逝，魂还在出巡。"[①] 王羲之在《兰亭序》里，讲人必有死，文心长传的道理，雷平阳醉心于书法几十载，对天下第一行书的这番话，一笔一画地，不知心模手追了多少回？……人书俱老，长期浸淫于人文艺术的天地，知识的光芒、书的气韵、圣的境界已经如血液一般流布周身了。

三、矛盾对立与轮回流转

魂魄意识彰显，魂魄、灵魂、心魂、鬼、心等语词频繁出现于诗人笔下。而与魂魄密切相关的轮回观念，则贯穿在诗人对魂魄的体认和表现中，具有从自然的自在状态逐步升腾为诗人的世界观的发展过程。在早期诗集《雷平阳诗选》中，魂魄、轮回等意象，如星光闪闪，散落在诗人所流经的土地，所铺展的生活世相里。它们是诗人对构成大地之物的认同，认可大自然中存在神鬼、存在魂魄和精神，认可它们是人间自然的一部分。这个时候，雷平阳笔下的自然界和人，仍然是统一的，此在的。它们融合于诗人对大地的淳朴厚实本质的把握和感怀。到了《云南记》中，大自然依然庄重恢宏、神秀谨严，而大自然的山川草木，却鲜明地凸显出幽微曲折、对立复杂的内涵。对立同构，是雷平阳笔下的大地生存最突出的特征，破中有立、逆向而生，是雷平阳表现大地的突出思路。究其原因，是因为雷平阳对大自然和人间生灵，开始有了逆于常人的发现。佛的虚无至高的超越境界，自然万物贴地生死的深沉宏阔，共同冶炼着雷平阳的心灵。他的目光透过大地欣欣向荣的表象，看见它内部动静相投、阴阳互补的结体形态，感应到它苍凉壮阔之中包孕的内外矛盾、轮转幻变的特征。

---

① 雷平阳：《云南记》，长江文艺出版社，第4页。

如鸟在飞翔时死亡，石头坚硬的男性气质与杜鹃花染红石头的女性化装饰；人的此在与彼在；天空的明净与人心的忧郁；活在热闹凡世却渴望与世隔绝；音乐本是听觉的、流动的，在雷平阳那里，却成了视觉的，可称重有精确斤两的；高空中演绎着刀光剑影而下界却沉默平和；一只鸟，把伤它的铁剑吸收为自己的一只脚……世界虚与实相生相长，生与死，人与鬼，不过是世界的虚实两面。对立同构一体，是雷平阳对大地的结构形态的认知，也是轮回世界观中的关键一环。

生死两界，魂魄流转，上天为神、下地为鬼，在世为人，人的身上，自有鬼的渊源、神的气韵。魂魄流转之间，人间界，既是鬼界，也是神界。雷平阳说："江河是上帝的目光。"源于传统的民间宗教观，源于大地自然的宗教神灵观，源于由古至今的文明流传，自此，凝聚成雷平阳清晰的三界轮回世界观。

在《云南记》的前半部分，轮回这个词出现不频繁，但实在界的两面轮换观念渗透进每一首诗。在《云南记》的后半部分，雷平阳写自己在滇南、滇西大地行旅的诗歌，频频出现轮回这一词。也就是说，轮回这一关键词，从实在世界的内部直接走到了雷平阳的嘴唇。轮回、幻变成为雷平阳感受大自然和其生灵生存时，独有的审视视角。他笔下的大自然和其生灵，打上了鲜明的轮回幻变的烙印。如大自然是人鬼神的共居之所，《废墟上的雨林》一诗，雨林是一个村庄的废墟，又有千手观音的榕树对黄杨木"拥抱"，而堂屋长出的一棵棵树桩，"坐着的客人，多半是鬼魂"。如人的幻化为物："我成为自己的障碍，身体正渐渐地呈现出石头的形状，外表和内部都跟真实的石头有些相像。"（《空中送来的石头》）物质的精神化："皮肤上的毛孔已全部开放骨头也第一次自己把自己掏空它们都灵魂出窍了。"（《裸体》）生与死的互换："墓碑活过来了，他却已经死去。"（《一个人》）灵肉共体："她在我的身体里，一直喊着你的名字让你，贴着我的心脏生让你，死在我的心脏里。"（《仿杰卓山民谣》）死后更有生："他们终于手找到了手骨找到了骨，心上草根互相盘绕。"（《为一个拉祜老人守灵》）狂欢的生更如同死："狂欢，大抵也就是在热血中加一些悲剧进来。让肉身成为虚空世界的舍粒子或天灵盖。"（《翠湖上空的海鸥》）

自然生灵轮回幻变，天地间魂魄长存，这样的信念熔铸了雷平阳对白骨丛生、亡失处处的大地深深的悲悯。铸就了雷平阳在追忆苦难历史时，对黑暗的历史、扭曲的时代以及私念挣扎的人民心怀宽仁，铸就了行吟于大江山水间的诗人超越凡尘的目光。正因如此，雷平阳的诗带给我们的，是一段艰苦漫长的心灵升华之旅，在文明亡失、心烦意乱时代，他给我们提供了一个孜孜不倦的精神掘进者的范示，昭示了当下中国人心灵皈依的一个向度。

迷走南诏
——雷平阳诗论

傅元峰

在普洱茶香中，按编年阅读雷平阳的诗，必有一次奇特的诗歌经历：雷平阳逐渐将丰富多元的诗歌魂魄附体于云南味道，由寡淡到浓郁，由游离到专注，直到云烟氤氲，逼你最后意识到，雷平阳是位云南诗人。这也许是云南觅得又一诗才、雷平阳乡愁终得皈依的双重文化福祉，但从现代汉诗的诗歌本位品来，却别有复杂意味。雷平阳近期诗歌写作表明："地方性"与"诗性"有时也呈现为一种博弈。祖籍北方的雷平阳1966年生于云南昭通，1983年开始写诗至今。在最近几年中，以《雷平阳诗选》（2006）和《云南记》（2009）为标志，从地理标志到精神标志，雷平阳诗中的云南印记呈现出不断增加的趋势，使他几乎完成了由"生于云南的诗人"或"在云南写作的诗人"向"云南诗人"的身份转变。2001年的雷平阳在云南的存在方式，还是面对马拉美德里达等"潜藏的神秘力量"感兴趣，"不停地游走，没有意义，也没有目的"，[①]但随着雷平阳身心对"植物学、文化人类学、民族学、边缘政治学"[②]意义上的文化云南的浸淫，他的游走逐渐有了目的和意义，他的书写也开始有明确的主题甚至范型。在雷平阳近十年的诗歌写作中，这个变奏非常明显。地方性对诗歌美

① 雷平阳：《云南黄昏的秩序·作者手记》，百花文艺出版社2003年版，第6页。

② 雷平阳：《天上攸乐：普洱茶的八座山和一座城·序言》，青岛出版社2007年版，第1页。

学的滋养，诗歌对文化地理的回馈，在这个耐人寻味的变奏中都有所体现。南诏文化在不同时期给予黄翔、于坚等诗人的启示，曾促成内地当代汉诗若干重要的精神起点，显现出边陲的文化存在对诗歌的独特贡献。南诏文化地理所包含的自然、精神气象和宗教民俗元素，与在此地写作的诗人必然形成某种血缘关系。但这些信息的显形方式却与诗美有关，它们是隐秘存在于诗语的纵深处，还是完全统治了诗歌的语言和精神边界，对诗歌的美学状貌影响较大。从雷平阳近期诗歌中能看到，他与云南这一诗歌母体之间依存的方式有所变化，显示出文化母体与其诗歌嫡子互相放逐与掌控的复杂情形。

一、育于云南的健美抒情主体

被云南养育的雷平阳，其文字塑成的抒情主体有强大的自我，掌握着稳定的诗歌秩序。即使雷平阳钟情于他脚下的这方土地，但他最早为人熟知的诗中，并未形成明显的云南意识，而是朝向普泛生活、生命意义上的书写。这时的抒情主体没有显明的云南标签，但作为当代汉诗并不景气的抒情者中的一员，却是健美的：强大、多思、敏锐，有自我反思能力。

《鹭鸶》这样的诗显示出诗人是有能力按照自己的秩序贯穿任何时空物象的。诗中有确切的纪年，也有历史的遗迹和现实情境。抒情者以“我”的感触为中心，以生命状态和行踪为主线，一切被自然贯穿在一个统一的生命情境中——唯有如此，一块“藏着走投无路者的体温”的石头，才激活了各个维度之间互相连缀的骨节。自我的强大在有些诗中有偏执之嫌，但并不妨碍诗美生发于情绪行程的险要处。在《亲人》中，“这逐渐缩小的过程/耗尽了我的青春和悲悯”，简直就是一种狭隘情绪的悲哀。抒情者一边表述“狭隘、偏执”的家乡、亲人之爱，一边进行自我评价。偏执的情绪策动下，自我评价成为抒写的实际内容并获得诗意。表述之“我”与角色之“我”，这两个我的诗语贯通、圆融在诗中形成奇异的言说情境，同时传达尘世与灵魂的双重信息。

诗人的抒情底线并没有凸显实际的云南文化地理元素，而是有非常个体化的诗歌秩序。在《底线》一诗中，雷平阳表述了自己的底线："我一生也不会歌唱的东西/主要有以下这些：高大的拦河坝/把天空变黑的烟囱；说两句汉语/就要夹上一句外语的人/三个月就出栏、肝脏里充满激素的猪/乌鸦和杀人狂；铜板中紧锁的自由/毒品和毒药；喝文学之血的败类/蔑视大地和记忆的城邦/至亲至爱者的死亡；姐姐痛不欲生的爱情……我想，这是诗人的底线，我不会突破它。"对自然伦理中原生态的喜好、对母语的洁癖与敬重之心、对暴虐和禁锢的鄙弃、寄生虫、荼毒者、文化空城、死亡、爱情……所有这些，都宏阔地指向文明的本原问题或文学的母题，比云南大得多。对伦理有限度的跨越，与对自己诗人底线的坚守，使雷平阳能够在一个奇妙的诗思维度历险。由于抒情主体个性化的界定，它是一个非经验的、非伦理的、非常规的世界，重新拥有自我的秩序和法则。正因如此，在感恩与生命反思的深度方面，雷平阳的《母亲》能够超越翟永明的《母亲》，表意更加畅达和深邃："我期盼这是一次轮回，让我也能用一生的/爱和苦，把你养大成人。"在另一篇《春天来了》中，诗人颠覆生命伦理，写出不可思议的句子："仿佛，我就是我那八个月的儿子/我就是我的父母，我的妻子。"

这些自我呈现的规律是与日常生活和寻常生命状态相亲近的。它们通常在日常生活和亲情抒写中成活，才拥有雷平阳独特生命领悟的表述效果。是否具有自省与攻讦能力，是自我是否强大的判断依据。大多时候，雷平阳诗展现的是"静止在哗变"，或在"有序""认真"地"培育着体内的毒素"（《从东川方向看大海梁子》）。如果诗人没有在自反中走向中庸之道，那么战叫也是一种表现形式。《集市》的力量来源于抒情主体灵魂战叫的情绪，是雷平阳诗中主体较为自信的一首。肉身腐朽、破败、锈蚀形成了"昆虫灿烂的集市"，在这片精神的领地上，诗人拥有无数灵魂中居无定所的昆虫，并立下毒誓："谁让我生，我就死在他的怀里/谁让我死，我就活在他的裂缝里。"如此冲天的恶念和决绝的斗志，也是绝无仅有的。自省有时辅助诗歌形成表象的魅惑，如《泡桐辞》："应该嘲笑的/依然是我，多么歹毒，我把泡桐花/视为卑贱的妓女，而且/为了砍伐这一棵泡桐树/我竟然在心中准备了/一把亮汪汪的斧子。"内心隐秘的发掘，并非是观念层面的表达，而是具象化了的一种意念的形式。因为主体自省，这种形式获得了具象化的机会，但意义的对应物却从此消失了。雷平阳式的自省，不是引导诗思走向更深的哲理，而是将哲思的路途变得更加晦暗不明，甚至只留下表象之魅。诗人用诗作证明，诗中有自反能力的自我，但能当作物象生成的母体。诗人能在不同本源的物质之间，再造另外的物象并组成新的情境。抒情者的理念本身形成一个新的物象的母体，有无穷的再生功能。在此前提下，诗人看到了青铜之血也就不再稀奇："在人与物互为参照之时/它是唯一有血的物，唯一的"；不仅如此，他还能转而反思自我体内破鼓的存在显得格外浅薄轻佻（《青铜小令》）。这样的诗歌情怀，并没有地域文化身份的浓重印迹，没有家乡自豪感，抒情主体较少边界的自我提醒，归属意识不强，对内外宇宙的探询、对物象和灵魂的拷问都能走得很远。

一些内心独语式的文本，则显得单薄。《离开》中别出心裁描述了每天自我旧貌的剥离，以达成对生命成长与衰老的另类审视，但效果不佳，失去了亲近日常的神韵。也有一些诗歌，不是晦涩而专注地书写内心，而是较为单调地摹写自然景象，如《裂腹鱼》《房子里的水》《蝾螈》《红与黑》《远在天边的绝望》《怒江》之类，也呈现出诗美单薄、形式单一的弊病。尤其在生命经历了主动的云南文化逡巡之后，雷平阳在生活流中静观自我与外在景观的稳定诗心，开始变得浮荡，诗歌主体的精神疲惫也日趋明显。自我积重难返的无奈与寻求精神疏导的相望在《惠民乡日记》中，带着雷平阳式的奇妙纠结："像扛一本石头的经书，我必须/扛着它。有一天，我扛不住了/我想，我也会放下。"诗人设想，在惠民乡"用母语，高声赞美又大又圆的月亮"，并祈愿自己能够真正安睡。"我"的矛盾一直不给雷平阳带来困扰，但此刻出现的自我宽容的中庸语态，与此前大多诗歌中的密集的自省落差很大。

二、穿透云南现实的深度反讽

如上所述，雷平阳是能够自省的诗人。他向自我内心的"收缩"，他沉溺于日常生活的缓滞节奏，使他的诗在诗美的视觉层面，感受不到明显的云南标记。他展现的人生经验在一个大汉语文化的范畴，基于中国整体的生存现实。雷平阳曾经是一个地域标记不强的乡土诗人。另一方面，他具有充分的自省意识，另一方面，也对家乡风物，如山川草木、走兽飞鸟等有所赞颂，对关于祖坟，关于任何一种自然死亡，都从不亵渎，满怀敬畏之心。抒情者自反之心常在，归属意识稀薄，因而能够静观天地间全部生存隐秘，并将其呈现在诗歌中。“在这儿，只有我的心是快的/其他都很慢，最慢的/是我的那些不能直呼其名的/死去的乡亲，或他们还醒着的坟。”（《快和慢》）他在《看麻雀》中表达过自己作为一名诗人自反式存在的理想之境：“对着天写，对着地哭。我主张散淡一些/通过忏悔，把天空压弯的腰，借机拉直。”

能自我反观，才能有效攻讦。正如克尔凯廓尔所说，坐在下席的苏格拉底“并未缩小，而是真正地成为一个英雄”①。雷平阳呈现出独特反讽诗美的诗，有一种内在的恢宏，与云贵高原的精神遥相呼应。雷平阳的反讽并不因抒情主体的强势而失去疑虑和悲哀。当下，鲜有诗人能将柔弱和攻讦有机整合在同一次抒情过程。比如《背着母亲上高山》一诗，诗人表述不同文明认知层次下的生命同一性，并置我与母亲两代人在高处的人间观感，具有极度的反讽效果：“母亲没找到她刚栽下的那些青菜/我的焦虑则布满了白杨之外的空间/没有边际的小，扩散着，像古老的时光/一次次排练的恩怨，恒久而简单。”这样的诗句，绝不是依靠单薄的文化参悟和人生积累就能写就的，一些与人文地理无关的私密的人生经验，帮助雷平阳锤炼了它们。事实上，没有谁的人生能足够丰富，经得起被这样的诗句概括几次。

雷平阳诗反讽效果的独特性不在于形成猛烈的抨击力。在每一抒情过程中，指向每一具体存在的箭矢往往意外折断，形成灵魂震荡的反作用力，促使浓重的悲戚化为深藏在物象下的诗歌意蕴，向诗语的四周绵延不绝地渗透。“我并不责怪那些引领过我的思想/都是废墟了，用不着落井下石。”（《小学校》）类似这种宽宥，在雷平阳诗中已经成为常态，甚至是规律。雷平阳从不为乖戾的人性设置边界，《杀狗的过程》所带有的反讽才能达到极致。诗人细致书写了一条狗被主人诱杀的过程，狗的忠诚被主

---

① 〔丹麦〕索伦·奥碧·克尔凯廓尔：《克尔凯廓尔文集 1：论反讽概念》，汤晨溪译，中国社会科学出版社 2005 年版，第 168 页。

人利用于虐杀，形成特别的主从情感关系。这关系读来极端龌龊，令人发指，但雷平阳从中榨出悲哀的汁液，让人性在其中战栗。但就是类似这样的悲哀，也往往被描绘为可疑的："没有人会怀疑这些被恶棍贬低了的现实/值得怀疑的是那些循环的梦境/以及从天而降的悲悯。"（《西街的西面》）诗人首肯世界，对物象进行诗歌接纳的限度较宽。冷峻客观的主体情绪中，悲哀会自己从细节与情境中走出来。一条死在"爬向主人的路上"的狗，忠诚成为被虐杀的方式之后，诗人强调："这应该是杀狗/的唯一方式。"在雷平阳的诗中，有不厌其烦的细节，譬喻常以某一情境为本喻体，带有十足的情节功能。"主人也用手抚摸着它的头/仿佛在为远行的孩子理顺衣领。"在对鲜血的两次譬喻中，诗人对忠诚的意符有较为隐晦的话语指涉："像系上了一条红领巾"，"像插上了一杆红颜色的小旗子"，显示出生于20世纪60年代末的诗人独特的历史情怀。诗的白描颇为冷峻："因为等待，许多围观的人/还在谈论着它一次比一次减少/的抖，和它那痉挛的脊背/说它像一个回家奔丧的游子。"在这样的书写中，诗人完成了对人情事理的悲剧性象征，字字句句遍布着灵魂的剧痛。

反讽的极致，是谴责方向富有悲情感的迷失。如《卖麻雀肉的人》："我一直都想知道，他成堆的麻雀/从何而来，他的背后/站着多少，在空中捉鸟的人/但每一次他都伤着脸/并转向黑处。他更愿意与卖瓜人/共享寂静，也更愿意，把分散的/麻雀的小小的尸体，用一根红线串起/或者，出于礼貌，他会递一支/红河牌香烟给我，交谈/始终被他视为多余/把这么多胸膛都破开了/把这么多的飞行和叫鸣都终止了/他的沉默，谁都无力反对。"雷平阳不是在写一首生态保护的宣传诗，因为，在这首诗中，没有一个固定的谴责对象。"我没有劝诫他什么，反而觉得/麻雀堆里，或许藏着/我们共同的、共有的杀鸟技艺。"不能被劝诫的生存行为，无法反对的沉默，包含着谅解后面的深沉悲哀。雷平阳经常将一种角色型的罪恶领受为物种的生存行为，并从中投射出无奈和大悲悯。诗人对世事的反思与怀疑容纳了无限的悲剧意味。事实上，反讽也可视作诗人自反的一部分，只不过人称变成了复数。类似《乌鸦》等诗表达的是对于习见人生情态的反思，这些反思是对人类意识的根本怀疑，并非是针对一时一事的观念和制度。雷平阳的这些诗因此有宽宏的视域和格调。

三、云南曾经只是乡愁的说辞

云南经验与雷平阳的诗歌成就之间的关系，应从精神的内在性角度分析。虽然诗人曾努力将“云南”写在身上，他曾在诗中将自我灵魂分解为三个部分，分属于云南、北方故里和后世子孙。所幸“云南”只是雷平阳乡愁的说辞，它并没有在诗中频频显形，诗人诉诸现实时空的诗歌，大多体现为地理标记失去实际意义的个体经验。这是当代诗人泛故土情怀和农业情怀的真诚坦露：破败的家乡与破败的自我是同构的，故土风物的自在秩序和自我的灵魂探询之路也始终相依相伴。

民工的生存现状是雷平阳现实经验的中心，在《四吨书》《战栗》《工地上的叫喊》中，对勤劳和困苦有原汁原味的描述。但更重要的是，作为碎片分布在其他诗作里的现实图景，这些烟火气十足、泥土味浓重的诗行，表达出的并非单纯的文化困厄，都有关乎生命伦理和人生宿命的暧昧预示。当一位老农民工在为自然性灵的杰作—— 一个鸟巢刷漆的时候，坠落而死，诗人的悲悯，并非简单停留于一个底层劳作者的死亡：“结果是：几千吨水泥都听见了他的叫喊/只有那一只鸟儿没有听见。”（《工地上的叫喊》）一起在尘世唤醒了几千吨水泥的悲惨死亡事件，在飞鸟的生存伦理中，成为轻如鸿毛、了无痕迹的过程。在这种抒写的结局里，雷平阳的乡愁表现为不可复制的苦难情怀，超越时代经验，其大悲悯的静观中，含有潜意识层面的宗教情怀。这使他从时代集体的格式化望乡中逃逸出来，让自己不仅仅属于云南的良心，甚至也不仅仅属于人类的良心，坦然在诗歌中蔑视来自人本主义者的质询。

实际上，这类诗中，诗人的故乡旨归根本不在此岸，遑论云南。雷平阳皈依的故土或具有充分的自然属性，为一种“道”，或某一表面具有地理标记的精神世界。他对现实“埋在土里的生活”是从精神上厌弃的：“我始终跑不出自己的生活……已经尽力了，整整三十九年/我是一个清洁工，一直在/生活的天空里，打扫灰尘。”（《生活》）雷平阳在《我的家乡已面目全非》一诗中表明，面对“面目全非”的家乡，村庄对于脚下有情有义的泥土来说，是一个可变物，根本不是可以寻归的稳固灵魂栖居地，甚至生身地欧家营也“有一种恐惧已成了我的邻居/像一批骨头的影子”。（《恐惧》）“云南”不是文化地理学意义上的云南，而是被理解为一个精神上圣洁的处所：“在每一个角落，都有碰到神的可能。”（《酒歌》）云南的地理寄托，实则是一种精神层次的形而上的寄托。

尘世中，“路灯正在为一天的死亡举行葬礼”，青春的喊叫和一切市声，“它们在我的记忆中，是整整一个下午的鬼魂”（《在橡树的一个下午》）。在灵魂的暂住地，诗人发现生活中的死气。同样，那些献礼于父亲的“昆明的阳光”，那些“有必要把手伸在空中，抓一把，再往外送……”的阳光（《昆明的阳光》），也并非故乡风物，而是生命中比地理位置和现实处所更意外的生命自足。而真正作为地理空间和现实家园的云南，则是需要守护的：“春天来了，云南又老了一截/一边老着，一边还在受孕/春风的双重之火，蔓延在冶炼厂上空。”在这样的空间里，自我没有遁逃之所：“我亦想被烧成灰，可灰烬体现不了/我的疼痛，也很难把我带走。”（《春天》）诗人自述多年在云南的奔走，只是想“让我的灵魂，与金沙江的灵魂/在自由的流淌中相逢，有源之水，归入结局/永远坚持乡下的姿态，牺牲在风中”（《流淌》）。

相对“故乡”，诗人更钟爱“梦境”，并为梦境的穿越提供了诗歌的媒介——那些雷平阳诗歌中一再出现的飞鸟。按史蒂文斯的描述，飞鸟既是“猎物”，又在“符号、象征、图腾中必不可少”。① 这种用于梦境分析的语言，完全可借用于解释飞鸟意象在雷平阳诗中的特殊功能。诗人在《村庄的清晨》一诗中，也表现出对村落作为人生归属的迟疑：“我想我是个离土地很近，对村庄/还无二心的人，但我怎么也放不下/荒凉的真理……”这些专横古朴的真理，是由诗中那些忽生忽死的飞鸟来象征和印证的。飞鸟在雷平阳笔下，是多少能够逃离生命时间的存在。在有关普洱茶的一次访谈中，雷平阳将飞鸟提升到“可以跟时间赛跑”的普洱茶相同的高度，认为，在生命时间的流逝中，“飞鸟不动，普洱茶不动”。他在诗中多次写到“黑”的意象，在《黄昏》中，瞎子的“黑暗”与时间为敌，

---

① 〔英〕安东尼·史蒂文斯：《私密的神话：梦之解析》，薛绚译，生活·读书·新知三联书店2009年版，第247页。

飞鸟们也统统带有此类属性。对“一分钟年华老去”的生命的“秘密死期”，雷平阳希望能够通过飞翔来实现“生命的策反”（《一分钟年华老去》）。从生活和生命的世俗阈限中逃离，是他的诗歌理想之一。蝴蝶的飞舞，小鸟的飞舞，树枝的飞舞……飞的形体在雷平阳诗歌中留下了诸多翅膀的痕迹。雷平阳多次怀着深情写到飞鸟，在云贵高原，这个最接近天空的人间，雷平阳有飞翔的信仰。“要说出那些记忆中的飞鸟/我就必须先将它们的翅膀卸掉/要知道，这是午夜，任何东西丢失/黑夜都不会还我。所以我得警惕这些自由的/飞鸟：它们只能从我的记忆中走出来，而不是飞。”（《囚徒》）以囚禁的方式返乡，以行走的方式飞行，是出于乡愁中的诗人的矛盾存在方式，他从中汲取取之不尽的悲哀。这种悲哀源自抒情主体最后的对“飞鸟”难以割舍的精神依赖。

即使是昭通东晋霍氏墓壁画上“飞行在坟墓中的飞鸟”，诗人也格外关注。飞鸟，已经成为雷平阳的诗性宇宙和梦之影像。《铁桥下的秋天》还写到诗人对飞鸟生活的无限羡慕，它们的生命形式形成了一个诗性的宇宙：“整个过程，火车一直在头上奔跑/鸟儿一直在巢里拥抱。”对于雷平阳这种与母怀、家族宗源、生命的活气和土地的温热有千丝万缕的情感联系的诗人，自由飞翔的渴望始终是梦之乡愁的摹写，它们与肉身依存的时间为敌。正因如此，诗人在“梦中才敢杀死一只鸟”……而通用的办法是，“让这只鸟/不停地飞，让它累死。”（《梦中杀鸟》）而其他代表速度的物件，如码头、高速公路等处所，是诗人返乡的敌人。除非他向田园的归隐，需要来自尘世的痛感一遍遍提醒：“如果真的闲下来，无所事事/就让我坐在屋檐下，在寂静的水声中/看路上飞速穿梭的车辆/替我复述一生高速奔波的苦楚。”（《高速公路》）如苏珊·朗格所说，飞鸟是一种奇特的“动态形式”[1]，具有独特的生命属性。它与梦境的组合，形成一种富有生命感的有机形式。雷平阳将自我情感交予飞鸟与梦境的组合，增益了诗歌之美。

---

① 〔美〕苏珊·朗格：《艺术问题》，滕守尧译，南京出版社2006年版，第55~63页。

四、云南降临与诗语哗变

雷平阳收在《云南记》中的部分诗歌，诗语泛滥着云南粗浅的、标志性的神性气息。父亲去世以后，雷平阳在尘世和天国之间的灵魂钟摆十分剧烈。在《蓝中》，这种灵魂的远游受到母亲所代表的亲情和尘世的断喝，找到了安抚灵魂疼痛的出路。云南突然非常程式化地来到雷平阳的诗中，甚至以散文、报告文学的方式，显示了诗人疲惫痛苦的灵魂在这一时期对“云南”的预定。

前期诗歌深潜在哀戚中的类宗教意识，被“云南”无所不在的神性收录。雷平阳尝试将内心的矛盾一股脑儿卷起，安置在“一个人的寺庙，拧紧水龙头/绝不能传出滴水的声音”（《寺庙》）。诗人开始频频寻求灵魂救赎之途，《冬至》中的经书意象，《月亮记》中为自我设置的西绪弗斯式的存在，《晚风》中的禅机、美趣，都被否定，但雷平阳笔下抒情主体的哀矜之美仍然在延续，体现出强大的诗语惯性。即使如此，还是能够让人遗憾地读到，诗人并不把信仰作为一个有待解决的灵魂问题。在《菩萨》一诗中，他甚至写了一个台湾来的茶客参悟的过程，对一次禅机的呈现显示出游刃有余的旁叙能力。像昌耀一样，雷平阳一生借助莫名的神启与天赋，在自我与云南之间进行灵魂的互融；与昌耀不同，他的互融更加简洁。

可以想见的结局是，灵魂皈依的隐痛并未解决。在《隐痛》中，诗人自述了自己的精神境况：在异乡，“安放在那儿的佛堂。忏悔，一度从地下/升起”。在这种情形下，诗人循归的路线并不可靠，感觉自己在痛苦中不断沉迷于世俗和历史负累，“一个走投无路的诗人/他来这儿，只是为了走走，结果他/迷上了木瓜、芒果和月亮”。

与此同时，云南的标签被更频繁地粘贴在雷平阳的文字上，神性与诗语风格也开始哗变。神祇意象与诗歌韵脚开始增多，极为简单地说出对阿嫫杳孛等神祇的依赖，削弱了雷平阳最优秀的诗歌中悲哀的多棱镜下的生命、生活的丰富性，将现实和灵魂统统收纳于云南肤浅的风土人情，以云

以大自然为根基的诗歌世界
——评雷平阳诗集《云南记》

刘玉霞

一

生态关系的恶化与破裂应该是多重的，既指人与自然关系，也应该包括人与人的关系，因为人原本也是自然生态的一部分。正是生态关系的恶化启示和激发了诗人的批判性思维，重新回到人与自然的有机世界。

首先是人与自然关系的恶化与破裂。随着社会经济的不断发展，人们的科学意识、经济意识越来越强烈，但与自然和谐相处的自然之子的身份意识却越来越淡漠，一边是对自然生态保护的“倡导”，另一边则是对自然生态环境的无情破坏与侵蚀。从这个角度看，诗歌中的生态意识极为明确，倡导“尊重物类的存在，维护生命的权利，顺应自然运行的规律，谋求自然世界的和谐关系，保证自然系统的良性循环、正常流通和动态平衡”①。《2007 年 6 月版纳》② 中原本雨林密布、鸟兽出没的西双版纳，因为热衷于橡胶树可观的经济效益，导致热带雨林“一步步后退”，最终“退到了苦寒的山顶上”，“大象和孟加拉虎，远走老挝”，而更多的动植物只能被迫死亡，并忍受“一种强行施赠的、喊不出来的/正在死亡的疼。活不过来的疼”。人类对自然界的残暴在“屠宰场”“砍倒”“烧死”“骨

---

① 姚文放：《文学传统与生态意识》，载《社会科学辑刊》2004 年第 3 期，第 117 页。

② 本文所引诗作均出自雷平阳《云南记》，长江文艺出版社 2009 年版。

灰”“砍断肢体的疼”等恐怖血腥暴力和充满伤害与死亡的字眼下暴露无遗。可以说，动植物正在经受的“正在死亡的疼。活不过来的疼”正在成为人类命运的谶语。

人与自然的疏离破坏了文化生态的多样性，导致同质化结果。“现代文明以效率为唯一原则，倡导本质主义思维方式，工具理性化笼罩一切，直接导致现代世界的机械化、单一化、标准化、同质化地简化了的倾向。”① 以科学意识、人类中心主义为核心的工业文明之风所到之处，总是令人发现现有生活的落后与粗陋，从而激起人们对城市化生活的向往与追求，而且只要开始就再也停不下来。就是远在人神共居的古老神秘之地怒江，人的物欲也破坏了那里的平静，矿洞和水电站正在腐蚀着那里朴素纯净的生活，以及生活与自然的和谐关系，诗人一再盛赞的净土也难免“秩序/毁于人欲，敬畏少于空荡”，“心里的桃花源/地图结束的地方”，被涂满了“一个时代共同的惊惶和悲伤”。(《怒江，怒江集》)

其次是人与人关系的疏离、隔膜与隔绝。《回乡偶书三》中生存的压力隔绝了本应心心相印、惺惺相惜的农民夫妻，丈夫出门打工后杳无音讯，人们以为他死在了东莞，当他返回家中时妻子已经死了很久，他“用土封了屋门/重返他打工的漠河”。东莞与漠河可谓天南地北，从对家的眷恋对生活的热望到冷酷的杳无音讯，不难揣测他在打工的漂泊中经历了怎样的心灵炼狱。失去故乡的同时，诗人失去了少年伙伴。《回乡偶书五》中诗人失去了旧日的少年伙伴，原本亲密无间的关系在城乡的差距中变得陌生与尴尬。尽管诗人极力谦卑和气，但“像小煤窑凌乱/而又不堪重负的木柱子”的旧日伙伴并不领情，因为诗人“给他们带来了/羞耻和压力”，他们也想获得诗人在城市里的那种生活，但他们却无力得到。农民在城市的边缘位置、城乡经济的差距和社会地位的悬殊彻底隔绝了他们原本亲密无间的关系，使他们对诗人充满敌意。

① 汪树东：《重塑中国文学的绿色之维》，载《文学评论》2009年第6期，第97页。

二

表达了诗人失根的痛苦。诗人的生命之根在父亲身上，诗歌之根在故乡故人身上，更广义的根扎在云南这片热土，但诗人却无力抗拒这些精神归属的失去。

丧父是对诗人的巨大打击。与母亲的影响比起来，“父亲的影响是文化方面的”，“父亲代表着外面的世界，既令人担忧，又富有吸引力。孩子（不管是女孩还是男孩）在努力向父亲靠拢时获得新本领，如果他一直在母亲身边是不会获得这种本领的”。“父亲还是安全和魔力的化身”，同时“孩子的自主也是父亲影响的成果”。[①] 因此，再平凡甚至卑贱的父亲仍然是孩子心中最伟大的父亲。失去父亲意味着诗人失去了闯荡外界时来自血缘的心灵支撑和精神偶像，催生了他“没有理性的痛苦，逐步演绎成/他们的信仰：这是一尊神灵/的死亡”。父亲的离世令诗人悲痛异常又难以置信，长久以来父我一体的感觉被毁灭，“有一个人，从我的身体里走出去”（《奔丧途中》），身体被掏空，灵魂被放逐。

诗集是一个灵魂孤单的儿子歌咏父亲、怀念父亲，试图通过诗歌使父亲重生乃至永生的通道。通过《祭父贴》《与父亲书》《两亩地》《一个人》《回乡偶书二》等诗作，回顾了父亲一生中的琐事大事，在不断的回溯中，对农民父亲贫穷、保命，没有选择权、发言权的顽强的生存历程给予了深深的理解与同情，“他的一生，因为疯狂地/向往着生，所以他有着肉身和精神的双重卑贱！”并从中发现了诗人与农夫父亲命运的同质性，“如果可能/不妨作为我将来的墓志铭。他这个农夫/和我这个诗人，一样的命运，难以区分”，这里除了父子血缘的同质，还有着诗人对自己身份的悲观与质疑。

故乡的变迁拔掉了诗人曾有的诗歌之根。诗人的故乡原本边远贫困，不过社会现代化的进程悄然改变着故乡。《在坟地上寻找故乡》的题名则

---

① 〔法〕让·贝拉依什、安娜·德凯尔瓦杜埃：《一个男人一本书》，李鸿飞等译，北方文艺出版社2009年版，第230、246～247页。

隐喻了现代化进程对故乡的无情毁灭，昔日的美好家园已经成为埋葬幸福的坟墓。“我生活过的村庄/那儿灯火通明，机场隆隆，它已经/变成了一座巨大的冶炼厂/一千年的故乡，被两年的厂房取代”；“堆积如山的矿渣/压住了树木、田野、河流，以及祠堂/我已经回不去了”。一千年与两年的反差是巨大的，一千年悠久深厚的历史无法与代表现代化文明的两年的厂房相抗衡，一千年的历史在短暂的物欲满足面前脆弱不堪，无力改变任何行为与进程，绝望的诗人只能悲怆地在清明节“扒开草丛，踉踉跄跄地寻找故乡”。故乡对诗人而言，不仅有与他血缘相亲的父母家人，还有他成长为一个诗人所依傍的全部精神谱系，是他在诗歌创作上走得再远也无法挣脱的根，但是故乡的巨变阻断了故乡对诗人的精神给养。

三

在诗人心中，城市是一个缺乏诗意和灵性的地方。与乡村比，它被现代文明异化，与自然隔绝，远离自然灵性，成为自然和乡村的对立面。“其实，所有不尊重自然的言行最终根源都是反生态的现代城市文明。”①城市是一个充满杀气冰冷无比的水泥雨林，里面居住的人是比猛兽还凶猛、残忍的“猛兽”，一边高调发文要求保护野生动物、收缴偷猎品，一边又在享用偷猎品，满足可怕的口欲。（《办公室里的雨林》）高速公路作为城市化进程的产物，象征着城市与自然和乡村对立的延伸，它的修建大大方便了人类的出行，但却阻断了大象曾经拥有的自由之路，当大象踢飞金属隔离栏走上高速路时，却被飞驰而来的子弹头轿车撞上，大象发怒了，“对着钢铁怪物/一阵狂踩”（《大象》）。而侵犯了大象的人类却没有意识到自己的野蛮，还在拿大象的愤怒调侃。

除了对自然的伤害，城市更多的是对人性和尊严的践踏。诗人对人们安之若素的许多现象和关系都被诗人纳入了诗作，这些构成了他诗作独特的情感场域。《翠湖三贴》中一些老人流落街头，无法安享晚年。满脸污

① 汪树东：《重塑中国文学的绿色之维》，载《文学评论》2009年第6期，第97页。

垢却并不向谁乞求的老太太，在镜中看到自己的惨相在雨中哭泣，自尊而悲怆。被晨练的诗人父子吵醒的露宿老人一边向鸭子抛撒食物，一边祈祷它们日后为自己戴孝，达观而悲凉。《心慌》中人们因为各种原因无法静下心来，现代社会心慌浮躁的情绪无声地漫延，“很少有人能心安理得地睡眠”，“到头来我们可能才会明白/是一种看不见的东西，把我们/逼上了断头台”。《生活记》中的女人因生活工作压力过大而安全感缺乏，患上了强迫症，分房、加薪和爱人惯性的晚归都是加剧她强迫症的诱因。《青蚨记》则取《搜神记》中母子不离的青蚨传说对当今社会的拜金主义风气进行了辛辣的嘲讽。

对处于城市边缘位置的弱势群体、底层劳动者，诗人更是寄寓了深切的同情。《在集市上看飞机》中来自乡下的穷亲戚本来还可以在飞机场旁边的一个大集市看飞机起落，在心中默默幻想企盼自己的未来，但市场被拆除，他们失去了集结地，为了排遣寂寞找女人而染上性病。就像老舍《骆驼祥子》中的祥子，健康、强壮、心怀美好憧憬的农村青年来到城市，被城市文明所害，远离家庭，没有爱情，在城市边缘沦为氓流乃至性病携带者，成为城乡共同歧视与畏惧的邪恶象征物与代名词，甚至被粗暴地怀疑为小偷强盗，甚至会被巡警无由地抓起来。（《与大哥书》）在城市里他们往往做着最辛苦、最危险的工作，却得不到信赖和爱护，生活的美好愿景也因身处社会底层而变得难以启齿和非常渺茫，而且一旦患病，那么就会陷入更加不堪的困境。这是诗人对劳动人民的深切同情与怜悯，同时也是对现代城市文明病的深刻反省。从这点来讲，诗人的诗歌已经具备了文化批判的力量。

四

失根的痛苦令诗人始终都处在“在路上”的状态，定居城市的他常能看到别人看不到的不安、丑陋、血腥与残酷，连家中盆栽植物的土壤都带着人工的痕迹。面对故乡精神家园的变异和城市生活无根性的矛盾，诗人无处可逃，只能沉湎于旧时的美好记忆，一次次投身于边远的山林中，皈依自然神性，构建一个属于自己的诗歌世界，并在其中继续着他的反思与批判。

这个诗歌世界的根基是美好、美妙的大自然。诗歌中的自然不仅“作为一种感情的语言而存在”，更“包含了抽象，因为人的视野本身已经包含了抽象”。[①] 大自然作为中国诗歌艺术的一个象征自中古以来就存在，“如果也要在中国中古艺术中寻找一个象征的话，也许就是大自然”[②]。此外，大自然还是中国文人乌托邦理想的寄寓之所。姚文放先生认为，中国文人历来心怀乌托邦之梦，这种理想在中国传统文学中则凝结为一种乐土情结、桃花源情结，表现为逃离、怀旧、构想和回眸等具有浓厚生态意识的文学主题。[③] 这里，诗人和传统文人一样，本质上仍未逃出文人在文学创作上的宿命。

首先，通过怀旧再现记忆中儿时家乡风土人情和自然环境的纯净美好。“怀旧也是对现实所持的一种背离和疏远的姿态，它是将理想放在过去，放在昔日，于是过去和昔日也就成为怀旧者心中的乐土。这种向后看式的追慕已经沉积为一种传统，也成为文学反拨现实的常用形式。”[④]《昭鲁大河记》是他十八岁之前的家乡画卷，那时的故乡宁静“清冽而又不乏苦痛”，那是一个人鬼同路、与鬼神相通、充满灵异先验色彩的世界，人们平淡地过活，富有同情心和正义感，相信命运、敬畏鬼神，信奉善有善报、恶有恶报宿命轮回的生命观。接受生活赐给他们的一切，包括种种变故——水灾、溺水死亡、一场场运动、村干部的横行作恶、生活带给母亲们的绝望，以及各种通灵或鬼神附身的现象。那是诗人记忆中“昭鲁大河最后一次清冽。人民的河流/神的宴会厅，十年之后，成了黑夜的家”。此外，《怒江，怒江集》《村庄，村庄集》中都有这种对旧日的回忆。

其次，这种人与自然的美好关系存在于远离尘世的穷乡僻壤或人迹罕至的山野密林中。云南虽然地处西南边陲，但仍逃不脱经济发展的铁律，

---

① 肖驰：《中国诗歌美学》，北京大学出版社 1986 年版，第 216 页。

② 肖驰：《中国诗歌美学》，北京大学出版社 1986 年版，第 215 页。

③ 姚文放：《文学传统与生态意识》，载《社会科学辑刊》2004 年第 3 期，第 117 页。

④ 姚文放：《文学传统与生态意识》，载《社会科学辑刊》2004 年第 3 期，第 121 页。

只有在“这里很落后，人们都很穷”（《密支那》）的地方，大自然才能得到了较为完整的保留，人与自然更和谐，人心也更宁静。这些与世隔绝的地方成了诗人心目中的人间仙界，在追求山水林野之美中追求独立于城市与物欲之外的人性之美，而且人性之美与自然之美有着高度的统一。就像在人迹罕至的密林里，拉祜人所坚信的“没有永生或速朽，只有替代/和重复”，尊重自然规律（《密林里》）。《一座木楞房的四周》中一座木楞房被神界和尘世层层包围，高黎贡山、贡丹神山、怒江、普化寺、重丁教堂、原始道场、村落、田野、池塘、羊羔、小狗、鸡鸭、孩子和鼹鼠共享宛如仙境的幸福生活。

最后，诗人通过对诡异神秘的先验世界的肯定、敬畏和融入来构建自己的诗歌世界，它由静谧无争的理想世界和与自然亲近融洽的理想人类组成。《布郎山的秘密》中自然界生物的生死、自由与喧闹都是由天国的菩萨主管着。《爱伲山寨速写》中山寨与人气息相通，山寨“是一具，打开了/平躺在坡地上的人体”，人性与神性自然地交融在一起，生发出独有的灵性。这种选择既与中国人天人合一、道法自然的传统意识有关，还与诗人自幼生长在云南有关，在这里文化不仅保持着它的原生态状态，而且还有着难得的文化多样性，万物有灵论、原始宗教等因素的影响无处不在，对神灵和自然的崇敬往往也是这些地域生存法则的一部分。对先验世界的肯定使人们的生活充满了或通灵或诡异的色彩，在这类诗作中往往充斥着强烈的宗教诉求与浓郁的鬼神文化。《舞蹈》中哀牢山的女性在严肃地对身体洗了又洗之后，集体跳一种神秘通灵的裸体牺牲舞，她们既是沟通人鬼两界传递信息的“信使”，又是让“死去的亲人/领受一份人世的肉欲”的牺牲者。舞蹈和舞者的神秘性在于“据说，没有一个活着的男人/看见过这种牺牲之舞。”这跳舞的地方是禁地，进入了、看了就会鬼魂附身，“触之，人就会化为灰烬”。

五

诗人的崇高性在于诗人诗意批判了现代文明的人类中心主义及拜金主

义。这和我国诗歌的诗教传统相吻合，“然诗为乐章，诗乐是一，而教别者。若以声音干戚以教人，是乐教也；若以诗词美刺讽喻以教人，是诗教也”（孔颖达《经解篇·正义》）。就像《隐身术》中的罗公远一样，诗人希望能够隐身在尘世，做一个审判者和阻止者，阻止人们皇帝般的物质追求，审讯皇帝式的贪欲，希望这种审视审讯和批判能够让人们有所顾忌，从而实现间接地改变从艺术世界返回现实世界的人们的观念和行为。

面对自然环境的不断恶化和人类自取灭亡的行径，诗人也有过美好的祈愿，希望人能够更多地自我约束，就像《菩萨》中诗人更希望台湾游客面对自然的恩赐，能珍惜自然界的一草一木，感受到“每一种物体内，都住着菩萨或其他神灵”，放弃贪念，回归自然。

诗意批判更多的时候是通过讽喻实现的。《电线杆下的约翰》中雕有双语版《圣经》封皮的象牙陪葬品被现代盗墓贼盗走，基督教教人节制向善的教义和法国传教士的执着落寞与中国现世人心的浮躁与贪婪形成强烈的对比，宗教及其布道者的尴尬遭遇折射了现世宗教的无力，同时讽刺了当今时代与人信仰的缺失。《开发区的春天》讽刺的是处处攀越经济学珠峰的行为对人类自身精神归属的戕害，寺庙和它所代表的精神世界无情地被摧毁，只要经济发展需要，五百年的小寺立刻就被连根拔起，庙基塌陷，让位于机器和机器的仆人。化人、渡人、引人向善，知足常乐的宗教及其载体寺庙无力阻挡永不知足永不停歇的经济开发步伐，努力将俗世之人解脱出来并渡去彼岸的宗教被人们狂热的此岸追求逼得无路可走。当人类内心被狂妄的自信所占据的时候，宗教的没落似乎就成了一种必然。

同时，诗人的悲剧性在于积极倡导和践行生态伦理，却又无力改变现实的沮丧与绝望，没有同盟者的孤独和寂寞。在《云南记》中，诗人反复地表达了令他痛苦不堪的绝望与无助，诗歌更多的时候成为诗人宣泄情绪、释放压抑、安抚疼痛的良药。诗人似乎遭受了很大的打击，打击像“从天而降的一块巨石”（《楚雄小令》），让他经受不起，而他的困境又在于无法放弃的责任感与使命感。面对生活现实，如备受争议的城中村拆迁，贩夫走卒们的艰苦谋生，诗人的创作似乎更像是一种梦境，一旦跳出梦境，就会忧伤地发现自己是一个回不了故乡的诗人，“只能死死地躲在梦乡”（《偶感》）。在诗中对自己的隐痛直言不讳，“我想/等到天亮，我将说出我的/隐痛：一个走投无路的诗人”（《隐痛》），尽管一再鼓励自己，给自己打气，要求“从今以后，我必须写一些/温暖的文字，给自己信心，给冬天/多燃几个火炉”（《惠民乡日记》）。即使做石头，也要“稍稍/比泥土，高出那么一点点”（《乌蒙道上》），但仍然掩饰不了源自内心的疲惫与困顿，认为“有一天，我扛不住了/我想，我也会放下”（《惠民乡日记》）。因为，诗人也“是个凡人，伤口会痛，力会用尽”（《小引》）。诗人就像一个只看见了空虚的列车长，“开着这列火车，一头扎进了暗处”（《火车开往暗处》），美好的愿望在渊薮中发出毁灭的巨响。

读《云南记》不难发现诗集中随时都会读到诗人散落在各处的悲伤、悲观、失望甚至绝望，从诗歌审美的视角看，不少诗作暴露、揭示了荒诞怪诞的丑，甚至令人惊心恐怖，突破了传统的优美范畴。尽管“从某种意义上说，对丑的审美判断与评价正意味着对美的渴望”①，但仍反映了诗人的悲观，对改变现实的无力感、无助感反过来进一步加剧了诗人的疼痛。一边是走投无路、孤独、迷茫、挺不住了，一边是自己向自己开战、怀抱理想、不能放弃，两个反向作用力同时撕扯诗人的身心，使其诗歌诗义大于诗意，充盈着沉郁之气。

---

① 张松泉编著：《美学简论》，黑龙江人民出版社1985年版，第37页。

人生印象：刻板与真实
——对《澜沧江在云南兰坪县境内的三十三条支流》的印象批评

尹宗义　崔　艳

雷平阳《澜沧江在云南兰坪县境内的三十三条支流》（以下简称《澜沧江》）引起了媒体、诗人、评论家和读者的强烈关注，成了争论的焦点。肯定它的人认为是“对地理事实的罗列包含着一种强烈的意蕴，在它的固执的罗列里，有一种固执的不同寻常的诗意。诗的奥秘在于“笨拙”（北大中文系教授臧棣）；否定它的人则表示了“怀疑”。①

同一个作品，产生这样大的反差批评，主要是评判的理念、方法迥异。若对这样独特的作品进行解读，有必要先交代自己解读的方式方法，才能使自己所做出的解读显得理所当然，言之有理。

威廉·赫兹利特要求批评家“根据感觉而不是根据理性来判断，即根据一些事在你心中的印象判断”（《论天才和常识》）。勒美脱尔说：“所谓批评者……总都不外是阐发一件艺术作品在某一顷刻所给我们的印象，而那件艺术作品里面，则作者曾把自己在某一时间由世界接受来的印象记录在那里。”（《传统与嗜爱》）O. 王尔德说：“最高的批评”是“最纯的个人印象”。（《批评家即艺术家》）② 从印象批评的角度解读作品，《澜沧江》

---

① 韩璟、姜小玲：《“零度写作”带来“沸点”反响》，载《解放日报》2005年8月22日。

② 王先霈、王又平：《文学理论批评术语汇释》，高等教育出版社2006年版，第191页。

所呈现出来的印象又是多样化的，这里笔者仅陈述个人解读的印象。

厦门城市大学中文系教授陈仲义称《澜沧江》创作“格式化”，其格式是用“前缀”——“又南流×公里”和“后缀”——“东纳××××河”“西纳××××河”组成每一个分支。“前缀”公里字虽呆板重复，但因“后缀”纳入花样繁多的河流名称，故能冲淡“前缀”的机械排列，显出整饬中有变化。同时不可忽视的是，“又”字在每一句开头，连续不断的“又南流”起到历时时态上的提领，形成语调语气的连贯急促，从而带出河流湍急、奔腾的生命之声。① 这种格式化的生命形式，就是人生形式。笔者解读《澜沧江》，就是将诗人记录于作品的某一时间由世界接受来的印象，呈现出自己解读出的印象，或共鸣（两者的印象一致或相似），或大相径庭（两者的印象相差甚远）。诗人雷平阳在《创作手记：我为何写作此诗》一文说，他在创作该诗时，是“像一个刑满释放的自由主义狂人，以奔跑的速度，扑向云南的山山水水”。迷醉于澜沧江的气象，“为之魂不守舍”②。诗人创作《澜沧江》抒发的是对故乡的热爱之情。而作品给笔者的印象是呈现一种人生形式：刻板无昳又赋有人生真谛。

一、刻板：河流形式与人生形式

《澜沧江》一诗呈现了澜沧江在云南兰坪县境内的三十三条支流的流淌形式，就像我们的人生之河在流淌。“澜沧江由维西县向南流入兰坪县北甸乡”，就像交代一个人在哪里出生一样；“向南流1公里”“又南流6公里”“又南流4公里”等等，就是具体呈现哪年做什么；“东纳通甸河”“西纳德庆河”就像人生每一个阶段的收获，所取得的成就；“一意向南的流水，流至火烧关/完成了在兰坪县境内130公里的流淌/向南流入了大理

---

① 陈仲义：《警惕类型化写作——从雷平阳诗作看张小云等人的创作倾向》，载《郑州晚报》2005年8月18日。

② 雷平阳：《创作手记：我为何写作此诗》，载《羊城晚报》2005年8月6日。关于《澜沧江在云南兰坪县境内的三十三条支流》的讨论专题《寻找诗歌：这样的诗还是诗吗?》。

州云龙县”，就像人生画上一个句号。

批评该诗的人普遍认为作品思想、情感贫乏，缺乏想象，语言干巴而无形象性，更无节奏韵律，呆板枯燥，味同嚼蜡，既无新意，又无诗意。从形式上看，人生就是如此，刻板无味。《澜沧江》给笔者的印象就像我们平时所填写的“人生简历”一样：哪年出生、哪年读书、哪年工作、哪年退休、哪年去世；哪年到哪年，就读哪所学校；哪年到哪年，就任于哪个单位。当我们蓦然回首自己的人生，一生经历就像“澜沧江”一样，一目了然。而这样的人生就是刻板的、枯燥的、毫无诗意的。

除了“人生简历”如此，我们每天的生活也如此：几点起床、几点上班、几点睡觉，一切都是那样既无新意，又无诗意。每天上学、上班的路线也是如此刻板、枯燥，从哪儿出发，路经哪些地方，最后到达哪里。从教室到食堂，再到宿舍，每天都是三点一线；从家到单位，再从单位到家，两点一线。这样的人生河流，一年又一年，周而复始，生活就是味同嚼蜡、干巴无味的。

《澜沧江》呈现一条河流流淌的形式，就是在呈现人们的人生轨迹，刻板又具体，形象又无味。

二、真实：地理图册与人生真谛

诗人自己说《澜沧江》是采用“零度叙述”方式创作的。杰拉尔德·普兰斯认为，零度叙述在于“只会跟踪明确而具体的叙述”，“既无个性特征，也无社会特征”，但“绝不会影响他对所描述事件的感觉和理解”。[①]（《叙述接受者研究概述》）这种“零度叙述”从表面看是刻板的、具体的，但所描述的“澜沧江”这一对象却是早已赋予了诗人的“感觉和理解”。而这种“感觉和理解”又是什么呢？

西方马克思主义批评家弗雷德里克·杰姆逊虽然认为把批评视为解释不尽确切，但他仍然指出：“批评的过程与其说是对于内容的解释，不如

① 王先霈、王又平：《文学理论批评术语汇释》，高等教育出版社2006年版，第522页。

说是对于内容的显示，是将被各种无意识压抑力所歪曲的原始含义和原始经验重新揭示出来，恢复其原来面貌。这种显示所要解释的是内容何以要受到如此的歪曲，因此不能将它和对于无意识压抑力机制的描述分割开来。”①（《马克思主义与形式》）我们解读《澜沧江》这样独特的作品，只有关注诗人无意识，才能更好地呈现出诗歌的原始含义和原始经验。

有人评价该诗就是一份“地理图册”。这份“地理图册”是真实可信的，就如诗人自己说的，《澜沧江》一诗中的“每一个数字、地名、河流名称都是真实的，有据可查的”。由此呈现给笔者的印象是人生真实，真实到可以找到人生真谛。

“向南流”“又向南流”“一意向南的流水”就是人生的真谛：勇往直前，川流不息，不懈追求。“子在川上曰：逝者如斯夫，不舍昼夜。”诗人雷平阳面对“一意向南”的澜沧江水，也感慨出人生就应该“一意向南”，永不停息。“向南”不仅是澜沧江流淌的方向，也是人生的方向。《庄子·盗跖》中说：“凡人有此一德者，足以南面称孤矣。”《易·说卦》中也说：“圣人南面而听天下。”“面南”在中国文化里有极其重要的含义。古代以坐北朝南为尊位，故天子、诸侯见群臣，或卿大夫见僚属，皆面南而坐。帝位面朝南，故代称帝位。虽然我们不能用封建的思想来揣度诗人的心理，但不禁想到：（写作《澜沧江》时）37 岁的诗人已是诗坛名人，硕果累累。回首过去，人生虽然是坎坷的，但一直向前奔走，“向南”的努力取得了相应的成就；同时，对未来也展开了憧憬，相信自己能像澜沧江水一样“向南”再“向南”，甚至“一意向南”。

《澜沧江》展现的是一幅真实的“地理图册”，也展现了一幅不断上进的人生画卷。诗作形象真实地告诉我们：人生的真谛就是“一意向南”。

美国批评家罗伯特·史柯尔斯说：“评论本身总是要揭示某一给定的作品的意义，要达到这一目的，往往是在作品和作品外部的某些思想体系

---

① 王先霈、王又平：《文学理论批评术语汇释》，高等教育出版社 2006 年版，第 180 页。

之间拉上一层关系。”（《文学中的结构主义》）[1] 笔者将《澜沧江》解读出“人生印象”：人生是形式刻板的、真实的，人生的真谛就在于执着，“一意向南”，不懈努力，永不止步。这种“纯粹的意向性构成”[2] 式的解读，既依赖于作品自身内容，也依赖于“作品外部的某些思想体系”。将两者之间“拉上一层关系”，即把作家意识的意向性和读者意识的意向性联系起来。对作品的解读就更为具体全面，也较为深刻，不停留于对诗作的简单否定和片面褒扬的层面。

---

① 王先霈、王又平：《文学理论批评术语汇释》，高等教育出版社 2006 年版，第 182 页。

② 王先霈、王又平：《文学理论批评术语汇释》，高等教育出版社 2006 年版，第 47 页。

三段旁批：关于雷平阳

李敬泽

雷平阳写道：

我只爱我寄宿的云南，因为其他省
我都不爱；我只爱云南的昭通市
因为其他市我都不爱；我只爱昭通市的土城乡
因为其他乡我都不爱……
我的爱狭隘、偏执，像针尖上的蜂蜜

——《亲人》

然后，我看到陈超先生谈及雷平阳诗歌中的“地方性”问题，在引用了上述诗句之后，他说：“我认同诗人对‘针尖上的蜂蜜’的表述，但我宁愿从最朴素的视点来理解‘蜂蜜’说，而不想将此简单地整合到当下‘以地方性对抗全球化’的时髦理论谱系中。我认为这一谱系才是真正利用了‘全球化’的舆论背景，它在很大程度上也是后现代理论中的‘东方主义’的小人书版。”（《“融汇”的诗学和特殊的“记忆”》）

我同样认同陈超先生的表述，这段话在理解雷平阳的诗歌时是必要的防滑链，防止理论上打滑。

鉴于故乡在雷平阳的诗歌中和他的自述中是如此核心的一个概念，鉴于他用了“针尖”这样一个比喻——极喻其小，但依然构成一个确凿的点，很容易让人想起福克纳的“邮票”什么的——那么，我们几乎无法阻止滑行：这里有一个诗人，他的“故乡”在云南—昭通—土城，地理上的和文化、精神上的故乡。然后，这种确切的地方性或根性与“全球化”构成二元对立的紧张关系，诗人由此获得某种特性和诗学上的合法性。

如果说，这是一种掉到沟里去的打滑，带领人们走向对雷和雷的诗的简化理解，那么雷平阳本人也要负一定的责任，他刻意强调了自己的“地方”，他甚至把诗集命名为《云南书》。这是一种大胆的“逆袭”，很危险，但有时有效。比如在钱钟书的回忆中，沈从文当年就是这么干的。诗人或小说家在一种边缘的地理—文化—精神综合体中确立起一种认同、一种身份，这使他获得鲜明的形象——至少会使批评家自信地展开论述；但问题是，这也会遮蔽他的内在性，当我们把一个诗人放在他与世界的坐标上衡量时，这是一种外在化或外部化，于是我们忘了，在另一重更根本的意义上，他自身就是世界。

这里还有一个错觉：我们这些批评家、这些天天上网看报纸、看电视的人，有一种本能的视野，我们衡量任何一个地方的尺度都是“小小寰球”。这个“全球”或“世界”并非出自经验，而是媒体确立起来的观念架构、一种先验的背景。

但是，“世界”至少在精神意义上不是一个地理学问题，对人来说，“世界”是一个实践问题。也就是说，人在他的身和心所能抵达和感知的疆域中建立和确认他的“世界”。比如孔子，周游中原列国，他认为他所及的就是“天下”；而释迦牟尼，他的觉悟证道之路无限漫长，但我们现在知道，那不过是大比例地图上几乎可以忽略不计的一小段。

现在要说的是这个叫雷平阳的诗人，《云南书》这样的书名提示了一种阅读策略、一种外部的眼光，但是你慢慢读下去，你看到他奔波在大山大河之间，奔波于街巷和村镇，你会感到，真正困扰他、驱迫他如此奔波和书写的，其实不是寻求一个与“世界”对峙或归隐的地方，而是这样一个问题：

这是否就是我的世界，这是否是我的故乡或者他乡？

这是急切艰难的辨认，是怀疑和辩驳——针对自己的“在”。他确实在寻找“故乡”，但那肯定不是对某种哲学或诗学上的“安居”的想象或追忆——陈超先生可能高估了追忆的作用，“对他而言，回忆或追溯故乡的人与事，是对有关自己灵魂和身体来路之谱系的归属感和自豪的认同”。雷平阳真的如此轻易地认定了“来路”？他对他的来路不也是满怀狐疑？而这种来路是不是同样会把我们带向陈超先生所警惕的廉价“伤感”？

看山是山，追忆仅仅是追忆，而不是追忆“逝水年华”。窃以为追忆在雷平阳这里似乎并非走向归属和认同，而是更深刻地表明了他的破碎、孤独，他的何枝可依。

《澜沧江在云南兰坪县境内的三十三条支流》也许正是一首狐疑之诗。罗振亚先生说：“有人盛赞它的生命感、实验性是诗学的积极探索，其奇异的形式本身就是内容的外化，其数字、地名、河流名称都有据可查的不厌其烦的书写，既是诗人对澜沧江的爱之表现，其情感的零度状态所透出的冷静也堪称对当代诗坛现状的反讽。”罗列、指认、命名，这也许是追忆，也许是“爱之表现”，但也许，是山巅上的疏离、陌生，是符号的“空”和事物的自在。命名可以表明这世界是“我”的，但零度的冷静也同时表明这世界是一个“他”。

雷平阳的内在丰富性就在于这两极之间，故乡—他乡。由此，他确立了融汇庞杂经验，在理性、情感间精确旋转的主轴。

据雷平阳说，他的第一首诗是《献给母亲的歌》；同样据他说，这首诗他后来找不到了、遗失了。

这是一个值得深入考证探究的自传性细节。我可以有把握地确认，这次遗失意味深长。至少在修辞上，“母亲”更近于我们通常所理解的“故乡”——那个维系着游子之认同的意义中心。而这首诗的遗失，预示着诗人根本态度的某种变化。后来，他写了很多“献给父亲的歌”，包括那首著名的《祭父帖》，他反复写到父亲：自己的父亲、别人的父亲，甚至当不成父亲的男人。

——当然，雷平阳自己也是父亲，而且我们也能够在他的诗中感觉到这一点。这一点并非无关紧要，有的作家直到子孙满堂你在他的作品里也看不出他是个父亲。

现代文学，父亲的形象远比母亲纠结晦涩，母亲的谱系几乎不存在任何内在争辩，只是到了 20 世纪 90 年代的女性主义写作中，母亲才成为一个问题。而父亲的形象从现代文学之始就是一个充斥着争吵、对抗、歉疚和辩论的场域。我们几乎无条件地认同于母亲，但远不是无条件地认同父亲，从鲁迅开始，与父亲的复杂关系至今一直是中国现代性刻下的最深的精神伤口。比如我曾经说过，“70后”和“80后”作家的小说中一个普遍而触目的现象是“父亲”缺席，似乎他们都是孤儿，把父亲悬置起来，放到一个似有若无的地方。这当然有助于“青春写作”永远青春，父亲不会提醒他们你也会长大；同时这也表明了一种文化愿望——孱弱的、遥远的、面目模糊的“父亲”无力再教给他们什么或阻止他们做什么。

但在雷平阳这里，“父亲”是一个巨大深广的存在，牵涉到生命的几乎全部疼痛和疑难，必须“正面强攻”。

对雷平阳来说，父亲同时是“我”和“他”。

正如他之于故乡。

然后，我想像个理工生一样做一个统计——当然，学中文的完不成这个计划。雷平阳在这么多诗中，像一只鸟、一匹走兽一样，在大地上漫游——这不是“云南”，这就是他的世界——我想统计一下，他在他的周游中到底在找什么？

凭印象，我认为，他找得最多的是庙宇。

雷平阳有很多诗、很多意象都涉及庙宇、僧侣、祭祀……

当然，他喜欢刘文典当年在西南联大说过的话：诗是观世音菩萨。

但当然，他从未有出尘之念——顺便说一句，他的诗中我不太喜欢的是那些很文人的诗，包括那首《大江东去帖》，写得神采飞扬，但这种飞扬过于“李白”，过于流畅和华美，这是一种美学上的“打滑”，对雷平阳、对现在的很多诗人可能都构成了诱惑，我们忍不住，清风明月和仰天长啸的文人气一不小心就从根子上泛了上来。

而雷平阳，他的诗其实也不是观世音菩萨，是游方癫僧，泥腿子不衫不履。

他不是在找一座容身的庙。他是在庙起庙废、残垣断壁中参悟世间法。

——这件事，与故乡、与父亲亦可同观。

柏桦解读雷平阳《诗二首》：杀之人道与“边边”

柏　桦

我说诗一般不爱说意义，但雷平阳这两首诗还不得不说意义（此诗的技术就不多说了，行家里手一看便知，不外是后现代的克制陈述或零度写作法，不必啰唆）。第一首真是别开生面，人道是通过杀狗杀出来的，因此显得直刺人心而且刻不容缓。全诗以手术刀般的镇静与精准，以五次杀狗的过程，不仅带给我视觉上的冲击，也带来心灵的剧痛与震撼，人道，我重新认识了你，而且是从人的恶中认识的。还能多说什么呢，只得佩服诗的力量。

第二首，作者另写人与动物的情感并顺写云南的山川之美。他让我们重回“地道战”的年代，并与作者一道重温一个乡村放映员的日常生活与工作之美。“边边”这动人的声音已经传来。先解释一下：“边边”是西南地区土话，译成普通话就是“边上”，一般都做提醒语，如“注意边上”“小心”等。而诗中的“边边”既是八哥的名字，又是提醒八哥注意危险，可谓一语双关。而又从诗中可见，两次出现“边边”都是在提醒八哥要小心，第一次语调亲切，第二次却是大声吼叫。随着第二声吼叫，张天寿坠下深渊（这名字颇具反讽，他未得天寿），而八哥不会坠落，它会飞，最多就是撞在树上。而刚才张还在亲切地叫它注意，两人（注意，八哥在张的心中就是人并已是他的亲人）还在风景中嬉戏。突然，一切都结束了，只留下意味深长的“边边”。张在死亡的刹那，出自本能急切地招呼他的同伴，注意这儿有悬崖绝壁，当心坠落。“边边”，如果我们换一个声音说出，用云南话或四川话，那么普通话的读者听起来一定有一种好笑

（但是友好的）的幽默感，这正是不同的发声会引出一种奇异的含泪之笑。然而八哥继续在飞，它想到“边边”了吗，那可是使张致命的边边，我们所有人的边边。此诗还有一种梦幻之美，直逼了安徒生所有的童话故事，也有一股扑鼻而来的云南气息。可“边边”仍活着，虽然也危险着。不是吗，作者已提出了一个令人深思的问题：八哥可以与人和睦相处，为何苍蝇、麻雀等就不行，为什么我们尤其在20世纪50年代一定要灭绝麻雀，而至今，我们仍然是见苍蝇就打。为什么万类生物中，我们要按人的思想来为它们分出一个好与坏，对与错，为什么，为什么，为什么我们要让无辜的生物感染上人的思想？如今雷平阳告诉了我们：八哥就是八哥，人不仅要还原它，而且应与之平等地生活。

生于某地，但要求索
——读雷平阳《云南记》

横行胭脂

一、他，一个，就是很多个

雷平阳的名声早已确立。在一群文字客中，他一个人独自成火焰，尤其明亮。

对雷平阳的阅读与了解，在2009年3月以前基本上是游击战似的，零零星星在报刊、网络读到一点。2009年3月，从朋友那里软磨硬赖地拿走《雷平阳诗选》。《雷平阳诗选》使我的阅读转向“阵地战”了。

《雷平阳诗选》和《云南记》一直放在我的书桌上。一段时间，它们都是我手提包里的“嘉宾”，每天上班下班都带着这些文字。有天早晨，我到单位后，发现包里没有书，疑心是遗失在路上了，惊慌不已，急急到路上去寻找，一直找到家，发现书在床头柜上，心里才释然。我说这个故事并不觉得矫情，甚至我觉得，这两本书使我的书桌上保持住了应有的尊严和凛然。

平阳兄的诗好，散文好，小说好。前不久又听说他的书法极好。上网一查，果然了得。曾在某区弄过书法展，曾给某书题名，而他自己的新书《云南记》三个字就是他手书。易中天说：“怀才如同怀孕一样，时间久了，总会被人看出来的。”这么多才能集合到一个人身上，人们看到的雷平阳几乎是光芒灼灼的了。上天独宠斯人乎？

诗是好诗，字是好字，人是诗人，但是，千万别把他叫小说人、散文人，或者书法人，只许把他叫诗人。作为一个虔诚的诗歌读者，自私一点想，我不希望他“诗人—文人—文化人”这样名声概念越变越大，我倒希望他将兴奋点停留在诗歌上，不要为更多事物去兴奋；我还希望他和诗歌的关系，像婚姻那么牢靠，宽阔、美。

二、云南高于一切省

“云南”本来就是一个具备足够诱惑力量的词语。云南，彩云之南。云南高、云南宽、云南远、云南艳。云南有4000多万人口，有无数的高山河流、民族风情、历史遗痕。可以这样描述：39.4万平方千米的广袤大地，满天都是彩云飞鸟，满地都是奇花异草，铺天盖地的生活，活蹦乱跳的滇人……

云南是一个让人想入非非的省。多年前，我对于它的地理还不是很感兴趣的时候，就曾被一副对联迷住过。

五百里滇池奔来眼底。披襟岸帻，喜茫茫空阔无边！看东骧神骏，西翥灵仪，北走蜿蜒，南翔缟素。高人韵士，何妨选胜登临。趁蟹屿螺州，梳裹就风鬟雾鬓；更苹天苇地，点缀些翠羽丹霞。莫辜负四周香稻，万顷晴沙，九夏芙蓉，三春杨柳；

数千年往事注到心头。把酒凌虚，叹滚滚英雄谁在？想汉习楼船，唐标铁柱，宋挥玉斧，元跨革囊。伟烈丰功，费尽移山心力。尽珠帘画栋，卷不及暮雨朝云；便断碣残碑，都付与苍烟落照。只赢得几杵疏钟，半江渔火，两行秋雁，一枕清霜。

这是云南大观楼的长联。初上网时，我起了个网名叫“一枕清霜”，还写了一篇很不成功的小说叫《我的前世情敌在彩云之南》。

可见，云南的文化气息向来是迷人的，比它的地理气息更甚。一个或一群强势的诗人出生在云南，我是不惊讶的。

雷平阳是云南的土著，云南是雷平阳的根据地，叫出生地恐怕不合适了。他不仅是出生在那里，而且注定要赖在那片土地上，注定要老死在那里的。所以对云南，他的感情极痞、极野、极依恋、极霸道。雷平阳正在干一件事，把他的省份移动到文学的位置上。他以多年的体力和雄心，写云南，写得有了一定的数量、质量、规模、压力。创作者与创作地点之间的神秘联系，云南的空间面积与人间事件之间的关系，被呼唤出来。怒江、澜沧江，红河、翠湖，德钦县、奠边府，昭通、乌蒙，基诺山、高黎贡，土城乡、欧家营……这些地名成为有温度的事物，很体面地招摇在读者眼前。

花是云南的，果是云南的，百姓是云南的，生死是云南的，教化是云南的，自在是云南的……云南摆脱了它盲目的地理旅游意义，正在向深刻的美前进。

我的包里装着《云南记》，装着云南的海拔，在阅读的过程中，海拔在升高，慢慢地，云南高于了一切省。

我是一个普通读者，我的话还没有为一个人立名的分量，并且，雷平阳也不需要我这样微弱的赞美，所以我怎样说都不过分。

三、精确阅读是一种羞涩

当下地域诗歌并不缺乏，可以说呈泛滥的局面。千人一面的写作已经淹没了众多诗人。雷平阳的诗歌凸显出来，靠的是他强大的道德自觉，写作的道德。真诚、朴拙，雷平阳式的真诚、朴拙，区别于那些矫情、虚空。他的云南元素是鲜明的、阔大的，像阿里巴巴的山中宝库，足够他享用一辈子，传递给后人。

在福楼拜眼里，陈词滥调和被普遍接受的观念是逗弄一下，然后杀掉的野兽。借来的纸巾，上面沾满了别人的细菌。雷平阳是较着劲将云南进行到底的人，他坚定地捍卫自己文字的品相，他代表着他自己。其实，他有比谁都聪明的聪明，比谁都凶猛的破坏欲，2006 年出版的《雷平阳诗选》中，一首《澜沧江在云南兰坪县境内的三十三条支流》可为证。这首诗写得很懒惰，很漫不经心，就是把现象搬出来“扔给”你读者，却呈现无数的阅读可能。但从新书《云南记》整部书看来，他却使用着比谁都聪明的笨拙，字句很认真、很用力，像一个农民在种地除草，踏踏实实，不偷奸耍滑，不糊弄群众的眼睛。所以他的庄稼每一株都很健康，没有当下诗歌的软弱病。杰作犹如大动物，它通常具有宁静的外貌。雷平阳的作品没有奢华的语言衣饰，力美、壮美却流溢而出，思想有冲锋陷阵的伟力，文字有隐忍节制的镇定。

他用“蛮力”对抗狂欢化的工业生活。一个够档次的诗人，永远不会回避他对母语和文学环境的承担。他说：“工业文明颠覆了天地，我以《云南记》梦游，并唱安魂曲。”他希望纸片上有旷野，他对云南有着比爱情更仁慈的爱。云南怡悦着她，也折磨着她。怀抱儒生大义，他写出了最醒目的山川，草木，人民。

收到《云南记》那天，一翻开书，看见一行字“献给我的父亲雷天良”，迅速合上，庄重的感觉涌上来。这个，曾经愿做孔子的“郊外”的诗人，儒家的孝悌思想肯定深植于他的灵魂的。祖宗在上，星辰列位，诗歌的尊严也就是生命的尊严。

于是先读了《祭父帖》。读了三遍，泪落不止。在旁边批注了一句：“罕见的才华，叙述的皇帝。”通过一场葬礼，围绕着“父亲”的整个小型社会，他的亲友和邻居，都被整合到一起，用最复杂、最沉重、最讲究的方式来做一场告别。一般丧葬的风俗都是这样的：要给亲友报丧、守丧三日、在室外搭起凉棚、请乐队、准备丧服、请厨师和准备酒菜……环节多多，与其说是在为离去的人大操大办，不如说是我们借这个理由让自己筋疲力尽，直到我们累了，内心稍稍减轻一点内疚。回顾完父亲悲辛的一生，操办完整个丧礼过程后，他说“我现在所处的世界，已经是另一个了。给他的墓上/添完最后一掊土，扣过三个头，转过身，我对朋友说/——诸位，以后见面，请别喊我编辑或诗人，我只是孝子/一个只能去菩萨面前，继续哭泣的，他的二儿子……”他不这样折腾他自己，折磨他自己又能怎样呢？《祭父帖》，是雷平阳的泣血之哭，与《诗经》有一脉相承的恢宏：哀哀父母，生我劬劳……父兮生我，母兮鞠我。拊我畜我，长我育我。顾我复我，出入腹我。欲报之德，昊天罔极……整首诗达到了这样的境界：最短的单词，都有几英亩的沉默所包围。

一个父亲走了。我们的一个父亲走了。

哲人说过："一次次的转世就像在不同的床上睡觉的人。"诗人雷平阳说："他这个农夫，和我这个诗人，一样的命运，难以区分。"诗人还说："他的一生，因为疯狂地向往着生，所以他有着肉身和精神的双重卑贱。"诗人还说，这一句将来也可以作为自己的墓志铭。

也就是说，不管是作为农夫的父亲还是作为诗人的儿子，都在庄严地完成生命交付的意义，其实质，生命的重量是相等的。

这里我不得不引述一段（我实在很喜欢这段评语）——

2009年《诗选刊》"中国年度最佳诗歌奖"获奖理由：雷平阳虽然偏居云南，而且让自己的诗歌美学始终固守在滇南的土地上，但他并没有因为地方性的限制而流于窄小的视野。相反，在组诗《云南记》中，诗人写出了边地风情的广博与灿烂，与物事对话，同人生抗争。雷平阳作品周围凝聚的气场，让他的诗歌结实、深沉，有着饱含人生善意的厚重感。他2009年发表的诗作《祭父帖》，将笔触伸到亲情中，有一种彻入骨髓的感伤与悲愤，透出历史和时代之丧的力量感。

眼睛对美的追求最坚决。雷平阳的眼睛不仅阅尽美，也阅尽沧桑。"母亲们都有过寻死的记录/有的自己返回，有的被中途拦下，有的/在渴望返回的时候，发现农药太毒/绳索太紧，流水太深。"（《昭鲁大河记》）感谢雷平阳对中国女性的发现，这发现应该引起关注、反思、悲悯，直到大地上的女人，都被生活热爱。

《光辉》《寺庙》《基诺山上的祷辞》《电线上的人》《生活记》等等篇章都写得各有其味。《基诺山上的祷辞》是一首叫人一见钟情的诗歌。

神啊，今天您让我捕获了一口麂子
求您保佑我明天捕获两只麂子
神啊，今天您让我捕获了一只小的麂子
求您保佑我明天捕获一只大的麂子

这语言轻得像鸟，朴素得像蔬菜，很客观地记述祈祷者的祈愿，这种愿望不是贪婪，是朴素的人性，这首诗因真实而赢得我们的阅读之心。

更有意思的是《生活记》，一个女性住在五楼，每天下到三楼或二楼，都会摸摸太阳穴想一想，又返回五楼，看门关了没有，又重新下楼……又怀疑门没关，又返回五楼……每晚睡觉都必须把煤气灶、水龙头、地漏、门窗、电闸，检查了再检查……

这是一个发疯的女性，一个被不安全感裹挟着身心的女性，一个快要打垮自己的人。我们在作者有点夸张的笔法后面，可以揪出一个凶手，那就是时代的不安全感，日复一日，挤压着我们，使我们快要变形。雷平阳的诗歌是及物的，是生活的，不是海市蜃楼的想象，他像一位导游，引导我们进入可以触摸的生命体验。

我们怎样来读《云南记》？当散文读，当小说读，当诗歌读，当戏剧读，尽管读去，不妨碍其审美。所以大可不必为什么散文化了、叙事多了而争论不休。

一个好的读者势必要同难对付的作家较量一番。我不见是个很好的读者，只是个很慢的读者，甚至觉得，对雷的阅读还应该更慢一些。

当然，过度阐释是阐释的癌症，裹挟着太多的价值判断，反而损害了诗歌的初美。我们的阅读总是抵达不了汉语的内质之根部。花开那么繁复，结果总是很简单。所以从这个角度来说，精确阅读又是一种羞涩，或者是一种羞愧。文字自美其美，让一千个读者一千个哈姆雷特去吧。

四、出版是最好的记忆

一部成功的诗集背后，站着一个伟大的编辑：沉河先生。

雷平阳两部诗集都经一个叫沉河的人之手编辑，我向这个人致敬。

雷平阳的很多篇章我在语文课外活动时朗诵给高二文科班的孩子们听，《杀狗的过程》《亲人》《澜沧江在云南兰坪县境内的三十三条支流》《奔丧途中》《光辉》《寺庙》《基诺山上的祷辞》《电线上的人》《生活记》《祭父帖》，学生们对有些诗很赞美，对有些说不懂。我只是告诉学生，这是当下中国诗歌的一个脸面。

维特根斯坦在《文化的价值》中有这样的句子：“天才的身上并不比其他任何人有更多的光，只是他有一个将光聚集到燃点的特殊透镜。”雷平阳怀揣韧性的透镜在诗歌道路上一路狂奔，《云南记》再一次显示了他的文学速度和实绩。

西方人是从史诗开始的，然后才有抒情诗。中国刚好是从短小的抒情诗开始，至今未出现史诗。多么期望一部史诗的出现啊，我可以把眼光放在雷平阳兄以及更多的诗歌大家们的身上。

如今，有的人去了一趟云南，也可以写出一点游记文字，很多人现在很时尚地乐此不疲地要去生活在别处，走马观花地一游，浮光掠影地一写，都很虚。至少不厚，这种书写是可疑的。

把云南交给雷平阳吧。雷平阳也不要骄傲啊，生于某地，但要求索。海明威说过：一个认真的作家要同死去的作家比高低。

愿雷平阳为了那些巨大和微小的事物而心平气和地写作，写到垂垂老去。

诗是经验的生长
——读雷平阳《云南记》

商　震

雷平阳《云南记》中的诗作，有一部分是我在过去的阅读中零散地读过的；这次，我收到这部诗集后，用十余天的时间断续地读完。合上这部诗集就感叹“诗是经验的生长”。当然，这个经验是诗人的生命经验和创作经验。虽然，这本诗集的作品大多反映的是诗人生活所在地的“云南经验”，但我们不能因为一个诗人其诗作大量地使用了某一地域元素，就界定该诗人是只能写某地域或有地域归属的诗人。云南之地是诗人的生活之地，亦是生存之地；这个“云南”与“山东”“河北”等地是诗人的生活、生存之地并无差异。至少“地域元素”“云南经验”没对我的阅读构成什么障碍。

在这本诗集中，我看到了诗人的生活态度和价值观；看到了诗人对日常生活谦卑的细腻体察与敏感；看到了客观事物一旦出现在诗人笔下，就立刻是主观的，就会显示着诗人内心深处被重重遮蔽的隐秘。因此，我在读《云南记》中的每一首诗时，都会很轻易地被诗人带入他真实的感情与真切的现实里。在我读完《在坟场上寻找故乡》时，曾哑言半晌。不是失语，而是突然面对阔大无边的漠野和死寂的惊愕。诗中，诗人的声音是那么的微弱，又是那么的坚定。这首短诗，让我想到在这样一个时代里该怎样去做一个幸存者；该怎样去发现一缕阳光、些许愉快以及坚定生存下去的决心。诗中的主体以个体形象“我”出现时，呈现着一种遗世独立的孤绝的姿态，“我”与世界的关系既是疏离的也是对立的。“我”感受着外部世界的巨大敌意，甚至伤害，其内心装着落寞、困顿与犹豫。他一方面表现出个体的抵抗，另一方面表现出对生存条件的依赖，“拨开草丛，踉踉跄跄地寻找故乡”。

我一直质疑“诗意的时代”这样的说法。时代是当下的存在，是现实。现实中有真相、假象。时代是否有诗意，是人在现实生活里的精神状态。雷平阳没对时代引吭高歌，也没有刻意对时代挖苦。雷平阳是个不屑于表现世俗乐趣的诗人，这也就注定了他必然要与现实生活对峙，他的诗歌创作不仅需要他有鲜明的立场还需要有文化道德。以他的《回乡偶书》（一至五）为例，我深切地感受到了他的良心负担和歉疚感。这五节短诗看上去是叙家事，可稍一沉淀，就“赖城市所赐，很多人，都没有扛住/无孔不入的降服，患上了梅毒和淋病，身体里那本/邪恶的《传播学》，令人不寒而栗”。

很多年，一直有人在讨论诗歌的“纯粹”与“现实”的问题，当然是在讨论诗人的内心情感与外部世界的问题，诗人的生活是来自内心还是来自客观事物？我至今还没看到脱离现实而纯粹的诗。当然，任何一首诗中所呈现的现实，也绝不是“完全的现实”，诗人手中的笔不是照相机。诗是主观的，诗人先想象自己，再围绕那个想象来营造一个与之相匹配的“现实”。雷平阳诗中的“现实”，都是他经历的也是他营造的。

雷平阳在白描现实时，是湛然而透彻的，是带着敏感体温的柔和色调。他在使用修辞和意象时，又常常带有冷峻而深刻的力量。他的长诗《春风咒》，就是一个代表。

我不能下定义一般地说雷平阳具有如何强大的超越性的想象力，但我可以说雷平阳具有整合文化的特殊才能，或者是让感官和思想有力结合的才能。读他的诗作，没有任何“门槛”，简朴的语言，惯常的事物及场景，看两眼很容易就亲切起来，而读过几行、几节后，他的“感官”就把你带到他思想的深邃处。然后，就是读后的“反刍”。诗歌的力量往往就在这“反刍”里。

我对《云南记》的反刍是：雷平阳是个严谨的诗人，其严谨表现在对他对语言和生活的伦理责任。

细节、地方性与个人

李少君

雷平阳是近年来最活跃的青年诗人之一，他的一些诗作甚至引起广泛争议，比如《澜沧江在云南兰坪县境内的三十三条支流》《杀狗的过程》等，这在近年诗歌界非常少见。一般地，雷平阳被当成地方性诗人的代表。

当然，这是因为雷平阳的诗歌有着很特别突出的浓郁的地方性特征。迄今为止，雷平阳几乎所有的诗歌都是关于云南这个特定的地域的。就拿他刚出版的《雷平阳诗选》来说吧，刚从目录上就可看到《澜沧江在云南兰坪县境内的三十三条支流》《布朗山之巅》《怀念德宏州》《我爱苍山》《读〈西双版纳植物名录〉》《怒江》《乌蒙山素描》《滇越铁路沿线》《曲靖，一年之后》等数十首，还不用说其他题目上看不出来的。

长期以来，云南以其独有、神秘而壮丽的高原特色吸引了无数的诗人为之倾倒，几乎自新诗历史以来，地方性就被当成云南诗人的共同特征，就这一点而言，雷平阳无疑是其中的佼佼者。雷平阳以其钻探机般的执着，抵达了这块红土地的深处。

事实上，已经有不少这样的评论。比如有评论家称雷平阳像“一个地质勘探者、地理测绘员”，不厌其烦地描述云南的一山一水，一草一木。所以，如果只是简略地从外表来看，给雷平阳戴一顶“地方性诗人”的帽子也是说得过去的。

但我不能完全认同这种简单化、概念化的概括。我个人以为：我同意说雷平阳的写作始终是围绕云南这一在世界地图上不过一邮票大的版图来展开，但雷平阳写作的意义绝对不是在这儿，因为写作始终不脱离云南的诗人我想肯定还有不少，如众多乡土诗人。雷平阳的意义在于，他具有钻探机的固执与凶悍，狠狠地掘进了他所瞄准的某一个小点的最深处。这才是雷平阳之所以成为雷平阳的关键，而这是雷平阳的个人性，是其诗歌独特魅力所在。

雷平阳写作的突出特点，在我看来，是他特别注重细节。比如在《昭通旅馆》中，他以一个少年人的视角，写他眼中的、他所不能完全理解的旅馆：扛着花椒箱的老人、理发匠、木匠、代人写信者、亡命天涯的甘肃人、做爱的一男一女……他实际要写的是一个少年的成长，成长过程中的困惑、迷茫与焦虑、青春期独有的疲惫，而最终，一切瞬间即逝。少年的视角慢慢移动、扫描，就如青春本身。而雷平阳很耐心地描画着，如雕刻师般，细细地雕琢那些细腻精微之处，然后不断深入，再深入，如钻探机般，直到攫取出最里面的精髓出来，最终写出了一种弥散着的青春的惆怅以及岁月如烟的虚无。还比如在《杀狗的过程》中，他反复地描写杀狗的过程，每一个细节都不放过：第一次，“主人也用手抚摸着它的头！仿佛在为远行的孩子理顺衣领！可是，这温暖的场景并没有持续多久！主人将它的头揽进怀里！一张长长的刀叶就送进了！它的脖子”；第二次，“主人又摸了摸它的头！仿佛为受伤的孩子，清洗疤痕！但是，这也是一瞬而逝的温情！主人的刀，再一次戳进了它的脖子”；“如此重复了五次”……冷静、客观、不动声色，让我们感到诗人本人就像一个刽子手，居然能把细节渲染得如此残忍、恐怖，读到最后，让人不寒而栗。这首诗曾经激起一些环保主义者的生理反应，让他们无法忍受竟然有人如此残忍地、几乎丧失伦理地谋杀动物。

细节如针刺，虽尖细，却刺人最痛，也最能刺入事物本质内里。雷平阳从细节入手，总是开掘出一些让我们惊异甚至惊骇的内容。这一点，雷平阳放在诗集开篇的诗歌《亲人》，最能说明他是如何越来越向尖细处深入的，全诗值得引用：“我只爱我寄宿的云南，因为其他省！我都不爱；我只爱云南的昭通市！因为其他市我都不爱；我只爱昭通市的土城乡！因为其他乡我都不爱……！我的爱狭隘、偏执，像针尖上的蜂蜜！假如有一天我再也不能继续下去！我会只爱我的亲人——这逐渐缩小的过程！耗尽了我的青春和悲悯”……雷平阳的诗歌，就是这样越来越深入最细小处的。

注重细节，也才使得雷平阳区别于那些泛泛的以强调所谓“地方性”为其标志的诗人，使得雷平阳成为一个个人性突出的诗人。其个人性就如轰鸣的强悍的充满威力的钻探机，不断顽强往前掘进，一点一点地、艰难地向更深处掘进，最终得以吃透挖深。在他的一些代表作如《存文学讲的故事》《酒歌》等中，这一特征表现最为明显。

雷平阳正是这样剥丝去茧地深入生活与事物的最里面，然后征用语言的炼金术，为我们奉献了一首又一首佳作。

所以，不是因为描绘了奇异的云南，而是因为雷平阳特异的个性，使雷平阳的诗歌呈现出特别的魅力。这也是我为何始终把他列为“草根性”写作的代表性诗人的缘故，因为真正的“草根性”，其本质正是“个人性”强大的诗人。

最后，我还要强调的是，对于一个诗人来说，刚有地方性是远远不够的。20 世纪 80 年代就曾出现过大量仅仅强调地方性的诗歌和诗人，比如所谓边塞诗派之类。但由于那种地方性限于外表化，突出一些表面特征，比如荒漠啊、男子气啊，并没有深刻的个人性在里面，没有把那些外在的严酷与生存环境内在化，被个人深刻消化融合，转换为个人独有的经验感受，所以缺乏长久的打击力，深入人心的感染力。当时虽名噪一时，如今其影响力却早已丧失。

现代诗歌书写的复杂性及其宿命（评论）

——读雷平阳的几首近作

朱霄华

雷平阳的诗歌书写近年来已经被众多的论者所论及，“草根性”“乡村写作”“故乡写作”，都不乏见地，但若一味地停留在过往的惯性思维上，不考虑书写的时代背景，就很难为其书写的范式找到合适的阅读语境，容易陷入简单化的判断语式。

生存的语境变了，与之相应的主题方向、书写方式也显示出种种不易察觉的迹象。这一点在雷平阳的诗歌中尤其明显。

考察雷平阳的近期诗歌书写，首先让我感觉到的是来自主题方向的变化。《山中迷路记》表达的是诗人在面对各种纷繁复杂的意象涌来时的不安与惊恐。这首诗写的是一次山中迷路时复杂的心理感受，全诗一共十七行，每一行写的都是迷路时所看到和感受到的意象与幻觉。如果光看前面的十四行，读者简直如堕五里雾中，根本不知道这首诗的意指何在。只有到了第十四行的末句——“我在那儿迷路了”，书写的主题才乍然跳出。如此众多的意象纷呈与铺陈，有如《西游记》中孙行者一路上所不断遇到的妖魔鬼怪。“我在那儿迷路了”一句，无论是对于作者的书写，还是对于读者的阅读，都可看作是一个指点迷津的路牌。有意思的是，这首诗的主题是“迷路”，在文本结构的构成上也具有同样的效果——文本的主题、形式都指向“迷路”这一关键词。作者在写作这首诗之前是否经过了有意识的巧施迷阵，还是完全经由无意识书写所获致的效果，是一个谜。不过从这首诗的起落、收放，意象群的跳跃、转接整个运思的过程来看，应该是水到渠成的事情。这首诗与作者一度引发大量争议的《澜沧江在云南兰坪县境内的三十三条支流》在结构构成上有异曲同工之妙。就我个人从前对诗歌书写的经验而言，我以为诗歌书写无他，乃是一系列意指密码的有序排列，似乎有神灵在暗中指使着诗歌言语的流向，书写的节奏感几乎是一种受到无形控制的天成——诗歌的价值也主要由此而成就。

使我感到好奇的还不止于此，仍然需要探究的是为什么这首诗中所体现出来的“迷路”这一主题显示出了如此多样的复杂性？围绕着“迷路”这一主题展开的诗歌，在古代诗人的笔下并不鲜见，而且其诗意通常都毫无例外地表现为单纯而淡泊悠远，它们在阅读的层面上留下的是一种放松、恬然的心理感受。可是雷平阳的这首诗给我们留下的却是另外一种陌生的阅读感受：那种置身于山水之中，即便是迷路也仍然处之泰然的反应没有了，而是代之以一种仿佛受到威胁的、极度紧张不安的惶惑感——

……我在那儿迷路了
搭救我的人。在另一座山上
不停地喊着我的名字，像喊一个
我从来就不认识的人

处理类似的题材经验，若是在一个古代的诗人那里，是断然不会发生这样的“迷失感”与“错乱感”的。如果“迷路”这一日常性的际遇发生在古人的身上，那么这首诗就会被替换为下面的句子：

适与野情惬，千山高复低。
好峰随处改，幽径独行迷。
霜落熊升树，林空鹿饮溪。
人家在何许？云外一声鸡。

——梅尧臣《鲁山山行》

在这里，迷路只是一个题眼，其诗歌书写的旨趣是为了把“霜落熊升树，林空鹿饮溪”的野趣牵引出来，诗人的心理感受是天然自得的。末了，也不过是悄然托出“人家在何许？云外一声鸡”的悠远意境。

又如，王维《蓝田山石门精舍》书写的也都是闲适山野的自然情趣。

遥爱云木秀，初疑路不同。
安知清流转，忽与前山通。

为什么会这样？无他，乃是诗歌书写的语境变了，与之相应的主题就只得被迫转向。其实，这样的诗歌现场在近年来的当代诗人作品中比比皆是，只不过在雷平阳的书写中体现得更为集中，也更加极端。

诗歌书写的语境、旨趣变了，来自中国古代天人感应中的那个和谐、自然的世界业已消失，今天我们在现代诗歌文本已经很难再获得为古代诗人所独有的那种“世界的整体感”。在现代诗人的笔下，外在世界更多地体现为局促而支离破碎，传统诗意已经在不知不觉中消失。

写到这里，突然想起一个典故，说的是早期印象派画家惠斯勒在伦敦举办个人画展，当观众看到展出的画面上天空已不再是蓝色，而被画成了清一色的粉红色时，便纷纷指责画家为色盲。而当画家把观众领到室外，仰头发现伦敦的天空果然已经变成了画布上的粉红色时，顿时便哑口无言。

如果说这种来自当代诗人的诗学旨趣是势所必然，并非出自某一位诗人，而是一种普遍的现象，那么它体现在不同诗人的文本中则又显示出各自的不同的特色。在雷平阳的诗学坐标上，一个明显的标记是现实语境的大量植入。《山中迷路记》《渡白水记》《在某口岸日记》《在孤鹤亭》，无一不指向这样的现场。

《渡白水记》的书写，灵感似来自游历傣乡西双版纳的观感。由貌似古代城堡的现代建筑联想到领着族人逃命的古代英雄，生发出某种原在精神的失落。

——生活在两岸的人，建立过城堡
却不会战仗。他们中间，没有产生过
视死如归的战神，所有的幸福
和悲伤，也不在刀尖上

《在某口岸日记》的书写指向了“某口岸”这一特殊的现场。这首诗的主题指向看似隐晦，其实细心的读者并不难感受到。口岸，通常被认为是全球化时代的一个标记性的场所，一个象征。在云南边境，口岸承载的功能性一般比较单一，不过是两国之间贸易往来的一个物资通道，实际的交易并不在此完成。因此，其物质面貌以及日常性的生活景观往往与“全球化”一词的意指相去甚远。这种情形跟封闭的高速公路与沿途的居民的经济生活状况相类似。雷平阳敏感地捕捉到了这一落差，经由“口岸”见闻，完成了一次诗歌书写的行为。这首诗就像是一个记录短片，以语言的方式还原了口岸一天的生活场景。口岸遭到全球化时代遗弃这一现实，在略显嘲弄的口吻之下，被拉近到了眼前，显得触目惊心。这首诗的书写深入到了我们通常对全球化的认知与口岸的实际现实之间形成的巨大落差，全球化时代一个超现实的场景被刻意放大，反讽的诗意可谓力透纸背。

雷平阳的诗歌书写中不时可见跨时空联想、自由转接的精彩段落。这首诗同样体现了类似的想象力：经由在口岸浓阴下睡觉的士兵的梦境——“梦见了一双数钱的手”，插入成都一座叫“天涯宾馆”的四层楼的灰色建筑——

只有几个
穿皮短裙的女孩，在大堂，用纸牌算命
打哈欠，领口与裙底，有太多的春风
慵懒地吹拂：
“好怪哟，天为啥子
还不黑嘛？”
声音，响起在几千里外
的成都。

然后，再回到口岸空无一人的小街上——

小街上空无一人，四周的
木材堆放场，树神在走动

掠起的尘土和风，打着漩涡
掀翻的虎牌啤酒广告牌上，一个
电话号码，兜售枪支和迷药……

像这样跨时空的自由转接，在《荒城》一诗中也有精彩的表现。全诗只有七行，不妨全文引用。

雄鹰来自雪山，住在云朵的宫殿
它是知府。一匹马，到过拉萨
运送布料、茶叶和盐巴，它告老还乡
做了县令。榕树之王，枝叶匝地
满身都是根须，被选举为保长
——野草的人民，在废弃的街上和府衙
自由地生长，像一群还俗的和尚

《荒城》在雷平阳的诗歌系列里属于体积比较短小的作品。但这首诗的容量却惊人地大，仿佛在一个瓶子里装下了看不到边的一重大海。由于天马行空的奇异联想，这首诗从天上写到了地下，从北方写到了南方，从古代写到了现代，地理、历史、文化三者通过意象的快速转换、传递一气呵成，水乳交融，最终构成了一个有意味的整体，一种纯诗的形式。

《荒城》堪称一首奇异的现代诗歌。不过，对其书写秘密的解读，有赖于对文本隐性结构的发掘，也许还要求助于结构主义诗学所发现的那一套方法。比如，我们可以尝试对文本中的意象进行编码，并在各组编码之间建立起一套繁复的语义关系图……

具有想象力的诗歌书写通常是奇异的，但是，若没有一个强大、坚实的语境作为想象力驰骋的背景平台，或是上下文关系处理失当，想象力便要大打折扣，甚或危及话语言说的合法性。雷平阳显然深谙此道，艺高人胆大，可保此无虞。《在蛮耗镇》一诗，亦显示了此等功力。这首诗想象力堪称奇诡脱出，然诗意密绵结实，并无逸漏之嫌。

雷平阳的诗歌书写经历早在20世纪80年代中后期就开始了，然而，其书写本土化与现代性的完成却还只是近年来的事情。今天回头看他早期的诗歌，受到西方现代诗影响的痕迹不亚于其他诗人，如发表在报纸时代的《诗歌报》上的《天堂守门人》一诗，那种“拿来”的、横向经验移植的书写特征就比较明显。雷平阳个人诗歌书写的标志一开始就具备了，但形成一套完整的诗学体系、拥有一整套属于个人的书写的方法论，还是进入2000年以后才发生的事情。他是一个大器晚成的诗人，蜗牛般的缓行与耐心，迟来的渐悟，缓慢而笨拙的书写方式，使他的书写品质在经历了大量、长久的书写积累后逐渐显露出来。在中国传统文化的生态和道统里，持久的修身不过是为了保住元神，以期有朝一日找到瞬息悟道的方法以打通关节。这几乎是中国传统文化中个体生命的一个必然轨迹。考察最近一两年来雷平阳的诗歌书写现场及文本现象，雷平阳的书写途径似乎与此暗合。我个人以为，一方面，雷平阳的诗歌途径不可避免地与西方现代诗相抵牾、交汇；另一方面，落实在书写的现代性经验与本土经验的获得途径上，他又更多地得益于整个中国改革开放后现实语境的急剧嬗变与全球现代性经验的植入。有一点在此大可一说，即：如果仅就在现代性与本土性的结合部获得书写资源并在两者之间建立起水乳交融的共生关系而言，雷平阳也许是少数做得最好，也是恰如其分的当代诗人之一。这一点，从最近一两年来他所写出来的大量短诗，可以看出端倪来——如《小学校》《给老挝的短诗》《曼陀罗花径》《红河》《山中迷路》《荒城》《在孤鹤亭》等。

《在孤鹤亭》一诗中，读者可以直接感受到那种来自当代个体生命现场的坚硬质感，即便是置身于一个与全球化时代风马牛不相及的现实场景中，个体生命所感受到处境仍然是孤立而尖锐的。作者手中有如持有一柄刀锋，以自言自语的方式对自我生命存在的现场完成了一次冰冷的解剖。

在哪儿，你都是一个人
你的自闭症，一种软暴力
赶走了身边的一切，只留下
一颗铁针落地的声音。爱过那么多人
做过那么多事，霸道，尖锐

用空了身体的鞭炮铺和冷冻厂
用旧了长亭和短亭、高塔和密室

在传统文化的语境中，亭子本来属于文人雅士登高望远、闲情散逸的佳处，但进入现代诗的书写系列，一切就变了。亭子通常的话语语境不在，而代之以现代人悲凉、空洞的心境——在这里，孤鹤亭所承载的所指、能指功能都被抽空了，成为一种被人格化了的象征之物。与此相应，置身于亭子间的人的身体属性也正在被抽离，孤鹤亭里弥漫着的唯有身体缺席、不在场的虚无感。无疑，后现代诗学中所倡导的“身体诗学”，在此遭到了颠覆。其实，在全球化语境中，身体犹如困兽，身体的原在性已不复存在，身体只不过是一个文化学意义上的符码而已。身体诗学乃是一种乌托邦理想。

《在孤鹤亭》没有正面提供书写的背景，亦不展示并列的意象冲突，但却具有一种强烈的暗示性。将话语事件发生的现场置于古代意象系列的亭子间这一书写事实，本身就具备了广阔的言说空间。

诗歌的黄金时代业已远去。即便是对强有力的那些现代诗人来说，所有写出来的诗歌都是铁色的、调子低沉的哀歌，其断续的语调只能寄生于在词语与意象/物之间转换的魔法。雷平阳似乎对现代语境中诗歌书写的局限性有所察觉，因此，在《在孤鹤亭》一诗里，他才会有如此痛彻的感受。

你一度想依靠记忆活下去
遗忘及时地跳出来，像只绿色青蛙
它敲着小鼓，教你认字：“爹”
你跟着读“爹”；“娘”，你跟着
读“娘”。太阳、月亮、村庄
城市、火车、旅馆……
越读，你越觉得你离开了，无影无踪了
白象群一样移动的群山之上，海浪之上
什么都是陌生的。但当你读到

“孤鹤”，若有所悟，又说不准
到底是怎样的一种命运。命令你
向后转，却又怎么也转不过身来
像颗铁针，一直存在于一柄刀刃

这大抵上已经说出了全球化时代个体生命存在的惨烈境况。而《舞蹈》一诗的题旨，则可以看作是对这一主题的来自反方向的呼应，既然天、地、人的原在性已然解体，那么，经由现代性的书写召回某个来自旷野山林人神共舞的场景，留住那一刻的幻念，亦不失为某种招魂之举。

那群女人，扭动，吼叫，呻吟
佐之上下翻飞的长发、乳房和四肢
再佐之被彻底喊醒的活体里的鬼魅
她们的迷失与沉醉，则如浮世
预支的一场葬礼。

《舞蹈》巨细入微地描写了哀牢山深处一个原始舞蹈现场，所有跳舞的女人都有如神灵附体，像是一群来自天地起始处的女巫。《新约·约翰福音》开篇第一句话说：太初有道，道与神同在。或许，这些女人身上所保留下来的，正是逃遁了的道。

我只是哀牢山的一个过客，但我相信
那些女人肯定通灵，是不可
替代的信使，她们从那片林中空地
一定带回了我们生活的谜底

在这首诗里，“我”只是一个过客，我的身体里无“道”。事实上，作为现代人的“我”的身体是不在场的，即使是看见了那些女人的身体，有所感悟，仍然不能得道，因为载道的身体已经逃离现场。身体是什么？自从尼采宣布上帝已死，而东方的神灵远遁山林，人类的身体便已缺席。

“心中藏着乌鸦的人”

——论雷平阳诗歌中的“古今之争”

张芳宁

作为凡人

如果我借用了神灵的方式，我想

我只会得到疯癫的结局

——《类比的哀痛》

一、从本雅明论卡夫卡开始

读《雷平阳诗选》①，有一种强烈的感受被唤起，想写点什么，却苦于找不到表达的出口。后来，偶然读到本雅明1938年6月12日写给舒勒姆的信——“论卡夫卡”——帮我打开了一个缺口。开篇有这样一段话：

卡夫卡的作品像一个圆心分得很开的椭圆；这两个圆心一个被神秘体验（尤其是传统的体验）支配着，一个被现代大城市居民的体验支配着。至于现代大城市居民的体验，我有许多想法，首先，我想到的是现代市民清楚自己是听由一架巨大的官僚机器摆布的，这架机器由权威操纵着，而

---

① 雷平阳：《雷平阳诗选》，长江文艺出版社2006年版。文中所引诗歌皆出自此书，不另说明。

这个权威即使对于那些执行器官来说也在云里雾里而对于那些它们要对付的人们来说就更模糊不清了。①

在我看来，这段话同样适合用来描述雷平阳的作品："雷平阳的作品像一个圆心分得很开的椭圆；这两个圆心一个被神秘体验（尤其是传统的体验）支配着，一个被现代大城市居民的体验支配着。"换一种说法：雷平阳是个有意置身于"古今之争"的锋刃间的诗人，或者说他着意挑明这种"争执"，这使他的诗歌作品具有某种隐而不显的政治品性。

这是雷平阳的高明之处，他懂得语言的界面性，语言既有"说出"的一面，更有"显示"的一面。在《雷平阳诗选》中，凡一百六十六首诗作，无论主题为何——生与死、怕和爱、城市与旷野、神事与人事——都以某种或显或隐的方式围绕着分得很开的两个圆心。不说白描般的《鹭鸶》《存文学讲的故事》《杀狗的过程》《归去来兮》等诗篇中所蕴含、暗涌着的惊心动魄的纷争，即便平实、朴拙如《澜沧江在云南兰坪县境内的三十三条支流》——通由此诗，细心的读者会发现，他"说出的"未必是他"想说的"，他"想说的"并没直接"说出"，而是在已经"说出的"的事物中"显示着"——字里行间亦裹挟着"纯自然的扑面而来的强大力量"，神秘而辽阔，远非概念性思维所谓"简单化""程式化"轻易打发得了的。反倒需要提醒一句，被"知识化""技术化"了的眼睛看不见不等于没有，这是两码事。"表面即核心"，就看你有没有穿透"银丝网"的眼力。

二、"古今之争"与"现代性危机"

问题是：如何理解"古今之争"？不搞清楚这个问题，恐怕就难以恰切理解这个"渴望做一个云南山川之间的行者"（作者自述）并通由诗歌

① 〔德〕本雅明：《论卡夫卡》，中译见甘阳主编"社会与思想丛书"：《启迪——本雅明文选》，〔美〕汉娜·阿伦特编，张旭东、王斑译，牛津大学出版社1998年版，第133页。

“跟自然和神鬼交流”的诗人的作品。据说，自晚清以来直至今天，中国遭遇了、遭遇着“三千年未有之大变局”。这一“变局”说穿了即中国旧有的（传统的）生活世界与文教制度的整全性被全面打破，新的（现代的）生活世界与文教制度的整全性还尚未建立起来，在二者“断而不裂，嵌而不合”的纷争中产生了中国的现代性问题。“由于现代化过程在中国是植入型而非原生型，现代性裂痕就显为双重性的：不仅是传统与现代之冲突，亦是中西之冲突。”① 但“如何来理解百年来汉语学界持续至今的中西冲突论？汉语思想家中已有论者（梁启超、冯友兰）识察到，中西文化的价值理念之争（体用之争）实质为古今之争，即传统与现代之争”②。

忽略褊狭的文学史与学术史背景，仅从思想形态来说，“古今之争”有如下几种眼光：A. 启蒙理性主义进化论的眼光（结论无非“各引一端，崇其所善”，归根结底是非此即彼的“自欺”）；B. 古典政治哲学的眼光（打破现代解释学的“历史意识”和“宗教形而上学”迷梦，贴近文本，力图“像作者理解自己那样理解他们”并审慎区分“显白教诲”与“隐微教诲”）；C. 悖论式偶在的眼光（在绝对与虚无之间，执两端而扣中庸的临界倾听）。我反对 A，参照 B，沿着 C。

那么，在雷平阳作品中，呈现出怎样的理解向度？或者换句话说，诗人是以怎样的眼光切入这一争执的？让我们先来读读《城市建设座谈会》这首诗。

我的观点是主张旧，让一个城市
旧下去，保持旧。让我们
有着激荡的心却仿佛生活在过去
但我的声音很小，渴望大干快上的人们
并不想听。我同样是他们拆除的
对象：一幢才启用了三十年的楼房
在善变的经济学和强势的理论中
它成了政绩的敌人。它刚刚有点旧

① 刘小枫：《现代性社会理论绪论》，上海三联书店 1998 年版，第 2 页。

② 刘小枫：《现代性社会理论绪论》，上海三联书店 1998 年版，第 2 页。

就已经失去了保持旧的权利
确实有一股力量无所顾忌
也不可阻挡，我只能让自己旧一点
生活在咄咄逼人的新城里
假装对所有的颠覆，一无所知

表面看来，作为“主流时代的掉队者”（《种子》），一个“离土地很近，对村庄/还无二心的人”（《村庄的清晨》），雷平阳站在了争执中古老的一端，接连用六个“旧”字表达了自己的立场。诗人仿佛“屋顶上的巫师”，透过日新月异的现代迷雾，看见他所居住的昆明“已经变成了一座荒芜很久的后花园，它所有的梦想都等同于邪念”（《退却的方式》），看见“我的家乡已面目全非”，看见“大地在喧哗中变得/愈发的荒芜”（《纪念苇岸》）……雷平阳几乎以一种“退却的方式”考量、检审着他置身其中的“现代生活”，一直退到无法再退的神秘莫测而又伤痕累累的“大地”——“到处都是裂口……到处都弥漫着凌乱的雾气，到处都是/记忆中荒芜的睡眠……”（《废墟酒吧》）但“信仰/并没有因为废墟而改变”（《听汤世杰先生讲》），因为大地（在东西方最古老的原典中，大地都是最高、最古老的女神）在敞开、展现世界的同时，也收摄万物于自身的幽暗中——“为了奉献神圣的召唤而皈依，大地是一切展开着的东西重又消失的神性之域”①——这是一个“荒凉的真理：土地比人/更专横，人是它窖装痛苦的器皿”（《村庄的清晨》）——大地乃人类的“生存之根”，但“现代技术”已经达到可将人类连根拔起的地步了——诗人洞悉此荒凉真理，“大地”因而成为他持守、信靠的《底线》。

我一生也不会歌唱的东西
主要有以下这些：高大的拦河坝
把天空变黑的烟囱；说两句汉语
就要夹上一句外语的人

---

① 张志扬：《是路，还是风？——〈艺术作品的本源〉在海德格尔思想转向中的意义》，见《门·一个不得其门而入者的记录》，上海人民出版社1992年版，第150页。

三个月就出栏、肝脏里充满激素的猪
乌鸦和杀人狂；铜块中紧锁着的自由
毒品和毒药；喝文学之血的败类
蔑视大地和记忆的城邦
至亲至爱者的死亡；姐姐痛不欲生的爱情
……我想，这是诗人的底线，我不会突破它

显然，诗人对奋不顾身的现代化充满了怀疑、警惕与批判。但这是否意味着雷平阳是个我们在浮世动画中常见的一味“让自己旧一点”的神志不清的遗少？抑或与那些同样神志不清的一味吹捧现代化的既得利益者截然相反的惶惶卫道士？倘若因为雷平阳那些“以乡愁为核心”，带着“内心的风暴，以及一点点旧的忧愁”（《滇越铁路沿线》）的诗篇而下肯定的判断，恐怕就看走了眼。凭什么这么说？

三、“高速公路”与“田间小路”

诗人主张站在古代与神灵的一边，即意味着“回到习俗”（但绝不意味着就此陷入了与启蒙理性主义进化论者们“各引一端，崇其所善”的二元对立中）。从上述分析可以看出，诗人的选择乃是因为他洞察到了现代生活日益庸俗的品质及其对大地的“威胁”。这一威胁首先意味着启蒙理性正日益瓦解着一个政治共同体之为政治共同体所信靠的“习俗”（移风易俗）和“语言”（这是致命的），进而逐步扩展为全球性的生存危机——“现代性危机”，说到底即“技术全球化”所导致的“虚无主义”：“技术—欲望—大众同质化”（张志扬语）是其典型形式——整个地球正因无限制的人类中心主义而日益朝着“行星工厂”的崩溃性命运转变。尼采曾描述过这一转变的时代面容：

晨祷已经被晨报所取代：不再每天都是同样的东西、不再每天都是对人的绝对职责与崇高尊严的相同提醒，每天都是些新的玩意，它们是不会提醒什么绝对职责与崇高尊严的；专业化，关于越来越少的事情知道得越来越多；在实践上不可能专注于非常罕见的本质性的东西（人的整全性完全有赖于此）；用一种虚假的普遍性、用各种各样缺乏真正激情的兴趣与好奇的刺激来补偿专业化的后果；普遍的无教养与不知不觉盲从的危险。①

翻开《雷平阳诗选》，几乎所有述及现代生活之诗（如《快和慢》《虹山新村的压腿人》《废墟酒吧》《采访纸厂》《上河，上河》《在“橡树”的一个下午》《昆明的秋天》《埋伏》《城市建设座谈会》等等），无不深深打着诗人忧虑与警惕的烙印。但问题依然是：雷平阳究竟是以一种怎样的眼光展现、审视“古今之争”的。诗人的下面一首作品或许可以为我们“打开”一条不同于“高速公路”的“田间小路”，因此可将其看作诗人在“古今之争”中的立足点。

我想找一个地方，建一座房子
东边最好有山，南边最好有水
北边，应该有可以耕种的几亩地
至于西边，必须有一条高速公路
我哪儿都不想去了
就想住在那儿，读几本书
诗经，论语，聊斋；种几棵菜？
南瓜，白菜，豆荚；听几声鸟叫
斑鸠，麻雀，画眉……
如果真的闲下来，无所事事
就让我坐在屋檐下，在寂静的水声中
看路上飞速穿梭的车辆
替我复述我一生高速奔波的苦楚

——《高速公路》

---

① 转引自〔法〕施特劳斯《海德格尔式生存主义导言》，见“学术思想评论第六辑”贺照田主编，《西方现代性的曲折与展开》，吉林人民出版社2002年版，第118页。

此诗显示着什么？一个着意隐居在山水之间亲近乡野自然的诗人，何以一定要守住一条现代生活的典型意象——“高速公路”？曾经听过一位德国教授讲过这样一个故事，他说现代人的生存状况就像一辆在高速公路上行驶的汽车，行驶速度以及方向都已被设定好了。开车的人是今天主宰人类命运的自然科学家，高速公路象征着现代技术不断加速开辟的方向，上面坐着的是整个人类。现在的问题是，驾驶汽车的自然科学家旁边应该坐着的是谁？显然，不同的眼光会有不同的回答。

神学家？不。他把人类的最终命运交付给了上帝的“末日审判”，现在是管不着的。政治家？不。今天的政治家靠的是科学技术提供的速度与力量，他巴不得跑得最快才好拿到“第一”——独尊的“单边主义”。剩下的人选是艺术家（包括艺术哲学家）和哲学家（包括政治哲学家）。①

你选哪一个？你又是否有别样的回答？

在这样的问题背景下，再来看雷平阳的《高速公路》，看到的恐怕就不仅仅是“悲情”了，还有更深刻的政治性思考与担当在里面。或许可以这样理解，诗人退守古典与田园，绝不是为古典而古典，为田园而田园。诗人似乎意在提醒，现代人啊，不要因为你的“高速奔波”而认为只有“高速公路”才是人间正道，别忘了世上还有隐蔽在自然中的“田间小路”，或许它才是可以提供某种另类眼光以审视人类“高速奔波的苦楚”的幽暗之地。就像海德格尔追问技术，施特劳斯回归古典，都不是简单的“反技术”“反现代”，而是为了指明，技术全球化时代，现代理性应具有怎样的限度？我们又该如何生活？有这个眼光和没有这个眼光结果是完全不同的。也正是这种自觉通由古典视野调教现代生活的界限意识，使雷平阳得以同那些矫情的一方面批判现代生活，另一方面又享受着现代生活所带来的一切便利的伪道学们区分开来。现代身位是放弃不了的，诗人清楚这一点，所以他可以写下这样的诗句——“我讨厌这样的生活，但又活得非常心安”（《埋伏》），“我们都割舍不了/这变态的都市，地狱深处的天堂”（《1999 年 8 月 6 日日记》），或许，唯崩溃处才有拯救之道。

插一句，诗与诗人具有天然而隐秘的政治品性，这与现实性的政治诉

① 参见张志扬《技术全球化时代，艺术空间在哪里？》，未刊稿。

求是两码事。不能因为一个诗人关怀“弱势群体”、标榜“在场”、书写“世间恶”，乃至对抗、颠覆现实政治秩序就获得道德上的优越感，甚至以此要求诗人、诗歌都要具有直接性的政治力量，否则就是避世、缺席，不敢直面惨淡的人生，这是典型的政治浪漫派的幼稚病。海德格尔曾讽刺过这种神志不清，“就像一个人说，因为木工刨床不能载人上天，所以应当丢弃它一样”①。

四、“知其白守其黑”

雷平阳写过一首《乌鸦》，不知别人如何理解，我把它当作诗人在“古今之争”的现代处境中的自况。

被一再地提及，能够以一点点黑色
藏下雷霆的，可以在停下来的流亡中
保持不同政见的……我们为什么对它
永远怀着警惕？真的很不幸
有些生命天生就不受欢迎，比如乌鸦
比如那些心中藏着乌鸦的人？

正如刘小枫所说，中国的现代性问题是植入型而非原生型，这就意味着，我们所谈论的“古今之争”中的“今”，乃西方自启蒙运动以降所建立起来的现代技术世界，“技术”是世上的“光”，光源在柏拉图—亚里士多德的学园中。自从在前苏格拉底—苏格拉底那里垂直涌断的“逻各斯”在柏拉图—亚里士多德的学园中（之前是“智术之师”）躺倒铺陈为“逻辑学”，西方的技术理性之路即“光”的道路就被开启了。尤其工业革命之后，科技昌明，光照强烈，现代启蒙理性已经狂妄到模仿神灵甚至企图僭越神的领地的地步，似乎世上没有什么是技术之光所无法照明的

① 〔德〕海德格尔：《形而上学导论》，熊伟、王庆节译，商务印书馆2005年版，第12页。

……恐怕除了毁灭性的灾难，再没什么能够限定人类中心主义真诚的迷狂了。只是健忘的启蒙主义者的确是忘记了，中西方原点中，关于“光”与“黑暗”，都有着惊人相似的描述。

光照在黑暗里，黑暗却不接受光。

——《圣经》

知其白守其黑，为天下式。

——《道德经》

启示已在，就看你如何解释。

雷平阳怎么看？

看看这样的句子：“我为什么与生俱来就喜欢黄昏……最终人们纷纷走了/瞎子摸黑，走在最后面”（《黄》）；“我是个黑暗的人/阳光也不能穿透……在我的诗篇尚未飘散之前/我将求教于幻术，求它用一缕月光/把我的脸庞晒得更黑”（《我是个黑暗的人》）；“我按一切古老法则的指引，与热带雨林中的野象为伍，知道自由；与地下的田鼠结伴，感受黑暗中的快乐”（《诗歌不是高高在上的》）……用雷平阳自己的话说：“我的写作，类似于隐私，默默的，怕光。”

也许，只有那些心中藏有乌鸦般黑暗的人，才能在技术强光照射下的世间看见它致命的危险并警醒之以期求救渡之道，只看得见“光照”炫目的透射而听不到“黑暗”神秘的召唤，那么降临在人类头上的种种灾难与苦难，恐怕真的就是活该了。怪不得海德格尔绝望地叹息：“或许只还有一个上帝能救渡我们。”

我相信雷平阳懂得这个道理。

一种有方向感的写作
——关于雷平阳的诗歌

谢有顺

去年的时候它已是废墟。我从那儿经过
闻到了一股呛人的气味。那是夏天
断墙上长满了紫云英；破损的一个个
窗户上，有鸟粪，也有轻风在吹着
雨痕斑斑的描红纸。有几根断梁
倾靠着，朝天的端口长出了黑木耳
仿佛孩子们欢笑声的结晶……也算是奇迹吧
我画的一个板报还在，三十年了
抄录的文字中，还弥漫着火药的气息
而非童心！也许，我真是我小小的敌人
一直潜伏下来，直到今日。不过
我并不想责怪那些引领过我的思想
都是废墟了，用不着落井下石……

这首名为《小学校》的短诗，并非雷平阳的代表作，读起来却是意味深长。“小学校”作为童年记忆的入口，它是不动的，但诗人赋予了它时间的沧桑感。从“今日”开始回忆“去年”夏天，而“去年”所想起的却是“三十年了”的场景——记忆的链条，经过这两次时间转折之后，变得理性而冷静。诗人的心事正是在这个时候复活的，他“不想责怪”，因为不期而遇的记忆使他柔软。

“废墟”是唤醒记忆的经典形式。呛人的气味、断墙、破损的窗户、雨痕斑斑的描红纸、长出了黑木耳的断梁……这些适合于缅怀的记忆元素，似乎都是为了提示“我画的一个板报还在”——三十年了，居然“还在!”那些本应最能抵抗时间侵蚀的事物已经衰颓，一个最易消逝的“板报”却“还在”，这是怎样一种“恍如隔世”的生活？物已非，人还在，“也许，我真是我小小的敌人/一直潜伏下来，直到今日”。

记忆被全部激活，诗人开始回忆。“有几根断梁/倾靠着，朝天的端口长出了黑木耳/仿佛孩子们欢笑声的结晶……也算是奇迹吧”，还有“那些引领过我的思想”，而回忆的基调是：“都是废墟了，用不着落井下石……”诗歌的精神空间突然变得开阔起来，源于诗人的视角已经悄悄地从“看”和“闻”中，过渡到了“想”，或者说，他把记忆变成了回忆。“记忆”和“回忆”是两个完全不同的概念，哲学家克尔凯戈尔就专门辨析过这一点。他在《酒宴记》中说，你可以记住某件事，但不一定能回忆起它。“回忆力图施展人类生活的永恒连续性，确保他在尘世中的存在能保持在同一进程上，同一种呼吸里，能被表达于同一个字眼里。”简单的记忆，记住的也许不过是材料和经验，它因为无法拥有真实的、个人的深度，必然走向遗忘。因此，从哲学意义上说，回忆有时比记忆更有价值，精神的真实有时比经验的真实更为重要。

“回忆就是想象力”（克尔凯戈尔语），回忆就是提示“人类生活的永恒连续性”，回忆就是不断地对生活发出惊叹：“还在!”就连“抄录的文字中”，也“还弥漫着火药的气息”，它和“孩子们的欢笑声”被同置于一个语境之中，似乎旨在告诉“今日”的我，该如何面对“废墟”，面对历史和现实——但诗人显然无意在此深究，他更迷恋的是回忆中的回忆所唤醒的那沉睡多年的心绪，“通过回忆我们自己也成了回忆的对象——成了值得为后人记起的对象”（斯蒂芬·欧文语）。

“也算是奇迹吧”，三十年前的童年细节现在还能重逢。这样的重逢，与其说是对逝去岁月的缅怀，还不如说是对现实中的我的一次意外慰藉。从这首诗中，我们或可看出，雷平阳的抒情方式是感伤的，但并不滥情，他为了平衡自己的情感，从而使之变得隐忍、节制，便常常在抒情中运用叙事的手法，通过精细的写实，来表达他对事物本身的热爱。他对大地的赞叹，对日常生活的发现，或者是现代乡愁的寓言，或者是残酷生活的实录，有欢乐，也有悲哀；有庄严的面容，也有迷茫的表情。就此而言，雷平阳是个矛盾的诗人，他的写作，饱含冲突，并且贯彻着一种精神紧张感。阅读他的诗，常常是难以平静的，他表达出了一个现代人的复杂心绪：既被“现在”“瞬间”所牢牢地控制，又对“别处”“远方”充满想象；既无法回避现世、欲望的快乐，又不愿臣服于此，依然要做必要的精神抗争。

我能理解雷平阳的矛盾。面对一个日益破败的世界，诗人很难在内心重获一种坚固的秩序和根基，他只能接受变动、混乱、溃散、消失这样一些事实。即便面对故乡、大地这些被记忆守护的事物，它易变的容颜也常常令诗人大吃一惊。很多人都记得雷平阳写过一首著名的诗，叫《亲人》：“我只爱我寄宿的云南，因为其他省/我都不爱；我只爱云南的昭通市/因为其他市我都不爱；我只爱昭通市的土城乡/因为其他乡我都不爱……/我的爱狭隘、偏执，像针尖上的蜂蜜/假如有一天我再也不能继续下去/我会只爱我的亲人——这逐渐缩小的过程/耗尽了我的青春和悲悯。”这首诗，并非单纯抒写乡愁或昭示对故乡的爱，它更是诗人本身的写作象喻：这个“逐渐缩小的过程”，意味着诗人在现实面前变得越来越锋利，情感也扎得也越来越深，持续地在一个细小的角落挖掘下去，这样的写作便能让我们读到一种精神的刺痛感，它是自我的告白，也是面对世界的宣言。然而，雷平阳也同时写过另一首名为《我的家乡已面目全非》的诗。

我的家乡已面目全非
回去的时候，我总是处处碰壁
认识的人已经很少，老的那一辈
身体缩小，同辈的人
仿佛在举行一场寒冷的比赛
看谁更老，看谁比石头
还要苍老。生机勃勃的那些
我一个也不认识，其中几个

发烟给我，让我到他们家里坐坐
他们的神态，让我想到了死去的亲戚
也顺带看见了光阴深处
一根根骨头在逃跑
苹果树已换了品种；稻子
杂交了很多代；一棵桃树
从种下到挂果据说只要三年时间
人们已经用不着怀疑时光的坚韧
我有几个堂姐和堂妹，以前
她们像奶浆花一样开在田野上
纯朴、自然，贴着土地的美
很少有人称赞，但也没人忽略
但现在，她们都死了，喝下的农药
让她们的坟堆上，不长花，只长草
我的兄弟姐妹都离开了村庄
那一片连着天空的屋顶下
只剩下孤独的父母。我希望一家人
能全部回来，但父亲咧着掉了牙齿的嘴巴
笑我幼稚："怎么可能呢
生活的魅力就在于它总是跑调。"
的确，我看见了一个村庄的变化
说它好，我们可以找出
一千个证据，可要想说它
只是命运在重复，也未尝不可
正如这个阳光灿烂的下午
站在村边的一个高台上
我想说，我爱这个村庄
可我涨红了双颊，却怎么也说不出口
它已经面目全非了，而且我的父亲
和母亲，也觉得我已是一个外人

像传说中的一种花，长到一尺高
花朵像玫瑰，长到三尺
花朵就成了猪脸，催促它渐变的
绝不是脚下有情有义的泥土

这首诗，完整地向我们描述了一个陌生的家乡，变化的景象和变化的心境，庄重、沉痛的细节，平静、密实的语言下难以压抑的悲伤，杂糅在一起，塑造出的是一个凄怆的孤独者的面影。还有什么事情比站在面目全非的家乡面前更让人伤怀的呢？对于家乡而言，诗人像是一个入侵者，就连父亲和母亲，“也觉得我已是一个外人”。这种感受，已不仅仅是地理意义上的连根拔起，更是一种存在的被抛弃。除了在形单影只的记忆中缅怀，诗人的精神已完全失去现实的落脚点，他意识到，自己注定只能做这个时代的孤魂野鬼了。

从“我只爱昭通市的土城乡/因为其他乡我都不爱”，到“我想说，我爱这个村庄/可我涨红了双颊，却怎么也说不出口”，这是怎样的一种精神巨变，又是怎样的一种心灵创伤！或许，这种内在的矛盾感和分裂感，正是理解雷平阳诗歌的重要入口——记忆的故乡和现实的故乡是分裂的，现实的故乡和诗人所寄居的“昆明”又是分裂的，诗人面对的危机是正在丧失精神的立足之地，尤其是当诗人把“昆明”看作是“无情无义的城市”（《暴雨之夜》）的象征时，对抗在加剧，孤独也日益变得深重。尽管诗人在《底线》一诗中，明确地列举了自己“一生也不会歌唱的东西”（多数是城市的元素）：“高大的拦河坝/把天空变黑的烟囱；说两句汉语/就要夹上一句外语的人/三个月就出栏、肝脏里充满激素的猪/乌鸦和杀人狂；铜块中紧锁的自由/毒品和毒药；喝文学之血的败类/蔑视大地和记忆的城邦/至亲至爱者的死亡；姐姐痛不欲生的爱情……”并说，“这是诗人的底线，我不会突破它”。可是，对于城市，诗人的存在依旧是一种异己的力量，“十三年的昆明”生活，也不过只有“四个”朋友（《朋友们》），日子在失去光泽，“正如我萧条的内心”（《在“橡树”的一个下午》）。对比于记忆中的故乡，天空、田野和河流都是开放的，“它们只要腾空一个角落，就足以成为我的天堂；它们只要给我一根青草，青草上就会有蜻蜓、蚱蜢、青虫、露珠和蜗牛；给我一朵油菜花，花上就会有香味、汁液、蝴蝶和花粉……”（《我为什么要歌唱故乡和亲人》）其实诗人何尝不知道，这样的故乡，已经只活在记忆当中，用柔软的词汇来想象它们，有时不过是为了逃避“蔑视大地和记忆的城邦”，而更多的时候，我只能在“昆明”像敌人一样潜伏下来：“我努力地不去怀念或者想象从前/正因为从前诸事的累积，导致了/我在昆明—— 一个异端上的城堡/身体和思想走散了，只好埋伏下来。”（《埋伏》）

“身体和思想走散了”，这是一种更严重的精神分裂，也是诗人所难以解答的生存困境。写作的意义，正是为了弥合这种身体和思想之间的裂痕。雷平阳何以常常在诗歌中以实录的方式记述大地和世界的容颜？就在于他要寻找言可及义、言可及物、言可及心的写作，因此，他的诗，有很多细节的雕刻，甚至有笨拙的物象的罗列。他要让身体和思想再一次相逢，“努力回到自己的身体中，继续坚守在自己的生活现场，以朴素、干净的汉语，谱写属于自己眼睛、嘴巴、鼻子、耳朵、手、心脏和皮肤的诗歌”。我们或可想起雷平阳那首引起广泛争议的《澜沧江在云南兰坪县境内的三十三条支流》，它毫无诗意可言，只是一条河流一条河流地叠加在一起，看起来像一份忠实的地理资料，有景无情，以笨拙隐藏想象。这样的极端写作显然是无法重复的，但它向我们重申了一种“眼睛的……诗歌”，诗人在世界面前，恢复了一个简单地看的姿势，用身体去丈量大地和河流，用皮肤去感知生活的沟壑和生命的皱纹。可以说，雷平阳正是用这两种方式来建构他的诗歌世界的：他笔下的山川、河流、天空、田野，气势宏大，人行走在其中，孤独而渺小，通过描述这一景观，雷平阳找到了自己精神的旷野，并在这个旷野里，重释了人与自然的庄严关系；另外，他也记述生活中那些微小的事物：小学校、小路、小河、小孩、“小小的灵魂”，一只蚂蚁、蜘蛛，或者一只羊、一棵树，甚至“一个卖麻雀肉的人”，不厌其烦的细部刻写，如同放在显微镜底下来看事物，从而照见生活中那些被忽视的欢乐或残忍，并通过对这些小事物的放大，把它对心灵的微妙影响有力地表达出来。

有人把雷平阳的这两种写作方式概括为大和小、冷和热、写意和写实的统一，这是贴切、合身的。但矛盾和分裂依旧存在。在大地上，在故乡面前，甚至面对至亲的亲人，雷平阳在感念的同时，都会流露出一种无言的悲怆。那个安放心灵的地方，正在消失，人和世界的悲剧性关系，正变得越来越严峻。所以，雷平阳曾经把自己的写作称之为“送葬”，“为布满了记忆刻痕的、渐行渐远的村庄，为那些只有在清明节才回家来与未亡人团聚的我的死去的亲人”（《土城乡鼓舞——兼及我的创作》）。也许，在这个日日新的时代，葬礼才是对那些旧事物最好的守护；最好的写作，往往都是对时代的哀悼，是挽歌，也是一次以乐致哀。

因此，雷平阳的写作越到后面，精神性的特征就越明显。即便是他常写的“回家”这一经典母题，也往往不再是具体的回家，而变成了心灵的返乡。现实已经不忍观看，记忆也日渐遥远，诗人只能在想象中回家。“也许只有蜘蛛，才会在雨后重返树枝”（《重返》），人的返乡则要艰难得多，“如果返回故乡/必须排队，我愿排在最后/甘愿做最后一人/充军到云南，几百年了/也该回去了，每个人怀中的/魂路图，最后一站：山西，洪洞”（《望乡台》），回家越来越成为一个抽象的愿望，渺茫，但又无法释怀，故乡正在远去，正在成为只有用死才能到达的地方。让变黄的青草“从去年羊群的舌尖上归来”（《草原》），让五十年前“无数放哨的土匪坐过”的“石凳”，散发出“走投无路者的体温”（《鹭鸶》），正如诗人“动用最后的/一点力量，回到青山的故乡去”（《在漾濞，暴雨》）。这些，都是艰难的退守，也是现代人无路可走时的灵魂出路。无路可走了，你只有回家，哪怕是虚无的、想象的回家，也多少能够给诗人一丝的慰藉。

这也正是雷平阳的诗歌中最为可贵的品质之一。他的感受是有来源地的，他的用词也有自己的精神根底，或者说，他在纷乱、嘈杂的人世，并没有失去写作的方向感。雷平阳在一次座谈会的发言中说：“每个诗人背后都有一个村庄，背后都有一个个人的根据地，我背后的土地的存在支撑了我的写作。……我的心灵离不开那片土地。我从小跟着唱书的瞎子在那些乡村里走，没法抛开身后那片土地的存在。我想强调的是诗人应该知道自己的根在哪里。”我认同这样的说法。写作是要有根据地的，诗人是要探究自己的精神根底究竟在哪里的，理解了这一点，我们就能理解诗人笔下的“小世界”，其实一直藏着一段波澜壮阔的心事，这也是雷平阳持续书写故乡、反复歌唱一个村庄的原因——哪怕情感的表达方式略嫌单调、单一，哪怕面对故乡的用词大致雷同，他也毫不介怀，因为故乡的下面，有一道精神的潜流，它标示的是诗人不动的写作方向。

正是故乡、大地和亲人这三种事物，为雷平阳的诗歌确立起了清晰的方向感，也形成了他不可替代的写作根据地。他的确是一个有根的诗人，他对大地和亲人的赞歌，是从这个生命的根须中长出来的；他对残酷生活的洞察，也是为了写出生命被连根拔起之后的苍凉景象。或许，随着现代化的一统天下，大地的根基已经动摇，故乡也已面目全非了，但至少还有亲人，还有“母亲”（《母亲》）这个庄严的形象，让诗人得以继续发出悲伤的声音。

母亲，三岁时我不知道你已没有
一滴多余的乳汁；七岁时不知道
你已用光了汗水；十八岁那年
母亲，你送我到车站，我也不知道
你之所以没哭，是因为你泪水全无
你又一次把自己变成了我
给我子宫，给我乳房
在灵魂上为我变性
母亲，就在昨夜，我看见你
坐在老式的电视机前
歪着头，睡着了
样子像我那九个月大的儿子
我祈盼这是一次轮回，让我也能用一生的
爱和苦，把你养大成人

一种在场的写作
——雷平阳诗论

方　婷

诗歌，像一条船，载我驶向他乡
后来，我对大海充满了恐惧
就把诗歌当成了目的地……

——《大江东去帖》

这个撑船人一直没有上岸，就把故乡认作了他乡，荡着他的诗歌小舟，一点一点抵挡着他对大海的恐惧。这位诗人就是雷平阳。从《献给母亲的歌》到《云南记》，他在诗歌里凿出了一条自己进山的小径，默默攀登，随手记录沿途的人群和故事，用独语的方式与那些山水深处的未知神灵秘密交流，置身其中时，诗意纷至沓来，转身离开就永不可复得。一直以来，雷平阳的诗歌始终坚持着这样的“在场”，这不只是他的书写态度，也是他诗歌呈现的方式，是他创作的可贵之处。只是这些年来，在场给他带来的悲怆越来越多过欢欣，哀鸣越来越大于愤怒。

一、记　录

近年来，也有诗人提出或重提过在场的写作，但真正落实在场写作的诗歌却并不多。在场是一种选择，是在有关和无关之间的一种选择。选择在场，就选择了一种与己相关的言说方式，一种亲身、亲历、亲闻、亲在的态度，它直接面向事物或事件本身，通向经验的直接与敞开，以及情感的明晰。对于写作者，在场能带来更多的可能，因为在场是一种进行时，它的到达无法预料。对于阅读者，与诗人的共时共生，也为他们的到来打开了一扇门。在场不同于在场感，在场感也可能是一种虚构，但在场是切肤之痛，是牵一发而动全身。在场的写作一方面朝向生活的现场，另一方面朝向自我心灵的现场。

雷平阳在“2010中国诗歌年代大展”中如此陈述过自己的诗歌观：“以文字记录自己的生活史和心灵史，是我最乐此不疲的一项工作。他的变化是隐性的，也是递进的，但绝不存在分水岭和标志性。我以前写云南，现在也还在写云南，如果说以前热衷于对陌生的诗意化的现象进行解读，那么现在我更愿意呈现‘在场’的事物，并通过他们的世界，达成我的美学观和使命感。”诗人与世界的同时在场，是他对自己写作的渴望与抱负。通过对自然、生活之流和情绪之流中在场之物的呈现，打开自我的心灵世界，并完成自我诗歌王国的建构。但这并不意味着他的写作是对世界的介入，无论这种介入是积极的抑或消极的，在场都不是通过所谓的反映或表现来评价生活与心灵，它更多地倾向于记录，如一个人忠于自己的记忆。对于雷平阳而言，记录是他日日的功课，无论走到哪里，他都带着一台自备的心灵摄影机。在山歌山，在水叹水，在人群中就写人，临事就言事，独处时就写自己的孤寂。

从早期的《杀狗的过程》《在“橡树”的一个下午》《学府路一景》《虹山新村的压腿人》《在骆驼餐厅的半个小时》《路过地台寺》《小学校》等作品开始，雷平阳的诗歌就呈现出对记录生活现场的兴趣。它们通常是与某个人、某个事件或某个场景的不期而遇，一次交通事故、一次午餐、一个途中的景观，或者一个经常见面的人，甚至于，有时它们只是一条河流、一棵泡桐，或者一只蚂蚁，这些都只是生活中每日上演的一幕，但当他们以客观到毫无杂陈的方式进入诗歌，就有了某种冷静的力量。

这应该是杀狗的
唯一方式。今天早上10点25分

在金鼎山农贸市场 3 单元
靠南的最后一个铺面前的空地上
一条狗依偎在主人的脚边，它抬着头
……
如此重复了 5 次，它才死在
爬向主人的路上。它的血迹
让它体味到了消亡的魔力
11 点 20 分，主人开始叫卖
因为等待，许多围观的人
还在谈论着它一次比一次减少
的抖，和它那痉挛的脊背
说它像一个回家奔丧的游子

——《杀狗的过程》

这个残酷的事件被诗人一一笔录在案，对时间和地点的陈述更是如新闻报道般准确翔实，甚至包括狗最后的抖动，记录的冷让事件近乎虐心，人一瞬而逝的温情下掩盖着巨大的残忍，每一次“招手”和“爬回来”的重复，都是向荒谬又近了一步。当这一事件在诗歌中出现时，它就不再只是一个私人的见闻，这首诗所产生的公共影响使得诗歌成为罪状，阅读最终变成审判。雷平阳说：“我所选择的记录对象，往往还具备了日常性和公共性”，“我想成为一个战地记者，也想做一个坐在火药仓库里抽烟的亡命徒”。这些对生活现场的记录无疑是一种朝向公共的写作，是对“文以载道”和公共知识分子良知的靠近，他自觉地将自己置于一种危险的处境中，并将记录这种处境作为自己的责任。因此，诗人有意识的选择了与日常公共生活相关的诗材，这一记录方式使得诗人冷静地与社会保持一种似有若无的联系，既在现场又保留必要的观照距离。

指向生活现场的写作，在雷平阳早期的诗歌中，体现得更为充分。尤其，当时间作为记录的表征不断具体化时，对生活情境的用心营造开始将冷静的事理推到一边。《鹭鸶》《深夜的祭典》《1999 年 7 月》《昆明，深夜两点》《1999 年 8 月 6 日日记》《中午》等一些诗歌都体现出对时间的巨细靡遗。时间不再可有可无，它本身也是诗歌的刻度，对于一位愿望用诗歌记录世界现场的诗人而言，它是从宽阔的日子里剥离出来的瞬间和秘密。这些时间的刻度只有在回忆里才具有特别的意义，因为它将重新把你带回现场，正如手拿照片回忆曾几何时。

除了时间，雷平阳诗歌中频繁出现的云南地名，也是他诗歌的地理刻度。如饱受争议的《澜沧江在云南兰坪县境内的三十三条支流》，其中每一个数字、地名、河流名称都具体而真实，甚至有据可查。这首诗的诗意，就是它的形式本身，语言的体量汇成了一条纸上的河流，亦如澜沧江的每一次向前。诗人像地质勘探员一样趴在山水的肚皮上固执地记录一条向南奔腾的河流，只因为这是故乡的河流，那里有足够的野性和宁静。对于外乡人而言，它们是陌生和神秘；对于乡里人而言，它们是体贴和温暖。昭通、蒙自、澜沧江、苍山、哀牢、芷村……这些云南地理上的坐标，一次次返身走入雷平阳的诗歌，仿佛他不停地跋山涉水，只为打开故乡山水体内静默的诗意。无数的地名见证了他的离开与返回，“未来的某一天，当我们决心返回‘故乡’的原址，这些‘记’，可能会让我多死一次，但也可能将我守灵人的表情存放在个人的心灵史之中”。（雷平阳《我诗歌的三个侧面》）就像从桃花源里乘船而出的武陵人，诗人处处志之，但愿还有回去的一天。这些为了日后找寻故乡而画下的刻度，由此变得意味深长。

雷平阳的写作并不快，从 1983 年开始写作，二十三年后他才出版了自己的第一本诗集《雷平阳诗选》，时隔三年《云南记》得以出版，作为雷平阳最近的一本诗集，距今也已有近四年。在这本诗集中，“记”开始作为一种诗歌样式大量出现。雷平阳在解读《云南记》之命名时曾说：“我有‘记’的愿望。记什么？我越来越觉得这个世界仿佛一个作案现场。为此，我甚至期盼诗歌写作应该具有摄影术的功能，或尽力地去找到摄影术所不能呈现的感人部分。”（雷平阳《我诗歌的三个侧面》）无论是一帧风景、一个事件，还是一幅肖像，摄影术的最大秘密就是忠实于记录瞬间，好的摄影能捕捉瞬间的微妙之处和感人力量，将其定格在某处。如巴尔特所言，“照片具有一种证明力，这种证明针对的不是物体，而是时间”（《明室》）。诗歌如何找到一种关于现实时间的证明？其中的可能之一就是记录生活的现场。

这些现场不只存在于微观的时间中，生活作为一个线性的时间维度，本身也承载着历史的变迁。《云南记》尝试着以更多叙事的可能记录生活。《月亮记》《捕鼠记》《迷路记》《提问记》《生活记》等，这些直接以“记”命名的诗篇还呈现出除纪实之外的不同向度。《木头记》记叙了木头与人的世仇，围绕着木头的用途而展开的人类巨大的欲求与杀心，与木头本身的无言，令诗人陷入巨大的道德空白。《八哥提问记》写一个鳏夫因为寂寞养了一只八哥，一夜酒醉，只会说“你是哪个”的八哥与鳏夫展开了一段啼笑皆非的对答。《少年筑墙记》记叙了一位放牛少年埋葬自己父亲的种种艰难。《牧羊记》记叙了一位熬骨喂羊的老人。《月亮记》则取自吴刚伐桂的传说，它以吴刚的口吻记录了他不停地砍伐一棵桂树，而桂树的伤口却在不停愈合，吴刚的一生就是一场永无止息的劳役。它更像是一则关于诗人自己宿命的寓言，吴刚的一生和诗人的一生都是西绪弗斯式的一生，只有坚持，没有绝望。……对讲述的着迷，在早期的《存文学讲的故事》《贫穷记》里就已初露端倪。较之前期的作品，这些“记”的新闻性在淡化，而叙事性却在不断增强，它们一方面指向生活真实与诗意真实的同构，另一方面又指向叙事的传奇。

“记”作为一种文学体例在中国古典文学中更接近于史传与志怪，是笔记体小说中的一种，一般钟情于神怪、隐士、异事等题材，例如《搜神记》《冥祥记》等。后来现代小说也曾借用这种形式，例如张爱玲的《金锁记》。雷平阳本人也毫不掩饰地表达过他对《聊斋志异》和《阅微草堂笔记》的偏爱。《云南记》中的部分叙事诗有取法于古的痕迹，但更多的是他对凡俗中人传奇的记录，其中也包括他的父母、他的兄弟、他一路走来的所见所闻。这些生活现场隐匿在公共题材之后，隐匿在客观事件之后，或神秘，或离奇，或残酷，或悲怆，它们以更为朴素的方式重新进入诗人的编织。他的目光穿透事件本身，意在探索这些活在当下的人，他们的灵魂与命运如何生发如何挣扎。这些看似荒诞的生活记，也正是雷平阳所关注的日常生活状态本身。他曾说“短短几十行的一首叙事诗，花掉的心力和时间往往比写一个短篇小说还多。琐碎的场景、细小的结构、可大可小的布局、时隐时现的隐喻、可有可无的意象、阴魂不散的精神背景和现代感，以诗呈现它们，往往一个字也不能出错，一个细节也不能没有来历，就连虚构和夸张也需要证据”。（《“我只是自己灵魂阅历的记录者”——雷平阳答刘波问》）之所以费尽心力地用诗的方式来叙述这些故事，既源自他对讲述的执迷，也因为诗歌对内在节奏的要求远比小说更甚，抒情可以内化为一种节奏，为他的追问推波助澜。

对人性与命运的洞悉，将雷平阳的叙事引向更隐秘的追问。当记录中这些人性的光烛照着自我时，这些人性的承载者就不再只是他们，而是你、我、他。对生活现场的记录在雷平阳最近诗作《暮秋》《替身》《过无量山》《场景》中还在延续。这样的叙事诗提供的是作者和叙述者的同时在场，诗人既是这些传奇的讲述者，也感同身受地体验着他们的命运。这些记录里有悲伤、有责难，但更多的是无能为力，作为一个社会人和一个诗人的双重绝望，无时无刻不缠绕着诗人。

对不起这一座座灵魂居住的
山巅，对应人世、为苦难的命运备下
用之不尽的自由与奢侈
每一寸泥土上都矗立着寺庙
每一个人都不想再回去，却被我
归类于虚无，摆上了无神论的书桌
被人们一一删除

——《哀牢山行》

二、独　语

如果说记录生活现场时，诗人的姿态还是观照，是“打扫灰尘”，那么记录心灵的现场，则是将诗人从一个叙述者中抽离出来，直面自身。它的方式不是虚拟一个观察者从外面来扒剔自己、剖析自己，而是以一种自语的方式展开对话。雷平阳有大量的诗歌都呈现出自语或独语的特点，有些是以个别诗行穿插其中，有些则是完整的献歌或咒语。它们常常以一种书信或日记的意味出现，并不如叙事诗具备较为紧密的结构，但笔到之处却具有浓烈的抒情意味。其中有他想说给亲人、乡人和山川的话，如《母亲》《母亲的月亮》《献诗》《祭父帖》《大江东去帖》等；还有他从内心呼告出来的宿命与悲伤，其毫无掩饰，也成为他诗歌中最为动情的部分。抛下那个冷静的“战地记者”，他投入了如许的热给另一个在诗歌中泛舟浪迹的自我。

深陷囹圄，我仍然固执地
向往独立；在亡命徒似的生涯中
我仍然梦想着逃亡……
绝不与人为敌，只能铁了心地
往死里、无止无休地折腾自己
我想，这就像在铁屋子里
自己给自己开批斗会，没有什么
不可以，没有什么值得同情或反对

——《行为艺术》

写作，这场旷世的行为艺术，燃尽了诗人的理想，末世的气氛围绕着诗人，出逃的可能被省略号模糊。“有仇？没有。我只是被关进了涡轮/它的转动和拷问，已经磨细了/我的骨头，而我又找不到出逃的缺口……”（《怒江，怒江集》）禁锢与出逃的悖论，成为雷平阳对自我存在状态的逼视。至于解决这个悖论的出路在哪里，他宁愿选择切断与世界的联系，将自己锁闭在个人的诗歌世界中，进行自我屠戮，也不愿与人为敌。在他看来，这种与自我的对抗既不有碍观瞻，也不有损他人，更无须同情或反对，他不过是诗人在现世不得已而自处的一种方式。因此，这一部分诗歌也透露出浓烈的个人色彩。相比这首近作，早期雷平阳所写的《囚徒》则可以作为这首诗的补注：“要说出那些记忆中的飞鸟/我就必须先将他们的翅膀卸掉。”一个自行剪断羽翼的诗人成为大地的囚徒，改写飞翔的命运，与尘土为伴，贴地行走，这就是他给自己的诗歌生涯埋下的伏笔。

有时这种自戕在他的诗歌中还会以梦中杀鸟或杀鱼的隐喻出现。“在梦中才敢杀死一只鸟，中途还听见/有人在楼上磨针、惊心、惊魄。”（《梦中杀鸟》）“整个晚上我都在厨房里杀鱼/鱼身都洗干净了，放在冰箱里！”“随后我在书房里倒头便睡/一双满是血腥的手/却怎么也带不到梦里去。”（《睡前诗》）罪恶感弥漫着这个隐喻，仿佛卡夫卡从黑暗河床里打捞上来的寓言，梦中的镇定果敢与现实的惊慌不安形成反逻辑的对抗。对于诗人而言，学会与心中的猛兽相处，是他在离开人群时的闭关修炼，他需要用这些诗行来一点一点平息自己。雷平阳在《祭父帖》中言及父亲的一生时曾写过“他的一生就是自己和自己开战”，他的诗歌又何尝不是如此，“自己与自己的影子搏斗”。

独语是满载悲伤又找不到出口的诗人，能抵达自己的唯一方式。雷平阳自言是个悲观主义者，而写作的想象力才是他救赎自我的力量。他在诗中经常将自己描述为丧家犬，走投无路者，露宿于天地之间的孤魂野鬼，一个高速奔波的人，或者一个苦大仇深的人，一个站在自我生命之外的人。同时他的内心又极度渴求安顿，渴求成为自己的王。在《高速公路》《春风咒》等诗篇中他反复勾勒过自己的田园梦，“我哪儿都不想去了/就想住在那儿，读几本书/诗经，论语，聊斋；种几棵菜/南瓜，白菜，豆荚；听几声鸟叫/斑鸠，麻雀，画眉……如果真的闲下来，无所事事/就让我坐在屋檐下，在寂静的水声中”。一心想成为最终走向在山水，耕读、听江水、数星光，老死山中的古老文人。他用着火的公共汽车、即将脱轨的火车或随时发射的子弹这些高速的意象来形容这种在场的情绪。它们往往是正在写作或正在亲历中的诗人无法明言的焦虑，太多的块垒聚集在他的胸中，为一种黑夜寂静的气氛笼罩，进而汇成一种喷薄之力。这些独语的诗歌里，记录了大量的情绪流动，如黑色火山石下的熔岩。一个诗人站在自己的屋外，提着减价的语言，而生活就在它的隔壁，以数倍的痛放大着诗人内心的黑暗。

我是一个黑暗的人
阳光也不能穿透
我来自无雪的村庄
曾经是巫师的幼徒

……

在我的诗篇尚未飘散之前

我将求教于幻术，求它用一缕月光

把我的脸庞晒得更黑

——《我是一个黑暗的人》

比之光，黑是更为真实又探不到底的存在，没有任何光能普及所有黑暗，除了假设的理念之光和宗教之光。这首诗开篇就直陈“我是一个黑暗的人”，无须怀疑与猜测，这个类似断言的诗句，正是诗人对自己内心的预判与投射。在雷平阳看来，古老的诗歌都是占卜的歌谣，诗人就是生命秘密的解码者。而他这个巫蛊之术的传人却拒绝来自光的洗礼，来自雪的圣洁覆盖，自愿沉溺于黑暗中，大有不管不顾、把牢底坐穿的意味。他说自己坚持写作的理由是：“我只是自己灵魂阅历的记录者，并且没有不朽之念，读圣贤书，只为想有光。”（《“我只是自己灵魂阅历的记录者”——雷平阳答刘波问》）一个光都无法穿透的人渴求光，这意味着什么呢？“想象中，有一双手，把我的双眼/蒙住了，问我除了黑暗，除了/强行奉送的黑暗，有没有其他东西/比黑暗更令人恐怖。我的眼中/闪动着刀光，似乎正在施行一个/漫无边际的手术。眼睛，靠近真相/但它脆弱……”（雷平阳《易武山顶》）黑暗是被强行奉送的诗人的宿命，除了解构黑，还能如何？

《云南记》中有一首《像哑谜一样黑》，在那里，黑被进一步扩大。“黑，黑得你也跟着黑，黑脸/黑心，黑骨”；“我热爱这黑承认自己的黑、努力争着黑”；“黑透了。黑死了。黑得我根本不敢/想象光。黑得只要心头闪出/一道闪电，都觉得是罪恶”。诗人一次次向高音攀爬，反复变化着黑，这个玄之又玄的“黑”，既是存在之黑暗，又内化为一种自我之黑暗，与黑夜争黑、叫黑的诗人，和那些争春争艳的诗歌品格形成了鲜明的反差。他一方面相信来自“黑”的宿命的引导，另一方面又满怀毁坏这宿命的激情。诗中的那点光不过是关于希望与解救的隐喻，或许一黑到底了才有新的可能，但是在雷平阳的诗里连那点隐喻之光都是阴性的，是光的反射。何其悲也。

我与诗歌没什么关联了，风骨耗尽
气血两虚，不如松手
且听遍野哀鸿把自己的心肝叫碎
——当然，它们的诉求里
存着一份对我的怨恨
——我的嗓子破了，不能和它们一起
从生下来的那天便开始哀鸣，哀鸣到死

——《过哀牢山，听哀鸿鸣》

写下这些诗行时，诗人大约已悲伤到底了，仿佛去意已决，连诗歌也要拱手而弃。一个哑声的歌者退下阵来，不再与哀鸿为伍，却要用余生听尽哀鸿把心肝叫碎。有人用“重”“死亡”或“暮色”形容过雷平阳的诗，但这一次却是更为彻底的黑暗。这种去意已决也许能成为雷平阳诗歌的一次转机，因为他不想再向诗歌索取什么了，包括哀鸣。

张籍在《蓟北旅思》中写：“失意还独语，多愁只自知。”每一次对心灵现场的记录，都是诗人对自己的一次劝勉或绝望，是一个失意文人与自己影子的对饮。那个模仿张籍把杜甫的诗篇烧成灰拌饭吃的诗人，把内心全部的焦虑都反锁在一间暗室里，却把钥匙扔向巍巍山峦和滔滔江水。《飘逝》《底线》《酒歌》《度外》《低调》《2002年冬天日记》《寺庙》《小引》《尘土》……这些自语里裹挟着大量的激越与颓丧，甚至某些情绪已经上升为心结，它们摆脱了一个诗人对自己的美化和面具化。这个自我灵魂阅历的记录者只有揽镜自照，自手生描。

最近一次见到雷平阳，是在今年云南大学“中华文艺复兴论坛”上，他沉痛地讲述在澜沧江上目睹的一次又一次人对自然的强暴，讲述诗人是如何沦为虚假的形象和口号，言语激越，形色黯淡。他的诗歌就像照片的两面，一面是直面的生活，一面是暗室的底片。正面是生活的寒风凛冽，底片则是人影幢幢但茕茕孑立的孤心。当想象占据星空时，雷平阳仍然保持着一种在场的写作，用他的记录之眼贴近尘土和血性。

云南经验的现代性书写
——在雷平阳诗歌的层面上展开

朱霄华

我花了一个上午的时间来展读雷平阳的这一组新作，流连、低吟、反复，几乎到了逐字逐句、条分缕析的程度，对我而言，这无异于一次缓慢而又谨小慎微的阅读旅行。很显然，雷平阳的书写正在以不易察觉的方式带给我一种需要全力以赴才能进入、才能获致的阅读经验。在雷平阳的书写层面上，一定有什么东西在悄悄地发生了，随着他书写的扇面徐徐打开，我的阅读亦随之进入一种完全不同于以往的言说、书写视域。

解读一个诗人的作品，首要的一点就是必须弄懂诗人的言说究竟指向何处，并在何种背景上发生。与雷平阳以往的诗歌不同的是，这组诗在语义言说的落点与指向上显得更为复杂化、更为明晰了。这一点使我多少感到有些措手不及。说它们复杂，是因为言说的指向性显然已经大为延展，一方面，尽管每一首诗的言语方式都是具体可感的，有所指的、在场的，甚至是短小的，具有被严格限定的体积和长度，但是另一方面，这种个体言说的方式又导致了语义的多义性与歧义的产生。实际上，诗人想要说出来的“潜台词”，永远都比通过词语说出来的要多得多。对现代诗来说，正是由于诗歌书写本身所特有的这种品质，这种由词语细节所衍生出来的繁复性，导致了对诗歌语义的误读。也正是因为允许、提倡和鼓励诗人尽量为读者提供更大的误读空间，现代诗歌的书写亦随之呈现复杂化的语义形态，并同时具备了某种开放性的结构。在人类情感、感觉经验趋于复杂化的今天，复杂而简单，暧昧而明晰，几乎是所有现代诗人都在力求达到的效果，而所有能够构成文本的诗歌也都同时具有这一特点。我个人以为，在现代世界，非复杂不能体现诗人的在场，非明晰不能显现出书写的唯一性。所说的个人风格，其实就存在于两者之间的悖谬与同一律转换之中，个人天赋与不断得到简化的个人技巧，亦经由此而凸显彪炳。

但是，在这一方面，雷平阳的诗歌体现在语义学的谱系上显然要复杂得多。这组诗里面的任何一首诗均可为其注脚。《昆明到广州》一诗，书写的是诗人于两个城市之间的一次旅行经验，言语所展示的不外是抵达广州后的见闻与观感。应该说，这首诗的每一个句子都是具体可感的，甚至连时间也写明了是“丁亥年冬月”。意外的是，全诗读完，任何一位读者，只要他进入到这首诗营造的语境中，无论他是否被唤起了类似的经验，他都无疑会感到困惑：该诗的整体语义究竟指向何处？诗人的审美意图何在？正如诗里面被明确地传达出来的信息一样，诗人从“一派清凉、天空碧蓝，云朵低飞”的昆明来到广州，突然被“灰蒙蒙的，有着不低的气温”这一极度错位的情景搞懵了，以至于发生了有谁把“广州按在了海底/把昆明，丢进珠江/送到了海边”的时空幻觉。我以为，这首诗之所以会使人感到困惑，无他，乃在于诗人敏感、准确地捕捉到了时差所带来的强烈的身体反应，尽管通常为我们所熟知、习惯于接收的语义信息已经被更新，但诗里面经由词语事件所传达的经验、感觉却很轻易就被阅读唤醒了。

这首诗的结尾颇有一种超现实的意味：“唉，在这个更加陌生的城市/不会有人果断地认出我，那个/受雇于我的人，他劫机返回了昆明。”爱尔兰诗人叶芝在半个多世纪前发出的那句著名的感叹，在一个当代中国诗人的身体上再次得到感应。确实，“可怕的美”并没有随着叶芝的时代而遁去，它同样进入了一个中国诗人的内在感受里，以汉语的方式再一次复活。也正是居于此，我把雷平阳看作是一个其诗歌书写具有强烈现代性的诗人。

诗由心生。诗歌是词语的镜像，但更是时代与环境的产物。雷平阳的这组新诗里，类似的经验庶几随处可见，或者说，它也是现代世界留下给现代诗人集体的一份相同的遗产。当然，你要把它说成是现代诗人所共同面对的书写资源也未尝不可。这里，我所说的“类似的经验”是指现代诗人身处环境之中所感受到的那种离异与疏离感，这种疏离感，其实我们每一个人都无时无刻不在感受着，问题仅仅在于，只有诗人才最先把这种感受以书写的方式恰当地传达出来罢了。这也就是我们通常所说的诗歌书写的“现代性”。

这几年，不断有论者提及雷平阳作为一个“故乡诗人”的书写身份，这本身并没有错，问题是，如果不更进一步，经由阅读来获得今天所谓的“故乡”一词与古代的“故乡”究竟所指区别何在，那就等于是什么也没有说。更有甚者，有人以“草根写作”去套取雷平阳的诗歌，而对于何谓“草根写作”也只是泛泛而谈，那也没有实际的意义。对现代诗歌书写变化的观察，负责任的阅读态度应该是深入到具体的文本中去。就雷平阳的诗歌书写推进而言，我以为无论是“故乡”还是“草根”，都明显地偏离了诗人的书写现场。与其“故乡”，与其“草根”，还不如把“现代性”和“地方性”并置以读解雷平阳的诗歌来得妥当。或许我们可这样说，雷平阳在获得书写的地方性的同时，亦获得了一种显见的现代性。由现代性而地方性，或由地方性而现代性，并没有时间先后的问题，它们是共时共生的。问题的关键只在于，为什么是“现代性”的，可以同时又是“地方性”的？这一书写的背景究竟有何蹊跷？它们对于雷平阳，或者延而推之、广而推之，它们对于当代汉语诗人书写的有效性及合法性究竟起到何等规范的作用？我以为，就当代诗歌的书写价值或写作的合法性而言，似乎还没有什么是比获得“地方性”与“现代性”更重要的事情。问题只在于，这里所说的“现代性”与“地方性”，在诗歌书写中是怎么体现和在何种程度上体现出来的。

“地方性”与“现代性”，这两个精神特性在雷平阳的诗歌写作中显现，就像是一枚硬币的两面。换一句话说，雷平阳的诗歌书写，如果离开了这两面就无法言说。更进一步说，雷平阳的诗歌书写发生在当代的云南，非当代，非云南，亦无以说起。“现代性”比较好理解，即必须是基于当下写作，完全忠实于当代的感受而言，非是当代人的言说就一定具有“现代性”。至于“地方性”，则主要是指具体的诗歌文本中所体现出来的现时代的“云南特性”。云南的“地方性”，大观楼长联里面也有极尽所能且不俗的体现，但大观楼长联里面的云南是古代的云南，非当代的云南，因此非具有现代性。所以，在言说雷平阳诗歌的地方性的云南的同时，亦有必要引入现代性这一时间意识上的范畴以规范之。

雷平阳诗歌言说里面的地方性与现代性，在《红河》一诗中可明显感觉到。在这首里面出现的红河，是诗人路过时所看见、听见的红河。起手第一句，即在红河的前面冠之以“自由”一词，暗示红河是当代的红河。红河岸上人类的日常生活场景，走私，拉来甘蔗的卡车，都是只有在今天才会发生的，若放置在古代，便无此可能。“起床时，雨停了，太阳下的红河/在两排山峦中间，弯弯曲曲地流着/像一个没有睡眠妥帖的旅客”——这是只有在现代诗人的笔下才会出现的意象。敏感的读者会发现，作者言说的对象虽然须臾不离红河，但传统的红河因当下语境的植入已经荡然无存。这首诗的魅力在于，它所言说的全部细节无不指向红河，书写指向亦是当下的生活。若是抽空了这些显见的细节和时间指向上的当下性，那么这首诗最终只会是一具没有实际内容的空壳。实际上，正是这种在场的、对红河日常生活场景片段式的叙写策略使该诗获得了一种现代性。有意思的是，这首诗里出现了“雨打芭蕉”这样传统的意象。我以为此句乃神来之笔。“雨声很紧，打着岸上的芭蕉和桃树”与“春天，从越南回来，我在红河边住了一夜”，“有人划船归来/煮鱼，吃酒，谈论走私，直到天明”等句前后并置，既不显得突兀，又在当下语境中的红河与传统意义上的、古代的红河之间建立起了一种内在的联系，有了此联系，全诗便立显厚重，在语义层面上多了一层可资玩味的丰富性。有了此神来之笔，一个当下的、完整的红河便即呼之欲出。初读雷平阳的这首诗，我先是感觉困难，无法进入，再读，方觉隐藏于其内的深味。我以为，这首诗可与另一位云南诗人于坚早年写下的《读康熙信中写到的黄河》及伊沙《车过黄河》三诗并置，成为当代诗歌文本中书写河流的经典。尽管三诗人的个人特性、采取的书写方式、话语策略及处理当代题材的经验方面均显示了各自不同的趣味，但在践行诗歌书写的现代性上则殊途同归。

现代诗歌书写最显见的困难之一是语义、语境的脱出与破格，因为不如此便无以显出书写的现代性。反之，若是要在书写中建立起这种现代性，又必须自传统的语境、语义迷宫里脱出与破格。问题是，当下诗人的书写如何才能脱出与破格？前几年，“影响的焦虑”一度成为中国先锋诗人们谈论得最多，也最为棘手的一个话题，但努力的结果，似乎并非尽如人意。在这一点上，我以为雷平阳的诗歌书写不乏某些颇具建设性的尝试。雷平阳诗歌书写的秘密在于，他找到了处理当下地方性题材的钥匙，并进而建立起了属于他个人的一整套书写经验。上面的这句话里有几个潜伏的关键词，一个是当下，一个是地方性，一个是个人经验。非当下，无以获得现代性的自足；非地方性，无以显示书写的根本与个人化特征；个人经验则唯有在当下语境中经由对地方性题材持续不断地处理方能获得，这种经验当然也囊括书写策略。有此三者，便可庖丁解牛一般深入雷平阳诗歌书写的秘密肌理——这一点，我们且从这组诗歌里面随机拿来几首解读便可明白。

《荒城》只有七行，在雷平阳的诗歌系列里大抵属于体积比较短小的作品。但这首诗的容量却惊人地大，仿佛在一个瓶子里装下了看不到边的一重大海。初读此诗，我甚感奇异，为什么会这样？要做到这一点，结构当然居功至伟，但单有构思奇巧的结构显然也还是不够达成此放大的效果。那么，这首短诗为什么又会使人感觉它的宏大与深远？我以为，是对地方性题材的书写使它获得了语义、语境的丰富性，乃至于为极少的意象搭建了一个幅面宏阔的背景，有了此背景，词语意象的生长便显生机勃勃，语义的繁殖便有了深厚的水土。由于天马行空的奇异联想，这首诗从天上写到了地下，从北方写到了南方，从古代写到了现代，地理、历史、文化三者通过意象的快速转换、传递一气呵成，水乳交融，最终构成了一个有意味的整体，一种纯诗的形式。看来，雷平阳不但善于捕捉地方性生活的一个日常的场景，一个片段，他也同样善于在地理、文化的层面上构建书写的大场景。也正是因为如此，我把这首诗称之为“跨纬度与跨海拔写作”的典范，他在一个盆景里置入了大气象。

最后一点，就是这首七行短诗的现代性如何显现的问题。毋庸置疑，这首诗的现代意味是十分饱满的，它存在于书写的方式与语感之中，此为其一；其二，我一直试图在这首诗中找出作者所处的位置和书写的角度，最后发现，作者书写的位置不在空间里的某处，而是时间与历史的当下。

《荒城》堪称一首奇异的现代诗歌。不过，对其书写秘密的解读，有赖于对文本隐性结构的发掘，也许更多还要求助于结构主义诗学所发现的那一套方法。比如，我们可以尝试对文本中的意象进行编码，并在各组编码之间建立起一套繁复的语义关系图……

在长度上比《荒城》还要少一行，但同样地耐人寻味的短诗是《曼陀罗花径》。这首诗显示了完全不同的书写意趣和写作策略，与《荒城》乾坤大挪移式的意象重组不同，六行句子只写了一个场景。

一个和尚的后院，栽满了
曼陀罗。我在花径上，总是神经质
听得见花开的叫声，像空空的
休闲山庄，下等人无所顾忌的野合
唐和尚显然没有听见，继续读着寒山子
戒疤，长出的一根根头发上，挂着露水

如果撇开言语的方式、语感，以及在语义义理方向上延伸出来的现代色彩，有意忽略言语所指的脱出与破格，这首诗活脱脱就是出自古代诗人之手的一首绝句小品。当下，现场，地方性题材，经由对一个生活片段的书写完成。

需要引起注意的是，雷平阳的诗歌里有很多类似的作品，包括上面提到的《红河》。此外，《电线杆下的约翰》《高黎贡小景》《司杰卓密》《过怒江》《传家宝》等等，无不采取此一片段式的书写策略。

片段式的书写策略，在此又可放手一说。对于现代文学书写而言，片段肯定是一种有用而且常常是有效的策略。影响的焦虑无处不在，书写的语境范式很难不落入前人典籍的渊薮，欲摆脱之，对片段的书写无疑是现代主义之后的作家们一致的策略选择。美国后现代作家唐纳德·巴赛尔姆甚至认为，只有片段才是唯一可信赖的方式。那么，片段书写究竟有何神奇之处？它是灵丹妙药吗？此又须在放置在具体的诗歌文本中方能看出。事实上，片段书写确实能够起到提升语义的脱出与破格，并构建新的语境关系的作用，避免千人一腔和重复旧有的语境模式。但是，如果背后没有强大的感受力的进入，没有赖以生长的养分，缺乏背景支撑，片段书写亦不过是光秃而贫瘠的一道山梁而已。在这方面，雷平阳这组诗里面的《司杰卓密》一诗又可拿来一说。

《司杰卓密》是一首典型的片段式的诗歌。该诗以叙事的方式，起首就表明从某地到某地，要经过一些地方，然后，多余的话一句也没有，只是有意识地罗列了两地之间的一些地方，某处及某处，等等，最后，才点出司杰卓密是一个肉眼看不见的亡灵居住的伟大村庄。直到全诗读完，我们才弄清楚了作者的意图，原来不过是借助对日常的一个虚拟片段的书写以获得需要表达的诗意。另一个地方，司杰卓密，显然并不真实地存在，但经由书写，它成为一处令人敬畏的，甚至比现实的杰卓山更为坚定的存在。在这里，片段策略成为诗歌书写现场发生的一个主要手段，若是不借助于片段结构，此诗的言说便不可能，非现实的“司杰卓密”。这一无处不在却又无法被看见的亡灵的村庄，是建立在看得见的、众多卑微的、现实世界的场景之上的。

同样是片段式的写作，《集体主义的虫叫》则完全排除了任何虚拟性的场景预设，诗歌里面出现的所有事物都是现时存在的，所发生的书写事件也都全部建立在现场感极强的夜晚的黑森林。我以为，正是采取了这种受到严格限制的、片段式的场景书写策略，这首诗才有效地传达出了现代人在大自然面前的惊悚与战栗。听见，并把身体的感受经由词语传达出来，是这首诗的独到之处。类似的恐怖感与人所感受到的恐惧情景，我以前在康拉德描写大海的小说里见到过，但作为诗歌，尚不多见。

雷平阳诗歌里的片段书式写特征，有人亦看出，并归结为某种诗歌的叙事策略。在我看来，此说法无可无不可。但是，若单把叙事这一特性拈出，亦无助于从整体上把握雷平阳诗歌书写的精神性特质及诗趣指向。叙事，作为一种手段，本来就为诗歌所有，只是后来才被小说家窃取了用在小说的书写中。现在，尽管诗人又把它部分地找回来了，但仍然不能构成诗歌的特质和潜在的标记。唯有片段式的写作与言语书写的抒情性，才撑得起现代诗歌的精神维度，也才暗合当代诗歌写作的气质。事实上，片段从来都是诗人最基本的书写形态，只不过，在现代诗人这里，片段式写作的重要性超出了以往的任何时候，这是迫于形势的无奈之举。若为一个古代的诗人，他是用不着考虑从日常生活的某个片段里去寻求诗意的，因为无论怎么写，他的书写旨趣的整体感、现场感都可轻易地获得。这种情形，放在一个今天的诗人身上就完全不同，世界变了，古代所谓的大象无形、大美无言的感受方式，现代人显然已经无从感知。在一个以支离破碎、分崩离析作为其内在经验结构的现实世界里，诗人面临的挑战与压力，可能比一个传统的手艺人还要严重得多。为什么要写作，乃至于如何写作，常常考验着诗人的品质，因为只要存在着哪怕是稍微的妥协，书写的现代性，乃至于合法性便受到严厉的质疑。

由此观之，在当代中国诗坛，雷平阳的书写品质确实是少见的。

在中心和边缘地带徘徊
——试论雷平阳的诗歌

李濛濛

雷平阳是土生土长的云南诗人，他出身于云南省昭通市土城乡土城村十社的一个农民家庭。因为自小就在“打开”的环境中生长，是一个童年与自然为伍的“自然之子”，因此他的诗中总是充满了对大地以及故乡的深深爱恋。无论是获得第五届“华语文学传媒盛典·二〇〇六年度诗人奖”的作品《雷平阳诗选》，还是获得第五届鲁迅文学奖的《云南记》，句句诗中都洋溢着对故乡的眷恋和对大地的崇敬。雷平阳是扎根于云南的云南诗人，在他的心中，只有云南才是他的栖息地和归宿，因此他的诗中总是反复出现这样的怀旧情绪。

纵观近年来对雷平阳诗歌的研究，最多的就是对其诗中“乡愁”的解读及云南地理风貌的关注，大部分的评论是对其诗中大地情怀的感悟，寻找他的乡愁根源，以及他执着不变的写作方向的探讨。然而在他的诗中可以发现其实有的不只是乡愁，如果说怀念故乡但是仍然可以返回的话那也许多少还是一件令人欣慰的事。再度细看他的诗，其实乡愁的背后，不只是思念，更多的是不安，对于雷平阳来说返乡只能是心灵上的回归。他处在现代化所谓的中心——城市，可是在这个居住的城市他只有“四个朋友”，他热爱他的家乡，可是他的家乡“已经面目全非”。他徘徊在中心和边缘，既不能逃避现实，又不愿到此为止，只能留下一个“踉踉跄跄”的背影。本文试从他诗中的乡愁观点出发，挖掘在乡愁背后诗人在现代和传统之间的徘徊感，以及在这样的冲突中他究竟是以一种什么样的态度来面对的。

“现代化的过程可分成两个层次，科学技术和文化层次”，“更多的人愈加强调现代化之在科学技术上和人们物质生活上所带来的积极变化，却忽略了其在思想上所引起的消极反应”。[①] 现代化的进程悄然而出其不意，改变我们的生活而不带一丝痕迹，但是对于雷平阳来说，这样的改变让他无所适从。于是他把这种失意带到了他的诗中，在现代化的背景下，他的乡愁其实是基于现代化的一种现代乡愁，一种不安于现状，但是也回不去的孤独。

一、“缩身于乡愁”

“我希望能看见一种以乡愁为核心的诗歌，它具有秋风与月亮的品质。为了能自由地靠近这种指向尽可能简单的‘艺术’，我很乐意成为一个茧人，缩身于乡愁。”

因为愿意成为一个“茧人”，包裹在家乡的怀抱，于是他动情地写下了这首《亲人》。

我只爱我寄宿的云南，因为其他省
我都不爱；我只爱云南的昭通市
因为其他市我都不爱；我只爱昭通市的土城乡
因为其他乡我都不爱……
我的爱狭隘、偏执，像针尖上的蜜蜂
假如有一天我再不能继续下去
我会只爱我的亲人——这逐渐缩小的过程
耗尽了我的青春和悲悯

开篇就直接抒情，用简单朴素的语言点出了浓厚的乡愁情绪，对于自

① 艾恺：《世界范围内的反现代化思潮》，贵州人民出版社1999年版，第2页。

己热爱的家乡，不需要辞藻修饰，直接表露的方式更能使呐喊后的余味不绝于耳。“我想飞速穿过生的历程，直抵暮年/执拄杖，左脚踢右脚，喘着粗气/爬上土垒的望乡台。”“如果返回故乡/必须排队，我愿排在最后/甘愿作最后一人。”（《望乡台》）他不会感到孤独，因为他的灵魂守在故乡，即便用尽最后的力气，也要保持仰望的姿态。他相信，“乡愁”是“不死的”，仰望故乡，这种坚贞的信念会因时间而更加坚固。在这过程中，他的灵魂会因仰望而变得更加细腻而安宁。他总是直接表述他对故乡的眷恋，毫无保留，执着而坚贞。

雷平阳这种类似白描的手法还运用在其他很多诗中，用以抒发他的乡愁，最具有代表性的就是那首颇有争议的《澜沧江在云南兰坪县境内的三十三条支流》。整首诗基本没有传达什么思想，都是清一色的叙述，从“澜沧江由维西县向南流入兰坪县北甸乡”开始，顺着他的笔触，将澜沧江在兰坪县境内的三十三条支流走了一遍：

向南流 1 公里，东纳通甸河
又南流 6 公里，西纳德庆河
又南流 4 公里，东纳克卓河
又南流 3 公里，东纳中排河
……

看似毫无头绪的一首诗，只是讲述了一遍原本地理书上就可以查到的资料，但是这样的资料在诗人眼里就是一首“至今仍然偏爱”的诗，因为“每读这份资料，我的灵魂都会由衷地战栗。三十三条支流，每一条，都通向一个世界，我以笨拙藏下了无尽的想象”。他执拗地爱着这首诗，因为只有这样的直白才配得上他的乡愁情节，顺着一条一条的支流南下，流淌的不是水，而是他血液里不死的乡愁。唯独只有这种方式才能让他像虔诚的佛教徒一样，匍匐在大地上，向南一步步亲吻每一条支流，把自己融化在云南这片大地上。这样淋漓尽致的诗，也只有雷平阳才写得出来。

在这里，“乡愁”对他来说已经不是简单的地理概念了，这其中包含了他对故乡的眷恋，也有深厚的忧虑，“极度的迷恋与崇敬中夹杂着怅惘、无奈乃至愤懑”①。“是诗人，我只能死死地躲在梦乡/绝不敢跳出来，一旦跳出/我想，我的故乡在云南，但我肯定/会被遣送到黑龙江，黑龙江/肯定又会把我遣送到新疆……”（《偶感》）

他对云南的迷恋也不是仅限于对这个地方的热爱，更多的时候是上升到自己生命体验的高度，并不断超越之，在审视这片大地时，流露出更多的悲悯情怀。且看那首惊心动魄的《战栗》。

那个躲在玻璃后面数钱的人
她是我乡下的穷亲戚。她在工地
苦干了一年，月经提前中断
返乡的日子一推再推
为了领取不多的薪水，她哭过多少次
哭着哭着，下垂的乳房
就变成了秋风中的玉米棒子
哭着哭着，就把城市泡在了泪水里
哭着哭着，就想死在包工头的怀中
哭着哭着啊，干起活计来
就更加卖力，忘了自己也有生命
你看，她现在的模样多么幸福
手有些战栗，心有些战栗
还以为这是恩赐，还以为别人
看不见她在数钱，她在战栗
嘘，好心人啊，请别惊动她
让她好好战栗，最好能让
安静的世界，只剩下她，在战栗

战栗，该是怎样一种心情，因为这“不多的薪水”是她用日渐萎缩的身体换来的，付出的代价足以让她战栗。战栗的是收获的不易和付出的艰

① 张桃洲：《地域写作的极致与囿限——读雷平阳的诗》，载《当代作家评论》2007年第6期。

辛。她站在这个城市里，她站得摇摇晃晃，摇晃得似乎有人惊动她，她就会倒下，为了生活，她几乎把自己榨干。雷平阳怀着一种复杂的心情审视这个“穷亲戚”，为了生活，她可以放下自己的尊严谋得在城市的一席之地，但是对于诗人来说，向城市屈服的不只是这个女人，而是自己的故乡，他感到手足无措，唯有不惊动她才是给予她最后的尊严，这其中包含了他内心隐忍的痛苦。

《工地上的叫喊》是用一种近乎无情的语言来描述的，让人看到的是生命的脆弱，像玻璃一样，不轻易就被摔碎。

“一个年老的/四川民工，提着一桶红色的油漆/他想涂红女儿墙上那个新鲜的鸟巢/结果是：鸟儿以最快的速度/教他学会了飞翔”。

“他们，我的少年伙伴，在城里打工/赖城市所赐，很多人，都没有抗住/无孔不入的降服，患上了梅毒和淋病，身体里那本/邪恶的《传播学》，令人不寒而栗”。（《回乡偶书五》）

“这个皱巴巴的少年/在脏兮兮的客车最后一排/右手死掐着左手”；“腹内空空的少年，来到黄焖鸡餐馆/只要了一碗白米饭，想着雪白的大腿/狼吞虎咽”；“他看见了他离家出走的表姐/那是一个突然苍老的女子，靠着/一棵树，用手机，不停地发着短信”。（《回昭通的路上》）

…… ……

这样的例子还有很多，雷平阳都用近乎白描的手法呈现在读者眼前，他要表达的是自己的体验。这些平凡的痛苦在都市这个巨大的背景下被无限放大，只有放大这些微不足道的东西，才能昭示正常的人类情感。都市虽大，却装不下这些细琐的感情，似乎只有不断重复才能使它们在力量上与都市这个庞然大物抗衡。这些不同的人来到城市只不过是把贫穷以另一种方式呈现，在城市面前，故乡人丢掉的是自己的情感，雷平阳只有将它们重拾起来，注入自己的生命体验，晾晒在这片大地上。

二、乡愁背后的徘徊

乡愁是古往今来最熟悉的话题，但是在现代化这样的大背景下来谈论乡愁似乎避免不了要矫情一番，因为现代化不仅进攻城市，还改变了人们的心，于是出现了很多一面安逸地享受现代化带来的便利之处，一面却又不痛不痒地批判现代生活的虚伪之人。现代化的进程的确于我们的生活带来了很多便利之处，一旦适应了这种快捷的方式，要想再改变恐怕是不可能的了，中国有句古话叫作“由俭入奢易，由奢入俭难”。雷平阳深知这一点，所以他说“我讨厌这样的生活，但又活得非常心安”，他憎恨，但是不能改变，于是当暮色降临的时候，他只能“埋伏下来”，因为“身体和思想走散了”。（《埋伏》）没有了回忆，也就可以安然地活着，在身体和思想走散的夹缝里，艰难地埋伏着。

现代化是不可避免的，关于这一点，艾恺在他的《世界范围内的反现代化思潮》里说得很明确，他认为：“现代化本身具有一种侵略能力，而针对这一侵略能力能做的最有效的自卫，则是以其矛攻其盾，即尽快地实现现代化”，并且“现代化在物质生活中所起的成效显而易见、立竿见影”。随着世界进程的加快，城市必然作为现代化的中心而被确立，否则也不会有“开发区的春天”，还有他笔下那些进城打工的打工仔。人们对城市的前呼后拥，的确把城市推向越来越稳固的中心。

“以前，大地才是中心/村庄和城市，一直都是/山河的郊外。”（《听汤世杰先生讲》）雷平阳的中心必然不是城市，否则他也不会写下那首《底线》，无论是诗中的“拦河坝”，“烟囱”，“说两句汉语/就要夹上一句外语的人”，“肝脏里充满激素的猪”，还是“藐视大地和记忆的城邦”等，都是现代化的代言人，是他“一生也不会歌唱”的东西。那么他想代言的到底又是什么？

如果他一生也不会歌唱的东西是他的底线，那么他用尽一生也要歌唱的一定是他的家乡。但是，当他看到“面目全非”的家乡，也禁不住“涨红了双颊”，怎么也说不出“我爱这个村庄”。面对这样一个被现代化进程搞得日益衰败的世界，人找不到自己的根，找不到可以让自己的心灵有一个归属的地方，“诗人很难在内心重获一种坚固的秩序和根基，他只能接受变动、混乱、溃散、消失这样一些事实。即使面对故乡、大地这些被记忆守护的事物，它易变的容颜也常常令诗人大吃一惊”①。从《亲人》到《我的家乡已面目全非》，雷平阳心中的中心在往边缘移动，不是他的感情发生了改变，因为“催促它渐变的/绝不是脚下有情有义的泥土”。所谓归乡，也只不过是心灵上的返乡罢了。

尽管雷平阳努力以“退却的方式”保留自己的一片净土，但事实是他已无路可退，他不得不低头观看这片到处都是“在喧哗中变得/愈发的荒芜”的大地（《纪念苇岸》）。站在自己守护的土地之上，自己仅留的一片净土也被掏空。

酒又喝多了。山地上的宴席
一个人，消受不了
那么多的虫声和星光。隔着厚厚的红土
我和下面的人说话，野草疯长……
从野草和土丘之间的空隙
眺望几公里外，我生活过的村庄
那儿灯火通明，机声隆隆，它已经
变成了一座巨大的冶炼厂
一千年的故乡，被两年的厂房取代，再也
不姓雷，也不姓夏或王。堆积如山的矿渣
压住了树木、田野、河流，以及祠堂
我已经回不去了，试探过几次
都被军人一样的门岗，拦截在
布满了白霜的早上。就像今晚
以后的每一年清明，我都只能，在坟地里
扒开草丛，踉踉跄跄地寻找故乡

——《在坟地上寻找故乡》

回家不再是“回”，只能是在清明去祭拜亲人的举动。明明身在故乡，

① 谢有顺：《雷平阳的诗歌：一种有方向感的写作》，载《文艺争鸣》2008年第6期。

却还要寻找故乡，从“一千年”到“两年”，巨大的时间对比把他整个撕裂，连呐喊都来不及就已经被“隆隆”的机声淹没。故乡的树木、河流都被漆黑的矿渣掩埋，这些都是“藐视大地和记忆”，他们都触犯了他的“底线”。眺望故乡，只是从“野草和土丘的空隙”，狭小的空隙被放大，大到诗人要从它去眺望故乡，似乎只有这野草和土丘还有故乡的味道，可以从野草上的露水、土丘上的尘土可以闻到家乡和亲人的味道，似乎只有仗着野草的力量他才敢眺望已经面目全非的故乡。小小的野草有如此大的魔力，我想只有这样一个身在故乡却要遥望故乡的诗人才会赋予的。这空隙的小被无限放大，无论是现在还是将来，他只能在坟地上扒开草丛寻找故乡。自己的中心被瞬间击垮，回不去，只能在原地打转。

“由于现代化过程在中国是植入型而非原生型，现代化裂痕就显为双重性的：不仅是传统与现代之冲突，亦是中西之冲突”①，而“传统与现代是水火不相容的，前者代表着人性，而后者代表着非人性”②。那对于要寻找故乡的雷平阳，是以一种什么姿态来看待这和冲突的？

首先是望。

我想飞速穿过生的历程，直抵暮年
执拄杖，左脚踢右脚，喘着粗气
爬上土垒的望乡台

——《望乡台》

如果人都可以
自己说了算，那天，我只想
在守望乡做一块石头，稍稍
比泥土，高出那么一点点
我不能被埋掉

——《乌蒙道上》

---

① 刘小枫：《现代性社会理论绪论》，上海三联书店1998年版，第2页。

② 艾恺：《世界范围内的反现代化思潮》，贵州人民出版社1999年版，第4页

中国古代也有不少关于望乡的诗句，“独上江楼望故乡，泪襟霜笛共凄凉”，“更上高楼望江水，故乡何处一归船”，“西北望乡何处是，东南见月几回圆”等等，古人的望是身在异处，只能遥看故乡，而雷平阳是身在故乡却遥望故乡。他是想走进他的故乡，可是越走近却越远，“在老家，在欧家营，妻子多次说起——我常常会在睡眠的中途/突然弹身坐起，一阵东张西望/眼中满是警惕……老家的夜多黑啊”（《恐惧》）。于是他想保持一种“旧的权利”，这就是下面要说的他的第二种姿态：旧。

我的观点是主张旧，让一个城市
旧下去，保持旧。让我们
有着激荡的心却仿佛生活在过去
但我的声音很小，渴望大干快上的人们
并不想听。我同样是他们拆除的
对象：一幢才启用了三十年的楼房

——《城市建设座谈会》

北岛说“必须修改背景/你才能重返故乡”，可是他的背景还可以修改吗？在这样的背景下，他再一次把他的体验上升到人的高度。“搬家时，民工们的汗水/透过一个个纸箱，打湿了我的书/这些浑身臭汗的家伙，站在客厅里/双手对搓，一脸愧疚”（《四吨书》），少时的伙伴“没人裂开嘴巴，礼节性地笑一下/有一丝敌意，隐隐约约/在不同的呆滞的目光里”（《回乡偶书五》）。人与人之间的距离尚且变得如此遥远，又如何期盼一个城市旧下去，他又以他饱含悲悯的眼光打量这片大地和这片大地上的人，伤痕累累。他想在“咄咄逼人的新城里/假装对所有的颠覆，一无所知”。如果回不去，那么我情愿让自已保持旧，至少可以活在记忆里，但是这样的选择也不可避免地“刚刚有点旧/就已经失去了保持旧的权利”。于是他陷入了两难的选择境地：对城市的新他一无所知，但是对故乡的旧他只能观望而不得，一腔孤独挥之不去，只能尴尬地徘徊着。“我累了/我的躯体中，为什么总有一块石头掉不下来。”（《雷霆》）

三、在“高速公路”上“打扫灰尘”

“他以诚恳的地方性视角，有力地抗拒了世界主义的喧嚣，正如他的目光在一山一水、一草一木间移动，同样能够发现令人骇异的人生面貌。”这是雷平阳荣获第五届“华语文学传媒盛典·二〇〇六年度诗人”的授奖词。

他以最淳朴的语言，希望完成“‘针尖上的蜜蜂’那样又锋利又甜蜜的写作梦想”。为了这个梦想，他游走于云南的山水之间，徜徉在每一块土地上。他对于土地似乎有着无限的迷恋，“尘土与人永远肌肤相亲。土地是不会自己站起来讨好人类的，这不是所谓的傲慢与尊严，它存在于那儿，人就必须谦卑，把自己贴上去，再贴上去，感到了它的温暖，也就证明了你的灵魂和肉体还没有死，你就有资格多活一会”。

在这片大地上，他拥抱每一个生命，“让自己尽最大的力量去发现生活之小”。蜈蚣、蚂蚁、蜘蛛、蟑螂是他笔下常见的客人，他说它们“在灵魂中居无定所”，这正是他自己，孤独、不知所措，找不到自己灵魂的故乡在哪里，只能在“自己的梦中练习长跑”。如果不是一样的走投无路，居无定所，他怎么也会感觉到“50 年前”，“走投无路者的体温”。这些细小的意象在他的诗里组成一个群体，被遗忘的不仅是这些生灵本身，更多的是它们的灵魂。苍茫大地，诗人把它们和自己联系在一起，是他的“贵族”，一起空洞，一起被遗忘。童年的这些玩伴曾经是在打开的环境中，而现在这些生灵“身边处处都是庞然大物”，所以“我和它们没有什么两样”。他拾起这些被遗忘的痛苦，“左手中是暴死的蜘蛛/右手中是猝死的蚂蚁，像个暴徒”般“发下毒誓：/谁让我生，我就死在他的怀里/谁让我死，我就活在他的裂缝里”。

如果说在他自己的世界里还可以建立自己的王国，回到现实就不得不面对衰败的一切。在现代化大潮的冲击下，边缘真正成为边缘，忍受着来自城市的压榨，这一切把他无限推向不可再退的大地，他是如此想亲吻这片大地，却突然发现任自己“涨红了双颊”，也说不出对这个村庄的爱，再也回不到最初打开的世界。那么是否可以给自己一个“隐身术”，藏在都市黑暗的角落，反正“我是个黑暗的人/阳光也不能穿透”（《我是个黑暗的人》），可是一转身却突然发现周围“更多的是隐形的敌人”（《朋友们》）。退不回去，藏不下来，难道真的只有崩溃才能拯救自己？在他的诗里或许给我们指出了一条道路。

我想找一个地方，建一座房子
东边最好有山，南边最好有水
北边，应该有可以耕种的几亩地
至于西边，必须有一条高速公路
我哪儿都不想去了
就想住在那儿，读几本书
诗经，论语，聊斋；种几棵菜
南瓜，白菜，豆荚；听几声鸟叫
斑鸠，麻雀，画眉……
如果真的闲下来，无所事事
就让我坐在屋檐下，在寂静的水声中
看路上飞速穿梭的车辆
替我复述一生高速奔波的苦楚

——《高速公路》

看起来似乎是矛盾的，明明城市的“庞然大物”把自己逼到了死角，为什么还要让自己的生活里必须有一条代表现代化的“高速公路”？在自己“始终跑不出自己的生活”，也“割舍不了/这变态的都市，地狱深处的天堂”时（《1999年8月6日日记》），就真的只有将自己放任了吗？注意，高速公路的周围是有山有水有土地的，他这么写并不是简单地就承认自己不可改变的现代身份，而是以另一种角度来审视生活。如果不能改变高速公路作为正道的位置，那么我宁肯在它的周围开垦一片属于自己的田地，“贴着大地”，或者索性长在地里，聆听过往车辆的呼啸，为我讲述他们的苦楚，然后让自己紧贴大地的内心感到一丝温柔。在这里，他是想告诉我们在无法逃避的现实里，究竟应该以何种理性的眼光对待生活。

与高速公路相同的就是他笔下常出现的“火车”，他似乎想用这种代表着不确定方向的事物来体现他对现代生活的怀疑：

多小的山呀
它被串在铁轨上
火车轰轰烈烈驶过
它根本受不了两根
庞大异物的同时贯穿

——《小山》

更多的时候却是内心的矛盾：

我并不爱马山
如果非得形容它，它是我体内的
一列蒸汽机的车头。它跟我一样
许多年了，一直在渴望往回走
但又一直立在原地，像个战栗的黑影

——《断章》

坐在铁桥之下
我只能看着一列列火车开过来然后又开走
就像秋天的一次次预约，到来，然后结束

——《铁桥下的秋天》

蒸汽机车，仿佛真的跑到了尽头……
多少年来，我一直在这条铁路上
来回奔跑，带着烟草、耐力
和内心的风暴，以及一点点旧的忧愁

——《滇越铁路沿线》

“火车”和“高速公路”似乎有着异曲同工之妙，无限伸展而不知尽头，载着不知名的物体驶向遥远的方向。我们永远也不知道驾驶火车的人是谁，他要引领我们走向哪里，或者是我们根本就懒得去理会这快速的节奏，浑浑噩噩的，也许才是拯救之道。那么雷平阳呢？他是否也就这样带着自己的忧愁走完他的旅程？

我始终跑不出自己的生活
谁能跑出这落在地上的生活，我就
羡慕他；如果谁还能从埋在土里的生活中
跑出，我就会寂然一笑，满脸成灰
已经三十九岁了，我还幻想着
假如有一天能登上一列陌生的火车
到不为人知的地方去
我一定会拆下骨头
洗干净了，再蒸一蒸……
已经尽力了，整整三十九年
我都是一个清洁工，一直在
生活的天空里，打扫灰尘

——《生活》

“我非常想是一列火车，有预设的轨道，有准确的出站和到站时间，有具体的始发站、过路站和终点站。”这是雷平阳所期盼的，但是人生充满很多不确定性，“反转和无常才是生的真谛”，如果不能预期未来，倒不如顺着人生的方向，在自己的火车上边行边打扫灰尘。这是他的领悟，同样也是给我们的启示。生活在高速公路上，不置可否，也无法改变，任何时候都不要忘了在属于自己的一片领域里打扫出一片净土。

修一条铁路，在自己的身体内
让火车在上面，缓缓行驶
有路线、方向和边界，也有很多的

小站、弯道和隧洞。

……

这列火车，我没有用它

运输过什么，就一个人坐在上面

只求被它拉着，把体内的景点跑完

——《铁路》

试想一下，如果驾驶火车的人是自己呢？如果打扫灰尘仍然不能使自己的心宁静，那么倒不如让我自己来主宰自己的命运，这样才不至于让“火车开往暗处”。雷平阳在倾泻他忧愁的同时，字里行间仍然不忘提醒世人究竟什么才是对于身处现代的我们更加理性的选择。不是一味地批判现代生活，更不是逃避现实隐居于山水之间，而是要在高速公路边开垦一片属于自己的田地，在人生的轨道上驾驶自己的火车，守着我的净土，俯身亲吻我的大地，聆听来自自己生命轨道上的阵阵吼声，心安，也不枉过此生。

雷平阳是忧愁的，翻开他的诗，浓厚醇香的乡愁总是扑面而来，他愿意缩身于自己的乡愁，“安安静静地写诗”。他深切地爱着这片红土，他是大地最忠诚的儿子，这位地之子敬畏生命，“因为蚂蚁也好，人也好，都是在这个世界上来寻找幸福的，我们都是一样的”。虽然现代的机器在无情吞噬着大地，让他有时找不到自己的故乡，茫然失措，不知道该往哪里去。但他也没有放逐自己的内心，他不是那些虚伪的伪道学者，也不只是一个愤世嫉俗者，而是在“一束矛盾”之中，“心安”地活着，只因为他找到了自己的位置。

参考文献：

[1] 雷平阳．云南记．武汉：长江文艺出版社，2009.

[2] 雷平阳．雷平阳诗选．武汉：长江文艺出版社，2006.

[3] 艾恺．世界范围内的反现代化思潮．贵阳：贵州人民出版社，1999.

[4] 刘小枫．现代性社会理论绪论．上海：上海三联书店，1998.

针尖上的蜂蜜
——雷平阳诗歌创作论

田蓁子

引　言

雷平阳（1966—　，云南昭通人）是近年来国内诗坛上颇为活跃和具有较大影响力的青年诗人之一。他从20世纪80年代末开始发表诗歌，90年代末期以降特别是进入新世纪以来，诗人的创作日益精进，以鲜明浓郁的“地方性”特征和独特的生命经验表达引起较为广泛的关注，并多次在国内获得大奖，得到学界的一致认可与好评。他诗歌文本的多样性，也是引人注目的，部分诗歌文本甚至被文学界广泛讨论。

2006年出版的《雷平阳诗歌选》是诗人的第一本诗集，并以此获得了第五届“华语文学传媒盛典·二〇〇六年度诗人奖”，评委在授奖词中写道：“雷平阳的写作，已经成为新一代诗人走向成熟的象征。”①

这样的评价应该说恰如其分。诗人于2009年12月出版的《云南记》继续了诗人一贯的写作向度和个人风格，以“云南”为书写的中心，笔触始终指向自己生活并热爱着的土地，呈现“在场”的事物，直面人的生存境遇，以文字记录自己的生活史和心灵史。

进入新世纪以来，诗歌创作呈现出更为繁杂的个人化、多元化的特点，与20世纪90年代的内心化、个人化相比，近年的诗歌写作外化为节

① 《第五届“华语文学传媒大奖”专辑》，载《当代作家评论》2007年第3期，第117页。

日的、狂欢、世俗写作，而雷平阳的创作一直呈一种边缘化状态，始终坚持自己的写作美学，不跟风，拒绝潮流化的写作，不介入任何一场诗歌运动，也不与谁结成群体，更没有对外宣称过什么宣言纲领口号。在诗人们和诗评家们不断探索新世纪诗歌的发展和出路的时候，雷平阳的创作从某种意义上说为诗坛提供了一个颇有启示意义的个案。

目前，有关雷平阳诗歌的评论文章很少，现有的评论文章大多是从某个方面或角度对雷平阳的诗歌文本的部分特点进行分析。《当代作家评论》在2007年第6期的现代汉诗研究专栏集中推出了三篇雷平阳诗歌的评论文章，即陈超的《“融汇”的诗学和特殊的“记忆”——从雷平阳的诗说开去》、黄平的《“以乡愁为核心”——论雷平阳的诗》和张桃洲的《地域写作的极致与囿限——读雷平阳的诗》。陈超从“情感、经验、智性的融汇”的综合书写和“别有天地的对本真故乡记忆的‘吟述’”两个方面对雷平阳诗歌特殊的意味和形式进行了论述；黄平论述了诗人的乡愁表达内涵，指出对苦难生活的注视和城乡生活的对立的表现是雷平阳诗歌的两大主要内容；张桃洲从地域性写作的角度论述了雷平阳诗歌的两个向度，即对云南家乡的考古式开掘和透过平常事物及场景展示生活与人性深处的细微瞬间，并论述了其“写意”与“写实”相结合的诗技特点。李少君在2007年的《中华读书报》上发表了《细节、地方性与个人》一文，认为地方性、注重细节和钻探机般的深掘是雷平阳诗歌的写作特点。“草根性”是李少君提出的诗学概念，雷平阳被他认为是“草根性”的代表诗人之一。谢有顺认为雷平阳是“有根的诗人”，他在《文艺争鸣》2008年第6期上发表的《雷平阳的诗歌：一种有方向感的写作》一文中，认为雷平阳的写作包含冲突，贯彻着一种精神紧张感，论述了故乡、大地和亲人三种事物为雷平阳的诗歌确立了明晰的方向感，也形成了他不可替代的写作根据地。朱霄华的《现代诗歌书写的复杂性及其宿命——谈雷平阳的几首近作》和《云南经验的现代性书写——在雷平阳诗歌书写的层面上展开》，以及张芳宁的《“心中藏着乌鸦的人”——论雷平阳诗歌中的“古今之争”》，主要从诗歌文本呈现出来的“现代性”方面论述了雷平阳的诗歌创作。此外，小小的《诗歌中的现实、地域经验和语言——以雷平阳的诗为例》、李冬春的《缩身于乡愁的悲悯和风暴》、夏宏的《对两重家乡的观望——雷平阳诗歌的一种读法》、黄凤玲的《炙烤自己忧伤的灵魂——论雷平阳诗歌中的乡愁》等评论文章也从地域性、现实性和乡愁等方面对雷平阳的诗歌创作进行了论述。

笔者试图从整体上对雷平阳的诗歌创作进行观照，涉及地域性、诗歌内容、诗技呈现等几个方面。但应当客观地看到，这种“条分缕析”的方式对于一个正在攀升的青年诗人是存有相当的主观性的，因为，无论是诗歌的主题内容还是写作技艺的运用，它们在诗人的作品中往往是同时出现，之间相互交叉、相互渗透并杂糅共生。但作为一个写作者，为了能够找到某种切入的理由，这样的分析也不失为是一个解读雷平阳诗歌的一种路向。此外，通过对当下诗歌创作状况的分析，来发现雷平阳诗歌的启示意义。

一、地域性：借重与超越

（一）地域性的借重

严格地说，所有的文学作品都具有地域性。这里所说的地域性，主要是指文学作品中所表现出来的某个地域的社会现状、生存状态、自然风物、民俗风情、文化传统、语言风格等地方性特点。一方水土养一方人，每个作家都必定生活于某一特定的地域，地域是他们的具体生活空间，更是他们的感受来源、书写资源和精神根底。在创作中，“作家对自己所熟悉的环境，显然也势必加以利用”①。也就是说，作家都会自觉或不自觉地受地域性影响，从而使作品有形或无形、显性或隐性地带有了地方特色的印记与特点。因此，由借重地域性所带来的地方特色，往往成为文学作品最鲜明的外部标志和特征，而地方特色的独异性，又使作家成为文学史中独特的“这一个”，而不是“那一个”。从这一意义上说，某一特定的地域，是作家的写作根据地。有了写作根据地，作家的感受、经验与记忆有了实在的来源地，才能有“扎根”式的写作，而不是飘忽和凌空蹈虚的。

① 李文俊：《福克纳评论集》，中国社会科学出版社1980年版，第237页。

综观中外文学史，任何一个具有成熟风格的作家，其作品必然带着鲜明的地域性特点，表现出浓郁的地方特色。如鲁迅作品中的绍兴、沈从文作品中的湘西、张承志作品中的西海固、贾平凹作品中的商州、苏童作品中的枫杨树故乡、莫言作品中的高密东北乡、福克纳作品中的美国南方、帕慕克作品中的伊斯坦布尔、马尔克斯作品中的马孔多镇。具体到诗歌这一文学类型，地域性在诗中的彰显自然也不例外，如昌耀作品中的青海、梅绍静作品中的陕西、叶舟作品中的陇东敦煌、沈苇作品中的西域、杨键作品中的江南、邰筐作品中的临沂、叶芝作品中的爱尔兰、弗罗斯特作品中的新英格兰北部、佩索阿作品中的里斯本大街等等，这些一生只写一个地方而成就斐然的诗人，不胜枚举。

雷平阳自20世纪80年代中后期开始诗歌创作，在二十多年的写作中，一直以云南这一特定地域的题材和描写对象为书写中心，所有诗篇无不浸染了云南这片土地的气息，仅从他两本诗集的封面就可以看出地域性对雷平阳创作的重要意义。第一本诗集《雷平阳诗选》封面中间，赫然印着诗人的故乡——昭通市——三个字，诗人新近出版的第二本诗集，纯白的封面印着“云南记”，诗人直接以地名做了诗集的名字。翻看两本诗集的目录，直接以云南的具体地名和山川江河名字为题的诗就有数十首之多，如《澜沧江在云南兰坪县境内的三十三条支流》《布朗山之巅》《布朗山的秘密》《怀念德宏州》《我爱苍山》《篆塘码头》《怒江》《乌蒙山素描》《滇越铁路沿线》《曲靖，一年之后》《昭通旅馆》《在会泽迤车看风景》《早安，昆明》《昆明的秋天》《威信县的灌木丛》《水富县》《德钦县的天空下》《梅里雪山》《昭鲁大河记》《虹山新村的压腿人》《在碧色寨车站》《高黎贡小景》《赶夜路去勐遮》《哀牢山的雨季》《在蛮耗镇》《爱伲山寨速写》《翠湖三贴》《墨江县的一张肖像》《易武山顶》《惠民乡日记》《狮子山中》《下川坝的秋天》《渡白水记》《在漾濞，暴雨》《基诺山上的祷辞》等等，还有更多不能直接从题目上看出来的。雷平阳曾坦承说明了自己诗歌写作的根：“每个诗人背后都有一个村庄，背后都有一个个人的根据地，我背后的土地的存在支撑了我的写作……我的心灵离不开那片土地。我从小跟着唱书的瞎子在那些乡村里走，没法抛开身后那片土地的存在。我想强调的是诗人应该知道自己的根在哪里。像我这种有疼痛感的人玩不出什么花样来，只有诚实、简单地去表现自己的土地。”①

云南这个“根”作为诗人的写作根据地，预设了诗歌的总体取向，也为他的诗歌确立了明确清晰的方向感，所以说，雷平阳是“一个有根的诗人”（谢有顺语）。雷平阳选择自觉地贴近云南这片土地，像“地质勘探者”和“地理测绘员”一样，耐心、挚诚地描述着云南的一切，质朴的表达着个体生命在故乡云南这个“根”上的真切和深刻体验。“本真的诗，源于个体生命的体验”②，雷平阳对“满世界都是观念、概念和空想”③的“无根”式写作有着高度自觉的警惕。他的诗中，从云南的州（市）、县城到小村小寨，从云南的山川湖泊、小河小溪到一草一木等地域风貌，以及具有鲜明地域性的日常生活和乡风民情都频繁地出现，亲人、大地、河流、山川、动植物等人情自然的景象构成了雷平阳诗歌的主体意象。正如有评论者所说：“雷平阳的孤独发现了云南的孤独，是雷平阳的游荡发现了神灵游荡的高原，是雷平阳的生活发现了高原有些神秘的动植物们的生活，那里甚至没有通常意义上的象征与隐喻，有的只是一个诗人的生命与生活对于所有隐匿的神秘之物的触碰与带动。”④可以说，雷平阳是“精细地捕捉了云南的地域精神内涵，并传神展现了云南地域风貌的诗人”⑤。他诗歌中鲜明浓郁的“地域性”色彩，使他被很多人称作“地方性诗人”。

（二）地域性的超越

如果一个诗人把自己生活的地域作为自足的经验世界，或者被地域性的趣味所满足，一味地停留在展现某一地域的奇异自然、风俗民情等外在标志和特点上，那诗人就沦为了贩卖“地域性资源”的二道贩子。文学是表现“人”的艺术，它的第一要义是关注人的生活，以揭示普遍意义上的

---

① 蓝野：《价值认同、健康取向与大地背景——第二届华文青年诗人奖颁奖座谈会》，载《诗刊·下半月》2004年第8期，第17页。

② 陈超：《打开诗的漂流瓶》，河北教育出版社2003年版，第21页。

③ 陈竞：《雷平阳：笔触指向自己生活并热爱着的土地》，载《文学报》2010年1月21日。

④ 钱文亮：《寂静的生长者》，载《滇池》2002年第2期，第64页。

⑤ 张桃洲：《地域写作的极致与囿限——读雷平阳的诗》，载《当代作家评论》2007年第6期，第82页。

人的生存和命运为旨归。“人是主体的原则，是所有文学样式的基本原则”①，所有的写作，无论以何种内容、何种形式、何种风格呈现，归根结底都应该是对人的“存在的勘探”（米兰·昆德拉语），否则，再有特色的写作也都只是无效和无意义的伪写作。因此，无论是关于哪个地域的写作，都应该经由狭小的地域性，超越地域性的局限，抵达对人类生存普遍性观照的高度，也就是将某一具体的地域放置于历史和人类的整体大背景中，以深刻的个体生命体验，在地域的特异性中寻找并发现人类普泛意义上的共同记忆和生存秘密，从而实现对生存和生命的揭示性勘探。唯有这样的写作，才是真正面向全人类的写作，才能成为而且必然成为具有世界性共通意义上的有效写作；也只有在这样的写作中，地域性才能真正显现，并获得非凡的价值和重要的意义。德国阐释学大师伽达默尔在其名著《真理与方法》中谈到艺术的世界性问题时说：“属于世界文学的作品，尽管它们所讲述的世界完全是另一个陌生的世界，它依然还是意味深长的。同样，一部文学译著的存在也证明，在这部作品里所表现的东西始终是而且对于一切人都具有真理性和有效性。”②“鲁迅们”“福克纳们”“叶芝们”“昌耀们”等人的作品之所以能成为中外文学史上的翘楚，正是因为这些作品借重地域性的支撑，在对地域性的“生活现场”的描写中显现出独异的地方特色，并以地域性为支点，使地域性成为有效驰援艺术的重要元素，在貌似偶然、随意、个体的描写中抵达具体历史语境中的“存在的现场”，在对“存在的勘探”中对“生存情境”进行命名，写出了“意味深长”，写出了对于一切人都具有的“真理性和有效性”，从而实现对地域性的超越，揭示出人类生存和命运的真相这一“噬心主题”。这样的地域性写作，切入点是“小”的，视角也是“小”的，但因为个体生命体验是深刻的，“聚集辐辏的越是狭小，张力反而越大”③，所以能够通达“大”的生存境界，是以书写特定地域之中的个体生命原生状态并进而揭示整体生存的“大”作品。

---

① 陈超：《打开诗的漂流瓶》，河北教育出版社2003年版，第226页。

② 〔德〕伽达默尔：《真理与方法》，洪汉鼎译，上海译文出版社2005年版，第138页。

③ 陈超：《打开诗的漂流瓶》，河北教育出版社2003年版，第30页。

雷平阳确实是一个具有地域色彩的诗人，但如果仅仅把他视为一个地域性的诗人，无异于“矮化”和“窄化”他的诗歌面向，因为他的诗歌远远超越了地域性诗人的类型化的风格、主题与经验范围。雷平阳不是自然风物、民俗风情、地方传统等地域标志的贩卖者，他对生存和生命有着极为复杂、深刻的体验。在他的诗中，云南的乡人、大地、河流、山川、动植物等等，不是仅仅作为单维度的地域特性的“本事”被描写，而是成为生命的一种“存在主义”式的常态。云南的地貌也不是地理学的简单标志或符号，而是经验具体形态的显现。诗人自己曾多次强调，“我是在书写一片旷野，而不是真实的‘云南’。”① 诗人置于第一本诗集《雷平阳诗选》篇首的《亲人》，可以看作是诗人对自己写作梦想的诗性表述。

我只爱我寄宿的云南，因为其他省
我都不爱；我只爱云南的昭通市
因为其他市我都不爱；我只爱昭通市的土城乡
因为其他乡我都不爱……
我的爱狭隘、偏执，像针尖上的蜂蜜
假如有一天我再不能继续下去
我会只爱我的亲人——这逐渐缩小的过程
耗尽了我的青春和悲悯

——《亲人》

诗中出现了好几个具体地名，从“云南”层层递进，缩小到“土城乡”。“寄宿”一词表明，这些地名，这种概念上的词语是次要的，它们不必过于坐实。诗人要表达的主要是自己诗歌精神的向度，那种“逐渐缩小”的爱，这“爱”貌似仅表示对故乡的爱，实则是诗人自身的写作象喻。云南作为诗人个体生命的“寄宿”之地，寄托着诗人像“针尖上的蜂蜜”一般锋利又甜蜜的写作梦想。“蜂蜜”在此暗示故乡、亲人、大地、个人记忆、经验、精神来路，乃至母语等生命体验。“逐渐缩小的过程”，

① 陈竞：《雷平阳：笔触指向自己生活并热爱着的土地》，载《文学报》2010年1月21日。

意味着诗人的情感在纷繁芜杂的现实面前，越来越敏感、锋利，生命体验也越来越深刻，而这正是那些自觉忠实于个人经验的诗人的写作通则。正如里尔克所言：“我们应当以最热情的理解来抓住这些事物和表象，并使它们变形。使它们变形？不错，这是我们的任务：以如此痛苦、如此热情的方式把这个脆弱而短暂的大地铭刻在我们心中，使得它的本质再次不可见地在我们身上升起。我们是那不可见物的蜜蜂，我们任性地收集不可见物的蜂蜜，把它储藏在那不可见物的金色的大蜂巢里。”①

诗人像蜜蜂一样，将蜂蜜——云南大地上被忽略和被遗忘的生存之象和生命之象一一收集起来，发现和揭示人类共同的“生存”和“生命”的秘密与真相，然后征用语言的炼金术，构筑人的本真存在之“大蜂巢”，并把它们展现在诗歌里。从这一意义上说，雷平阳笔下的澜沧江、怒江、乌蒙山、苍山、凉山、红山、昭通市、会泽县、兰坪县、威信县、水富县、德宏州、漾濞古城、碧鸡关、地台寺等地名，都可以被替换成任何一个被遗忘的地方。正如雷平阳的自述：“至于‘地方性诗人’之说，我想，人们是太关注我写的那些地名了，其实，那些地名，完全可以换成任何一个另外的地名的。”②

雷平阳以深刻的个人经验，突破了具体“云南”对想象的局限性，在个人生活体验的基础上不断超越和上升，抵达并揭示出人类生存普遍性的高度，以“钻探机般的执着”对存在进行持续不断地勘探，而从把地域性转化为与个人体验和时代的基本问题相关的诗学主题，完成对当下时代“噬心主题”的介入与揭示。

---

① 〔奥地利〕里尔克：《里尔克诗选》，黄灿然译，河北教育出版社2002年版，第4页。

② 陈竞：《雷平阳：笔触指向自己生活并热爱着的土地》，载《文学报》2010年1月21日。

二、反思现代性：诗歌内容

（一）自然的哀歌

现代工业文明推动了社会的快速发展，带了巨大的社会变革，人类生活发生了翻天覆地的变化，但这种文明模式只是单向度地追求经济增长和物质享受。由于人类的主体性无限张扬和过度膨胀，人类不再敬畏自然，而是征服自然，沉湎于改造和征服自然的狂热中。在传统农业社会，人始终依附于自然，“大地是母亲”是人对自然的基本价值观念。而在现代工业社会，在被视为进步与文明的工业化秩序中，自然中的一切都成为人类实现工业文明的原材料或工具，自然被无限制的掠夺与破坏，并受到毁灭性侵害。“在现代性条件下，工业主义构成了人类与自然之间相互发生作用的主轴线。在大多数前现代文化中，人类也多半把自己看成是自然的延续。他们的生活与自然界的波动和变化联系在一起……由科学与技术的联盟所构筑起来的现代工业，却以过去世世代代所不能想象的方式改变着自然界。”①

在雷平阳的诗中，“大地在喧哗中变得/愈发的荒芜”（《纪念苇岸》），诗人以疼痛深切的传达着现代工业文明中自然的“喘息、撕裂和哗变”，以及“一种强行施赠的、喊不出来的/正在死亡的疼。活不过来的疼”（《2007 年 6 月，版纳》）。

铁路笔直地修了过来
将小山的心脏
用洞劈成了两瓣
多小的山呀
挖掘机在胸膛里挖掘时
它浑身抖作一团

---

① 〔英〕安东尼·吉登斯：《现代性的后果》，田禾译，译林出版社 2000 年版，第 53 页。

多小的山呀
它被串在铁轨上
火车轰轰烈烈驶过
它根本受不了两根
庞大异物的同时贯穿

——《小山》

“小山的心脏”被代表着现代文明的“铁路”“劈成了两瓣”，“胸膛”被人类的文明工具挖掘着，“浑身抖作一团”，承受着异物洞穿的疼痛。在如火如荼的现代化狂奔中，人类高扬主体性，人成为一切目的和价值的核心，成为整个自然的立法者、操纵者和控制者，人类之外的一切生命都沦为牺牲品，正如海德格尔所言，在现代社会中，自然赤裸裸地成了人的“加工材料”和“储备物”，完全失去了自在自为的特性与尊严。人类高蹈的主体性，使“他们中的每一个人/都会毫无例外地变成满身尘埃的老虎/有一种无形的力量，能让他们/对所有的庞然大物无所畏惧”（石头之歌）。“无所畏惧”的人类劈开山石建现代化二厂，“高山里的一座高山，被人剥开/剥皮抽筋，杀鸡取卵/生产流水线，建在山脚下面”（《怒江，怒江集》）；修建庞大的“白色的大坝/它几乎高过了四周所有的山峰”（《白色大坝》），人类无限制扩张的物质生产活动“改变了河流的性质，调整了流水的步伐”（《昭鲁大河记》），逼迫“版纳的热带雨林/一步步后退，退过了澜沧江/退到了苦寒的山顶上/有几次，路过刚刚毁掉的山林/像置身于无边的屠宰场”（《2007 年 6 月，版纳》）。

在人类的发展进程中，人类始终渴望能够掌握和塑造自己的命运，现代性把人类从愚昧和非理性状态中解放出来，现代工业文明作为与以往不同的“高级”文明一直对人充满着迷醉和诱惑，“这个让人迷失的设计图”（《上河，上河》），让“穿着西服，系着领带，皮鞋闪亮”的现代文明人“醉心于反自然”（《虹山新村的压腿人》）。“‘这是苍山的门’……/谁都以为可以从这进入苍山/客厅、沙发、床、征服者/抑或座上宾。”（《石门关》）当人类征服一切的欲望“无限制地向外延伸，从而遮蔽了人的原始的基本的自然性的存在意义和界限”①，原本是自然中一部分的人，与自然的距离越来越远，成为自然的对立面，自然中的生命在人类贪婪中一再地受难。

春天，这片地
是一个升降的舞台
沙砾、红土、荒凉沉了下去
青草和野花升了上来
一头洁白的羊
也升了上来，乖巧
平静，像个第一次登台的
演员，它用牙齿歌唱青草
用心跳配合花开
它以为蝴蝶和蜜蜂
都是它的，疼痛和愁苦
与它无关。多么可爱的
一头羊，它甚至不会
动用眼睛、多朝四周看看
当它渐渐肥硕
美丽的毛皮形成画卷
牧羊人的想象就开始啦
毛的亲人是剪子
皮的邻居是刀片
肉的故乡是铁锅
骨的国家是荒野
把它层层剥开
它的泪水和血才会流出来
它总觉得这或许是意外

① 张彭松：《生态危机的现代性根源》，载《求索》2005年第1期，第106页。

但人们从不这么看
做一头羊，也无非全是坏处
有一点让人羡慕
——当无辜，疼痛……
一并涌来，命啊，已烟消云散

——《面对一头羊的想象》

春天是万物复苏和生长的季节，“毛”“皮”“肉”“骨”却在这个万物生长的季节，与残忍的“剪子”“刀片”“铁锅”“荒野”相对应，而这些残忍又分别来自“亲人”“邻居”“故乡”和“国家”等原本给人以归属感的地方。在人类向自然大刀阔斧进军的号角声中，所有的生命都在哀号。“我们所听见的声音，从根部爬向尖顶的/是3893种植物在暗中呼叫/千千万万的亡灵，在一只鸟的带领下/正向天空奔逃。”（读《西双版纳植物名录》）无数的生命死在人类刻着理性字迹的屠刀下，“一年之中，死掉多少只昆虫/和飞禽？从乔木、灌木、藤条/和草茎上，有多少张叶子出走？又有/多少种植物走到了尽头”（《布朗山的秘密》）。随着人的主体性力量的增长，尤其是现代性对机械主义自然观、二元论的认同，伴随理性与科技力量的增强，人类与自然的关系在工业文明社会发生了颠覆性的巨大变化，人类无所畏惧地割断与自然的隶属关系，凌驾于自然之上，成为一切生命存在的尺度和主宰者。人对自身生命链条上的一切生命都熟视无睹，由此带来的不是一片光明的文明前景，而是作为人类存在之根的家园被毁灭的惨烈图景，主体性的张扬，并不是人的主体确立的必然标志，反而常常导致主体的异化甚至毁灭。雷平阳不遗余力地“替树木喊疼、为牲灵叫累、替昆虫发泄怨愤、为石头表达伤悲”①，努力呈示“自然”浑朴的“原始性”和恒定的“自在性”。在诗人笔下，自然具有和人类一样的性格、灵魂、意志与力量，有着自身本体的意义，“当你知道了每一棵树，每一棵小草都有生命，都是值得敬畏的，你就会发现每一个世界都有自己

① 杨洁：《都市土著雷平阳》，载《昭通师范专科学校学报》2008年第30卷第2期，第17页。

小小的角落”①。在雷平阳的诗中，山川河流、日月星宿、花草虫鸟都是作为一种生命形态而存在的。蜘蛛有“远方”，蚂蚁有“天堂”，蟋蟀有“家乡”，河流有“脊背”，青草和石头都有“家谱”，“花朵/在开会，安排日程”，“枝条，在这一带的山冈之上，每一根/都是有灵的”（《枝条》），而就是这些万物有灵性的生命，作为人类存在家园的自然，渐渐消亡和毁灭于人类缺少反省的单向度的进步、文明与发展之中。

（二）异化的生活

新时期以来，推进现代化建设与发展作为国家政治社会实践方式，被赋予至高的正义性与合法性，成为一种绝对权利，现代化在中国加速全面铺开，社会生活发生了翻天覆地的变化，人们享受着现代工业文明带来的舒适、自由的生活，现代化俨然成为代表着文明与进步的发展方向，但问题还有另一面长久被遮蔽着。诗人作为“报警的孩子”，敏锐地看到了现代化进程中的“危机”，看到了文明与进步、自由与舒适生活背后的异化现实。卢卡奇曾说：“人的异化是我们时代的关键问题。”②

因为在他看来，“这个概念触及了现代人最本质的东西”③。随着现代性的深入发展，异化无论在广度和深度上都达到了前所未有的程度，渗透到社会生活和个人生活的各个层面，可以说，异化已经成现代社会和现代人存在的常态。

雷平阳来自云南的贫困山区昭通，亲身经历过清贫生活的艰难，亲睹过周围人在艰难生活中的窘困与挣扎。他以“生活旁观者”的视角，记录和叙写社会底层小人物困顿的生存图景，这些被诗人自己称为“生活实录”的诗歌，构成其作品的一个大系列。在追求高效率、快发展的现代化社会，城市化进程不断加快，大批生活于农村的乡里人在经历了农村的清贫生活后，带着对城市的向往来到城市，在艰辛与挣扎中追寻他们的城市

---

① 《专访雷平阳：糟蹋诗歌就是背叛祖先》，http：//www. cq. xinhuanet. com/2007/book/lpy. htm，2007－05－09。

② 〔匈〕格奥尔格·卢卡奇：《历史和阶级意识》，杜章智译，商务印书馆 1992 年版，第 16 页。

③ 〔匈〕格奥尔格·卢卡奇：《历史和阶级意识》，杜章智译，商务印书馆 1992 年版，第 17 页。

梦，它们“围着一座城市跑。绕着圈子。一支细小/得可以省略的队伍”（《快乐的蚂蚁》）。“它们”如蚂蚁般“细小”而卑微，以至于被城市“省略”。现代文明的城市化带给“它们”的并不是理想中的美好生活，而是辛勤奋斗后的举步维艰。诗人凝视着乡人在城市里漂泊和战栗的生活，目睹着他们带着卑贱的“活”、耻辱的“活”和“难如登天”的活：领不到工钱、截断手指、带病的身体、回家的车票、辞退、杀人等等，以及他们在突来的死亡前的叫喊。

诗人在《战栗》中绘写了一个乡里人在城市中的悲剧生活。“她在工地苦干了一年”，“为了领取不多的薪水”，“她”已经哭过很多次，越哭，干活“就更加的卖力”。在“她”看来，为了获取在城市生活的物质基础，付出了所有能付出的一切，哪怕这种付出是以自己尊严和生命来换取。“她现在的模样多么幸福/手有些战栗，心有些战栗/还以为这些恩赐，还以为别人/看不见她在数钱。”（《战栗》）而当“她”终于拿到自己应得的薪水，尽管微薄，尽管与自己的拼命工作并不相等，但仍然诚惶诚恐般地战栗着，对这样的“恩赐”感到无比幸福。在现代社会金钱法则的支配下，以劳动换取微薄物质基础的生活，变得扭曲且毫无主体的人格而言，人已经成为物化的存在。雷平阳的很多诗作反映了处于生活底层小人物，在无奈的物质化生存环境中生命与生活的失重。

一位丈夫截掉了妻子的两个手指
因为她遗失了两毛钱。一毛钱一根手指
家庭中的市场价，时间史里的经济观
他让她增长必要的记忆，要像
鹰那样，闪电似的，飞跃生活的彼岸
她没有用沉默抵制暴力，而是用忏悔
用更加辛苦的劳作，弥补自己的过失

——《贫穷记》

“一毛钱”等于“一根手指”，这是“家庭中的市场价”，残忍和暴力成了一种普遍存在，甚至俗常的道德伦理秩序也轰然崩塌，取而代之的是以金钱为主导的秩序和法则。作为主体的人的价值被等同于“物”的价值，底层劳作者“为生所累”的命运在“忏悔”中“像古老的尘埃的循环”。与“截掉手指”的妻子相比，有人付出生命的代价也没能换取艰难“活”，比如诗人写一个年老的四川民工在工地坠落时的叫喊。

结果是：鸟儿以最快的速度
教他学会了飞翔。他的叫喊
像红油漆一样，在空中散开
结果是：几千吨水泥都听见了他的叫喊
只有那一只鸟儿没有听见

——《工地上的叫喊》

诗人以不露声色的克制叙述，将鸟儿与民工、飞翔与坠落、天空的宁静与叫喊并置于一个整体，在对比形成的巨大张力中，凸显出“活”的卑微与凄凉。

雷平阳来自农村，后来作为一个文化人“体面”地生活在昆明这个文明的城市。“昆明”代表着“现代”，但诗人却与其格格不入，在诗人笔下，以“昆明”为代表的现代生活充满着疏离与分裂、困惑与焦虑。在现代社会，虽然现代性使人类从愚昧走向了文明，促进了社会进步和经济发展，人们能够享受物质富足、便利快捷的舒适生活，但现代性无所不在的扩张性，却又重新产生了禁锢和压迫人的意识形态，并逐渐成为否定人自身的一种力量，充斥其中的唯利是图的社会秩序和极端功利主义思想严重残害着和扭曲着人的本性。面对精神被日益戕害乃至被毁灭，自我“自由”与“意义”开始丧失的现代性困境，“我们不能决定自己的命运，我们完蛋了，人失去了灵魂，大自然失去了人……人从未如微不足道，从未如此坐卧不安。幸福从未如此遥远艰难，自由也从未这般死气沉沉。悲痛发出了刺耳的呻吟；人呼叫着他的灵魂”①。对城市人在当下生存困境的书写，构成了雷平阳诗歌中另一个重要的方向。

---

① 〔英〕弗兰契娜·哈里森：《现代艺术和现主义》，张坚、王晓文译，上海人民美术出版社1996年版，第269页。

“昆明的冬天，我想找一截冷风/当作遮羞布。可我抓住的/却是新的出卖、叛逃和诅咒”（《2002年冬天日记》），“众多的异物排列四方/无由的恐惧、疼痛和悲伤”（《空中送来的石头》），因此，“十三年的昆明生活/我没有更多的朋友/除了他们四个/更多的是隐形的敌人”（《朋友们》。被卷入现代生活洪流中的人，谁都“跑不出这落在地上的生活”，所以，“我讨厌这样的生活，但又活得非常心安/我努力地不去怀念过去或者想象从前/正因为从前诸事的积累，导致了/我在昆明—— 一个异端上的城堡/身体和思想走散了，只好埋伏下来”（《埋伏》）。诗人在《生活记》中，写了一个家住在五楼的女人，“每天下到三楼或二楼”，都会“摸摸太阳穴”，“想一想”，“又返回五楼”，“看门关了没有”，“又才重新下楼”……又怀疑门没关，“再返回五楼”，“越怀疑，越着急，越着急，就浑身战栗”，每晚睡觉都必须把“煤气灶，水龙头，地漏，门窗，电闸”，“一切存在隐患的家庭节点”检查了再检查……这是一个被不安全感裹挟着身心的女人，一个生活在焦虑中的女人，那个让女人坐立不安的“隐患”，就是当下时代的不安全感，它日复一日地以无形的方式挤压着我们，使我们变形，而我们又永远抓不住凶手，只能每天处在一种近似疯狂的焦躁不安中惶惶不可终日。诗人在《裸体》中，再次提到了这个抓不住“凶手”：“四周全是目光，像一些暗处飞来的刀锋/命令我向虚无的世界举手投降。”在“这变态的都市，地狱深处的天堂”里，日复一日的生活早已没有了光泽，“正如我萧条的内心/我想重新召集它们，可我手心里/已经透出了太多的、虚弱的汗滴”（《在“橡树”的一个下午》）。在死气沉沉的生活中，“我成为自己的障碍，身体正渐渐地/呈现出石头的形状，外表和内部/都跟真实的石头有些相像”（《空中送来的石头》）。《在孤鹤亭》一诗中，诗人仿佛用一把锋利的快刀，以自我言说的方式对个体生命的存在境遇进行了细致、精微的解剖，在个体生命坚硬的质感呈现中，表现出个体生命所感受到的尖锐的孤立。

在哪儿，你都是一个人
你的自闭症，一种软暴力
赶走了身边的一切，只留下

一颗铁针落地的声音。爱过那么多人
做过那么多事，霸道，尖锐
用空了身体的鞭炮铺和冷冻厂
用旧了长亭和短亭、高塔和密室
你一度想依靠记忆活下去
遗忘及时地跳出来，像只绿色青蛙
它敲着小鼓，教你认字：“爹”
你跟着读“爹”；“娘”，你跟着
读“娘”。太阳、月亮、村庄
城市、火车、旅馆……
越读，你越觉得你离开了，无影无踪了
白象群一样移动的群山之上，海浪之上
什么都是陌生的。但当你读到
“孤鹤”，若有所悟，又说不准
到底是怎样的一种命运，命令你
向后转，却又怎么也转不过身来
像颗铁针，一直存在于刀刃里

——《在孤鹤亭》

在传统文化的语境中，亭子是文人墨客抒发闲情逸致之处，而诗人特意选取“孤鹤亭”作为现代生活的背景。在诗中，我们发现，古人的闲情逸致不见了，取而代之的是现代人空洞的心境和虚无的存在。存在于孤鹤亭的个体生命，因为“自闭症”“赶走了身边的一切，只留一颗铁针落地的声音”。人的心被抽空了，一切身边的事物，“太阳”“月亮”“村庄”“城市”等等都“离开了”，孤鹤亭里弥漫着虚无感和荒诞感，而当听到“孤鹤”，身体怎么都转不过来，虚无和空洞“像颗铁针”，扎进现代人的空空如也的内心。“人的异化”最直接导致的便是主体精神的丧失和因虚无而造成的生命漂泊感、焦虑感和孤独感。个体是社会性的存在，永远也无法摆脱社会关系所编制的这张大网。现代社会的发展，不是促进人与人之间、人与社会的交往，反而是使个体间的依存性降低，个体与他人之间、个体与社会之间已经很难建立起一种信任的、良性的关系，个体的连续性、整体性、同一性被摧毁、被边缘化和疏离化，而这些都不断加剧着个体精神的虚无感。当个体遭受着人与人的隔膜，命运的被操纵，物质的挤压，即使生活在挤满了人的城市，即使城市生活物质丰富、歌舞升平，个体也依然有着深刻的、无以排遣的漂泊、焦虑与孤独，仿佛自己是这个世界的“异乡人”。在代表作《小学校》中，诗人将反思过去和当下感悟混合扭结在一起，折射出现代人更深层次的生存困境。

去年的时候它已是废墟。我从那儿经过
闻到了一股呛人的气味。那是夏天
断墙上长满了紫云英；破损的一个个
窗户上，有鸟粪，也有轻风在吹着
雨痕斑斑的描红纸。有几根断梁
倾靠着，朝天的端口长出了黑木耳
仿佛孩子们欢笑声的结晶……也算是奇迹吧
我画的一个板报还在，三十年了
抄录的文字中，还弥漫着火药的气息
而非童心！也许，我真是我小小的敌人
一直潜伏下来，直到今日。不过
我并不想责怪那些引领过我的思想
都是废墟了，用不着落井下石……

——《小学校》

“三十年了/抄录的文字中，还弥漫着火药味”，一句话埋下“文革”的背景，然后诗人笔锋一转，“而非童心！也许，我真是我小小的敌人/一直潜伏下来，直到今日”。在三十年前那个集权年代，揭发、批斗、算计、游街、打砸抢、幸灾乐祸、落井下石等等龌龊的、“非童心”的作为，在那个疯狂的年代，每个人都被怂恿和蛊惑着，不但没有彻底清算和反省，反而改头换面为“遗产”，以各种形式潜伏下来——“直到今日”。现代文明是一种以“物质”催生“精神”的文明模式，满足“物欲”成为生存原则，对“物”的追求代表了“正确”的方向，整个社会以前所未有的力量把对物质化的追求和狂欢推向高峰，“物”代替“精神”成为引领社会发展方向的新航标，在这样一场狂潮的席卷之下，经受了太久物质饥渴的国人几乎全体迫不及待地投入进去。参与者们相信“物”才是人生的终极追求，“物”的多与少就代表着幸福的多与少，其他一切都沦为手段。在这个同样疯狂的年代，“人人都在以最快的速度”追逐着“物”，原来各种形式的阶级斗争变成了当下不择手段的利益竞争，人人都在为“物”“死去活来”，这无异于是一场新的悲剧和灾难。

（三）不死的乡愁

现代文明给人们带来了物欲的狂欢，也带来了精神的虚无。现代人在“文明”的城市中，过着“漂泊”和“悬空”的生活，渴望回到曾经的故乡。庄稼繁盛，树木葱郁，山清水秀，虫鸟欢唱，炊烟袅袅……这些都曾经是乡村中最常态的景象。但随着城市化进程的加快，传统农耕文明被现代工业文明的大潮侵蚀得满目疮痍，无论是自然环境、生活方式还是价值观念都发生了质的变化，“故乡”在经受现代化的洗礼后不再是曾经的模样。诗人在《我的家乡面目全非》中，完整描述了家乡在被现代文明侵蚀后的现状，身体缩小的老一辈、寒冷而苍老的同辈、喝农药死去的亲戚、离开村庄的兄弟姐妹、换了品种的果树、杂交的稻子，这个“家乡”如此陌生和衰败，“我”已然成为一个“家乡”的外人，使家乡面目全非的，并不是“脚下有情有义的泥土”，而是人类自己。诗人故乡的变迁是所有“故乡”的变迁，成为“故乡”的外人也是所有现代人的感受。当现代人试图返回故乡的时候，发现已经无家可回，成为游荡在这个时代的孤魂野鬼。“我们已经走到了所谓的工商文明时代，工商文明时代带来了大量的信息，但是它让我们丧失了好多好多记忆，让我们找不到一条快乐的回家的路。”① 现实的故乡不忍观看，记忆的故乡也渐行渐远，诗人只能在想象中回家，以精神的返乡为灵魂寻找出口，乡愁也就在现实中返而不能的撕扯中于焉而起。

---

① 《专访雷平阳：糟蹋诗歌就是背叛祖先》，http：//www. cq. xinhuanet. com/2007/book/lpy. htm，2007 -05 -09。

故乡究竟在何处？我们又何以返回故乡？雷平阳的诗向我们昭示出，故乡最本己的东西就是人类存在的本源，因此“返乡就是返回到本源近旁”①；就是回到人类最初的生命起点，这个起点就是孕育万物生命的自然。“以前，大地才是中心/村庄和城市，一直都是/山河的郊外。”（《听汤世杰先生讲》）这个原初的“自然”，是包容性的，“天空是住着神灵的地方……中间部分居住的人……还有一部分是大地，大地就是在山川河流中间居住着人民”②，返回本源，就是返回有着天、地、人、神四重奏的自然。

诗人说：“我希望能看见一种以乡愁为核心的诗歌，它具有秋风和月亮的品质。为了能自由地靠近这种指向尽可能简单的‘艺术’，我很乐意成为一个茧人，缩身于乡愁。”③ 正是这种自觉的追求，使“乡愁”成为内蕴其诗歌中的恒常主题。在《三个灵魂》中，诗人写道：

第一个将被埋葬，厚厚的红土层中
紧贴着大地之心，静静地安息
第二个将继续留在家中
和儿孙们生活在一起
端坐于供桌上面的神龛，接受他们
祭奠和敬畏；第三个，将怀着
不死的乡愁；在祭司的指引下
带上鸡羊、银饰、美酒和大米
独自返回祖先居住的北方故里

——《三个灵魂》

“乡愁”是“不死的”，它已经成为雷平阳诗歌里一个坚硬的存在，

---

① 〔德〕海德格尔：《在通向语言的途中》，孙周兴译，商务印书馆1999年版，第229页。

② 《专访雷平阳：糟蹋诗歌就是背叛祖先》，http：//www.cq.xinhuanet.com/2007/book/lpy.htm，2007－05－09。

③ 雷平阳：《片段感想》，载《诗刊·下半月》2004年第10期，第36页。

并内化为诗人心中不朽的信念。现代人“远离光明太久了，回转或向前/路一样的难走，一样的布满乡愁”（《郊区》）。“生死有艰险，乡愁无穷尽”①，“返回祖先居住的北方故里”是一条艰难的旅程，哪怕“动用最后的/一点力量，回到青山的故乡去”（《在漾濞，暴雨》）。回到故乡，回到祖先居住的地方，“大地之上，万物生长，人们肌肤相亲，恩爱有加”②，“它们的美，让我们/重返荒野，让繁华生于尘土又归于/尘土”（《怒江，怒江集》）。返回故乡注定是漫游者的返乡，是离家之后对故乡的回望，是承受过无家可归的漂泊之苦后的回归，是无法再按来时路返回，但又必须袭承着出发时的精神的返乡之途。

苍山不会走向我
我躬身前往。爬到玉局峰
渐渐领略了高度。在他的北坡
乔木杜鹃，只长根从，全部裸露于地表
铺天盖地，是向上的铁骨
怒江，流淌在太阳落下的地方
我相当过客，走进一条
教堂林立的山谷。那儿
蛰伏了太多的村落
匿名。向下。赞美诗
贴着河床，像石头那样滚动
——许多年了，我就这么
来往于苍山和怒江，鸡骨支床
像一个停不下来的信徒。

——《信徒》

我“躬身前往”苍山，杜鹃、怒江、教堂、村落共存于自然。我来往

① 雷平阳：《诗歌不是高高在上的》，载《文艺争鸣》2008年第6期，第29页。
② 陈竞：《雷平阳：笔触指向自己生活并热爱着的土地》，载《文学报》2010年1月21日。

于山水间，执着地做自然的信徒，永远停不下来。自然本身就是物质与精神的统一体，自然孕育万物，养育人的身体，自然之魅滋养人的精神。大地给人以厚实，天空给人以开阔，神性给人以道德规约。人永远只是自然的信徒，而不是自然的主宰者。

终于想清楚了：我的心
是土做的。我的骨血和肺腑，也是土
如果死后，那一个看不见的灵魂
它还想继续活着，它也是土做的
之前，整整四十年，我一直在想
没有想清楚。一直以为
横刀夺取的、离我而去的
它们都是良知、悲苦和哀求
都是贴心的恩膏、接不上气的虚无
和秘密的星宿。其实这都不是真的
它们是土，直白的尘土
戴着一个廉价的小小的人形护身符

——《尘土》

“尘土与人永远肌肤相亲。土地是不会自己站起来讨好人类的，这不是所谓的傲慢与尊严，它存在于那儿，人就必须谦卑，把自己贴上去，再贴上去。”①

当人类的主体性无限膨胀，凌驾于一切之上成为万物的主宰，人就不可能返回自然的本源。“睡梦中的斧头和镰刀，从房前屋后纷纷赶来/它们比谁都清楚，只有失陷于灭顶之际/失陷于对内心刀斧的深情呼唤/颠覆与埋葬。才会有限度/我们也才有机会，站在旁边/聆听人们奢谈未来。”（《昭鲁大河记》）现代人的返乡之途就是在日益理性化、技术化、物化的时代中，改变主客观相分离的二元论思想，放弃对自然的功能化和对象

① 陈竞：《雷平阳：笔触指向自己生活并热爱着的土地》，载《文学报》2010年1月21日。

化，以道德、良知约束自己的行为，对自然及一切生命心存敬畏，尊重自然的敞开和无遮蔽状态，把自己当作是自然中的一部分，敞开人类的、个体的原初生命精神的路径，实现与周围一切存在的和谐相处，才能重新获得自然的庇护，才能避免情感和心灵的“荒漠化”。

三、开放的写作：诗技呈现

（一）注重意象开掘与意境营造

意象是诗人“感情、智性和客观物体在瞬间的融合，它暗示着诗人内心的图景”[①]。主观之意是抽象的，需要客观之象作为情感的载体，单纯物象的生命力是有限的，需要主体情感的熔铸，在“意”与“象”的组合中，两者缺一不可。主观的情趣、意念与客观的景、物不是隔离、并列平行的，而是相融相生的，体现出一种物我交融、情景相生的“浑成”之美，在浑成的作用下，使诗人处在“显”与“隐”之间，避免了情感的泛滥，具有含蓄凝练的美，同时也显示出独特的魅力。“每一个成熟的诗人……不可能只有一个而应该有几个意象系列，而几个意象系列在某个诗人全部的诗歌文本中有机地作多方面的组合，也就呈现出这个诗人独具异彩和品位的意象世界。”[②]

雷平阳十分注重意象的开掘，在二十多年的写作过程中，营造出了属于自己的意象世界。其意象和意象群是繁杂多样的，但当我们循着雷平阳诗歌的创作脉络，对其中的意象进行分类，就能发现雷平阳诗歌意象大致可以分为三大意象群，即“自然”意象群、“动物”意象群和“宗教”意象群。

“自然”意象群主要有土地、河流、村庄、山石等意象。“自然”意象是诗歌意象中常见的普遍意象，自然孕育万物，承载世事变迁，很多诗人都常用此意象，但因诗人个体和所抒发的诗意不同，从而寄予该意象的

---

① 陈超：《打开诗的漂流瓶》，河北教育出版社2003年版，第94页。

② 骆寒超：《论艾青诗的意象世界及其结构系统》，载《文艺研究》1992年第1期，第27页。

寓意也不尽相同。对于生长于农村的雷平阳来说，“自然”是生命存在之本源和精神母体。在雷平阳的诗歌中，“自然’一方面偏重于物理属性，是承载生命和家园等生存场景的实在，寄托着诗人浓厚的乡土情结；另一方面，“自然”也蕴含着生命存在本源和精神内蕴。“土地，最好让它/荒着。荒，正在被逼到死角。荒/正在一点点得变成墓志铭”（《密林中》），“堆积如山的矿渣/压住了树木、田野、河流”（《在坟地上寻找故乡》），随着人类工业强加给土地的技术理性的累积，“自然”逐渐变得荒凉衰败，生命之源日渐枯竭。自然意象群中的石头也是诗人常用的意象，在他的诗中出现了数十次之多。

让我小小的灵魂，抱着一块小小的松香
在腐殖土上柔软的地徘徊。我累了
我的躯体中，为什么总又一块石头掉不下来

——《雷霆》

夜间十二点
我将屋顶上的蜡烛全部点燃
然后撕开一块
石头，把里面那只死鸟
拿了出来
安葬在云南东北部的沙丘地带

——《深夜的祭奠》

我的泪水是水井的，河流的
带着红土、石块和速度，以及我
藏之体内的几万亩石头的痛哭

——《乌蒙山素描》

石头寓意着生命的沉重与孤独、坚守和力量，生命之重、之坚与石头坚硬、沉默恒常的物质特征与诗人心中的生命图景相似。

“动物”意象群主要有蚂蚁、蜘蛛、飞鸟、蟋蟀、田鼠、蜈蚣、蟑螂、羊、鱼等，它们频繁地出现在雷平阳的诗歌里，甚至有不少诗作直接以小动物命名，如《快乐的蚂蚁》《蚂蚁和蜘蛛》《蜘蛛》《蟋蟀》《鹭鸶》等等。这类意象的共同点就是“小”，都是生活在大地上的小生命。在雷平阳的诗中，它们不是单纯地本原物象，还个体乃至人类存在的一个巨大隐喻。“我和它们，这些自生自灭的小灵魂/一块儿生活在穷乡僻壤……我和它们没有什么两样/身边处处都是庞然大物”（《蚂蚁与蜘蛛》），诗人通过它们，解密“小世界”的生活现场，呈现它们的际遇与悲欢，并经由对形而下的个体生存的关注，上升到对形而上的人类生存境遇的思考。

“宗教”意象群主要有寺庙、菩萨、教堂、祠堂等，这类意象在雷平阳的诗中不仅仅是宗教建筑或神灵，还普遍具有形而上的精神指向意味，蕴含着深刻的精神寓意，代表着思想底线、道德准则和文化之根。随着席卷一切的全球化浪潮和现代工业的大规模入侵，人类数千年来精神皈依之处不断地被摧毁，当物欲肆意横流，人类开始金钱的追逐赛，“火车的方向，防线，底线，地平线/一一被破开”（《大江东去贴》），思想、道德、民族文化根基等统统被现代化这架“唯一的马车”（《里面》）碾碎在车轮下，物欲代替了思想，金钱原则代替了道德准则，与西方现代化接轨代替了民族传统文化的传承。雷平阳通过以上三类意象群构筑起属于自己的隐语世界，表达着主体的内心世界和生存体验，在对意象的开掘中深刻揭示出人类存在的真相，并使诗歌的内蕴更加丰富，韵味更加独特。

意境是中国古典美学的重要范畴，也是中国古典诗歌美学的独有范畴。诗歌的意境营造，使中国古典诗歌区别于西方诗歌，成为古典诗歌的独特魅力所在。讲究意境美，追求“象外之象”“味外之旨”，一直是衡量诗歌艺术性的重要标准。通过情与景、心与物的交融，经意象组合形成相融相生的境界，从有限之景和有形之象，进入无限之境，生成象外之象，体现出浑然天成的整体美，表达出不可言说之情，是意境的基本特征。雷平阳的诗歌继承了中国古典诗歌的特点，特别注重意境的营造，在主客体的同构中，形成心物相交、情景交融的境界，讲究虚实相生的艺术效果，追求象外之象的“空谷之音”，通过实像与虚景、实情与虚境的交织生成弥漫性的延伸境界，使他的诗歌别具特色。

我住在大海上
每天，我都和大海一起，穿着一件
又宽又大的蓝衣裳，怀揣一座座
波涛加工厂，漫步在
蔚蓝色天空的广场。从来没有
如此奢华过，洗一次脸
我用了一片汪洋

——《在日照》

诗人云游于天地间，在他眼中，大海和蓝天没有了分界，融为一体，完全彻底地知觉化、情绪化和心灵化了。在这旦，我和大海“穿着一件衣裳”，“漫步在蔚蓝色天空的广场”，自我移入了客观对象，物我浑然一体，“非我”的自然化为了“自我”的象征。“象”与“象外”同构统一，形成天、地、人浑然一体的大境界，从而使全诗超越有限获得无限的倾向。《在一座木楞房的四周》更是用白描的手法写出了“诗中有画”的意境。

一座木楞房的四周
西面是高黎贡山，南面
是贡丹神山，东面是阿妮日宗姆山
北面是怒江。一座木楞房的四周
西边是普化寺，南边是重丁教堂
东边是原始道场，北边是一条
直通西藏的路。一座木楞房的四周
西侧是村落，南侧是田野
东侧是杂树丛生的丘陵
一个池塘，在北侧。一座木楞房
它的四周：门前有人在打青稞
屋后的柿子红了，左边的草丛
昆虫在交配，右边的牛厩
一个牛头，伸出了栅栏

羊羔，小狗，鸡鸭和孩子
围着木楞房，找食，捉迷藏
笔直的炊烟，在房顶，伸向天空
冬天就要来临，鼹鼠在床底挖地窖
啃来的半页经书，成了他们的被褥

——《一座木楞房的四周》

诗人的视线如拉伸镜头般扫过，木楞房周边的一切都被收入镜头中，先是山、水、寺庙、教堂、道路、村落、田野、丘陵、池塘等远景，再是打青稞的人、红了的柿子、交配的昆虫、找食的动物和孩子等近景。一座木楞房的四周，也是诗人之心的四周，这些所有的一切都和诗人的心灵相通，一切都是那么自然静谧，仿佛原本都如此地存在着，那样合理、真实且永恒。读者很难分出哪个是心界、哪个是物界，一种宇宙自然的大美，在实景与虚情的交融中弥漫在诗句间，无须用更多的语言来表达。

虚实相生是意境的重要生成方式，因此处理“虚”与“实”显得尤为重要。雷平阳总是努力将可述性的意义减至最低程度，将可感性的诗质提高到最纯程度，不仅写“可能存在”的事物，而且写意识领域内“不存在”的事物，“实”即“有言之境”，“虚”乃“无言之境”。

我还能如此清晰地记起从前
这真是奇迹：一个姓张的瞎子，在河流上
练习飞翔；一个姓李的木匠，在屋顶上
模仿狼哭；一个货郎，姓刘，摇着手鼓
在一个新寡的妇人屋后吞金自尽
他们一齐埋伏在我的记忆之中
这是真奇迹，我的时间为他们倒流
我的身躯因他们而裂开。那是从前
我的寨子：云南，昭通，石头生崽
处处都弥漫着生命的尘埃

——《记忆》

诗人以追忆的方式，通过一系列意象描述了一个生活场景。在时光的"倒流"中，"我的记忆"被激活，"埋伏"在诗人内心的场景一一浮现：姓张的瞎子在河面"练习飞翔"，姓李的木匠在屋顶"模仿狼哭"，姓刘的货郎在"屋后吞金自尽"。这些并不存在的虚幻事物在内心的追忆中变得实在而鲜活，让人恍如感觉到"原初"大地上生存和生命的重现，一切无形的感觉和情绪在时光的流淌中弥漫开来。《山中迷路记》表达的是诗人在面对各种纷繁复杂的事物涌来时的不安与惊恐。他的一些诗，如《狮子山中》《飘逝》《山中迷路记》《树上旅馆》《光辉》《草原》《流散》《曼陀罗花茎》《地上的阳光》等同样显示出诗人在意境营造上的努力。

（二）细节的提炼与描写

20 世纪 90 年代，诗人们纷纷从往日的宏大叙事中撤退，回到对个体生命的探寻。影响人们生活的不再是重大历史事件和历史生活，而是司空见惯的日常生活。悬浮在半空的诗歌车轮被拉回到现实生活，诗人们耽于幻想的眼睛从虚空转向当下的生活实在。诗歌"首先要恢复的就是与每一个细节、每一个真实的'我'的人性关系，也只有从细节和人性中生长出来的美，才是有活力的诗性的美"①。

如果把一首诗歌看成一个生长着的有机体，那么细节就是诗歌的筋骨，由此，存在之真和诗意之美才得以通过这些网络由内到外地散发出来。"雷平阳是一位逼近生活细节的诗人，比贴近更逼近自己生存的空间。因此，细节放大了诗人对生存状况的感悟，同时也让我们在阅读中逼近了雷平阳的诗意世界，唤起我们对世界的诗意关注。"②

在雷平阳的诗歌中，"最打眼的往往是一系列准确、本真的细节提炼……使不饰险峻的细节提炼和灵韵闪光的同时出现，是衡量一个诗人'手艺'的重要尺码之一，因为他难以蹈袭，愈显其功力实倍"③。没有真实细节的诗，不过是凌空蹈虚的语言高台，而没有主体情感经验的诗，则会显

---

① 谢有顺：《诗歌与什么相关》，载《诗探索》1999 年第 1 期，第 6 页。

② 诗刊社：《第二届华文青年诗人奖获奖作品》，漓江出版社 2004 年版，第 47 页。

③ 陈超：《"融汇"的诗学和特殊的"记忆"——从雷平阳的诗说开去［J］．当代作家评论》2007 年第 6 期，第 72 页。

得干涩呆板。雷平阳擅长从细节入手，将主体细腻的情感经验浸润着在细节的提炼和描写中，因而总能从琐碎平凡的日常生活中开掘出诗意，发现存在之真，写出诗意之美。

没有什么是不能承受的，只要愿意
那一年，许多人都敏锐地发觉了我的疲惫
他们劝我多休息，学会节制，应该
用成长代替焦虑。楼梯的转角处
我站了一下，一个扛着花椒箱的老人
爬了上来，空气中弥漫着又麻又香的气味
肮脏的镜子，他向上攀登的一瞬
我看见他把我带走了，包括一个
十七岁少年的青春……旅客很少
木匠来自四川，人口贩子出自威宁
唯一的例外，有一个身份不明的人
每天都坐在二楼的长椅上，从窗口往外看
窗下是条小街，有几个老头在那儿
以代人写信为生。这人说，他的老家
在甘肃。那是我第一次遇到甘肃人
沉默的人，萧条的人，天蓝色的夹克
旧了，发白，显得有点小
袖口上有一丝血迹。也许他的体内
也压着一封信，旁边的邮局
像他的身体一样结实
我很少惊动他，一个亡命天涯的人
他的身上一定裹着一层一敲就响的铁皮
记得警察把他带走的那天，他用一双
还残存着自由的手，扶着楼梯往下走
脸上没有什么特殊的表情……二十年了
这些都一直没有被说出。相反

在三楼最里面的一间，住着的一男一女
屡屡被我提及：从二十年前开始
那儿就响着做爱的声音，它的门
时开时闭，像一个少年手淫者疲惫的眼睛

——《昭通旅馆》

诗人以一个少年人的视角，写他在旅馆中碰到的人和事：扛着花椒箱的老人、背着肮脏镜子的理发匠、木匠、人口贩子、代人写信的老头儿、亡命天涯的人、做爱的男女……透过各种人的行为细节，写出一个少年成长过程中的困惑、迷茫与焦虑、青春期独有的疲惫，而最终，一切瞬间即逝。诗人很耐心地描画着一个个细节，像手拿雕刻刀的雕刻师一般，细细地雕琢那些精微细腻之处，然后不断深入再深入，直到挖取出最里面的内核，最终写出了一种弥散着的青春的惆怅以及岁月如烟的虚无。屡被大家提及的《杀狗的过程》更是细节提炼和描写的典型例子。

这应该是杀狗的
唯一方式。今天早上十点二十五分
在金鼎山农贸市场三单元
靠南的最后一个铺面前的空地上
一条狗依偎在主人的脚边，它抬着头
望着繁忙的交易区。偶尔，伸出
长长的舌头，舔一下主人的裤管
主人也用手抚摸着它的头
仿佛在为远行的孩子理顺衣领
可是，这温暖的场景并没有持续多久
主人将它的头搅进怀里
一张长长的刀叶就送进了
它的脖子。它叫着，脖子上
像系上了一条红领巾，迅速地
蹿到了店铺旁的柴堆里……

主人向它招了招手，它又爬了回来
继续依偎在主人的脚边，身体
有些抖。主人又摸了摸它的头
仿佛为受伤的孩子，清洗疤痕
但是，这也是一瞬而逝的温情
主人的刀，再一次戳进了它的脖子
力道和位置，与前次毫无区别
它叫着，脖子上像插上了
一杆红颜色的小旗子，力不从心地
蹿到了店铺旁的柴堆里
主人向它招了招手，它又爬了回来
——如此重复了五次，它才死在
爬向主人的路上。它的血迹
让它体味到了消亡的魔力
十一点二十分，主人开始叫卖
因为等待，许多围观的人
还在谈论着它一次比一次减少
的抖，和它那痉挛的脊背
说它像一个回家奔丧的游子

——《杀狗的过程》

诗人专注于描写杀狗的过程，每一个细节都不放过，主人反复的抚摸与招手、狗的依偎、一次又一次刺进脖子的刀叶，“如此重复了五次……”，诗人对杀狗过程中的每个细节进行“超级细写”，仿佛一部残忍的纪录片。而在每一个小细节中，在词语的温情色彩和主人的残忍行为背后，又隐忍着起伏的感情，忠诚与愚昧、温情与残忍，残忍叛卖与阴险，一切简单的断语都是浅薄的，从一只狗的死亡中，折射出包括人在内的个体生命所经历的生死存亡。在《一棵漆树》《枝条》《小学校》《雷霆》《草原》《怀念德宏州》《铁桥下的秋天》《昆明的阳光》《翠湖三贴》《存文学讲的故事》《鹭鸶》《虹山新村的压腿人》等诗中，诗人专注于细节，把笔墨集中在事物不被发现的细部，剥丝去茧地深入到事物和生活的内核，将这些被忽略的细部串接成一个整体，在主体细腻情感经验的浸润中，写出了一首又一首筋骨细密、揭示存在本来面目的佳作。细节的提炼和描写，也使得雷平阳区别于那些泛泛的以强调所谓“地方性”为其标志的诗人，成为一个个性突出的诗人。

（三）跨文体写作

跨文体写作，也称“综合写作”“杂语体写作”或“混合型写作”，是对原有诗歌文本体式上的一种试验性的探索和革新。它力图打破常规的文体界限，将小说、散文、戏剧等其他文体的技艺要素植入诗歌，最大限度地敞开诗歌文体，使诗歌能够容留各种“不洁”的，甚至“非诗”的异质性成分，发现并挖掘语言的秘密，拓展诗歌写作的思路与新的可能性，从而保证诗歌的活力和“有效性”。在雷平阳看来，“如果我们只在乎文体，而不关心文本意义，写作岂不变成了单纯的仪式？我推崇和向往的文本，可以是诗，同时还是小说、散文、绘画、音乐和舞蹈，甚至就是生活本身”。[①] 写作者要捍卫的不是“仪式性”的文本，而是在现实语境下集合起不同文体形式的优长，在它们的相互交杂与衍生中，“构成了有效的写作者创造力的向度”[②]，使自己的诗歌具有更大的包容性，以此“揭示生存，挖掘生命体验，挽留想象力，享受书写的愉悦”[③]。

雷平阳曾说：“在我这儿，‘写什么’和‘怎么写’，我的左手和右手从来不打架，形式和内容本来就是同一个躯壳，谁把他们拆散了，谁就得承担风险，为了‘完美’，我主张双向的自然而然。”[④]

他诗歌中的跨文体写作，正是诗人坚持“双向自然而然”这一诗歌创作主张的具体呈现。雷平阳在诗歌文本的建构中植入小说、散文、戏剧等多种文体的技艺要素，注重对日常生活中的事件过程、场景和人物的描述

---

① 陈竞：《雷平阳：笔触指向自己生活并热爱着的土地》，载《文学报》2010 年 1 月 21 日。

② 陈超：《打开诗的漂流瓶》，河北教育出版社 2003 年版，第 192 页。

③ 陈超：《打开诗的漂流瓶》，河北教育出版社 2003 年版，第 192 页。

④ 《坎坷生活断肠诗专访著名诗人雷平阳》，http：//news. qq. com/a/20070607/000351. htm，2007 - 06 - 07。

与探寻，并能够巧妙承接跳跃的想象，这样一来，诗歌文本变得客观、沉缓、细微、庞杂、互否、思辨，充满了具有现场感的生存情境与事件，形成驳杂的跨体集结式的诗歌文本融汇。深入细致的人物刻画、完整复杂的情节叙述和具体的环境描写是小说这一文体的基本特征。雷平阳在许多以“记”为名字的长诗中，如《生活记》《少年筑墙记》《贫穷记》《养猫记》《狱中捕鼠记》《杀鳝记》《牧羊记》《山中赶路记》等，以及《杀狗的过程》《存文学讲故事》《电线杆山上的人》《个人前传》等诗中广泛运用小说的技法，不断地打破文体边界，将注意力转向文本，根据表达内容的需要来生成诗歌自身的形式，而不屈从于文体规定的束缚，使诗歌呈现出鲜明的小说化倾向。雷平阳在《存文学讲的故事》中描写了一个乡村放映员的故事。

张天寿，一个乡下放映员
他养了只八哥。在夜晚人声鼎沸的
哈尼族山寨，只要影片一停
八哥就会对着扩音器
喊上一声：“莫乱，换片啦！”
张天寿和他的八哥
走遍了茫茫苍苍的哀牢山
八哥总在前面飞，碰到人，就说：
“今晚放电影，张天寿来啦！”
有时，山上雾大，八哥撞到树上
“边边，”张天寿就会在后面
喊着八哥的名字说，“雾大，慢点飞”
八哥对影片的名字倒背如流
边飞边喊《地道战》《红灯记》
《沙家洪》……似人非人的口音
顺着山脊，传得很远。主仆俩
也借此在阴冷的山中，为自己壮胆
有一天，走在八哥后面的张天寿

一脚路空，与放映机一起
落入了万丈深渊，他在空中
大叫“边边”，可八哥一声也没听见
先期到达哈尼寨的八哥
在村口等了很久，一直没见到张天寿
只好往回飞。大雾缝合了窟窿
山谷严密得大风也难横穿……
之后的很多年，哈尼山的小道上
一直有一只八哥在飞去飞来
它总是逢人就问：“你可见到张天寿？”
问一个死人的下落，一些人
不寒而栗，一些人向它眨白眼

——《存文学讲的故事》

诗人用小说的手法，对平常的生活场景进行提纯并充分典型化，以一只会说话的八哥为故事的纵线和托衬，把行走在哀牢山中平凡且带有悲剧意味的乡下放映员这样一个小人物写活了，并且达到了相当感人的艺术效果。在《少年筑墙记》中，诗人叙述了一个发生在集权政治年代的残酷故事，这个故事也是一代人的集体主义记忆。老教授的儿子薛笑非放牛归来，看到惨死在牛棚外的父亲，“在没有人声的小镇”，镇长冷漠地拒绝薛笑非为父亲要墓地的恳求，最后在一个老婆婆的帮助下，在牛棚里安葬了父亲。诗人以小说式的叙事结构，穿插了独白、对白，甚至议论等多种小说笔法，完整描写了一个少年安葬父亲的故事，并对故事中镇长和老婆婆的进行了刻画，表现出集权政治时代人的异化。既有行动又有对话描写，让读者仿佛身临其境般地目击了真实现场。

雷平阳在很多诗中运用了散文化的笔法，摄取生活中的一个片断或一个侧面，以散文的句式组织和诗歌的自然节奏、情绪音调，很好地容纳了诗人自己的想象，恰切地表现出个体生存的现实境遇和深刻的生命体验。诗作既有效地避免了散文语言随意散淡、拖泥带水的弊病，又突破了纯诗语言带来的凌空蹈虚和矫柔做作。

从海心亭通向讲武堂，中间
有一座石桥。领着儿子晨跑，每次
我们都会途径那里。绿水，垂柳
儿子看见鸭子，总会想起骆宾王的诗
他的嗓门很大，有一次惊起了
一个在石凳上熟睡的老人
老人没有抱怨，打个哈欠，把破棉絮
叠好，放到石凳下。接着，打开
一个塑料袋，从里面拿出了
一捧面包屑，抛向水面的鸭子
边抛，边念念有词——吃吧
孩子们，今天我养你们，我死时
请戴孝帕，多烧几叠纸钱……

——《翠湖三帖》

诗人以舒缓、平实的散文化语言，叙述了某一天早晨自己带儿子跑步时发生的一件小事，儿子的大嗓门惊醒了“一个在石凳上熟睡的老人”，老人先是“打个哈欠”，然后“叠破棉絮”。接着“打开塑料袋”，“拿出一捧面包屑”，“抛向水面的鸭子”，看似平淡的全诗，在老人最后的自言自语中划开了生活的表面。

几所大学的侧门，像荒凉的绝壁上破开的
几道口子。街道被铁栅栏一剖为二
惯例的秩序，不允许蔑视死亡的自由
在这里囤积。但是，一辆逆行的卡车
像绝望时突然蹦出的神来之笔，甫一出现
就把他撞倒在了一棵梧桐树的阴影里
他不想留下血迹，然而两个年轻的警察
还是非常果断地封锁了现场
并且对着他的耳朵，低声询问

“这血迹是不是你的，它怎么还在不停地扩散
像身体的汁液领着骨肉向四周飞奔？”
那时候，他已经彻底睡熟了
一个死者，他回到了梦中
他再不能开口说话，唯一的权利
他可以躺着不动；唯一的冲动
他可以借我的口回答生前所有的提问：
“被来历不明的东西
重重地击中，我是幸福的。”

——《学府路一景》

诗人选取街道上瞬间发生的车祸这一事件，叙述和描写了车祸发生时的具体场景和警察处理现场时的情况，揭示出“逆行”在“惯例秩序”中的死亡。另外，《早安，昆明》《在“橡树”的一个下午》《从一座小寺看濞漾古城》《昆明的阳光》《黄昏》《昆明，深夜两点》《冬至》《末日》《翠湖三贴》《儿子的假想敌》《怀念德宏州》等诗作，都是通过生活中的一个片段或侧面，从具体的小事件出发，以散文的灵活巧妙的笔法，以内在情绪抒情为韵律节奏，穿透纷繁复杂的现代生活表象，从小聚点聚焦，揭示现代人的生存境遇。

雷平阳除了在诗作中大量运用小说、散文的笔法外，还将戏剧化手法运用到诗歌中，即通过戏剧性结构、戏剧化情景、对白等手段组织诗歌材料和诗歌构架。雷平阳注重戏剧场景的营造，将人物和事件处于戏剧性处境中，在情节展开和人物对白中将主体的情感和思想渗透在艺术的转换过程之中，使得诗歌具有两个声部，它们之间互相摩擦和冲突，借诗中角色化的戏剧声音将诗人的客观意志和主观感情间接地表达出来，这样的诗歌自然而然地呈现出思辨的特点。具有戏剧骨架的诗歌，较传统的诗歌，在结构上更具有包容力，更能突出强烈的现场感、紧张感和生存气息。与其他诗人在诗歌创作中运用戏剧化手法不同的是，雷平阳几乎从来不用“反讽”，而是对戏剧性情景进行客观平静的营造和展示。

……一个台湾来的
茶客，悄悄跟我说："死了，我就
来云南，砍棵茶树做棺木……"
每个寨子里，都有寺庙，我领着他
听诵经，接受约束。
……"在这片土地上
每一种物体内，都住着菩萨或其他神灵。"
我跟他边走边说，他若有所悟
又一次悄悄地对我说，"死了，我就
埋在茶树下，但我希望，草不要长高
一定要让我，躺在土里，也能看见
寺庙、江水和日出……"

——《菩萨》

诗中出现了两个人物：一个是"茶客"，一个是叙述者"我"，诗人将两个人物设置于同一个场景中，将现代人对自身处境的认识，浓缩在人物对话中娓娓的展示出来。在《八哥提问记》中，雷平阳完全用戏剧般的六段独白来构成整首诗歌，六段独白相互勾连层层递进，深刻剖析了人性的真相。同时，六段层层递进式的独白也构成诗歌的内在节奏，使整首诗在紧凑的独白中又不失诗歌应有的韵律和节奏。

（四）语言特色

诗歌不是"集约化、标准化的生产"①，雷平阳创作的众多"跨文体"的诗歌文本，因为包容了众多"异质""不洁""非诗"的成分，显得混沌和驳杂，具有开放性的效果。同时，也以打破固有外在形式上的约束而获得新的语言的解放和舒展，成为有效地使诗歌增值的有益元素。

1. 诗性口语的运用

口语是直接说出的语言，与生命意识同质，它保持着直接性、鲜活性和原生性，带有日常、生活和地域的特点。"口语写作实际上复苏的是以

① 陈超：《打开诗的漂流瓶》，河北教育出版社2003年版，第5页。

普通话为中心的当代汉语的与传统想联结的世俗方向，它软化了由于强调意识形态和形而上思维而变得坚硬好斗和越来越不适于表现日常人生的现时性、当下性、庸常、柔软、具体、琐屑的现代汉语，回复了汉语与事物和常识的关系，口语写作丰富了汉语的质感，使它重新具有幽默、轻松、人间化和能指事物的成分。”①

然而，口语无论是语汇还是句式，都毕竟有许多“反诗性”因素，比如，它的啰唆、驳杂和粗鄙化倾向等，更重要的是，以日常交际为主要功能的口语语句拖沓和散漫，使诗意的容留和展开变得十分困难，因此，诗人要对日常口语进行“锤炼”和“提纯”，使之“炼化”生成为诗性口语。显而易见，以诗性口语写作不等于内容的直白和浅露，也不等于内涵上的平面和单一，而是要求把复杂、深沉的内心情感加以提炼，用简单、平实的语言表现出来。也可以说，诗性口语就是朱自清所说的能够“求真化俗”的语言。当众多诗人们热衷于以口语入诗的狂潮，满足于口语泛滥所带来的语言的狂欢中，雷平阳的诗歌却以诗性口语的运用显出别样的特色。

搬家时，民工们的汗水
透过一个个纸箱，打湿了我的书
这些浑身臭汗的家伙，站在客厅里
双手对搓，一脸羞愧。我没有说什么
但气氛明显有些不对。其中一个
年龄稍大，极不自然地对着我笑
“同志，你的书足足有四吨重啊。”
其他几个开始应和：“是啊，是啊
从来没见过谁有这么多的书。”
我还是没说什么，把受损最重的那些
放到了露台上，那儿有昆明
最灿烂的阳光。也许是因为我的动作

① 于坚：《语言之舌的硬与软——关于当代诗歌的两种语言向度》，载《诗探索》1998年第1期。

过于迟缓了些，还是那个年龄稍大那个
他说："同志，太不好意思了
是不是把搬家费减掉三分之一？"

其他几个一样地应和："是啊，是啊
应该减去，都怪我们汗水太多了。"
……我没减他们的工钱，他们走时
都夸我："同志，你是个好人。"
边说边往门外走，其中年龄最小的那个
（估计只有十五岁）不留神，脑袋
碰在了防盗门上，咣的一声

——《四吨书》

诗人用朴实、简练的语言，看似信手拈来，随意却不散漫，用"浑身臭汗的家伙""双手对搓""极不自然地对着我笑""脑袋碰在防盗门上"等形象的语言对搬家民工们进行了白描，真实又不乏生动地还原了搬家民工们的本相，最后"咣的一声"，不仅是搬家民工们发出的声音，更是诗人内心情感的震颤。

在云的南方，几条河流
在并列奔跑，它们像几个
背着镜子的乡下理发匠，它们在打赌
顶着白茫茫的阳光，看谁
跑的又黑又亮
我喜欢那些河流脊背上的镜子
黑颜色的边框，无休止的耸动着
与远处的山脉保持同一种流向

——《有几条河流在奔跑》

诗人以拟人的语言，用"背着镜子的乡下理发匠"比喻奔跑着的河流，使“河流”从生活实景上升为一种诗性的情景。“如果诗人精确地知道他的词代表什么，那他的写作很可能比懵懵懂懂、随便乱用字眼时，显得新颖奇特——甚至难以理解。这是因为，当每一个词都有确定的性质时，糅合在一起便不能不独具特色。”① 雷平阳的诗都是由常用的基本词汇写成，真实而又细密地表达着诗人内心情感经验，有着口语的诚朴自然，但又有着超越口语的诗性质感。可以说，作为一种话语策略，雷平阳以诗性口语，使诗歌在口语狂欢中摆脱细屑和粗鄙化的局限走向澄净。

2. 以“节奏”抒情

朱自清在研究《诗经》时发现：“歌谣的节奏最主要的靠重叠或叫复沓……重复可以说是歌谣的生命，节奏便也建立在这上头。字数的均齐，韵脚的调协，似乎是后来发展出来的。”②

汉语诗歌的节奏在很大程度上是经由“重复”表现出来的，“重复”不仅是连续生命的节奏，更是统摄流转的情感，并由此形成包容互否、意蕴丰富而又相对统一的文本基调。施塔格尔说：“凡是个别的词或词组被重复的地方，抒情式总是密集的。”③ 这里所说的“重复”，是指相同或相近的字词或句式的重复。由重复带来的节奏感表达着个体生命的节奏，也蕴含着情感的流淌。在雷平阳的诗歌中，“重复”是表达情感的重要方式。

山神的毛发白了，燕麦白了
西凉山的秋天也跟着白了
充军人的后裔，霜迹的脊梁上
白了，像冷风的胚芽
就要长大成冰凌

抽我的肋骨，凿一根笛子

---

① 赵毅衡：《批评文集》，中国社会科学出版社1988年版，第379页。

② 朱自清：《经典常谈》，上海文艺出版社1999年版，第25页。

③ ［瑞士］埃米尔·施塔格尔：《诗学的基本概念》，胡其鼎译，中国社会科学出版社1992年版，第25页。

空我的胸膛，多一座粮仓

都白了，爷爷和奶奶住在山上
他们坟顶上的长草也白了
一层白土盖着，他们活着
像死者一样，白得彻底、荒凉

都白了，倮伍家的小妹空身下楼
高高山上，一盘月亮
我这汉人，一个打工仔，空手返乡
绕了一圈，眠于草垛旁

都白了，笛孔里的血滴儿
都白了，粮仓里的耗子骨

——《晚秋白色》

“白了”在诗中反复出现了九次之多，成为贯穿全诗的节奏主线。“白了”像波浪般层层推进，“毛发”“燕麦”“秋天”“脊梁”“长草”等次第出现，诗人隐忍、克制的情感像一根被调越来越紧的弦，最后在连续两个“都白了”“都白了”的重复中，晚秋的白色淹没了所有的一切，诗人的抒情也变得意味深长。这样的诗，言有尽而意无穷；这样的抒情，像烟雾一样弥漫回环在无尽的回味中。

从锄柄上剔下来的，从玉米中浸出来的
都是父亲们的体温，木质的，可食用的
从土层中降下去的，从天空里升上来的
都是母亲们的骨肉，土地的，天空的
每当我看见这一切像乌蒙山一样
铺开，并被阳光照亮了，我的泪水是水井的，河流的
带着红土、石块和速度，以及我

藏之体内的几万亩石头的痛哭

——《乌蒙山素描》

诗人以“从……都是……”的句式重复构成节奏，在节奏的重复与回旋中，内容的不同几乎被取消了，无论是“从锄柄上剔下来的”，“从玉米中浸出来的”，“从土层中降下去的”，“从天空里升上来的”，还是“木质的”“可食用的”“土地的”“天空的”，都是“父亲们的体温”和“母亲的骨肉”。当这一切自然地呈现在阳光下，诗人的情感自然而然的涌起，像“水井的”“河流的”的水一样肆意流淌。诗人没有刻意地在诗中表达感情，但感情却在文字背后无痕地溢出。

四、缺少万丈雄心的写作者：启示意义

雷平阳自称是一个“缺少万丈雄心的写作者”①，他的诗歌写作始终扎根于云南这片土地，坚持及物、及心，笔随心走，在对地域性“生活现场”的描写中，写出了公共经验中的个人体验，抵达了具体历史语境中的“存在的现场”，揭示出人类存在的真相。在当下看似热闹实则困境重重的诗坛，他的诗颇具启示意义。

（一）当下诗歌创作的状况

20 世纪 80 年代中后期以降，诗歌从文学之正宗的中心位置上跌落下来，从被瞩目的热门焦点走向了被遗忘的边缘。可是，新世纪以来的诗坛，却好像注射了强心剂一般，重新变得红火热闹、活跃非凡，仿佛给人们一种全面复兴的迹象。诗人们的创作劲头热火朝天，在题材选择、情感表达、语言特色、文体风格等方面各有其态，大有群英荟萃、多元并举的趋势。与此相对应的是，诗歌的年产量也在急剧增长。但“那种以为进入

① 《坎坷生活断肠诗专访著名诗人雷平阳》，http：//news. qq. com/a/20070607/000351. htm，2007 - 06 - 07。

新世纪，诗歌就会显示出与上个世纪有本质差异的进化论思维是靠不住的”①。因为诗歌的发展有其自身的规律，不可能随着年代的更替而改变内在的生命曲线。顺着这一思路我们可以看到，进入新世纪以来，诗歌陷入了前所未有的困境，新诗处于表面热闹而实质更加沉寂的状态。分析其原因，一方面是一些在诗学趣味上过于贵族化，或具有学院背景的“知识分子”诗人，乐此不疲地在故纸堆、典籍、历史遗迹等处寻找诗歌写作资源，远离当下生存现实，“心灵在场”缺席，进行着一种悬空式的知识写作。这种知识写作不管是在修辞技巧、语言词汇，还是在文体形态上，都十分注重西方现代和后现代主义的创作技巧的运用，在使诗歌获得写作和存在新的多种可能与空间的同时，也使诗歌写作呈现出过度“西化”的态势。不少诗歌殚精竭虑，刻意营造艰深晦涩、怪僻吊诡的艺术迷宫。唯技术之上的多元技巧的运用，使当下诗歌消解了本土叙事，抹平了历史深度，缺乏精神价值关怀，成为词语“平面上的狂欢”，诗歌文本也沦为摆摊式的炫技展览。没有“心灵在场”的诗歌，思想内涵是空洞的，情感表达是矫揉造作的。另一方面，一些非“学院派”或反“学院派”诗人，与“知识分子”写作方式相反，他们追求消解深度和意义，追求极端的明晰和通俗。这些诗人大多以先锋的姿态，以通俗化和口语化的语言形式，创作出贴近日常生活，表现个人情感的诗歌文本。但随着消费主义的流行，一些诗人开始把大众旨趣奉为自己的写作原则，诗学趣味呈现出明显的“粗鄙化”特征，实在让人难以卒读。这类诗歌以日常性的世俗化为内容，以欲望和无意识活动为诗歌元素，诗歌语言也由“口语”变“口水”了。诗歌不再关注形而上的精神世界，而是充斥着无意识世界的所谓“经验”。一部分诗歌甚至以感官欲望化场景的直接描述与肆意渲染为书写内容，把讲究含蓄蕴藉的诗歌变成了赤裸裸的欲望宣泄。此外，一些“中产阶级趣味”的写作者，“假装尊敬高雅文化的标准，而实际上却努力使其溶解并庸俗化”②。这样的写作者假装超然地书写着支离破碎的“个人化”

---

① 罗振亚：《喧嚣背后的沉寂与生长：新世纪诗坛印象》，载《天津师范大学学报》（社会科学版）2008年第4期，第46页。

② 〔美〕丹尼尔·贝尔：《资本主义的文化矛盾》，赵一凡、蒲隆、任晓晋译，上海三联书店1989年版，第91页。

细节和琐碎的“私人经验”，表达着肤浅的优越感，逃避对生存困境的探索和思考。

（二）对当下诗歌创作的启示

第一，坚持从“内心”出发，以个人经验为本源，写与“我”有关的事物，坚持呈现“在场”，坚持“及物”并“及心”的表达，有了对“我”生存处境的敏感和体验，内心有了对此时此地生活的深切感受，才有真正的、充满着真情实感的写作。一切事物的真相，一切苦难或美好，并不在别处，而是隐匿于生活狭小的缝隙里，没有敏感的心灵和强大的感受力，是无法发现它们的。所以，无论是哪个时代，任何一首好诗，都不会只有空洞、虚幻的无意识感受，它一定蕴含着诗人对当下生活细节的敏锐感受。它们的诗歌可以证明诗人的心灵曾经和那些生活细节有着极为亲密的关系，而不是心灵在生活中的缺席。诗歌“应该在这个沸腾的时代，重获心灵的力量，当下的力量，‘描绘和捍卫人类空间最个人和内部的东西’，从而使其能够有效地在我们的精神生活领域展开。”[45]雷平阳总是“尽力地去记录触及自己灵肉的事件或自己细碎的思想……说出生活与情感的真相”[46]，写作对于他来说，是心灵的炼金术，诗歌是他灵魂歌唱的最佳方式。他以生命的本能感知周围的生活和世界，既不从故纸堆等地方寻找写作资源，也不是满脑子的观念和空想，这样的写作，率真又准确的带着鲜活的个体生命的气息。他以敏锐的感受力和辨析力记录日常生活场景，发现隐藏在生活褶皱里的一个个小秘密，体察细微的小事物对灵魂的微妙影响，以深刻的个体生命体验，在地域的特异性中寻找并发现人类普泛意义上的共同记忆和生存秘密，通过细节的提炼和描写，在具有现场目击感的同时，又达到与心灵内视的平衡，写出“及物”又“及心”地贴着心窝可成血的文字。

第二，诗歌是一门与心灵有关的技艺，“怎么写”的技艺需要诗人不断探索，为所表达的内容找到最适合的表达方式，而不是对某种时髦形式的迷恋和滥用。“写什么”和“怎么写”是左手和右手的问题，雷平阳说：“肉体的享乐主义的确在很多时候颇具形式感和戏剧性，而且还多少还有些标志性的意味。可一旦灵魂反目或感到不自在，它们势必火并，势必成为彼此的障碍，所以，为了‘完美’我主张双向的‘自然而然’。”[47]

他从来不刻意强调或运用某一方式彰显所谓的个人风格，更不关心林林总总的“流派”或“主义”，而是始终以诗本位的立场，从多方面寻找诗歌艺术的可能性。所有的技巧，无论是古典传统的，还是西方现代派的，都是出于调动整个文学话语去讲话的需要。在“叙事”中，打破文体的元范式，将各种文类要素杂糅在一起，从而容留更多的“非诗”的因素，使诗歌得以处理当下日益复杂的生存体验。在“口语”大行其道的流俗中，把“口语”过滤、提纯成诗性口语入诗歌，既保留了口语的新鲜感，又避免了“口语”的不雅。

第三，借鉴传统诗歌技艺，而不是一味地移植西方现代技巧。新诗发轫以来，众多诗人一直在西方诗歌经验中寻求新诗现代化的有效路径，从而背离了几千年的诗歌传统。在当下诗歌中，意象几乎消解殆尽，导致诗歌文本流于平面状态下的日常事物与琐事，毫无意义上的深刻性，有的只是对周遭事物的原生性还原。意象是诗歌写作的焦点，意象是诗歌艺术的精灵；有意象就有诗味，无意象就无诗味。雷平阳善于从传统诗歌中汲取营养，注重意象的开掘，在长期的创作实践中，营造出了属于自己的意象世界，用其构筑起独具个人特色的诗歌大厦，构造成具有深度意义的文本。在开掘意象的同时，雷平阳还特别注重意境的营造，通过实像与虚景、实情与虚境的交织生成弥漫性的延伸境界，以所言表达不可言的况味，使诗歌在全球化的洪流中保持了鲜明的民族性和本土性特征。

结　语

雷平阳不是一起步就能快跑的“早慧型”或“天才型”诗人；相反，在二十多年的诗歌创作中，他以蜗牛般的慢行与耐心，以迟来的渐悟，以缓慢而笨拙的方式书写，在经历了大量、长久的书写积累后逐渐才显露出他的书写品质。他以云南为自己的写作根据地，借重地域性因素的支撑，显现出鲜明的地方特色，并以深刻的个人经验，突破具体地域的表达局限，介入当下时代的“噬心主题”。诗人以反思现代性为主要内容，揭示出现代工业文明进程中，自然被人类侵害后发出的哀歌，生活被异化后人的生存困境，以及现代人无家可归的乡愁。诗人以开放的写作姿态，不断地探索属于自己的表达方式，在诗歌技艺上既继承了中国古典诗学的传统，注重意象开掘和意境营造，又很好地借鉴了西方现代派的技巧，广泛并恰当地运用跨文体的写作方式，并能把多种技艺巧妙地融合在一起，通过细节的提炼和描写以及具有个人特色的语言，通过个人经验的表达，真切地揭示出人类的本质存在。他的诗对新世纪以来陷入困境的诗歌创作有着重要的启示意义。客观地说，雷平阳的诗歌创作还存在许多不成熟的地方，有很多需要进一步丰富、精练和打磨之处，内容有时过于琐碎，“叙事”有时还缺乏必要的节制。但是，作为一个有着巨大潜力的青年诗人，我们有理由相信，他能够坚定地在诗歌创作道路上不断探索和进步，创造出更多更优秀的具有本土特色的现代诗。雷平阳是个值得期待的诗人。

炙烤自己忧伤的灵魂
——论雷平阳诗歌中的乡愁

黄凤玲

一、“浴土而生”的乡愁和大地立场

正如一些评论家所说，雷平阳是“一个有根的诗人”，他的“根”深扎在云南昭通市土城乡，一个叫欧家营的村庄。雷平阳自己也曾坦言：“每个诗人背后都有一个村庄，背后都有一个个人的根据地，我背后的土地的存在支撑了我的写作。……我的心灵离不开那片土地。我从小跟着唱书的瞎子在那些乡村里走，没法抛开身后那片土地的存在。我想强调的是诗人应该知道自己的根在哪里。”① 我赞同雷平阳的说法，也对这种葆有自觉的“根性意识”的作家表示最由衷的敬意。当下的写作，已日益趋向公共与平面，经验的复制和表达的贫乏萎缩了文学中应有的鲜活和生动，丧失了安身立命之所的文学处于实际上的“被抛”状态。在这样的情境下，那些生长于坚实大地上的情感和记忆才越发显得真诚和可贵。雷平阳的诗歌正是在此种意义上引起了我的关注。他擅长用深情而质朴的语言，串联起关于故乡、关于童年的记忆碎片，从而试图组接一条可以让心灵重新返回故乡的路径。记得巴乌斯托夫斯基说过：“对生活，对我们周围一切的诗意的理解，是童年时代给我们最伟大的馈赠。如果一个人在悠长而严肃

① 谢有顺：《雷平阳的诗歌：一种有方向感的写作》，载《文艺争鸣》2008 年第 6 期。

的岁月中，没失去这个馈赠，那他就是诗人或者是作家。”① 雷平阳保留了这个馈赠，所以他成了诗人。尽管在雷平阳的童年生活中，浓缩更多的或许是苦难和不幸，但这些均已化作他生命链条中最深刻的记忆，也成为他一生中最重要的写作资源。

在雷平阳的诗歌里，童年的故乡是那么的真切和温暖，又是那样的茫远与忧伤。

一块弹丸之地，在几株白杨树之间/河是小河，路是小路，屋是小屋/……《背着母亲上高山》；……父亲的鼾声很清晰，一如这棵/银杏的叶子，夜风里飘荡/母亲睡得并不踏实，翻一次身/觅食的老鼠就会被吓得，用身体/把杂物碰响。兄弟自立，姐妹远嫁/十年前的鸟巢，几根枯枝托着天堂/……《返乡》；……相对静止的是人，站在田野上/举起的锄头，仿佛想离开手/让所有铆足的劲，成为中间的哀愁/……《村庄的清晨》

“几株白杨树”“觅食的老鼠”“举起的锄头”，成为定格于他心中永远的乡村符号，也成为他挥之不去的童年记忆。它们始终以顽强的姿态驻扎在他的心灵深处，召唤着他频频反顾。然而，在这些温暖而熟悉的意象背后却又分明地内蕴着他难以言说的寂寞与悲凉。“父亲的鼾声”还依旧“清晰”，可“兄弟”却已经“自立”，“姐妹”已经“远嫁”，只有那“十年前的鸟巢”仍然用“几根枯枝托着天堂”，孤独地诉说着过往。一种浓烈的怀乡情绪与一种物是人非的深沉喟叹十分完美地杂糅在一起。透过这个现实村庄的书写，透过这些干净素色的文字，我们仿佛触摸到了诗人那颗为故乡而热烈跳动的心脏。这是一种带着体温的写作，因为有着来自生活现场的真实和热度，所以它具备了一种恒久的感人的力量。

对于雷平阳而言，乡愁显然并非仅仅生发于源自故乡的温暖和依恋，它同样也来自诗人对故乡最真切的焦灼和忧虑。那些黄土地上不幸的人们，那些始终无法规避的苦痛，以及那些伴随着诗人成长的悲伤记忆，都一并在诗歌中得到了最大限度的还原。

我见证了母亲一生的苍老。在我

---

① 〔英〕K. 巴乌斯托夫斯基：《金蔷薇》，李时、薛菲译，漓江出版社 1997 年版，第 26 页。

尚未出生之前，她就用姥姥的身躯
担水、耕作、劈柴，顺应
古老尘埃的循环。她从来就顺应父亲
父亲同样借用了爷爷衰败的躯体
为生所累。……

——《母亲》

为了一寸土地的耕作权、一碗饭
一个夜晚的安宁，有人选择了杀人……

一位丈夫截掉了妻子的两根手指
因为她遗失了两毛钱
……她没有用沉默抵制暴力，而是用忏悔
用更加辛苦的劳作，弥补自己的过失

——《贫穷记》

“真正的作家从来不会无动于衷地将目光滑过人间疾苦。”① 作为一个有良知的诗人，雷平阳没有在苦难的故土面前紧闭双眼，而是用他无限同情的笔触刻画出乡民们生的悲哀和坚韧。“为了一寸土地的耕作权、一碗饭”，竟然“有人选择了杀人”；为了“遗失的两毛钱”，丈夫竟然“截掉了妻子的两根手指”，这该是一种怎样的心灵之痛？贫瘠的土地，生存的重力压扁了每一个本就脆弱的灵魂，在无边的穷困面前，残忍和暴力也一并滋生。面对闭抑和愚昧，人们“用忏悔/用更加辛苦的劳作，弥补自己的过失”。在他们看来，恐怕唯有如此才是抵御痛楚、继续生存的最为真实有效的方式。雷平阳以满蘸着血泪的诗句呈显出乡民们“为生所累”的悲哀处境，也表达了诗人对这种原始的生存方式最深切的焦虑和忧思。

值得指出的是，雷平阳的目光并没有因为驻足乡村的悲苦而变得凝滞与狭隘。他同样也将视线投向了那些在都市化进程中，生存轨迹和精神处

① 南帆：《不竭的挑战》，载《当代作家评论》2005 年第 3 期。

境都发生了深刻位移的昔日乡民，试图在一个更为宏阔的空间里，书写出故乡人民所遭遇的新的困境、哀苦和不幸。

那个躲在玻璃后面数钱的人
她是我乡下的穷亲戚
她在工地苦干了一年，月经提前中断
返乡的日子一推再推
为了领取不多的薪水，她哭过多少次
哭着哭着，下垂的乳房
就变成了秋风中的玉米棒子
哭着哭着，就想死在包工头的怀中
哭着哭着啊，干起活计来
就更加卖力，忘了自己也有生命
你看，她现在的模样多么幸福
手有些战栗，心有些战栗
嘘，好心人啊，请别惊动她
让她好好战栗，最好能让
安静的世界，只剩下她，在战栗

——《战栗》

在诗人的笔下，如果说闭塞的乡村断不是乐土的所在，那么喧嚣的都市也同样绝非梦想的天堂。逃离了故土的乡民们，只不过是将贫穷和苦难重新移植到城市的每一个角落，躲不掉的悲哀成为他们永生的负累。“我乡下的穷亲戚”，用自己孱弱的身体换来“不多的薪水”，用日益萎缩的生命赚取着最卑微的“幸福”。一种生存的惊颤和凄惶在温润的诗行里表露得那么醒目与悲伤。这样的写作，已然越过了对生活表象的简单描摹，向着存在困境的深度进发。在我看来，这种难以忘怀的生存创伤，这种无法逃避的命运悲苦，恐怕才是诗人乡愁得以滋生的最真实的原因。

同样的悲凉也体现在《贫穷记》《工地上的叫喊》等这些诗作中。那些“带着淋病和梅毒回家的打工仔”，只剩下“枯倦的、发皱的、无望的脸”（《贫穷记》）。那个“年老的四川民工/提着一桶红色的油漆/他想涂红女儿墙上那个新鲜的鸟巢/结果是：鸟儿以最快的速度教他学会了飞翔”（《工地上的叫喊》）。在诗人近乎冷峻的语言里，我们倾听到的是生命破碎时的凄怆。城市无情地吞噬了他们的一切，从身体直至生命。无论归去与否，残缺和绝望已成为漂泊的乡民们无法释怀的生存之痛。

雷平阳的写作姿态始终是向下的，正如他自己所说“更多的时候，我像一个木楔子，楔入信奉鬼神的底层劳作者中间，像他们一样，以最卑贱的方式存活并恪守着生的尊严……”这种“向下的姿态”，成为雷平阳诗歌永远的方向，他在努力地回到自己的身体，回到生活的现场，甚至“贴着大地，或者干脆长在地里面”。因为坚执着这样一种信念，所以诗人的心和“卑贱”的乡民们是贴近的。他在有着真切生活体验的基础上，把同情和悲悯注入了笔端，用异常真实而沉痛的语言挺进到“底层劳作者”最柔软的心灵深处，写出他们无法言说的爱与恨，悲与伤。正是这种“贴近大地”的写作方向，让雷平阳诗歌中的乡愁具有和苍穹下一切血肉相连的性质。在诗人看来，苦难是无处不在的，它不仅是“人”的一种宿命，也同样扩散至地球上哪怕最渺小的存在。于是，在他的诗歌里，我们看到了大量这样的意象：八哥、鹭鸶、大雁、羊、马、裂腹鱼、蟋蟀、飞蛾、蜘蛛、蜈蚣、蚂蚁、蟑螂……

……
哦，多美的虫。还有蜘蛛
我领地上的贵族，它们躲在空中
碧绿的外壳，在灵魂中居无定所
还有蜈蚣、蚂蚁、蟑螂以及更多的虫
……

——《集市》

无法说出蜘蛛的远方
也看不见蚂蚁腹中的天堂
我和它们，这些自生自灭的小灵魂

一块儿生活在穷乡僻壤
……

——《蚂蚁和蜘蛛》

……
由内向外，几只蚂蚁
搬运着孤苦，和荒凉
……

——《返乡》

……
蚂蚁的巢穴构筑在干涸的井底
攀缘着巨大的圆形光柱
通向的道路始终遍布风险
搬什么才能填平这填不平的天空
天空中搬出的砖块只堆砌了
一个风中的戏台
……

——《里面·最后一天之夜》

显然，在雷平阳的诗歌中，“蚂蚁”“蜘蛛”抑或其他密集的意象群，其意义已不是单纯地指向物象本身，它们是个体、乡民们乃至人类存在的一个巨大隐喻。“这些自生自灭的小灵魂”和“我”“一块儿生活在穷乡僻壤”，它们搬运着的照样是与人类相似的“孤苦，和荒凉”。至此，诗人将这种源于苦难的乡愁生发到一个无穷广阔的天地之下，由对具象的个体生存的关注和追问扩展到形而上的整个人类乃至整个宇宙的凝望和思考。这是一种最根本的存在之思，也是更宏大意义上的现代“乡愁”。

苦难是无解的，因此，“乡愁”注定如影随形。在诗人看来，缓解我们肉体抑或精神折磨的唯一方式就是将“万物生活在放大镜下面，小小的，卑微的，是苦难，是幸福，还是尊严？这些只有诗歌才能回答；是洞穴的暗，是宫殿里的秘密，是时光循环不休的谶语？请诗歌回答”①。是的，用诗歌回答，这是诗人留给人类心灵的一道秘密出口，或许还是指引我们重获救赎的，最后一条可能的途径。

二、穿越乡愁与身份撕裂的疼痛

雷平阳始终坚持“一种有方向感的写作”（谢有顺语），在众声喧哗的时代里，他的写作显得坚韧而执着，隐忍而悲怆。他深谙令自己焦虑不安的秘密，在跨过一段完整而复杂的时间——穿越自我的时间后，诗人从大地上的苦难体认到了生命的神性，从而在写作中建立起自己独特的伦理维度。用诗人的话说：“我希望能看见一种以乡愁为核心的诗歌，它具有秋风和月亮的品质。为了能自由地靠近这种指向尽可能简单的‘艺术’，我很乐意成为一个茧人，缩身于乡愁。”② 正是这种自觉的艺术追求，使“乡愁”成为内蕴其诗歌中最恒常的主题。在《三个灵魂》中，作者写道：

第一个将被埋葬，厚厚的红土层中
紧贴着大地之心，静静地安息
第二个将继续留在家中
和儿孙们生活在一起
端坐于供桌上面的神龛，接受他们
祭奠和敬畏；第三个，将怀着
不死的乡愁，在祭司的指引下
带上鸡羊、银饰、美酒和大米
独自返回祖先居住的北方故里

——《三个灵魂》

“乡愁”是“不死的”，它不仅是雷平阳诗歌里一个坚硬的存在，也

① 雷平阳：《片断感想》，载《诗刊·下半月》2004 年第 10 期。
② 雷平阳：《雷平阳诗选》，长江文艺出版社 2006 年版，封面语。

同样内化为诗人心中不朽的信念。但是，对“乡愁”的呈现却并非诗人直接和唯一的目的，如何穿越乡愁，如何安妥那颗被“乡愁”日夜撕咬着的灵魂，才是诗歌意义的最终指向。那么，怎样才能找到灵魂栖息的家园呢？诗人以为，要“在祭司的指引下/带上鸡羊、银饰、美酒和大米/独自返回祖先居住的北方故里”（《三个灵魂》），要“动用最后的一点力量/回到青山的故乡去”（《在漾濞，暴雨》）。尽管这是一段艰难的旅程，尽管“祖先居住的北方故里”在那遥远的“山西洪桐”，但我仍然想“爬上土垒的望乡台”，“如果返回故乡必须排队/我愿排在最后/甘愿做最后一人”。（《望乡台》）这是一颗多么赤诚的心，诗人以无比坚贞的姿态保持着对灵魂故乡的恒久仰望（“此仰望穿越向上直抵天空”海德格尔语），并试图在这种仰望中让自己的灵魂慢慢变得柔软而宁静。

然而这终究只是一种奢望，因为酷烈的现实早已无情地寂灭了诗人关于故乡的最后一丝梦幻。“我的家乡已面目全非/回去的时候，我总是处处碰壁/认识的人已经很少，老的那一辈/身体缩小，同辈的人/仿佛在举行一场寒冷的比赛/看谁更老，看谁比石头/还要苍老。”故园远去，人事已非，在睡梦中曾无数次让诗人重返的家乡，如今只留给他发自心底的寒凉。不仅如此，在难以把握的速度和不断改变的世界面前，诗人也陷入了一种无法言说的尴尬之中。“的确，我看见了一个村庄的变化/说它好，我们可以找出/一千个证据，可要想说它/只是命运在重复，也未尝不可/正如这个阳光灿烂的下午/站在村边的一个高台上/我想说，我爱这个村庄/可我涨红了双颊，却怎么也说不出口”。（《我的家乡已面目全非》）这是一个如此陌生的家乡，它完全轰毁了诗人记忆中的城墙，以致“我涨红了双颊，却怎么也说不出口。”故园不再，故乡的山水人事也一并遁隐至某个晦暗不明的所在。诗人用不无哀伤的眼光打量着这令他熟悉而又陌生的一切，于无尽伤感的喟叹中，表达着一个现代人家园失却的焦虑和苦痛。这种悲伤的留恋，这种挽歌式的情调，让我们触摸到了一个矛盾而又复杂的主体形象，也感受到了诗人那颗因悸动而不安的灵魂。

北岛曾经说过：“必须修改背景/你才能重还故乡。”（《背景》）悲哀的是，我们的背景已然无法复原。在现代化进程的滚滚洪流中，“我们已经走到了所谓的工商文明时代，工商文明时代带来了大量的信息，但是他让我们丧失了好多好多记忆，让我们找不到一条快乐的回家的路”[①]。记忆已经丧失，现实又用决绝的姿态切断了现代人返乡的途径，它留给我们的，只是昔日故乡一个模糊而落寞的背影。我们无法回家了，我们只是在路上。

一个本怀着希望与虔诚归来的游子，却只能无奈地承受故乡梦碎的现实，这其中该担负着怎样的心灵痛楚？面对曾经熟悉的家园，诗人蓦然“觉得我已是一个外人”。“这种感受，不仅仅是地理意义上的连根拔起，更是一种存在的被抛，除了在形单影只的记忆中缅怀，诗人的精神已完全失去现实的落脚点，他意识到，自己注定只能做这个时代的孤魂野鬼了。”[②] 这样一来，无法进入故乡的精神隐痛终于在诗歌中弥散开去，它像毒蛇一样啃啮着诗人忧伤的灵魂。背负着这种身份的尴尬和灵魂撕裂的疼痛继续前行，已然成为诗人不能规避的宿命。

于是，我们看到，“那些老了，仍然像婴儿一样嗷嗷待哺的亲人”分明对我表示出生疏的恭敬。“这些浑身臭汗的家伙，站在客厅里/双手对搓，一脸愧疚。我没有说什么/但气氛明显有些不对。”（《四吨书》）“我”已经无法走进他们的心里，岁月改变的不仅是身份，更有心与心之间的距离。他们说：“同志，太不好意思了”，“同志，你是个好人”。（《四吨书》）称呼的微妙变换，就把“我”轻易地划定在与故乡、与亲人们遥遥相望的另一端。从此，“我”注定了是个没有归属的人，注定了要在漫漫的回家途中舔舐自己孤独而伤痛的灵魂。伴随着这种精神紧张的加剧，雷平阳的诗歌也愈来愈呈现出尖锐的痛感，终于发出了“我想把他们从夜色中喊出来/可他们却不要我代言”（《远郊》）的绝望的呼喊。作为一个有道义感的知识分子，诗人的心一直被现实炙烤的灼热而疼痛。他试图以最真实的笔触展示“底层劳作者”沉痛的心灵底色，他也试图用最深情的语言“歌唱故乡和亲人”，可诗人的种种努力却遭遇了“他们却不要我代言”的尴尬。因为“我已是一个外人”，“流落在道路之上的人/他们有他们的尊严”。（《远郊》）“我有代言的能力吗？我有代言的权力吗？似乎都

---

① 雷平阳：《普洱茶的生命是无限的》，新华网重庆频道 2007 年 4 月 27 日。

② 谢有顺：《雷平阳的诗歌：一种有方向感的写作》，载《文艺争鸣》2008 年第 6 期。

没有。"① 面对故园，诗人再一次强烈地感受到"远在天边的绝望"。

这是一种酷烈的自我追问，也是无法解答的精神难题。雷平阳的诗歌正是"将冲突建立在这样一些永恒的难题上，不轻易和现实和解，而是向心灵深处挺进，向命运的深渊、精神的极致处走，这个时候，人类的精神困境就会真正显现出来"②。因为有了这样一种追求，雷平阳的诗歌境界才倏然变得深广而辽阔。尽管在这个荒凉的精神困境中，诗人的背影多少有点孤独、寂寞和凄怆，但他坚毅的步伐仍然饱含着热情与希望。安徒生在《光荣的荆棘路》中说过："人文事业就是一片着火的荆棘，智者仁人就在火里走着。"我想，雷平阳就是这样一个甘愿走在这着火的荆棘里的人。他宁愿忍受着没有"家园"的痛苦和煎熬，也决不轻易给自己找一个归宿、一个温柔乡，一个可以停下脚步来歇息的地方。诗人的精神支点始终在那茫茫的前路上，因为"我要抵达的/并非某一个天宙下的高度/也并非只为了寻找一双按住我心跳的小手"（《我是个黑暗的人》）。

---

① 林白：《生命热情何在——与我创作有关的一些词》，载《当代作家评论》2005年第4期。

② 谢有顺：《文学写作的精神通孔》，载《大家》2007年第1期。

大地悲歌：论雷平阳诗集《云南记》的死亡意识

李　骞

一

死亡是《云南记》的关键词。死亡在《云南记》中并不是对生命自然消失的恐惧，而是多种观念的价值抉择，是一种超越肉体消失的生命意义的逻辑信念。生命是可贵的，每一个自然人肯定留恋生命的存在，但是每一个人又都必须面对生命的死亡。海德格尔认为："死亡在最广的意义上是一种生命现象，生命必须被领会为包含在世方式在内的存在方式，这种存在方式只有靠褫夺性地依循此在制订方向才能在存在论上确定下来。"① 海德格尔是从存在主义的立场来讨论死亡的，他认为死亡是一种生命的存在现象，而生命的存在方式只在"此在"中去寻求才能被存在所确立。《云南记》中的许多作品更多是寻找生命消失之后的答案，对于死亡问题的探测已经超出了意识现象的范畴，而仅仅是一种"此存"方式的担当。如《菩萨》这样写道："每一根甘蔗里，都建起了一座/小小的糖厂。那些古老的茶树下面/渴死的人，排起了长队。一个台湾来的/茶客。悄悄跟我说：'死了，我就/来云南，砍棵茶树做棺木……'/每个寨子里，都有寺庙，我领着他/听诵经，接受约策。花，菩萨说/开吧，花就开了；树，菩萨说/绿吧，树就绿了……'在这片土地上/每一种物体内，都住着菩萨或其他神灵。'/我跟他边走边说，他若有所悟/又一次悄悄对我说：

① 〔德〕海德格尔：《存在与时间》，陈嘉映、王庆节合译，生活·读书·新知三联书店2006年版，第283页。

“死了，我就/埋在茶树下，但我希望，草不要长高/一定要让我/躺在土里，也能看见/寺庙，江水和日出……’我俩/在寺庙的旁边，嚼食着甘蔗/树上掉下一个芒果，打中了他的头颅。”① 这首诗用日常语言表达死亡之后的价值选择。通过台湾茶客与诗人的对话来讨论死亡之后的存在问题，轻松自由，没有沉痛感，也没有悲壮的誓词，面对可能的死亡，凭着自己对“此在”的理解，自己筹划，并承担死亡的本真性意义。台湾茶客两次对自己死亡之后的归宿安排，表面上看几乎是一样的，但是如果细读文本，我们就会感受到意义的差距。第一次是自我把自我的可能性生发出去，寻求生命存在的最后归属，表达的是不定期的死亡渗透到当前生活里的一种感慨，是一种本真的死亡领会。第二次表述有更深层次的内涵，是对生命终报价值观的追寻，生前是茶客，死后也要与茶地、茶树融为一体。“死亡既属于他们生命的，也属于同这种生命一道所确定的世界关系的先验决定。”② 在日常生活中对死亡的领会并本真地承担死亡，在有生之年清醒地、明白地直面死亡，完全摆脱了对死的恐惧，从而了解并抵达生活的本来面目和价值，这是《云南记》最明显的关于终极存在的生命意义的追问。

死亡意识是各种文学样式表现的一个永恒话题，只有对死亡的真正领会，才能看到自我生命存在的本体意望。《云南记》对生死的原始含义、生命的本质都是深刻的，把生与死、存在与死亡作为整体性的生活意义来思考，提升了生存意识的精神力量，建立了独立的、自由的、本真的生活空间。在人类的认识活动中，先验性有时是会起到一定作用的，至少会在生活中提供乐趣，或者让生命力的内部有回旋的余地，让人真正理解死亡意识和生存意识，而不是生存的自我放弃。《云南记》有着强烈的死亡信息，而这种信息又带有先验性的色彩，仿佛是一种生存的编码对我们熟知的生命进行一种安排，从一开始就让生命从属于死亡。命运的永恒性不只是生命最后瞬间的延续，而在于生命内容的整个系统。《一个人》这样描写道：“一个人，在路边的野草丛中/錾他的墓碑。冰冷的石头/他一寸一

① 雷平阳：《云南记》，长江文艺出版社2009年版，第16页。

② 〔德〕格奥尔格·西美尔：《生命直观》，刁承俊译，生活·读书·新知三联书店2003年版，第85页。

寸地思忖/不放过半点瑕疵。下雪那天，更冷了，怕伤了石头/他敞开胸膛，贴了上去。过路的人/喊了他一声，他没有吱声/儿孙们在旁边痛哭的时候/他和石头冻在了一起/翻过他的身子，下面压着铁锤/木柄上有许多血丝，冒着热气/拿开铁锤，铁锤的下面/是他的名字，笔划的沟壑里/也有许多血丝，冒着热气/谁都有点碓过，墓碑/活过来了，他却已经死去。"① 每一个活着的人都会体悟生死大事，都会从死亡意识的终极价值中寻找一种内在的坚定的体认，确立某一种价值为自己生命和生活的全部意义。对于诗歌中的那"一个人"来说，生与死的对立已经不复存在，生命只是一个过程。只有真正面对死亡，生命活着的意义才能复苏。换言之，只有当生命直接存在时，人才能更大限度地识别死亡的本能，如同《在坟地寻找故乡》描写的"以后的每一年清明，我都只能，在坟地里/扒开草丛，踉踉跄跄地寻找故乡"。因为故乡是生命生存的土地，是真实的场所，但同时又是在现代工业文明社会之下死亡的一个"场"。

二

死亡是生命价值存在的终极关怀，自人类社会诞生以来，活着的人不仅关怀生死大事，更关注超越生命个体死亡的意义和价值，甚至为了某种人格理想的实现而舍生取义。当然，作为生命终极意义的价值获取，并不是简单的个入文化修养就能抵达的。只有对生命本源的悟透，才能够达到孔子所说的"从心所欲不逾矩"② 的真正意义上的自由境界。死亡作为生命存在的终极价值，如果达到了先圣孔子所说的随心所欲，实现了平常生活与自然天道合一，就能面对死的悲哀从容悠然，游刃有余，这才是真正抵达了生存的至高境界。《云南记》对于死亡意识的表现是通过自我意识的强烈放逐而实现的，对生命存在的颂扬是建立在对死亡认同的基础之上，在一些看似平常的生死观中强调生存而无欲求的人生哲理，表达了生命存在的随心所欲。《密林中》这样写道："不见光的地方，毒蝇乱飞/看

① 雷平阳：《云南记》，长江文艺出版社2009年版，第29页。

② 孔子：《论语·为政》，杨伯峻译注，中华书局2006年版，第13页。

不见的蝉，个个高音。腐朽/触手可及，人迹罕至啊/谁也不讨论生死/我认真地模仿，手中沉重的/砍刀，一次次扑向树和枯藤/被惊动的死寂，举着青草和/露水，表达抗议。难说地下有人/不想让泥土，草草埋掉自己/拉祜人，不厌其烦地提醒我/没有永生或速朽，只有替代/和重复，这条新开的路/明天，又将消失。再来的人/是来收拾自己肉身的浮屠/抵达一片林中空地，拉祜人/又一次告诉我，土地，最好让它/荒着。荒，正被逼到死角。荒/正一点一点地变成墓志铭。”① 这首诗通过拉祜人超越生死的朴素智慧的描写，表达了一种人和大地相依相融的自然关系。在原生态的环境中，“谁也不讨论生死”，因为大地给予了人类超越死亡的价值承诺。德国著名生命哲学家格奥尔格·西美尔认为：“生命要么把超越自己的内容吸引进来，要么自己涌入这些内容之中，这样它就会在不失去自我情况下超越自我，说实在的，其实也是要先赢得自我；因为只有这样，它的流逝作为过程才能获得某种意义和价值，才知道为什么意义和价值就在这里。”② 在拉祜人看来，生命的存在和消失都是一种重复，人是大地的灵魂，来了又去，去了又来。生命的存在和大自然是相联系的，人只有融化到大地、密林之中，才不会失去自我，人的生命过程就是实现自我的超越。

死亡是生存状态不争的事实，但是生命的消失并不是人生价值的最终否定。如果生命的价值被生存者所领会，那么人的存在方式就会被赋予不同的含义。《云南记》中的许多诗歌都谈到死亡，诗人要么从生活的层面意义去探测死亡的内在意识，如《蓝》《奔丧途中》《用心》《昭鲁大河记》等，要么从超越生死的生命哲学观的角度去描述死亡，如《冬至》《不安的美》《个人前传》《高黎贡小景》等；要么从生命价值的反思中去反观人生观和生死观，如《春风咒》《少年筑墙记》《祭父贴》等。对于单个的人来说，生命消失似乎就等于全部生活的意义都不复存在，但是如果把死亡看作是日常生活中必须经历的事，生活的意义就显示了其内在的本质。可见，对于生活的真正理解对生存着的人来说，关系非常重大。亲人去世是生活中重大而惨痛的变故，但是如何理解这种悲痛，则又与对生

---

① 雷平阳：《云南记》，长江文艺出版社 2009 年版，第 33 页。

② 〔德〕格奥尔格·西美尔：《生命直观》，刁承俊译，生活·读书·新知三联书店 2003 年版，第 93 页。

活的理解有着密切的关系。《蓝》如此写道："过牛栏江时，天空/比两个月前蓝了一点。车过昭通城/又蓝了一点。跟着一朵白云/跑向欧家营的那半个小时/它蓝到了极艰……/坐在院子里，和母亲说起天空的蓝/被她厉声打断。父亲才死去两月/她说：它应该堆满了天国的纸钱/它应该打开天国的喷泉/它还应该，在黑色大幕的边上/指定一群星斗，充任眼泪和灯盏/天啊，不能再蓝了，再这么蓝下去/我的母亲，一个悲观主义者/她怎么承受得了你的蓝。"① 在生者看来，死者的灵魂并没有消失，他的精神在亲人的内心深处是永远的客观存在。黑格尔说："死亡是个体的完成，是个体作为个体所能为共体进行的最高劳动。"② 已经去世的亲人，虽然他的生命的个体结束了，但是他却以一种简单的普遍的宁静影响着共体的生者，生者对死者的想念突破了自然生命的局限性，上升到超越死亡的精神高度；物质的生命消失了，精神的生命却不死。《祭父贴》是诗集《云南记》中最有分量的作品，这首诗记述了一位平常百姓的一生。这个人是诗人的父亲，是一位普通的农民，他的一生似乎都在为别人的生存而生存，一生的理想都埋藏在土里，不停地劳作是他理想的最好实践，"活了六十六年，早已活够了，不辩，不说谜底/不喊冤。吃一顿饱，把弯曲的腰杆绷直/平平地躺下，便闭了眼"③。在劳动中感受生存意志的自由，从而成为土地的主人。"打工回来的年轻人，看见他挖地，问也/'还没有挖够，是不是土里埋着宝石和银圆？'/他的儿女们，也在外面，话不顺耳，但他从不接茬/最终艰辛的劳作还是又一次击溃了他/一把老骨头，秋风里冒大汗，风寒，继而毁掉肺。"④ 一个普通父亲的死亡，同时又是一种本真的死亡。《祭父贴》把握住了生存，把生命的消失看作是生活的一个组成部分，肯定生命本质作为个体存在的基础，提出了个体的死亡仍然具有生命和生活的特殊本色，因此，诗中对父亲生存现状的描写有着较为深厚的社会学意义。

---

① 雷平阳：《云南记》，长江文艺出版社2009年版，第99页。

② 〔德〕黑格尔：《精神现象学》（下卷），王玖兴译，商务印书馆1979年版，第10页。

③ 雷平阳：《云南记》，长江文艺出版社2009年版，第6页。

④ 雷平阳：《云南记》，长江文艺出版社2009年版，第266页。

三

广义上的死亡意识除了个体的人之处，还应该包含一切有生命的物质的死亡和消失。树木腐烂、花朵枯萎、河水断流等自然物象也是一种死亡，是大地的悲歌。《云南记》在这方面内容的诗意表述同样很深刻，值得深思。大自然伟大而真实地存在，有着神奇而潜在的规则。《云南记》有许多描绘大自然的诗歌，诗人对存在于宇宙间的山川大地、森林草木有着深刻而朴实的情坏，他把自己的这种情感通过诗歌艺术创造性地表达出来，或者从故乡欧家营质朴的生活中领会大地的生命力，或者从怒江奔流不息的波浪翻腾中感悟存在的自由本质，或者行走在丛林深处感受自然生存的密码。但更重要的是，诗人面对一些自然现象的消失所表现出的沉甸甸的审美批判的眼光。《云南记》中的诗歌如《怒江，怒江集》《昭鲁大河记》《江水流淌》《红河》《湄公河上的沙》《村庄，村庄集》《荒村小景》等作品，都不同程度地提出了自然不仅仅是纯粹的物性，而且是一种生命的存在形式。对那些正在死亡或已经死亡的自然景物，诗人则表达了一种不知生焉知物的哲学思考。诗人坚守自然是人类心灵归宿的信念，试图从神圣的自然景象中领受生存的乐趣，对那些因人为的原因而致使自然景色死亡的行动，表示了一种理性的批评。昭鲁大河养育诗人的童年，这条“两岸都是坦荡的田野，薄雾升起于秋天”[①] 的河流，给诗人留下了许多美丽的回忆，可十年之后怎么样呢？在诗人的记忆里，这条美丽的河流浇灌着故乡的大地，哺育了河流两岸的人民。这条诗人故乡的母亲河，从来没有断流，而是平静地向前，直至大海。两岸的绿树、花木与河流相映生辉，水质亦是如此天然清纯，“河水清且涟漪/河水清且直漪/河水清且沦漪”[②]。昭鲁大河不仅是诗人故乡优美壮观的景象，还蕴藏了诗人的梦幻和憧憬。机器时代使得清冽的昭鲁大河的生存空间越来越狭窄，河流的生命力如此脆弱，自然之美正在远离人类而去。诗人以一种沉重的心情，提

① 雷平阳：《云南记》，长江文艺出版社2009年版，第272页。

② 雷平阳：《云南记》，长江文艺出版社2009年版，第71页。

出了原生态环境的消失，就是自然的又一次死亡，就是生命消失的存在命题。人不能与自然和谐相处，人类自己就面临着精神存在的危机。如果人类在大自然的死亡过程中遮蔽了自己的本性，人类就不能本真地生活。因为失去自然，人的生存空间就“成了黑皮的家”，就意味着失去了精神与生活的家园，失去了灵魂的归宿。

《云南记》把大自然看作是有生命、有激情、有灵魂的存在。在诗人的笔下，自然界的一切物质都是生生不息、循环不止的有机系统，而不是冷漠的质料与无机物。诗人用现代人类学的眼光去审视宇宙间的一切物象，从生态学的角度提出了善待自然的理念，认为只有自然才会给人类带来安宁和心灵的归宿。在《密支那》《密林中》《梅里雪山》《废墟上的雨林》《树上的旅馆》《过怒江》等作品中，诗人坚持自然并不是单纯的自然物质，而是有生命、有热血的与人类生活密切相关的生命存在。在诗人看来，一切自然景象作为一种此在的场，都是人类生存歇息的背景，而人类对自然的伤害，就是对自己生命存在的杀戮。《废墟上的雨林》描述了因为乱砍滥伐，人类赖以生存的家园正在消失，“村庄，早就被人们从记忆的仓库/排除了。卧室里的红豆杉/是一级保护植物”，树桩成了板凳，“坐着的客人多半是鬼魂”。由于人类没有保护森林的原始生机，曾经“长满青苔的树/一棵挨着一棵”[①] 的茂盛密林，如今却成了埋葬人类的“万人坑”。诗人始终坚持一个信念，那就是只有维护大自然原始的激情与生命力，保持自然界特有的静力，人类才不会走向毁灭。只要自然界整体美的生命力存在，人类就会找到自己生命的亮光，这是《云南记》关于自然死亡意识的诗意价值，也是诗人独有的审美内蕴的体现。

以上对《云南记》的解读，并不代表这部诗集的全部美学意义，只是个人阅读的一点经验性言说。作为一个生活在当下的“草根”诗人，雷平阳虽然身居闹市，却寄情山川，手持现代诗歌技艺却又心怀传统。因此，他的诗歌是无法穷尽的，而我的论述不过是冰山一角，错漏之处，还望诗人和方家指正。

---

① 雷平阳：《云南记》，长江文艺出版社2009年版，第107页。

雷平阳诗歌的乡土情怀和生态意象

曹然霞

1966 年出生的雷平阳是一位土生土长的云南诗人，至今他已经有了二十多年的诗歌创作生涯。他被认为是继晓雪、米思及于坚以后云南诗坛上具有代表性的诗人之一。他的作品在网上广为流传，诗评家们对他的作品普遍给予了高度评价，但对于雷平阳本人来说，低调做人、认真写诗是其本色，在他的诗歌中总是怀有浓郁的乡愁和清新的泥土气息，故而被称为“有根的诗人”。

就诗歌创作的追求而言，雷平阳曾说：“我希望能看见一种以乡愁为核心的诗歌，它具有秋风和月亮的品质，为了能自由地靠近遗种指向尽可能简单的‘艺术’，我很乐意成为一个茧人，缩身于乡愁。”正如他所说，从他诗歌创作的整体来看，大部分诗歌中充满了对亲人、乡野、河流、山川、动植物、时光等的感怀。这些人情自然的景象构成了雷平阳诗歌的主体意象。在这些主体意象的表达中，深深地镌刻着他对流逝的美好精神状态和自然景象的眷恋，充满了人性的光辉。也就是说，雷平阳给予诗歌一种天地自然的博大境界，而“任何艺术作品所培育的恰恰就里一种模型的情境，它所要突出和阐明的是那些使特定题材约一般意义得以象征化的特征”①。这种所谓的情境在诗歌中唯有借助于罪些具有象征意义的材料，辅以情的渗透，才能体现出诗歌本体的魅力。解读雷平阳的诗歌意象，可以

① 〔美〕鲁道夫·阿恩海姆：《走向艺术心理学》，丁宁等译，黄河文艺出版社 1990 年版，第 291 页。

很鲜明地发现在他诗歌的精神家园中原初的故乡是天、地、神、人的一体化。天空是自由翱翔之所，是心灵无限延伸的地方；大地养育人的身体，哺育万物；神灵的指引唤起人对天地的敬畏和遥远而又坚实的故乡情结。人类的生命和精神就在天、地、神、人敞开的空间之中。诗人在这样的空间中开启了他的诗歌世界，具体说来主要表现为以下几个方面。

一、敬畏生命

诗人在作品中表现出对大自然中一切生命的尊重。

海德格尔这样说过："作品在自身中突现着、开启着一个世界，并且在运作中永远守持这个世界。"① 雷平阳开启了云南边地的轮回变化和隐秘灵性的世界。通过他的诗歌，呈现给我们的是对生命的敬畏和尊重，其精神的内核是对人性的悲悯，这种悲悯坚硬而真实，粗糙却又可以反复地琢磨。雷平阳扎根于儿时艰辛而贫苦的生活，钟情于生养自己的连片土地，写蚂蚁、蜘蛛、羊，飞鸟、草原，写杀害一条狗的过程，写一只鹦鹉和一个放映员的故事，写被砍伐的白杨树……史怀泽在《敬畏生命》中说道：当悲悯之心能够不针对人类，而能扩大涵盖一切万物生命时，才能达到最恢宏深邃的人性光辉。在雷平阳"自然敬畏"的系列作品中，对生命的同情和敬畏更体现了向下扎根的生命姿态。就像《在会泽迤车看风景》这首诗：

在云南省会泽县
一个叫迤车的小地方
我看见大路两旁的大树
一种叫作白杨的树，全都很粗
在冬天，大已经落了几次
这成长了多年的树

① 〔德〕马丁·海德格尔：《林中路》，孙周兴译，上海译文出版社2004年版，第30页。

在这个到处是荒山野岭
缺少更多树木的地方，在一个个
贫穷的村落旁边，在大路旁边
全被齐腰砍伐！
像被大火烧毁的古代建筑群
这些被齐腰砍伐的树
是一根根寂寞的石柱子，横切面
全都数着高原上最普通的红土
也许来年这树都会长出新树叶
但在今年冬天，我看见它们
就像看见了古代的刑场，看见了
那些被砍掉了头颅依然狂奔几步
才倒下的罪人，它们令我感到恐怖

诗歌采取白描的手法，语言与形式都朴实无华，“荒山野岭”“贫穷的村庄”，诗歌主体被设置在这样一背景上，但是背景被淡化了，作为诗歌主体的“全被齐腰砍伐”的白杨，像“被大火烧毁的古代建筑群”，像“一根根寂寞的石柱子”，“古代的刑场”得到强化。这白杨树接受的是现代的屠杀，让人感到恐怖的不是“那些被砍掉了头颅依然狂奔几步/才倒下的罪人”，这真正的罪人应该是砍伐树木的人，如果自然环境破坏致使他们无家可归、流离失所的时候，那才是自然对人类报复下的真正恐怖。正如诗人在另一首诗中所说，树的“古老的法则是/让它们自己老去，臭在寂静而和谐的山谷”。在《疑问》这首诗歌中，“多少根青草才能长成一根羊毛/多少亩红土才能约等于一张羊皮/多少个春天，多少条河流/才能换取羊肝、羊肺和羊心/迟缓的羊眼、羊角和羊蹄/它们该耗尽多少光阴才能把/满肚子的羊奶送抵生的反面”，这种种的疑问中流溢出了对动物生命的珍视和对时光造物的反思。或许人类高高在上已经习以为常，喝羊奶吃羊肉是司空见惯的事情，放下人类的优越感，回想一下这些疑问，或许对青草、土地、春天、河流、羊羔甚至对人类自身这一生命链条上的一切会有更悉心的人性观照和感情蕴藉。那自然中的生灵都是诗人所钟爱的意象，同时又不是简单地写物，更是借物写情。心体天体，人心天心，只有一颗真正感动和始终跳跃于自然生命中的心是才能真切地体察，这种心与他物相通是雷平阳的财富，也是他的诗歌能打动读者的财富。当代诗歌创作的道路渐行渐远，曾经的盛世不在，今日备受奚落，一度走入死胡同，市场经济的作用是一个方面，同时不可否认的是诗人创作的褊狭，愈要狂欢作秀便愈加逃离不了大众审视的眼睛。唯有脚踏实地，有所根基，才能拔地面茁壮成长，从这一点来看，雷平阳作为一个“有根的诗人”无疑明智和幸运的。

二、感怀乡野

诗人的作品表现出对贫苦农民的真挚关怀，对日益调整的农村的关注。

如果一个人对自然有爱，同样也应该怀有一颗爱人之心。在个体的生态精神中精神生态同样至关重要，这种精神的生态还包含着对人类生命的真切关怀。生态不是宗教，但是却拥有更为宽广和博大的胸怀，因为它吐纳的是宇宙天地的境鼻，坚守的是人类原初自然健康的生存状态，寻求的是日渐被人忽视的人类之根。雷平阳作为一个诗人，在他的诗歌中完成了诗意的生态追求。他在海南接受记者采访时说：“更多的时候，我像一个木楔子，楔入信奉鬼抻的底层劳作者中间，像他们一样，以最卑贱的方式存活并恪守生的尊严，以乐致哀，把生命的扎赞推向毁灭的峰巅。”在他的作品中有对生活于社会底层的人们的深切同情。

《战栗》这首诗，以叙事的形式，直指现实。农民工进城耗尽他们的心血，却常常领不到工资，诗中那乡下的穷亲戚在拿到微薄工资后，因激动而战栗。“嘘，好心人啊，请别惊动她/让她好好战栗，量好能让/安静的世界，只剩下她，在战栗。”新世纪以来，各种文体的作品很多都关注那些生活在社会底层的人们，出现了所谓的“苦难叙事”“底层写作”等，特别是在小说中。而这首诗不仅仅是讲述苦难，更是包含着那种劳动之后收获的喜悦，那种简单的满足感，一个“战栗”尽囊括。海德格尔说：“时代之所以贫困，乃是由于它缺乏痛苦、死亡和爱情之本质的无蔽。”[①] 雷平阳以他自己的方式，诗意地经历并且承受了那种形而上的无蔽状态。诗歌《我的家乡已经面目全非》，写了在现代化进程中农村令人无奈和痛苦的变化。《贫困记》是一首组诗，写天才诗人死于贫困，一位丈夫因为妻子丢了两角钱而截掉了她的两根手指，带着淋病和梅毒回家的打工仔，学校教育对农村儿童的片面教育，一味鼓励他们远离乡野走向城市，无疑也是对他们精神的一种戕害……

除了关注生命，在雷平阳的诗歌中，山河海也是诗人钟情的对象，尽管现代文明已经侵袭了云南边地的山水景物、风土人情，但是诗人雷平阳坚守着敦厚纯朴的文学品性，在现代人不断向外寻找的道路上，返回故乡山河，向内寻找，回复自我生命的内在自然。奥尔多·利奥波德曾说过：“这个世界的启示在荒野。大概，这也是狼的嚎叫中隐藏的内涵，它已被群山所理解，却还极少为人类所领悟。”[②] 雷平阳的诗歌凝视荒野，关注奔腾于大地上的河流，有《有几条河流在赛跑》《澜沧江在云南兰坪县境内的三十三支流》《河流》等。在诗人看来，正是这奔腾的河流才给了大地蓬勃的精神，给人以诗意的遐想。同时诗人对春夏秋冬季节轮回的感慨，渗透着时间的意识，满怀多愁。康德说过，在宇宙自然的崇高表象中内心会感到激动，而对大自然的审美的判断是出自内心的静观深思。诗人意静心清，潜心体察周遭的风物，觉察到大地、自然、故乡才具有永恒的魅力。体现出一种大地的伦理精神。在诗歌《听汤世杰先生讲》中有这样一句：“以前，大地才是中心/村庄和城市一直都是/山河的郊外”，面对现代的城市中心，诗人的这句话或许能给现代人以精神的启示。

① 〔德〕马丁·海德格尔：《林中路》，孙周兴译，上海译文出版社2004年版，第388页。

② 〔美〕奥尔多·利奥波德：《沙乡年鉴》，侯文蕙译，吉林人民出版社1999年版，第134页。

雷平阳诗歌艺术特色探寻及其英译策略

吴祥云　张建英　闵西鸿　崔华勇　朱娥

一、引　言

随着雷平阳的诗歌获得一系列大奖，尤其是2010年凭借他的诗集《云南记》获得第五届鲁迅文学奖之后，他的诗歌引起了人们的广泛关注。

如果说雷平阳的诗歌是一只从乌蒙高原飞出的金凤凰，那也是一只充满乡土气息的金凤凰，他的诗真诚、朴拙，带有鲜明的云南元素。这正是他的诗歌广受赞誉、获得各种大奖的主要原因。

为了让这只金凤凰飞出大山、跨洋越海，我们拟将他的诗歌翻译成英语，传播到世界各地，但是，由于其诗歌较独特，如何将其诗歌译成英语的问题自然就摆到了译者的面前。

北京大学外国语学院的辜正坤教授指出："近百年的中国诗歌翻译理论史中的主流理论大多是围绕诗歌语言形式与内容的关系这个问题展开的。"[①] 在这个范围内，许多专家、学者提出了各种理论，如诗歌直译论、诗歌意译论、诗歌翻译格律论，诗歌翻译散体论、形似论、神似论，诗歌翻译音美、形美、意美论，诗歌翻译多元标准论，诗歌翻译"以顿代步"理论，等等。这些理论对雷平阳诗歌的英译无疑有一定的借鉴作用。但是，这些理论主要是基于中国古代诗词的英译而提出来的。像雷平阳的这种带有地方特色，且诗歌的表现方式十分独特的现代汉语诗歌该如何英

① 辜正坤：《中国古代及近百年诗歌翻译概论与研究前量——序》，见《海岸·中西诗歌翻译百年论集》，上海外语教育出版社2007年版。

译，至今鲜有人进行研究。正是基于此，本文拟对雷平阳的诗歌艺术特色进行分析，并有针对性地探究雷平阳诗歌的英译策略。

二、雷平阳诗歌艺术特色

关于雷平阳的诗歌艺术特色，雷平阳本人和许多专家、学者都做了不同的描述。雷平阳认为，他早期的诗是“以多憨为核心的诗歌”，“具有秋风和月亮的品质”。

著名评论家、《民文学》前主编韩作荣认为：“雷平阳的诗多写的是独特地域语境下的日常生活，于狭小中呈现鲜明，于平实的记叙中透出意味。”① 著名诗人、《诗刊》主编叶延滨说他是“一位逼近生活细节的诗人”，他的诗歌的“细节放大了诗人对生存状卷的感悟，同时也让我们在阅读中逼近了雷平阳的诗意境界”②。

2006 年，华语传媒文学年度诗人奖在授奖词中说雷平阳的诗“语言粗粝、密实，细节庄重、锋利而富有痛感”，“他的目光在一山一木、一草一木间移动”，是“记忆的伤怀和大地的赞叹”。③

2009 年，雷平阳的诗歌获《诗刊选》举办的“中国年度最佳诗歌奖”。组委会认为他获奖的理由主要是，他的诗歌不囿于地域的限制而使他的诗视野狭小，而是“写出了边地风情的广博与灿烂”，从而“让他的诗歌结实、深沉，有着饱含人生善意的厚重感”。④

《天涯》杂志主编李少君则把雷平阳诗歌的那种本土性（即云南元素）称之为“草根性”。

可以说，雷平阳的诗歌一般都是以云南这片红土地为素材而创作的自

---

① 长江文艺出版社《云南记》荣获第五届鲁迅文学奖，http：//www. cjcb. com. cn/news - jtjxshow. asp? id = 2085，2010。

② 雷平阳：《雷平阳诗选（二十一首）》，载《诗刊》2004 年第 10 期，第 12 ~ 19 页。

③ 谢有顺：《华语文学传媒大奖·二〇〇六年度杰出作家：韩少功授奖词》，guochen 8899/blog/item/850908087cabba32e92488d8. hml。

④ 本刊编辑部：《评选 2009·中国年度最佳诗歌奖 2009·中国年度先锋诗歌奖评奖揭晓》，载《诗逸刊》，http：//wuxizazhi. cnki. net/Article/SHXK201003002. html。

由体现代诗。综观雷平阳的诗歌，我们不难看出其诗歌的主要特色。

第一，在诗歌内容方面，主要表现为地方性，也就是所谓的“草根性”“高原性”“本上性”“家乡性”等。雷平阳大部分的诗歌都以他所生活的云南这片红土地为素材，借此抒发诗人的情感和感悟。从早期的《雷平阳诗选》到后来的《云南记》，都再现了高原品质的内在张力，在精练的语言与叙事技巧背后都凸显了对云南故土的赤子之心，而且爱得那么真实，那么狭隘与偏执。

第二，在诗歌语言形式方面，他的诗大部分都采用他独特的叙事性的半截话来呈现，还采用了明喻、暗喻、双关、层递、对比、反讽等修辞手段以及联想、意识流等写作手法。

第三，在诗歌语言特色方面，带有浓重的地方特色，即云南地方语言，因此他的诗歌具有口语化、生活化、口常化等特点，给人一种简朴、通俗、浅显易懂的感觉。他早期的代表作《亲人》就集中体现了这些特点。

另外，根据北京大学辜正坤教授的“诗歌鉴赏五象美论”[①]，即视象、音象、义象、事象和味象五象美论，我们也可以看出雷平阳的诗歌具有这些特点，如视象美。在《杀狗的过程》[②] 一诗中，诗人把那插着“长长的刀叶”、流着鲜血的脖子描绘成“像系上了一条红领巾” 和“像插上了一杆红颜色的小旗子”，通过视象醒目地刻画了狗的忠诚、温顺、信任、无辜和狗主人的残暴、血腥、冷酷、绝情，谴责了狗主人的唯利是图，激起了人们对残杀动物的愤慨和对动物的同情，告诫人们保护动物的必要性。同时，这首诗也揭露了有的现代人人性泯灭的悲哀。通过狗的悲惨结局来呼唤人性的回归，蕴含了一种“意象美”。

---

① 辜正坤：《中西诗比较鉴赏与翻译理论》（第二版），清华大学出版社2010年版，第6~40页。

② 雷平阳：《雷平阳诗选》，长江文艺出版社2006年版，第5~6页。

三、雷平阳诗歌英译策略

一般说来，译现代自由体诗要译出原诗的味道，采用意似和形似两种方法。“所谓意似，就是如实传达原诗情趣、内容和风格信息；所谓形似，就是要做出最大努力使每行的音节数目相同或摹本相同。”①

从以上对雷平阳的诗歌艺术特色分析中，根据现代自由体诗的翻译基本原则，我们可以找到对雷平阳诗歌的英译策略。

第一，以现代自由体诗歌形式为主英译雷平阳的诗歌，同时尽量保留原诗的“半截话”风格，做到“形似”。例如，雷平阳代表作《亲人》② 的英译：

亲　人

雷平阳

我只爱我寄宿的云南，因为其他省
我都不爱；我只爱云南的昭通市
因为其他市我都不爱；我只爱昭通市的土城乡
因为其他乡我都不爱……
我的爱狭隘、偏执，像针尖上的蜂蜜
假如有一天我再不能继续下去
我会只爱我的亲人——这逐渐缩小的过程
耗尽了我的青春和悲悯

My Beloved Ones

Lei Pingyang

Yunna Province where I am staying over is what I love,

---

① 郭著章、李庆生、刘军平等：《英汉互译实用教程》（第四版），武汉大学出版社 2010 年版，第 367 页。`

② 雷平阳：《雷平阳诗选》，长江文艺出版社 2006 年版，第 1 页。

Because other provinces I do not love.
I only love Zhaotong City of Yunnan,
For therer's no other cities I would love.
I love nowhere except Tucheng Village in Zhaotong.
As other villages I can never love.
My love, you see, is parochial and eccentric,
Just like the honey on the needlepoint.
If one day I cannot continue my love any longer,
I will take my family as my only love.
The process of my shrinking love
Has exhausted my youth and pathos.

（吴祥云　译）

第二，英译时尽量采用口语和大众化的简单词语、常见短语、简单句以及不完整句等，尽量避免使用生僻词语、复杂句子，以保持原诗的“简朴、通俗、浅显易懂”的特点，做到“意似”。例如，雷平阳《云南记》第一卷中的《光辉》① 的英译：

光　辉

雷平阳

天上掉下飞鸟，在空中时
已经死了。它们死于飞翔？林中
有很多树，没有长高长直，也死了
它们死于生长？地下有些田鼠
悄悄地死了，不须埋葬
它们死于无光？人世间
有很多人，死得不明不白
像它们一样

① 雷平阳：《云南记》，长江文艺出版社2009年版，第3页。

Brilliance

Lei Pingyang

From the sky some flying birds dropped dead.
Did they the from flying? In the woods
A lot of trees withered before they grow tall and straight.
Did they die of growing? Under the ground
Some voles died unknnown, unnecessary to bury ther bodies.
Did they die from the lack of ligbt? In the world many people passed away with unknown reasons
Just like the above beings.

（吴祥云　译）

第三，运用英语中的 anadiplosis（顶真）、antithesis（对照）、climax（层递）、couplet（对偶）、metaphor（暗喻）、parallelism（排比）、simile（明喻）等修辞手法英译雷平阳诗歌中带有层递、对比、排比等句式的诗歌。例如《亲人》的英译就用了明喻、排比、层递等修辞。

第四，原诗中大量出现的名山大川、江河湖泊、小河小溪、市县州城、小村小寨等带有云南地方特色的地名以及人名等专有名词，除已有的英译名称外，均采用现代汉语拼音方案音译，以保留原诗的“云南元素”。例如，在英译雷平阳颇受争议的《澜沧江在云南兰坪县境内的三十三条支流》时，就应该将“澜沧江”“维西县”“北甸乡”分别英译为“Lancang River”“Weixi County”“Beidian Village”。

第五，原诗中的云南方言使用在英语中时尽量与之相应，如 colloquial is m（U 语）、common saying（俗语）、slang expressions（俚语）等，以保留原诗的视象、音象、义象、事象和味象。

卢炳群先生说：“要把原诗的思想感情、风格和韵味都不着译痕地用译人语重现出来，这对译者的要求简直高得近乎苛求了。”①

① 卢炳群：《英汉辞格比较与唐诗英译散论》，青岛出版社 2003 年版，第 198 页。

四、结　语

关于现代自由体诗歌的英译，很多人都做过尝试。但关于像雷平阳这样具有明显的地方特色的诗歌的英译策略，我们只是抛砖引玉，将来我们还要做更多、更深入、更具体的研究。本文所引用的诗歌译例是首次公之于世，我们相信在广大同人的共同努力下，以雷平阳为代表的“昭通作家群”的诗人的诗歌会引起海外人士越来越多的关注。

追索灵魂的世事记录
——评雷平阳的《诗无邪》

任　毅

第五届鲁迅文学获得者雷平阳是当下最具活力的诗人之一。2014 年 3 月 1 日《诗刊》社将年度诗歌奖颁给了云南诗人雷平阳的组诗《诗无邪》。终评评委吴思敬、张清华等认为，“雷平阳的诗歌沉着坚实，有着深厚的文化源流和独特的地域特征。他的诗，有如云南土地上的植物，茂密、蓬勃，根系发达，直抵生命和大地的内部。”组诗《诗无邪》包含 9 首诗，“情怀诚挚恶悯，笔力遒劲沉郁，视野开阔辽远，语言决绝锋利”①，本文选取其中 4 首来评说。

组诗第一首《养虎》，化用“佛祖舍身饲虎”的佛教典故（参见《大正藏》第 4 册第 352 页）。诗歌开头，“天空中有人在赶路”是诗人的想象，也是世俗社会人们对欲望的无尽追逐。“养虎的和尚”为实现自己的佛性修行，满怀罪孽之心，多年来以面牛面狗饲养老虎，使之勿食人类。“老虎”却只想食肉吃人，兽性难改。和尚以身饲虎便可双重解脱，但双方“斗争着，绝望着”。待人暗示，现代人欲望无边，身体与欲念的矛盾由来已久，将永远持续难以救赎。

《山西饮酒后》以历史的豪迈与歌舞来反衬当代人生的虚无。相对于古人的豪气，今天的人们正“走投无路”，人生苦短，灵魂漂泊，“大槐

---

① 张希敏：《诗刊》揭年度诗词和新诗大奖，中国新闻网 2014 年 3 月 1 日 21：13. http：//www. chinanews. com/cu/2014/03－01/5898836. shtml。

树”的后代只能靠民族悠久的文化支撑现实的自我。与生俱来的历史感使“每一次独酌”都变成与古人对饮。“河东的歌舞场”与“河西”战死的亡灵，让空虚迷茫的我们警醒，“把堆到脖颈的落叶一一清走”。醉生梦死之间，我们已无颜面对历史先祖，后代子民人性堕落，“鲜活的人几近绝迹”。“第三杯，东方欲晓，我敬落日/只盼它一夜之闻，脱胎换骨”，这是诗人的希望，期盼现代人的觉醒与振奋：文化悠久与先辈壮烈不是后人前行的包袱，而应是动力源泉。

《访隐者不遇》抒写诗人对传统乡村家园的矛盾心态，斥其保守落后，怀念其历史记忆。“像埋在泥土里的石头，他不在乎/文明的毒素，只关心/用什么东西可以填饱肚腹”，这是一个旧武乡村农民对传统农业的依赖，他不关心外部的变化，保守而顽固。为了寻找离去的妻子和女儿，“要卖出多少粮食?”“我”以对山外“文明的毒素”来劝诫“他”不要离去，以免无家可别，将来无家可归。雷平阳在这里引用了王维的《山中与秀才裴迪书》和杜甫的《无家别》。王维在信中约好友明年春试后来自己的山中别墅一游，对诫裴迪不要热衷功名留恋仕途，希望他在仕隐的抉择上保持清醒认识和超脱态度。杜甫诗中，离乡背井已觉心酸，无家可别将何以堪？一个老兵，因邺城溃败回到故里，结果家破人亡今不如昔，老家只剩杂草一片狐狸怒啼，可是官府还要他再去服役。于是无家可归、无家可别的老兵怨愤之极，一声呐喊惊天动地，“人生无家别，何以为蒸黎。”诗人接着写道：“几个月后，他已经/身在异乡，回不来了。”他终于背离家园找寻妻女：传统农村已变成死去的历史记忆。诗人“泪如泉涌”，正是对打工潮使得乡村凋敝现实的省思与哀叹。《在安边镇，一愣》写下十三愣，写尽了乡村现实的沦落，充满忧思。

《哀牢山行》以红河的草木、石头、山歌、土地的淡定超然与安宁启示“我”，去发掘其中的真挚情谊和美丽神性。而在现实中，大地的神性却因所谓“无神论”而被人们弃之不理，人们终于陷于道德信仰的虚无。

《在蒙自》用“我假装没有……”领起12个排比句，否定性假设写出了另一种真实，蒙自山水的洁净崇高反衬了现代人的污秽、虚伪、空虚、拜物和贪婪，诗人在痛心中呼唤生态良知和终极关怀。

雷平阳这组诗大气深沉，浑然一体，“解剖人间世事，让人在痛楚中获得安慰。直面生活，让人在绝望中拾取希望”①。诗人以他的红河歌调记载转型时代，追索精神向度，为人类的生存和命运，寻找着灵魂的证据。

① 张希敏：《诗刊》揭年度诗词和新诗大奖，中国新闻网2014年3月1日21：13. http：//www. chinanews. com/cu/2014/03-01/5898836. shtml。

《澜沧江在云南兰坪县境内的三十三条支流》讨论

青年诗人雷平阳《澜沧江在云南兰坪县境内的三十三条支流》的诗，因为其写作形式的特别，引起了众多诗评家的关注，有人对它称赞有加，也有人不以为然。这样的“诗”还是诗吗？新诗到底应该怎么写作？什么样的诗才算是好诗？欢迎广大读者参与讨论。

澜沧江由维西县向南流入兰坪县北甸乡
向南流1公里，东纳通甸河
又南流6公里，西纳德庆河
又南流4公里，东纳克卓河
又南流3公里，东纳中排河
又南流3公里，西纳木瓜邑河
又南流2公里，西纳三角河
又南流8公里，西纳拉竹河
又南流4公里，东纳大竹菁河
又南流3公里，西纳老王河
又南流1公里，西纳黄柏河
又南流9公里，西纳罗松场河
又南流2公里，西纳布维河
又南流1公里半，西纳弥罗岭河
又南流5公里半，东纳玉龙河
又南流2公里，西纳铺肚河
又南流2公里，东纳连城河
又南流2公里，东纳清河
又南流1公里，西纳宝塔河

又南流 2 公里，西纳金满河
又南流 2 公里，东纳松柏河
又南流 2 公里，西纳拉古甸河
又南流 3 公里，西纳黄龙场河
又南流半公里，东纳南香炉河，西纳花坪河
又南流 1 公里，东纳木瓜河
又南流 7 公里，西纳干别河
又南流 6 公里，东纳腊铺河，西纳丰甸河
又南流 3 公里，西纳白寨子河
又南流 1 公里，西纳兔娥河
又南流 4 公里，西纳松澄河
又南流 3 公里，西纳瓦窑河，东纳核桃坪河
又南流 48 公里，澜沧江这条
一意向南的流水，流至火烧关
完成了在兰坪县境内 130 公里的流淌
向南流入了大理州云龙县

——《澜沧江在云南兰坪县境内的三十三条支流》

创作手记：我为何写作此诗
（雷平阳，诗人，现居云南）

2002 年，像其他所有的年份一样，当我闲下来时，我就会离开昆明，像一个刑满释放的自由主义狂人，以奔跑的速度，扑向云南的山山水水。春天，我花了一个月，走遍了金沙江下游的一个个古镇，以及群峰之上的一座座已沦为废墟的地主庄园，迷失和迷幻促使我开始了散文集《我的云南血统》的写作。我既迷醉于一只与我上路的蚂蚁的步态，同时，当金沙江抱起巧家县的一个个房子那么大的石头，不知疲倦地跑向绥江县，然后又跑，跑向水富县……这样的气象，我亦为之魂不守舍。

除了云南，我真的了无牵挂。所以，那一年的秋天，我又去了澜沧

江。我有一个朋友，名叫贾明，他还在《南方周末》做记者时，我们曾立志要找一笔基金，办一个文化调查公司，对云南的几条江和几座神山进行全方位的调查，进而为之立传。此事没办成，但一直悬浮我心。因此我总爱往江上跑。澜沧江之行，让我得以打开了滇南和滇西的山河画卷，它像一条上帝架设的通往世界之心的伟大走廊。走在上面，每一座壁立的山，都会被你疑为地球的城墙，每一条支流，你都会以为它就是地球的护城河，可世界却远远没有到尽头，当你找到任何一个祭司和任何一只蝴蝶，他们都会为你指点辽阔世界的另一个出口。人烟没有断绝，神灵还在头顶。那山河割据而又自成一体的天人生活图，那仿佛角落而又心脏巨大的村庄史，我被它们吓坏了，手中的笔，掉到了地上。

我可不可以不动用任何修辞，可不可以也来一次零度写作？回答是肯定的。

所以，10 月 26 日，当我从云龙县搭乘一辆夜行货车回到大理古城，风尘未洗，便在酒店的留言信笺上写下了这首《澜沧江在云南兰坪县境内的三十三条支流》。它的每一个数字、地名、河流名称都是真实的，有据可查的，完全可用作人文地理学资料。尽管在写作此诗之前，我对重复和铺张可能潜藏着的冲击已有所提防，但是，我还是得承认，我远远低估了这纯自然的扑面而来的强大力量。它逾越了想象，它依附着的神鬼莫测的一次次“又南流”，仿佛一把把锄头，不掏空你，它就不罢休；不把你的每一个毛孔彻底洞开，它就不收手。而且，这纸面上的又一次澜沧江精神之旅，江水在向南流，在一次次地收留子孙的队伍，我却在写作的过程中，一次次地涌起卸掉重负的快感，“东纳”和“西纳”——纳入的一条条支流，分明是我的枪械库，它们的到来，只是我写作史上不多的快乐写作的个案之一。那天晚上，我睡得很熟。第二天才知道，我做梦的时候，苍山顶上下起了那年的第一场鹅毛大雪。

臧棣：一种不同寻常的“笨拙”

（北京大学中文系教授）

这首诗对地理事实的罗列包含着一种强烈的意蕴。在它的固执的罗列里，有一种固执的不同寻常的诗意。

这是一首能给我带来会心微笑的诗。但是，在很多人看来，这首名为《澜沧江在云南兰坪县境内的三十三条支流》的诗，连是否可以被指认为诗歌都很成问题。我猜想，那些责难它的人，都会为它如此平淡地罗列地貌似琐碎的测量数据而产生反感或抵触的情绪。但是，对我而言，我恰恰觉得这首诗对地理事实的罗列包含着一种强烈的意蕴。在它的固执的罗列里，有一种固执的不同寻常的诗意。从诗歌动机上看，其中的诗意，非常明显可以追溯到诗人对自然风貌的眷爱。这份眷爱，也可以被视为我们同大地之间的最根本的、最亲密的联系之一。不妨说，诗人对他生活的土地所怀有的深厚情感，是支撑这首诗的精神支柱。

“笨拙”是这首诗的奥秘。在这首诗中，“笨拙”是作为一种诗的悖论呈现的。它为它自身区分出了许多层次，这些层次各居其位，又相互照应。在心理感受的层面上，这首诗中的“笨拙”，可以理解为“朴拙”“淳朴”。也就是说，它体现出的是诗人对于故土的一种特殊的亲情：情动于心，朴实无华。对于这样的亲情，甚至连“热爱”这样的词都可能有亵渎之嫌。不过，“笨拙”在这首诗中最成功的运用，主要还体现在风格层面上。诗人刻意将一种测量数据作为一种诗歌节奏来运用，它产生了奇特的艺术效果，虽然很多人可能对此不以为然。运用表面上显得刻板的枯燥的地理数据，诗人让诗的文体沉浸在一种专注的大胆的自我体验中。换句话说，“笨拙”恰切地表达了诗人对大地的一种敏锐的感受。我说，“笨拙”是这首诗有意塑造的一个悖论，意思是诗人确实是在自觉地将“笨拙”作为一种文体效果来追求，他有意挑战我们大多数人所熟悉的诗歌规约。在“笨拙”的表象之下，是诗人的机敏和新颖的感受。更为新异的是，这里，“笨拙”也为我们重新审视我们所置身的这片土地提供了一个坚实的视角。

从积极的方面说，在这首诗中，对枯燥的地理数据的罗列，也可以被看成是一个人对他所钟情的事物的如数家珍。这样，这些枯燥的数据，其实起到的是一种犀利的甄别作用。它区分出两种心理反应：对它们有感应的人和对它们全然麻木的人。此外，它们还昭示出一种独特的人格倾向，虽然诗人极力掩饰，不让这一倾向流露得太明显。诗人似乎在暗示我们关注这样的事实：为什么只有他会对这些在外人看来非常枯燥的测量数据津津乐道呢？当然，你可以说，这不过是诗人的一种个人偏好；但我以为，在实质上，这种偏好反映的恰好是一种生命对自然的、独特的敏感和皈依。它既是属于个人的，又是自我超越的。

在诗学观念上说，这首诗似乎还可以帮助我们反思我们所习以为常的“诗意”。我们通常习惯“诗意”来自奇异的、富有神采的幻想领域，但是，从诗与世界的关联看，“诗意”的产生是非常多样的、非常偶然的。“诗意”有时会从特定的文体中向我们漫溢，但很多时候，它需要我们对所熟悉的身边事物投去陌生的一瞥，就像雷平阳在这首诗中所做的那样。

李少君：我看好雷平阳的诗
（诗评家，《天涯》杂志主编）

他的独特的个人经验与地域特征结合得精微得当，但同时又有某种大气象。

今年7月，在海南原始森林尖峰岭举行了青年诗人雷平阳、潘维的诗歌研讨会，雷平阳的这首诗引起了热烈的不乏火药味的争论。

雷平阳的诗歌是有一种实在的生命质感与深厚的生活经验的，是从个人出发，看到什么写什么，像一个地质勘探者，有片断式的纪录片风格，但内在有一种深沉的生命感，也很有地域特点，这是我对雷平阳这首诗做的基本评价。当然，在有人认为这首诗让人耳目一新的同时，也有人认为这首诗单调枯燥，更有人因此诘问：究竟什么是诗歌的真正的精神？

一般来说，我同意一首好的诗歌应该有强烈的生命质感和生活质感。但对于生命质感和生活质感是否应该是一目了然的，我则心存犹疑。就比如古典诗人吧，李白那种“仰天大笑出门去，我辈岂是蓬蒿人”和杜甫那种“朱门酒肉臭，路有冻死骨”一类的充满强烈的生命质感和深沉的生活质感的诗歌，无疑是好诗，但李商隐的“沧海月明珠有泪，蓝田日暖玉生烟”，李贺的“昆山玉碎凤凰叫，芙蓉泣露香兰笑”式的诗歌，也让人浮想联翩，让人沉湎其中，陶醉不已，无疑也是好诗，虽然其中有无生命感可能不是那么轻易判断的。当然，我不是说雷平阳的诗歌已达到了这样的水准。我只是说，我很看好雷平阳的诗歌，他的独特的个人经验与地域特征结合得精微得当，但同时又有某种大气象，我相信他的诗歌会为越来越多的人认识和关注，他的一些诗作如《杀狗的过程》《存文学讲的故事》等，我甚至认为算得上佳作。

诗歌的精神也许有各种理解，一种是生命冲动，本能的原始的一种歌唱、表达、诉说，像鲁迅说的原始人的“杭育杭育”，先是歌唱，有了文字后就成为诗歌；还有一种则可称作“游戏精神”，一种精神的游戏、智慧的游戏，有时可能就是一种语言的游戏，这有点像顽童心态。这是不是也是诗歌的一种起源之一？

陈仲义：警惕类型化写作
（厦门城市大学中文系教授）

它的“格式化”特性，会叫你在同一对象题材面前严重“撞车”，而且诱惑你偷懒。

这首诗的最大特点，是严格地从地理学出发，准确地说，是严格依照地图指南，依次写出 33 条支流的名称；全部以现成的地理材料，按先后顺序结构一首诗。其格式是——用“前缀”：“又南流 × 公里”和“后缀”：“东纳 × × × × 河”“西纳 × × × × 河”，组成每一个分支，最后使用 30 个分句，共同完成 130 公里水系的“流淌”。“前缀”公里字虽呆板重复，但因“后缀”纳入花样繁多的河流名称，故能冲淡“前缀”的机械排列，显出整饬中有变化。同时不可忽视的是，“又”字在每一句开头，连续不断的“又南流”“又南流”“又南流”——做历时时态上的提领，形成语调语气的连贯急促，从而带出河流湍急、奔腾的生命之声，这就使得整条澜沧江在平面的地理学意义上，获得另一种“生命”的喧响。当然，此“生命”没有任何文化牵挂和历史负载，它的纯地理学流淌，是完全建立在某种形式美感上的。这对此前普遍以文化、历史、社会、民俗等角度进入澜沧江的书写，应该肯定是一种“改写”。

但是，必须承认，在阅读到7或8行时，当我意识到它的明显规律后，没有了太多耐心，就跳到结束部分。

在认可形式感的后面，我担心的是，类型化写作风气的铺张。

因为最近，在网上看到这类东西多了。比如写公交车上，反复播送“××站到了，顾客们下车请小心”。“××站到了……××站到了……××站到了”——连篇累牍的循环，似乎要表现生存境遇的某种状态。又比如，写“病历”，把内科、外科、妇科、小儿科、泌尿科，各种疾病通通罗列出来，似乎在警告人类的“病入膏肓”。写“收费”，则一口气开列几十种清单：寄读费、暂住费、培训费、超生费污水处理费，以此来反映国计民生。

像这样类型化写作，在诗人张小云身上特明显，顺举他的《消毒》：“……坐便器消毒/避孕套消毒/表演面具消毒/握完手消毒走完路消毒/睡完觉消毒读完书消毒/放完屁消毒/报告消毒计划消毒/宣传单消毒报纸消毒/新闻联播消毒//讲话消毒”。通过全民“草木皆兵”式的消毒，反讽了“非典”时期的心态。

这种类型化的操作，一般是作者经过精心选择捕捉，别出心裁“踩点”构思后，利用现成材料加以调配排列（通常采用并列排比），来达到某种意图。有时候，带有较浓厚的游戏成分和形式成分。如果是临屏书写，还可以利用便捷的复制技术，加快制作时间，并享受快感。

不是说类型化就不能产生经典，产生的重要前提之一必须是“第一次”的，否则，它的“格式化”特性，会叫你在同一对象题材面前严重“撞车”，而且诱惑你偷懒。

这样的写法，处理得好，的确有时能出“奇兵之效”。但是，应该承认，它绝对是属于“一次性”的。假设让雷平阳（包括李平阳、王平阳）来写雅鲁藏布江，肯定他和他们不敢再来“×公里×公里×公里”的流淌，也不敢再做连篇累牍的地名串联。这不只是审美疲惫，还涉及最忌讳的重复问题，以及更为可怕的复制问题。

蒋浩：愈演愈烈的简单化倾向

（诗人）

我很容易地读了几遍雷平阳的这首诗后，感到很难谈。不仅仅因为像这类诗并不是目前我所关注或喜欢的类型，我觉得它形式上有些旧，内涵又过于简单化。而不喜欢却又要谈，谈“不喜欢”？但不喜欢又有什么好谈的呢？至于由此谈开去，那就得有问题。而这首诗的问题在我看来却不在这首诗里。是不是因为它“好”得已没问题？还是“坏”得找不出问题？我觉得那是作者自己的事情，大可不必指手画脚的。

尴尬的是，谈别人往往就是谈自己。换个角度来看这首诗，也许还真能从一个从业者的角度找出点什么相关想法。我自己的认识或经验是，像这样的诗能少写就少写，能不写最好不写。我并不是说它没有所谓的“意义或价值”，它如果有的“意义或价值”也并不因我的发言而有所损益。如果我必须要这样写，我会把它放作为一个很小的单元放到一个我所理想的系统中去—— 一本有关地方性或地理性的组诗或长诗的诗集中。而这批诗每个稍大的部分或单首的诗之间至少在形式上又很不相类，那么，它也许会作为一个辅助的声音或显示类别的元素而有装饰或立此存照备一格的意外之意了——补充、过渡、衬托、凑足音节……或其他？即使从写作学上来挑剔这部分的合理性或技艺难度，也可以认为它是为了整体或其他部分的“好”而有意无意自我牺牲，“变坏”和“简单”，这实在是匠心可嘉啊。在此层面上看，这首诗的问题也许真不在这首诗。

因为有了以往的阅读回忆，今天我再读到这首似有古代地理之美的诗时已很难产生陌生之美感了。如果真要我写同类题材，我会敬而远之的！那实在是难以如此下体和下笔。美国诗人约翰·阿什伯利有首诗叫《黄昏弥漫的天空下》，它虽然不是想讲这首诗负载的道理，但它的确给我在思考类似问题时以启发和压力，也许就是“影响的焦虑”吧。写诗真的是严肃的创造，非得如临深渊如履薄冰不可啊！我喜欢阿氏那首诗：他建筑了一个常言说的“大一统”的背景后再塑细节、通变化；而这些细节变化像每片叶子，还真不相同。阿氏有很强的宏观调控能力，把一个意识形态化的陈旧、简单题材处理得那么丰富不单调，即使出现在其他地方也是扎眼的。诗人有必要通过具体细微的字词去寻找、召唤，进入某种传统或背景中，以便确认所谓的理想或价值。

我很担心这几年汉诗的某种愈演愈烈的简单化倾向。那些人的理由往往是粗暴的“生命意识”“口语”“艺术源于生活”等说辞，并由此描述诗艺境界是“清水出芙蓉，天然去雕饰”等。这些想法均不错，而问题是在于如何认识生命、艺术、生活、文化、口语，以及“天然”“雕饰”等。这些都是大问题，此文无法也不必细较。相信有写作经验的人都不否认，诗原本是“一字一字”做或写出来的，或者一首诗应该有“做”的成分，诗之完美的乌托邦是促使我们倾向于自然而天然的奔腾。我很不走运，因为我从未读到过一首完美或天然的诗，也没读到过一首纯抒情或纯叙事……纯生命或死亡……纯技艺或非技艺……纯朴实或纯华美……纯文化或纯生活……的诗。戴帽子、打棒子的“文革”读诗法给我们的教训还少吗？

关系到具体的这首诗，我想保罗·瓦雷里说得好，每首诗都应由既成的诗句和雕琢的诗句组成。而古人强调的“工”，或“无一字不实无一字无来处”是不是自然呢？或者是瓦氏要求的使雕琢的诗句应听上去是“自然的”呢？这其实不仅仅是诗句的构成问题了，我们为什么不尝试一下呢？这些原本可能是最容易让人忘记的作诗常识啊。

“成为一个茧人，缩身于乡愁”
——关于雷平阳《春风祷》的讨论

主持人：汪　政　江苏省作家协会创研室主任　评论家
讨论人：何　平　南京师范大学文学院副教授　评论家
傅元峰　南京大学中国新文学研究中心副教授　评论家
张宗刚　南京理工大学人文与社会科学学院副教授　评论家
何同彬　南京大学中国新文学研究中心讲师　评论家
育　邦　《青春》杂志执行主编　诗人　评论家
梁雪波　江苏文艺出版社编辑　诗人　评论家
韩松刚　《扬子江评论》杂志编辑　评论家

汪　政：各位，我们今天讨论的是雷平阳的作品《春风祷》。在我看来，这是当下诗坛不多见的作品，可以谈论的话题很多，长诗、叙事、地方性，可能还涉及宗教性的内容与文体。哪位先说？

何同彬：新世纪开始以来出现的“长诗热”至今没有任何衰减的征兆，反而进一步蔓延、扩张，这一现象不仅具有丰富而复杂的诗学意味，也承载着当代诗人充沛又衰微的历史想象方式。雷平阳的《春风祷》（在《云南记》中为《春风咒》）只不过是那些被遗忘的、数量惊人的鸿篇巨制的长诗中的一部，现在或未来我们会长久地回味《水绘仙侣》（柏桦）、《大秦帝国》（小海）、《凤凰》（欧阳江河）和《哭庙》（杨键）吗？欧阳江河说，我故意写长诗，对抗碎片化的生活。但生活的碎片化本质上和诗歌的长度没有任何关系，一首两百行的长诗比一首二十行的短诗更能避免被“撕碎”吗？爱伦·坡认为长诗是不存在的，他把那些写长诗的人命名为“史诗狂”，反观我们最近出现的这些长诗，有哪一部不被盛赞为“史诗”呢？但这样的史诗是博尔赫斯认为可以引发“重大事情”的、再度把叙述故事和吟诗诵词合而为一的史诗吗？我个人是一个反对写长诗的人，因为我从任何一部当下的长诗那里都能轻易地发现拼凑和过度铺张的痕迹，发现他们那些必须要经由哲学、宗教、政治等话语进行神秘解读的宏大意愿。雷平阳的《春风祷》和他的诸如《祭父贴》《木头记》《昭鲁大河记》等系列长诗也不例外，在阅读的过程中我常常被迫把它想象为拥有主题相似性的一组诗，以维持阅读必须的专注力和持续性。

何　平：这个问题确实可以讨论。《春风祷》是自由的组诗，还是结构谨严的“组诗”或者“长诗”？在当下的诗歌批评中，对诗意的挖发，甚至过度阐释很多，却往往轻忽“诗结构”，这自然助长诗歌成为一种无难度的写作，或者仅仅是表情达意的“实用”文体。而事实上，诗歌是需要有结构意识的。如果缺少一种内在的结构张力，是很难用“组诗”或“长诗”来命名多首集成的成组的诗或者有一定长度的诗。那么，《春风祷》在地理空间位移，一个个小叙事的切换以及精神漫游者（或者是梦游者）的“祷”中间怎样完成“诗结构”就值得我们去细细思考。

育　邦：我相信，对于雷平阳而言，《春风祷》的创作并非一蹴而就，心智必然经历一场残酷的砥砺，一场只有作者自己能够品尝的弱小风暴。组织庞杂的材料本身就不是一件易事，相对而言，我侧重于认为通过它们来重新组织我们的心灵则要困难得多。因而我也可以想见诗人在写作《春风祷》时所遭遇的困境。在如此长的篇幅中，诗人的落脚点在哪里？他首先要避开描绘一个虚无世界的暗礁，他责无旁贷地要承担起坚实世界缔造者的角色。诗人不紧不慢，用他的心智与能力呈现一个坚定实在的世界，在这个世界里，真实与虚幻、历史与现实、陈述与想象、现实真相与超现实跳跃，它们交织在一起，肮脏而雄奇。这个世界可视，可感，可嗅，可歌，可泣。如果说，仅仅为了把这些东西杂糅起来，同样也没有意义，就像史蒂文斯所言的那样：“它（诗歌）纯粹的修辞方面是无价值的。作为一种矫情它是平庸无常的。”

张宗刚：文以气为主。跟长篇小说、长篇散文一样，长篇诗歌首先讲究的，也是一种“气”。《春风祷》，作为拥有如此篇幅的长诗，读来诗风沉稳、语感自然、笔力沉实、气脉贯通，充满绝望的狂欢、压抑的舒展和低沉的高昂，诸多的隐喻，生成内在的张力。雷平阳的诗歌境界，已然达到了一定段位，遣词造句熟稔如流，有时几欲熟极而溜。《春风祷》色调虽偏于黯淡阴郁，而怪力乱神，山川草木，交织成多维狂欢的奇异景致，自有一种混沌的整体感。

韩松刚：这首诗给人的第一感受除了“长”以外就是它的云南标记吧？雷平阳的诗歌仿佛背了一个结实的“云南”的壳。雷平阳曾说：“我一直身体向内收缩，像个患了自闭症的诗人，默默地生活在故乡；我希望能看见一种以乡愁为核心的诗歌，它具有秋风与月亮的品质。为了能自由地靠近这种指向尽可能简单的‘艺术’，我很乐意成为一个茧人，缩身于乡愁。”而正是这种“向内收缩”和“缩身”，促使他内在的情怀得以在云南的故土上与那里的亲人、风物水乳交融般浸润在一起，也由此具有别样的哀愁和气质。这种气质不是小打小闹的情绪和牢骚，不是固执的思念和情不自禁的哀伤，而是有一种大的胸怀和气魄沉潜在诗歌的内里，在理性的烛照下氤氲着云南独特的普洱茶香，从而掩盖了以往以乡愁为主题的诗歌中的脆弱的孤独和单薄的伤感。如果我们细细品味，所有这些云南元素在《春风祷》中都能觅得踪影。

育　邦：敏锐理解世界的能力使得诗人自己成为适应实现世界与诗歌之间隐秘关系的访客。在隐秘的精神层面和忧伤的气息统摄下，雷平阳复活了哀牢山、梨花坞、奠边府、佤山、雪山、基诺山、杰卓老寨、乌蒙山、湄公河，复活了它们被历史、文化与现实缠绕至深的沉重身体和日益衰老的生命。诗人目睹这一切，深切地体认这个孤独而又即将失落的世界，勇敢地认领了那个只属于诗人方能担当的命运——像巫师一般予以迷幻般地呈现。在这宏大的诗篇中，我们能够时时看到诗人面目模糊的背影，他的孤愤与旷达，他的冷静与忧郁。一方面，诗人移情于山川河流、大地花朵、流水往事、传统故乡；另一方面，在完成这种移情之后，诗人不可避免地深陷这些天空大地与人世间的事情之中，幽居在它们的深处。

何　平：雷平阳已经被我们想象成一个“文学的云南”的建造者，这一组诗也容易让我们产生这样的联想，因为诗中不断出现的云南“地”名。但是，我们要警惕这样的想象可能有意无意窄化诗人更深刻和辽阔的东西，哪怕诗人自己也愿意接受我们的塑造和规训。这一组诗另一个容易让我们想象的就是雷平阳可能是一个纸上“旧”云南的复辟者，特别是诗歌一开始就出现的几句：“金沙江东岸的一座旧城/被拆了，几千年建成的故乡/说没就没了/那些被连根拔出的/寺庙、牌坊和祖屋，它们想重生/我们就为它们超度吧。”但是，我们同样应该看到旧城的消逝和重生，在这组诗的一开始是和“哀牢山的荒草想还魂”以及“梨花坞的桃花，是群异乡人/它们想穿红棉袄，想提红灯笼/发誓要抢在梨花的前面/轰轰烈烈地开”并置在一起的。《春风祷》中的消逝和重生不只是地理意义上的。对于他的写作，包括这组诗，我倒是认同他在《云南记》自序中所说的：“近年，我常常寄身于滇南山中，生活里也发生了一些大事，比如父亲西游。这就使得我在此期间写下的诗作，总是绕不开山水、密林、寺庙、虫鸣、父亲、墓地、疼痛和敬畏等等一些‘关键词’。它们像笔尖上活着的灵魂，自然而然，就来到了纸上，温暖或者冰冷。它们是多了，还是少了？我没有进行测度，也没用刻意地进行文本意义上的增删，就算是一种常态和生态吧，像安顿自己的亲朋，我淡定而又真诚地，为它们准备了一个个方格子，让其住下来。虽说一切都在纸上，却也希望纸上有片旷野。”因此，应该在“旷野”之上重新识别雷平阳在当代诗歌中的意义，而不是简单地把他作为全球化时代空间想象中的“地方”，不仅仅是作为一个桃源梦的复现者。换句话说，“地方”的非对抗性有时候可能能够更自由地释放“地方”的文学能量。

何同彬：欧阳江河认为可以用“全球化和地方性”描述的诗歌都是二三流的诗歌，这一观点似乎有点偏执了，比如我们可以在研究福克纳或马尔克斯的时候避免地方性或地域性话语吗？像雷平阳这种执着于“小地方人的视角和言说习惯”的“没有远方的写作”，或者说是精微的地方性写作，实际上在当前日益严峻的由全球化导致的文化同一性进程中拥有极其特殊、极其重要的价值。从《春风祷》里我们可以看到这些“展开于一箭之地”的山谷、老寨、寺庙、少女、僧兵、母亲、采玉人等，在雷平阳“精神幻觉似的文字”之中，建构起一个自足而独立、充满疼痛和愉悦及虚无和想象的小角度的“云南气象”，深刻地呈现了云南自成一体的文化传统和诗学景观。而且雷平阳的这种地方性书写与全球化激化出的那些地域主义的普遍性诉求不同，他追求精确、细微和神秘的差异性，为了伸张文化差异的合法性他不惜陷入一种自我封闭和自我吟哦。就像他引起争议的诗歌《澜沧江在云南兰坪县境内的三十三条支流》，《春风祷》只不过用另外一种看似“敌对”的方式彰显着同样的地理学意义上的精神祈求：“——做一个山中的土司/有一箭之地，可以制订山规，可以/狂热信仰太阳和山水，信仰父亲和母亲……”

梁雪波：实际上，作为一个自然地理和国家的概念，“中国”只是一个想象的共同体，为了构建这个想象的共同体，倘若过分强调文化的一致性和统一性，往往会遮蔽或抹杀了不同族群之间的文化差异。在这首诗里，哀牢山、湄公河、基诺山、崇圣寺等具有历史感的地理符号连缀起一个关于云南的“边地神话”，那里既有瓦蓝的天空、激荡的河流、丰饶的山岭、葱茏的草木，也有代表着异族文化神秘色彩的土司、寨主、歌谣和寺庙。而在以往，关于边地文化的特异性描述总是以风景、习俗、服饰、歌舞、方言等碎片形式从整体中剥离出来，并被轻易地编织进民族国家的叙事经纬中。《春风祷》显然避开了这一点，没有简单化地处理成怀旧和乡愁，而是在厚描中小心地嵌入了历史的阴影。比如，用“白骨”和“戒指”的意象来对战争苦难进行寓言化书写，对“农夫不种地/田边地角，听广播，读报纸/喊口号，赛诗词，坐地日行八万里”这一荒诞历史场景的再现等等，从中可以看出诗人在把玩风物之外的现实关怀，即试图以一种重构故乡的方式，打捞失去的集体记忆。

韩松刚：然而，现实和浪漫之间总是充满悖谬的，因此在《春风祷》中，一种精神的高蹈在面目全非的现实面前，又是动荡不安的。诗人说：“哀牢山的树，一棵/想变成两棵，它们都爱上了自己/湄公河的水，每一片波涛/都想隐形，更少，直到没有/寂静才是寂静，一个少年/穿着一件偷来的袈裟，在沙丘上/种植菩提。年复一年，沙丘上/全是枯枝。他想死心，他想/自成菩提，但他无法停止/能不能给他开示，让他，在沙丘/用几根枯枝，为自己建一座缅私。”这精神高蹈的不够坚定，注定了其内在质地的破碎和孱弱，于是到最后也不得不做出无奈的妥协。“我一生最大的梦想/——做一个山中的土司/有一箭之地，可以制订山规，可以/狂热信仰太阳和山水，信仰父亲和母亲……”据此，我们亦可以同时感知，雷平阳诗歌中的现实情怀和精神高蹈，依然充满了矛盾、游移、无力感及诸多的不确定性，而所有这些是不是不可避免地削弱了其诗歌的思想性和批判性？不知道这可不可以看作是诗人在云南、在其诗歌世界中的一次次彷徨和迷失？

傅元峰：雷平阳似乎知道，在他以往的人间省察周围，一个富足的地方性存在，它是诗语的一部分。雷平阳邀请云南进入他的诗中，就必须抵抗自己沦为方志作家的惯性。很多沉醉于方志写作的作家，都这样挥霍了自己的才华。福克纳不是方志作家，因为他在家乡沉入了一种永远无法写尽的无限性中。雷平阳能否摆脱这个危险，就要看他如何从家乡的方志阴影中逃离。就《春风祷》来看，很多问题已不再是云南问题。但雷平阳将这些问题附着在笼统的云南地标和抽象的人生上，诗语的活力几乎要靠呓语来维持。这是十分吃力的行程。我经常想，这个有洞察力的诗人如此敏感，为什么要这样钝化自己？

韩松刚：我之所以说雷平阳的乡愁具有一种内在情怀，是因为他的诗歌具有一种建立在现实悲悯和精神的浪漫高蹈基础之上的坚硬质地。他的诗歌具有明显的地域性，但是诗人的情怀早已轻易越出了地域的边界，而具备了强烈的现代性意味。这种极具现代性的情怀和思想在其早些的诗歌如《我的家乡已面目全非》《怀念德宏州》等中已经袒露无遗，而到了《春风祷》中，它已经不仅仅是感性和理性的撞击，而是有了祷告仪式样的精神升华和神性意韵。“一种反向的文明，被培育，被倡导/贴着地皮，翻卷着，无边无际/……——我们为此祈求吧，吹动拂尘/如柳丝，让千万狂跳的心，趋于寂静/我们为此撕开大地的皮，命令/滞留于地下的人，用眼泪/给籽种润心、催生、浇水/为荒芜的世界，留存一点点期冀。”在雷平阳的诗歌世界里，这现实的残酷催生出了诸多无意义的挣扎以及更多关于虚无的哲学思考，因此，他无奈的悲悯仿佛只能化作“一点点期冀”，进而实现精神内核的再次完善、升级。

育　邦：在这些方面存在不同看法是正常的。对于诗人而言，抵达是最为重要的目标，否则写作这一旅程会变得虚无。史蒂文斯说：“诗歌既不是政治也不是哲学。诗歌就是诗歌，一个人作为诗人的目标是抵达诗歌，完全就像一个人在音乐中的目标是抵达音乐。”在“瞬间”和“漫长”的自由转换中，诗人通过寻觅这些林林总总事物的深度、广度和长度，在精神向度上，他赋予它们现场感，从而实现某种预设目标的抵达。我从来不认为雷平阳的写作仅仅是“云南书写”。云南作为地理学上的概念镶嵌在雷平阳的诗歌中，这并不影响他文本的广度和深度，“云南书写”已成为东方传统与人类经验的传达。传统、文化、生活、经验、内心均成为他体内有机的组成部分，“天地人”已然自然而然地融合在他的身体里，因而我们也不难理解雷平阳的写作已然进入通达澄明的自我书写阶段。

梁雪波：不过，与杨健的文化保守主义立场和激烈的道德化言说相比，雷平阳的面孔多少有点儿模糊，就如这首《春风祷》，尽管堆叠了很多地域文化的符号，但却缺乏一个以人为中心的切身性的视角。现代性是在征服自然的过程中发展起来的，它催生出各种物质神话，加之于人的命运轨迹便是“逃离地方”，从乡村奔向城市，从边地逃向中心，逃离地方的过程也就是逃离自己所嵌入的自然和文化背景的过程，它将人最终抛入一种反生态的、同质化的、割裂的“极端不真实”之中。这种撕裂的身份意识，以及地方与主体、自我与他者、异乡与故土之间的痛苦的纠缠，至少在这首诗里没有呈现出来，诗中的抒情主体好像天然地享有文化庇佑权，缺少内省和批判的维度使诗歌哀婉有余，而少了一点直指人心的力量。弗莱认为，将边地“田园诗化”的叙事是一种喜剧模式，相应的是一种具有悲剧叙事的哀歌模式，其中包含着逃避尘世的冲动。正如《春风祷》最后所表达的诗人“一生最大的梦想”，就是“做一个山中的土司”，有信仰、宗祠、财富和时间，然后在“细数江上的波浪、星光和柳丝”中获得内心的慰藉。这难道就是土豪版的陶渊明？由于文化基因里缺失一种“神圣价值的核心”，无法建构起人与价值的神圣关联，诗人抵御现代性粗暴掘进的方式仍是逃向自然田园的旧梦，既无法上升到追寻神性踪迹的精神高度，也无力承担价值虚无之后的分裂之痛，更不知应该怎样弥合自然、身体、地方的分裂处境，把人重新定义在宇宙中，唤回人类所丧失的整体性。由于绝对价值的不在场，以及对于生态主义的认知匮乏，精神黑夜的事实仍将持续下去，并湮没于日益高涨的消费主义的嘉年华。

傅元峰：我觉得这首诗有很明显的宗教主题。在春风的行程里，云南地标有一个逐渐向上的过程，最终抵达了终极关怀。在根子的《三月与末日》中，春天是有形可感的，诗人在诗中是一个角色，诗最后的内容是情绪。但在《春风祷》中，春天的足迹被云南的地理风貌标注，诗人和它具有模糊的同位关系，诗人在诗中是一位主事，诗的内容被文化焦虑和终极关怀中的问题贯穿起来。两首诗都有历史的回声，语境被清晰反馈过来。在根子的诗中，语境问题包含了大量关于春天的个体感受，诗人的悲伤情绪宣泄形成了关于春天的奇异修辞，但还没有触及语言问题。《春风祷》经过了宗教探询，是否能够把被意识形态捆绑的话语修改为一种个体诗语？雷平阳抛弃了于日常事件的静默观照中寻找诗意的做法，尝试用提炼和升华的方式，承担文化和语言交织在当代汉诗的重大使命。这种承担会不会走出老北岛的陷阱，有新的收获，还需要拭目以待。

汪　政：元峰对《春风祷》宗教主题的阐发很有意思。我倒想到另一个话题，即这种宗教意味与诗体的相关性。

傅元峰：确实可以展开来说的。祷文的文体特征决定了它是被铺展或摊平的文字。《春风祷》也是如此，抒情者的主诉随风而至，这种类似宗教仪式主事的呓语，靠象征或隐语遥远地指涉现实，诗中抒情者的情感厚度和文字厚度始终如一，意境的深度和节奏的长短也没有太大变化。雷平阳的诗，近年有在文体上回望传统的倾向，如《祭父帖》。这也和他的诗不断追随文化的纵深感有关。不过，我更喜欢雷平阳朝向日常生活的诗篇，在那里，抒情者是讲述者，静默，隐忍，有恢宏的情感和尖锐的洞察力。近期他逐渐转变了抒情者的角色，成为一名表述者，离开了生活流，追寻文化地标。在这篇春风祷中，隐喻掩盖了生活，诗人在探索心灵空间具象化的方式。但文化的概念化、类型化和个体心灵的复杂性还是水火不容的。尽管诗句已经足够流畅，有祷文的平缓和规整的宣告结构，但还是给人夹生的感觉。我一直质疑雷平阳的这种选择，是一种新的文化寻根的心态，它究竟能够给已经足够平面化的汉诗诗语带来什么？或者，重拾文化寻根的主题，重新讲求地标特色的地域文化，这些究竟能够给诗歌带来什么？把文化焦虑表达为一种古老的散文体制，是不是最终会成为誓词一样的文字而吞噬掉现代白话给汉诗带来的活力？

何　平：再有就是语言，或者是“词语”。雷平阳曾经写过一首叫《词语》的诗。在《词语》里雷平阳写道：“我还是绕不开，一个接一个/生病的词，乞求的词，泡在/血汗中的词。这些幸福的反义词/因为挣扎和打磨，很多都没了/偏旁部首，成了错字和别字/有的，还被拆散了，像楼道上/乱扔的垃圾。”记得汪政老师在谈于坚诗歌的时候曾经用“词与物”做过题目，雷平阳的写作趣味、路径和于坚不同，他在已经新词和旧物的抵牾和相忤中生成诗歌中紧张和对抗的力量，而这恰恰可能接近我上面关心的“诗结构”，也就是说雷平阳的《春风祷》是在词与物的追逐和闪避，追逐和不达中完成诗的结构。

汪　政：这个话题也有意思。不过，你这儿的语言还是结构层面的话语意义上的。这几天我跟大家就这首诗曾断断续续地有过交流。宗刚也与我说到语言，他说的语言更多的是修辞层面的，宗刚好像有些看法，不妨说说。

张宗刚：这首诗的语言还是值得称道的。比如诗中那些集束式句子：“哀牢山的荒草想还魂……梨花坞的桃花，是群异乡人/它们想穿红棉袄，想提红灯笼/发誓要抢在梨花的前面/轰轰烈烈地开……”（1 节）“哀牢山的树，一棵/想变成两棵，它们都爱上了自己……”（7 节）“荒草的清明节，昆虫将喉中的喇叭/一一关闭。或在土中，伸出小舌头/深情地舔着草的根须……”（14 节）完全以形象说话，以意象示人，如此纯粹的句式，真正促成文本的气韵生动。还有作品中氤氲着近似神巫般的氛围，在祛魅与返魅之间，纠结出诗性的忧伤。

汪　政：你重点说说你不太认同的地方。

张宗刚：从大处说，有的地方给人的感觉是做作、夸张。一些刻意设置的“文化”意象，如旧城、寺庙、牌坊、祖屋等等追求深度但却丧失了原本的虔诚大气。另外就是我觉得此诗最碍眼处，也许是“大词”（big-word）的滥用：革命、母语、命运、宗教、自由、灵与肉、生与死、兵工厂、屠宰场、殡仪馆、刽子手、纪念碑、推土机、暴力美学、栽赃、杀戮、轮回、悲悯、茫然、孤绝、地狱、天堂、亡灵、末日……这些随处可见的大词，有些原本无须存在。

汪　政：语言的问题恐怕要进行仔细的文本细读，宗刚这儿也只是点一下，他好像已经有了专文，那就另谈吧。谢谢各位！

记忆守护者雷平阳
——主持人语

谢有顺

雷平阳是一个有故乡的诗人。他对大地的赞叹，对日常生活的发现，有的是现代乡愁的寓言，有的是残酷生活的实录，有欢乐，也有悲哀，有庄严的面容，也有迷茫的表情。他的写作，饱含冲突，并且贯彻着一种精神紧张感。阅读他的诗，常常是难以平静的，他表达出了一个现代人的复杂心绪：既被“现在”“瞬间”所牢牢地控制，又对“别处”“远方”充满想象；既无法回避现世、欲望的快乐，又不愿臣服于此，依然要做必要的精神抗争。

我能理解雷平阳这种矛盾。面对一个日益破败的世界，诗人很难在内心重获一种坚固的秩序和根基，他只能接受变动、混乱、溃散、消失这样一些事实。即便面对故乡、大地这些被记忆守护的事物，它易变的容颜也常常令诗人大吃一惊。很多人都记得雷平阳写过一首著名的诗，叫《亲人》：“我只爱我寄宿的云南，因为其他省/我都不爱；我只爱云南的昭通市/因为其他市我都不爱；我只爱昭通市的土城乡/因为其他乡我都不爱……/我的爱狭隘、偏执，像针尖上的蜂蜜/假如有一天我再也不能继续下去/我会只爱我的亲人——这逐渐缩小的过程耗尽了我的青春和悲悯。”这首诗，并非单纯抒写乡愁或昭示对故乡的爱，它更是诗人本身的写作象喻：这个“逐渐缩小的过程”，意味着诗人在现实面前变得越来越锋利，情感也扎得越来越深，持续地在一个细小的角落挖掘下去，这样的写作便能让我们读到一种精神的刺痛感，它是自我的告白，也是面对世界的宣言。

事实上，雷平阳是在用两种方式来建构他的诗歌世界：他笔下的山川、河流、天空、田野，气势宏大，人行走在其中，孤独而渺小，通过描述这一景观，雷平阳找到了自己精神的旷野，并在这个旷野里重释了人与自然的庄严关系；另外，他也记述生活中那些微小的事物，小学校、小路、小河、小弦，“小小的灵魂”，一只蚂蚁、蜘蛛，或者一只羊、一棵树，甚至“一个卖麻雀肉的人”，不厌其烦的细部刻写，如同放在显微镜底下来看事物，从而照见生活中那些被忽视的欢乐或残忍，并通过对这些小事物的放大，把它对心灵的微妙影响有力地表达出来。

有人把雷平阳的这两种写作方式概括为大和小、冷和热、写意和写实的统一，这是贴切、合身的。但矛盾和分裂依旧存在。在大地上，在故乡面前，甚至面对至亲的亲人，雷平阳在感念的同时，都会流露出一种无言的悲怆。那个安放心灵的地方正在消失，人和世界的悲剧性关系正变得越来越严峻，所以，雷平阳曾经把自己的写作称之为是“送葬”，“为布满了记忆刻痕的、渐行渐远的村庄，为那些只有在清明节才回家来与未亡人团聚的我的死去的亲人”（《土城乡鼓舞——兼及我的创作》）。也许，在这个日日新的时代，葬礼才是对那些旧事物最好的守护。最好的写作，往往都是对时代的哀悼，是挽歌，也是一次以乐致哀。

因此，雷平阳的写作越到后面，精神性的特征就越明显。即便是他常写的“回家”这一经典母题，也往往不再是具体的回家，而变成了心灵的返乡。现实已经不忍观看，记忆也日渐遥远，诗人只能在想象中回家。让变黄的青草“从去年羊群的舌尖上归来”（《草原》），让五十年前“无数放哨的土匪坐过”的“石凳”，散发出“走投无路者的体温”（《鹭鸶》），正如诗人“动用最后的/一点力量，回到青山的故乡去”（《在漾濞，暴雨》），这些，都是艰难的退守，也是现代人无路可走时的灵魂出路。无路可走了，你只有回家，哪怕是虚无的、想象的回家，也多少能够给诗人一丝的慰藉。

这也正是雷平阳的诗歌中最为可贵的品质之一。他的感受是有来源地的，他的用词也有自己的精神根底；或者说，他在纷乱、嘈杂的人世，并没有失去写作的方向感。雷平阳在一次座谈会的发言中说：“诗人应该知道自己的根在哪里。”确实，写作是要有根据地的，诗人是要探究自己的精神根底究竟在哪里的。理解了这一点，我们就能理解诗人笔下的“小世界”，其实一直藏着一段波澜壮阔的心事，这也是雷平阳持续书写故乡、反复歌唱一个村庄的原因——哪怕情感的表达方式略嫌单调、单一，哪怕面对故乡的用词大致雷同，他也毫不介怀，因为故乡的下面，有一道精神的潜流，它标示的是诗人不动的写作方向。

正是故乡、大地和亲人这三种事物，为雷平阳的诗歌确立起了清晰的方向感，也形成了他不可替代的写作根据地。他对大地和亲人的赞歌，是从这个生命的根须中长出来的；他对残酷生活的洞察，也是为了写出生命被连根拔起之后的苍凉景象。他的确是一个有根的诗人。

雷平阳：故乡对我写作的影响如土地之于物种

我怕自己的文字配不上伟大时代的一颗颗心灵

南方都市报：你曾经两次获得“华语文学传媒盛典”的年度诗人提名，这次终于获奖了，心情是怎样的？

雷平阳：天下的荣誉很多，能以诗歌的方式获奖，对我来说，当是所有荣誉的总和。所以，当我得知自己荣获此奖之时，我的内心充满了温暖与幸福。我把这奖理解为诗歌之光对我的照耀。写诗二十多年，应该说，我一直呈一种边缘化状态，几乎没有介入任何一场诗歌运动，也没有与谁结成群体，宣言、纲领、口号之类就更没有向外宣称过。我的写作，类似于隐私，默默地，怕光。“华语文学传媒盛典”能看见我，并献我一束花，我在高兴之余，又有些后怕。

南方都市报：后怕？为什么？

雷平阳：很多写作者对自己都充满自信，我则时刻对自己写出的文字，缺少信心。绝不是矫情，特别是在阅读大师们的作品时，我由不得自己，总对自己文字的意义产生怀疑。当然，这儿不是基于金字塔一般的宏大命题，而是基于作为一个写作者最基本的才华和创造力。怕，我怕，怕自己的文字根本就配不上伟大时代的一颗颗心灵。

南方都市报：这本诗集出版后，你获得了好几个文学类的奖，包括这次获得“华语文学传媒盛典”的年度诗人。这对你之前的创作应该是一个集中的肯定，你会因为这样更坚信自己的写作吗？

雷平阳：一本诗集出版后，应该说它就有了自己的命运（尽管它带着我血液的哀求和思想的欢愉），我很难让它永远地去延续我的一切。因它而有的，我加倍珍惜，自然也会从它的得失中得到训示。特别是当我所尊敬的人们给它奖赏，我肯定不会怀疑这奖赏有什么毛病。是的，我会更加用劲地去做我想做的工作。

南方都市报：你在云南之外引起广泛关注应该是在2005年，那首著名的《澜沧江在云南兰坪县境内的三十三条支流》，在当时的诗歌界引起了一场不小的争论。能不能讲讲当时的经过，这种写法来自突发奇想吗？现在你怎么看这首诗？

雷平阳：那场讨论，我保持了沉默。一是因为我不会电脑，上不了网；二是因为我也想静静地做一个旁观者，真诚地去聆听一下人们的声音。至于为什么人们突然要去讨论它，一切出于意外。海南尖峰岭诗会上，这首诗引起了一定争端，《羊城晚报》的陈桥生老兄在座，遂将其弄上了花地版，希望有兴趣的人们都来回答“这是诗吗”这样一个问题，没想波及网上，于是就引来了更多的人。写这首诗倒不是突发奇想，文体上遵循了古老的《水经注》；文本上则依托于山河的纵横、伟大神奇的云南高原。我至今依然偏爱这首诗，尽管它确定是一份地理资料。只是每读这份资料，我的灵魂都会由衷地战栗。三十三条支流，每一条，都通向一个世界，我以笨拙藏下了无尽的想象。

安放大地之心的地方，我始终没有抵达

南方都市报：据说你把云南的山山水水每个地方都快跑遍了，有人形容你是云南的“地理测量员”。能否简单描述一下你的行走经历和心情？这种与山水、土地的亲密接触对你的写作有什么样的影响？

雷平阳：我非常渴望做一个云南山川之间的行者，它的陌生、温暖、梦幻、迷失，它的远在天边的自由与孤独，它的扑面而来的不可知，它人类童年期的记忆，它白银时代的神灵和英雄，它的创世古歌和英雄赞美诗，它还预留着体温的土地，它的阿央白和司岗里……可惜我至今听不懂巫师的符咒，也无力解读那魂路图上不朽的乡愁，更把握不了被切割的自成体系的山川之间的生死哲学……所以，我只是云南的一个过客。如果我的文字频频触及了它的时光、地名和浅表的情状，必须承认，我依然是脆

弱的，安放大地之心的地方，我始终没有抵达。它对我写作的影响？土地之于物种。

南方都市报：评论家认为，你的诗是一种紧贴大地的有根的诗歌。这表现在你的诗几乎都与云南这片特定的地域相关。在你眼里这片土地和旅游者眼中的胜地有什么不同？它给你的写作带来什么不一样的东西？

雷平阳：尘土与人永远肌肤相亲。土地是不会自己站起来讨好人类的，这不是所谓的傲慢与尊严，它存在于那儿，人就必须谦卑，把自己贴上去，再贴上去，感到了它的温暖，也就证明你的灵魂和肉体还没有死，你就有资格多活一会儿。

写云南，其实并不能成为判别我的诗歌是否有根的标准。李白天南地北到处写，他的诗没有根吗？根者，并非自家菜地里的树根才是根。我之所以写云南，乃是因为我不想把我的诗歌中的自己丢开，我想在场，想写自己手边的东西，言可及义、言可及物、言可及心，对我来说，比什么都重要。

我不认为写作是一种朝圣，我也不认为朝圣就毫无生活乐趣可言。如果言必称神性，神性不是摆在某个地方的，它存活、弥散、渗透在生活的日常性之中。而我理解的写作，并非是测量喜马拉雅山的高度，虚拟的度、量、衡，崇高与圣洁，寸土必争的使命感，只会让写作的对象顿时瘫痪，不是任何一种载体都可以雄踞一座珠穆朗玛峰的，不是任何一具木乃伊都配得上金字塔的。而且更让人灰心的是，珠穆朗玛不是人力所为，金字塔乃是异数。

试探着为自己的生活解密，并从最简单处开始。我知道这对于胸怀伟大使命的诗人来说，它是小儿科。人们言必称文学史、刀笔吏，言必万丈雄心，革新或为汉语添砖加瓦，我知道自己的天资和本分，不敢奢求，也不愿把自己有限的重量，投入另一端坐满了神灵的文学天平。有人说，凡入此道者，都必须面对一场人与神的较量，这么多年，我只是跟几张蓝格信笺赛跑，没有较量。而且觉得，凡入此道者，都知道这种活计的空蒙与寂静。

云南是我的父母居住的地方，昭通的一座山上，还埋着我的几代祖先，所以，云南是我的故乡，它肯定与旅游者眼中的云南有天壤之别。至于它带给我写作的不一样的东西，我想，大抵是凝视它的时候，它总让我最先看见了它上面的我的亲人。那些老了，仍然像婴儿一样嗷嗷待哺的亲人。

尽最大的力量去发现生活之小

南方都市报：如何理解你所说的，“希望看见一种以乡愁为核心的诗歌，它具有秋风与月亮的品质”？

雷平阳：这是我 2003 年参加《诗刊》青春诗会时写的一句话。意在强调“乡愁”对于我诗歌的重要性。说起来很多人包括我的朋友们都不理解，我的确不喜欢远游，对许多人人视为天堂的地方我一直心怀恐惧，就算生活在昆明这么多年，我都一直渴望返回滇东北老家去。

在城里住着，许多像我一样来自乡下的人，把父亲、母亲接到了城里，因此也忘掉了回故乡之路。我的父母还住在乡下，所以，天不下雨，我会着急，怕庄稼不能下种或禾苗干枯；假化肥、假种子的消息见报，我会担心，担心我的父母兄妹也会受骗。记得以前在一个访谈中我曾说过，对许多人来说，粮食和蔬菜，它们来自农贸市场，可对我来说，它们永远只来自一个地方，那就是土地。如果有一天，我也会认为，这些东西产于农贸市场，交上一点钱，就能带回家，那就有些类似于犯罪。

在这样一个时代，我始终为我在遥远的乡下还有一片父母的土地而感到幸福。故乡，对一些人来说，真的是无法指认的，街道和门牌，变了又变，少年的痕迹，无处查找。我的故乡仍然那么具体，仍然可以让我的灵肉一次次地往返，尽管更多的时候，属于它的是秋风与明月，可我知足了。正如佩索阿所言：“我知道，在南海中有一些岛屿，有宏伟的世界主义激情和……但我可以肯定，即便整个世界被我握在手中，我也会把它统统换成一张返回道拉多雷斯大街的电车票。”

南方都市报：在《亲人》一诗里，你说：“我的爱狭隘、偏执/像针尖上的蜂蜜。”甚至生活在昆明，你也觉得像一个过客。对家乡偏执的爱和书写，会不会也限制了你的写作视野和思维？使你局限于一个“地方性诗人”的境地？

雷平阳：一生只写一个地方而成就斐然的作家，不胜枚举。我并不担心视野与思维的问题，更不害怕成为某种观念下的“地方性诗人”。我怕的是自己才情有限，完成不了“针尖上的蜂蜜”那样又锋利又甜蜜的写作梦想。我之所以一再地敦促自己，让自己尽最大的力量去发现生活之小，蚂蚁肚腹中的天空，母亲针尖上的蜂蜜，吃农药自杀的堂姐心头上最后的对爱情的梦想，乃是因为我觉得这些事物，除了没有子宫和乳房那么大，他们比什么都大，我再不是一个胸怀天下的没有心肝的少年，我知道在构成诗歌的众多材料中，我要什么，什么更有力量，什么更通灵。

所谓视野问题，并非说一个抱着地球仪写诗的家伙就一定掌握着人类的命运。所谓宽阔，基于体认，不基于面积。至于“地方性诗人”之说，我想，人们是太关注我写的那些地名了，其实，那些地名，完全可以换成任何一个另外的地名的。正如这首《亲人》，我就不止一次听人在读它的时候，把所有地名换成了与他相关的地名。

南方都市报：有人把你写的村庄和刘亮程的村庄做比较，认为同样写村庄，你的描摹冷静客观，不喧哗，不作派，有着原生态的真实。你怎么看这种评价？

雷平阳：每一个人的心中都有不同的村庄，观念上的或真相上的。我的村庄是我生活过的村庄，现在我与它存在着一定的空间上的距离，所以我想让它更逼真，让它最大限度地复原。只有这样，我才会觉得它没有白养我一场。再说，在中国的文化背景下面，真实的村庄太少了，视它们为乌托邦、世外桃源的文字太多了。

现实的村庄，以我母亲还住着的那个为例。我离家出走二十多年，它真的没什么变化，缺食少穿的人，很多。我童年时的玩伴，现在城市中的农民工，他们中的许多人，根本没体会到衣锦还乡的滋味；相反，有的带着梅毒和淋病回去，有的只换了一身廉价的行头回去，带给家人的是更多的苦难。特别是当教育的现实主义意义（毕业分工）瓦解之后，很多人家已不再举债供儿上学，文盲又开始增多……

诗歌把我逼上绝路　散文负责带我回家

南方都市报：至今不会用电脑，像你这样“落伍”的诗人恐怕没有第二个了吧。在诗歌网站多如牛毛的今天，你的诗歌靠什么流传？

雷平阳：《大家》杂志的韩旭说，他和我是网络时代的隐士。他是隐士，有才有德，我算不上，我顶多是一个不会电脑的诗人。我不会用电脑，也不是学不会，而是觉得一个诗歌越写越短的人，用了电脑，像个小说家似的，不好意思。而且，许多年来，我始终迷恋动手在纸上书写的感觉，很多时候，与朋友通信，我还用八行笺、毛笔和墨。写信，有地址，有送信的人，缓慢地送达，写与读的仪式感……

至于诗歌的流传，没纸或说纸笔不便的时代，诗人把诗写在墙上，一样的流传至今。后来出书，一样流传。如果说，现在出书和发表在刊物上，已经是诗歌流传的一种古老方式，我且再继续坚持一会儿。

南方都市报：如果诗歌必须分门立派，你会把自己纳入什么“派”？

雷平阳：家有闺女，嫁入豪门，怕她受气；嫁至寒家，又怕她受苦。最好的办法是不嫁，把她的青春全误掉。

南方都市报：写诗对于你来说意味着什么？你还是一个散文好手，在诗歌和散文之间你更偏爱谁？

雷平阳：说话，有时候是一种耻辱。而人也难免会有鼠性，走到无人的墙角，庞大的身躯突然缩小，然后找一个黑暗的洞，过起自己幽闭的生活。在类似的日子里，我喜欢记录点什么，它们要么带着医生的使命，要么激荡着狮子的灵魂。暗中或地下的自由、隐秘，与人和世界无关涉，更多的属于个体灵肉的炼金术。当然，在许多时候，诗歌也是我跟自然和神鬼交流的渠道，我因为有了这一渠道而知道了敬畏，它跟香客的烛火和祷语没什么不同，与云南山水间那些祭拜万物之神的人们所奉献的牺牲，更是相等的。也许很多东西，是常识和通识，犹如感恩，可我们知道，现在懂得常识与通识的人越来越少了，工商文明孕育了太多的野蛮生番，我们就必须说，不停地说，苦苦地坚持向他们赠送礼品。的确有些虚妄和悲怆。

在诗歌和散文之间，我不存在偏爱。诗歌经常会把我逼上绝路，而散文则负责把我带回家。

南方都市报： 能不能描述一下你日常的写作生活状态？

雷平阳： 更多的时候，我得为生计奔波。上班、写专栏。作为儿子、父亲和丈夫，以及作为弟弟和哥哥，甚至作为我那些乡下亲戚唯一信赖的人，我找不到任何一个避开的理由和办法，只能全力以赴地去解决诸多可以解决和不能解决的问题。没有体面可言，这个群体绝大多数是建筑工地上的农民工，靠苦力而活着。活就活吧，可事实上，活，对他们来说，简直难如登天，辞退、领不到工钱、斗殴、赌博、回家的车票、醉酒、迷路……事情真的很多。也正是从他们身上，我看见了劳动的卑贱和耻辱，而不是高贵与伟大。他们那发狠的劳作，几乎是在与自己的生命抬杠，可他们真的没体会到劳作所带来高贵与伟大。他们一再地向人民币敬礼、献媚，但人民币到了他们那儿，总接近零，有时比零还少……

因为生活在这样一个血液集体中，使我的作品多了许多生活实录。也可以这么说，我通过他们的苦难，历练着自己的文字和心灵，而他们，也通过我的文字，向尽可能多的人们讲述着自己的命运。这不是刻意或带着某种使命的写作，它就是我的生活本身。像任何一个对美好生活充满向往的人一样，我也希望这种生活尽快结束，代之以阳光、幸福和美。显而易见，这是我的奢望。

南方都市报： 你的诗歌常常是坚硬的，如石头一样笨拙。你总是皱着眉头写作吗？这种坚硬的质地来自何处？

雷平阳： 春节前我又回了老家，带着妻子和儿子。三岁半的儿子一脚踏上昭通，偏着头问我："这就是老家吗？荒郊野外的，一棵花草树木也没有。"这样的话语出自孩子之口，只能说明故乡的确如他说的那样。老实说，面对那片土地的时候，每一次我都会双眼潮湿。它是云南最贫困的地方，十一个县有十个是国家特困县，乌蒙山裸露着石头和红土，金沙江的两岸到处是绝壁，那些悬挂在山峰之上的村庄，一间间土坯房，低矮、阴暗、潮湿，仿佛是最贫瘠的泥土，自己钻出了地面……如果我的歌唱能给那片土地以及土地上浴土而生的亲人一丝温暖，喉灭肺破，我也愿意。

一样的道理，如果我看见了坚韧的生存、听见了一座高原的喘息，并因极限上的苦难而体认到了生命的神性，我的诗歌还是柔软的，你说我配得上做一个诗人吗？

以本能感知世界和生活，是一个艺术家的天性。这种感知天真、自然、准确，带着可贵的个体生命的特殊气质。令我费解的是，在诗人和艺术家群体中，这种天性丧失得太多了，满世界都是观念、概念和空想，就好像人们都得道升天了。我想，我诗中的坚硬，乃是石头和泥土的坚硬，亦是土地之上，人心的坚硬。

对的，我常紧皱眉头。因为从生下来的那一天起，我就是老的。

谁也说不清下一张页面你会写什么

南方都市报： 一方面是商业氛围浓重、世俗娱乐盛行，另一方面则是大小诗人成千上万，诗歌活动纷纷忙忙，你怎么看诗歌在这个时代的处境和希望？

雷平阳： 前些年，人们言必称诗歌边缘化，我始终没看见边缘在哪里，而且觉得，那样一种寂静与孤独才是正常的。相反，“全民写诗”，倒让我脊骨发冷。这两年，的确有不少的诗歌事件在发生，之所以说是“诗歌事件”，因为它们有偶然性和特殊性。我也看见了《新周刊》的大标题《中国，我的诗歌丢了》，说丢就丢了吗？这也不是谁说了就算数的。

没有记错的话，关于诗歌，谢有顺和李少君都曾说过，这几年中国文学的最大成就是在诗歌上，可它没有得到足够的重视。这是一个小说的时代，但文学的尊严却常常被诗歌所捍卫。借他们之口，其实也说出了诗歌在这个时代的处境。至于希望，因为是希望，所以希望总是有的。我对此从来都不悲观，正如人们说诗歌丢了的时候，我儿子从幼儿园回来，第一件事情，对着我的耳朵读：“小蚯蚓给大地搔痒痒！”接着又读：“床前明月光……”怎么会丢呢，幼儿园的老师正忙着普及呢。

南方都市报： 两年前，有人要你为自己的写作定位，你说不想“对刚刚开始的事情下结论”。现在你是不是可以为自己定位了？

雷平阳：我非常想是一列火车，有预设的轨道，有准确的出站和到站时间，有具体的始发站、过路站和终点站，可天生我就没有火车的命。“反转和无常才是生的真谛”，这话，好像是东山魁夷说的，人命如此，写作也如此，特别是诗歌，谁也说不清下一张页面上，你会写下什么。许多东西，如天外飞仙、神来之笔，两年得一句，两眼泪双流。不过，像我这样的写作者，基本的方向肯定会有的。我想我会努力回到自己的身体中，继续坚守在自己的生活现场，以朴素、干净的汉语，谱写属于自己眼睛、嘴巴、鼻子、耳朵、手、心脏和皮肤的诗歌，像人们所说的那样，“贴着大地”，或者干脆长在地里面。

南方都市报：接下来有没有什么新的写作计划？

雷平阳：黄发有先生主编了一套名为“边缘中国”的丛书，嘱我也写一本，名为《天下攸乐》。为此，我已在西双版纳的几座小山上跑了近半年，这些天，也刚从西版纳回来。还要下去，初拟再在那儿走一个月。7月30日前要交稿，任务艰巨。

南方都市报：这是本什么书？

雷平阳：几座小山的小传吧。上面住着不同的民族，他们都把茶树当成自己的始祖。现在大红大紫的普洱茶，就是他们的传家宝和祭祀品。

（本报记者　田志凌）

雷平阳：我非志向远大的写作者

雷平阳，诗人，1966年秋生于云南昭通土城乡欧家营，1985年毕业于昭通师专中文系。主要作品有散文集《风中的群山》《像袋鼠一样奔跑》《云南黄昏的秩序》《我的云南血统》《黄昏记》，田野考察笔记《天上攸乐》《普洱茶记》，诗集《雷平阳诗选》《云南记》等。曾获《诗刊》华文青年诗人奖、人民文学诗歌奖、十月诗歌奖、华语文学大奖诗歌奖、鲁迅文学奖等奖项。

符　二：谈谈青年时代的您。那时您在哪里，做着什么，过着怎样的生活？当然，这些在《我的云南血统》里已有所提及，但我想知道的是，那没有被书写的部分。

雷平阳：我的青年时代，在昭通盐津县委会和昆明的一家建筑企业度过，到三十八岁时调昆明市文联工作为止。就像现在我的写作属于业余性质一样，在那两个单位，我的工作是秘书和企业宣传干部，写得最多的不是诗歌或散文，而是空得不着边际的形形色色的公文。内心供奉着一尊文学之神，笔底却全是纸老虎，人格分裂也好，纠结挣扎也好，反正那些年月为稻粱谋，我所背负的文字的十字架其实是一个十字路口，无从选择，只能听任煎熬。

不过，话又说回来，我至今仍然认为，那些时光是我的黄金岁月，特别是在云南建工集团工作的那十三年，借到建筑工地采访之机，我到过云南无数的小地方，也深刻地体认到了底层人民的悲惨命运。让我念念不忘的还有那儿朴素而温暖的人事关系，没有那么多的伪善与嫉恨，人心都是肉长的，彼此之间像一家人似的。给我的感觉，所谓仁、义、礼、智、信之类，建筑工地上、工棚里，还存在着。

符　二：此刻我若突兀地问起一段岁月：十四岁。您能否记忆犹新地想起，还是那里一片空白混沌？

雷平阳：十四岁的时候，在昭通市一中上高中一年级。第一次离开村庄到外面开始集体生活。集体主义中有太多的孤单。

去年我还回过那所几度更名的学校，空空荡荡，昔日的足球场被用作苗圃基地。让我惊诧的是，守门的中年男子，喝醉了，摇摇晃晃，他竟然是我高中时的同学。当年他穿白色喇叭裤、红衬衣，是那个时代的花花公子，没想他毕业后就守门，三十年时光说没就没了。他告诉我，就像校园围墙外的坟地一样，校园也正变成坟地。一个苗圃工人死在工棚里，两个多月后才发现。

符　二：您外表粗粝刚硬，文中却时现悲伤甚至哭泣。感性的文字与不善陈词的外表之间似有一种极大的反差。可否如此理解：因为内心过于丰富，所以才有意无意在外表加以隐藏或掩饰？

雷平阳：说话对我来说就是上审判台。如果可以不说话，我绝对不愿说一句。有什么东西值得你云山雾罩、滔滔不绝？

符　二：作为诗人，您有极强的行动能力，但却似乎又是一个悲观主义者。那令您不断失望、长久感伤的是什么？

雷平阳：哀伤和逃避哀伤，一直是我的功课，当然也是宿命。我对什么失望，为什么长久感伤，鬼才知道。从鸡零狗碎到诗歌美学，你根本就不知道是哪一根鱼刺卡在喉咙里，也说不清楚哪些胃壁上的霉，是什么食物发疯并勾起感伤主义。

我非志向远大的写作者，文学让我失望和感伤的可能性是没有的。我为俗事所累，也就为俗事生悲。

符　二：您了解自己吗？

雷平阳：我的当前的自我，乃是地下室里自言自语的自闭症患者。有时候，我看见自己半夜梦游或长出翅膀乱飞，幻觉正加剧着我的孤立。我乐此不疲。

符　二：强势，血性，自负；隐忍，深情，退让。若是把这几个词儿同时用在您身上，您是否接受？

雷平阳：我知道有齿状的东西一直在我的心上来回拉着。我老是在干着右手与左手互不相让的拔河比赛，我即矛盾的统一体。

其实，我很少强悍，写作和生活我都偏爱旁观者的角色。至于隐忍与退让，基于我觉得美学标准、价值标准都作废了，魑魅魍魉在侧，而我又非铁血与悲怆的死士，不妨向其他道路求救。

符　二：对于写作，那最初的指向与现在的道路是否重合？最终的理想状态又是什么？

雷平阳：少年作文，一腔热血；至今仍然不停地书写，或虚无，或悲愤。

在写作的路子上，“最初”与“现在”，书写的对象、内在的视角、审美向度倒也没有天壤之别，只是在方法论方面，以前吞枣或鲸饮，左右徘徊，心力都用在了杂技之上，如黑夜中狂癫的舞者，后来趋于平朴自然，抱守真诚的诗歌精神，叙事抒情，舶来访古，尽可能地对诗不对拔。

至于“最终”，老僧笑指风涛险，坐看江山不出门。

符　二：对您而言，写作最大的意义是什么？

雷平阳：写作意义，有诗言志，有为天地立心说，中国古代之说都普遍强调永恒性和普世观。

现在，写作像一根牛鞭，被放在了工商文明的酒坛子里泡着。很多人之所以写，目的就在于把写出的东西拿给孔子、荷马、李白看，拿给释迦牟尼、耶稣和安拉看，拿给诺贝尔、鲁迅和茅盾看，拿给宣传部长、文联主席和银行行长看，或者干脆只拿给电影电视的导演和离退休的老人看。很多庄严的东西变成了“媚庄严”或被彻底抽空，两级之上矗立着的都是财神庙或牌坊。

我不奢求，只想写出在这个时代的个人的命运感，或我所等待的并不存在的救赎。

符　二：您写过一篇很短的文章叫《土匪》。您身上是否也存在着这种“匪气”？

雷平阳：你说的“匪气”，我想应该是生命力。

符　二：您似乎有着一般作家或者说传统文人所不具备的平衡能力：在出世与入世之间转换自如。而您的软肋又在哪里？

雷平阳：哪儿还有什么传统文人，你举个例子？很多人所说的“传统文人”，大抵用的是魏晋南北朝的风骨标准，古代不多，现在几乎绝迹。

台湾诗人洛夫说过一句有意思的话：“当你的女朋友已经改名叫玛利亚，难道你还送她一首《菩萨蛮》吗？”时代早就变得面目全非，传统的文化语境荡然无存，这种时候，一个诗人不入世，他写什么？五言？七律？如果写作缺失了现代性，对身边的生活固执地失察，我不知道写出来的东西会是什么怪物。

当然我也理解你不怀好意的“入世”与“出世”之说，我想告诉你的是，我没出世，没装大师和公知，我只是保持了生活的常态，写肉做的文字，真诚，凭良心。入世，养家糊口，知冷知暖。见过的牛逼的人多了，满口仁义道德，私底下追腥逐臭，什么好处都不放过。

符　二：在您看来，什么是好的诗歌？

雷平阳：别人写的，又像是我写的，但我又写不出来那一类，没有一个准确的框架去套它们。比如《击壤歌》，比如博尔赫斯的一些诗篇，不举例。

符　二：好的诗人所需要具备的最好品质又是什么？

雷平阳：有肉身和天良的诗人，空说道法者次之。当然，一个好的诗人，往往都拥有一个内在的自我。

符　二：您最好的作品写出来了吗？

雷平阳：我也不知道。

符　二：很显然，您的诗歌是地域写作的典范。但又说您是草根写作、草根诗人，是否认同？

雷平阳：很少见到一个写作者没有地域性。相反，几乎所有的优秀写作者身后都存在着其有别于他人的思想、审美、语言和地理区域，这并不是一个写作者的标签。

审视写作者，表象是次要的，关键要看其内核。至于人家将我划为某些符号学系统，我一直不在意。

符　二：您的诗紧贴地面，看似笨拙、质朴、沉重。写作过程中，是否动用很大的气力和倾注太多的情感？

雷平阳：在《云南记》的自序中，我说过我的写作遵循“从阅历中来”，这自然就注定了我的写作不会轻松。不是我太在意生活中的黑夜，而是我体认到了太多的生命的反义词，呈现它们，自然得下大力气、得较劲、得调动自己全部的情感。

有时候，我也羡慕一些会使巧力的写作者，在需要他们单刀搏命、充分体现思想力甚至蛮力的时候，他们可以用知识、用黑色幽默、用魔幻现实主义的个体技法，一语带过，转身就走。他们似乎不考虑某些技法的使用是否符合整个文本的审美要求和语境，为技而技，飘逸、洒脱，而且又能赚吆喝。近年来，说道布道者众，以常识唬人，以观念唬人的现象多了，效果上佳。问题是，这是不是长久之计、写作之道？

符　二：后期的诗歌越来越明显地展示出技巧，您在有意打磨诗歌的技艺吗？

雷平阳：我似乎不是炫技派，你搞错了。

符　二：您的诗歌中有乡愁、亲情、悲悯和痛惜。您写云南的神灵、巫蛊、山川、异族。而您也半是认真半是调侃地说过：贩卖乡愁。坦率地说，这些是不是您写作制胜的法宝或者说客观上令作品讨巧的因素？

雷平阳：没有讨巧的意思。事实上这是一场动用个人心中的山川河流、神灵鬼怪与见佛杀佛的工业文明之间的战斗。现在，淡故乡和乡愁就像谈论死去的亲人，写故乡和乡愁，要么是写讨战檄文，要么就是写投降书，刺刀见红。

你也来自乡村，也一样地知道云南的文化多元性对大一统具有怎样的意义。建筑变成大暴力，河山变成陈列文化木乃伊的博物馆，这多么像末日之景啊！

符　二：从散文《云南黄昏的秩序》《我的云南血统》到诗集《云南记》，其实更早以前的散文写的也是云南，我想问的是：您是否早就清楚地意识到属于自己的那部分藏于何处，所以才固守这个领域，并不懈地、执着地向纵深处挖掘？

雷平阳：我写云南是因为“云南”这词太显眼了，所以人们知道我一直在写云南。

但我想说的是，我笔下的“云南”，其实完全可以改成任何一个省份的名字，我“不懈地、执着地向纵深处挖掘”，挖的不是几口云南水井，更不是想以云南的异质文化蒙人；相反我很少涉及奇风异俗和风土人文，在我这儿，“云南”的背后，乃是人类共同的疼痛、焦虑和梦想。只是我才力平庸，常常到不了自己想去的地方。

符　二：近年来您似有建构长诗之倾向，写下《春风咒》《昭鲁大河记》《大江东去帖》等长诗，仿佛发出某种追求宏大叙事的信号。长诗写作是一个自然而然的过程吗？是否在有意写作更复杂、更具体系性的作品？

雷平阳：大家伙并不等于宏大叙事，大体量也不意味着“更复杂、更具体系性”。你说的三篇长诗以及《祭父帖》，的确是近期所写，其实以前我也写过《里面》《地上的阳光》《郊区》和《采访纸厂》之类的长诗。就在上个星期，我写《货郎之死》，立意乃短章，写着写着，就有几十个货郎来帮忙，结果又写长了，自然而然。

符　二：您一直手写，不想尝试一下电脑写作吗？

雷平阳：电脑写作是怎么回事儿，我不想去尝试了。那是别人的事。

符　二：天赋的才华与后来的磨砺，在您的写作中达到怎样的结合和平衡？

雷平阳：我一直在黑夜里练习长跑，天赋约等于零，只是写的时间长了，近三十年来傻乎乎地盯着一件事情做，多多少少也就养成了一些个体的敏感性和审美方法，当然也就产生了个人的文学馆。

符　二：有师承吗？谁的诗对您产生过影响？

雷平阳：一个孤魂野鬼，一颗白茫茫的心，没什么师承，只要在黑夜中行走，不要被另外的鬼暴打一顿就已经谢天谢地。影响我的诗人很多，一路囫囵吞枣，但自己也想不透哪一颗枣最有营养。

符　二：除了《澜沧江在云南兰坪县境内的三十三条支流》争议较大，从读者和评论家的反馈来看，觉得他们对您和您的作品理解到位吗？

雷平阳：我尊重评论家和读者。他们从他们那儿出发，怎么可能不到位？他们和我一样，都不代表诗歌之神，只代表自己。

符　二：技巧、修辞这些东西在诗歌创作中有多重要？

雷平阳：巧夺天工。但“巧”之难，难于上青天。大巧若拙。有时候，技巧和修辞一如神赐，非人力可逮，我信奉的是那些自然呈现的，而非模具，雕刻无效。“抚琴弄操，欲令众山皆响”，一部史诗，能达到这境界者寥寥。

符　二：告诉我您的一条写作经验。

雷平阳：客观地写自己见闻的、想到的。

符　二：写作过程中遇到过障碍吗？最大的障碍是什么？觉得自己诗歌最大的缺失在哪里？

雷平阳：最大的障碍在于很难将自己的故事和想法当成别人的来写，而这置换又太重要。

我觉得自己的诗歌的缺点即自己的优点：简单直接。

符　二：写过蹩脚的、让自己脸红的作品吗？有没有简直不想承认是自己写下的那种文字？

雷平阳：谁都有过，岂止我？

符　二：写到现在，是否感觉创作力在慢慢地消耗、退散、钝化？

雷平阳：农民挖土豆，泥土留在原地，苗禾要么做粪，要么晒干碎成糠喂猪，只要土豆。写诗也一样，关键其日常生和现场感常常被忽略。我感到目前状态还行。

符　二：是否存在使作品变得更好的方法或利器？

雷平阳：有，修改。哈哈！

符　二：如何看待诗歌中的隐喻？

雷平阳：没有隐喻就没有现代诗歌。

符　二：您几乎获得了中国诗歌所有的荣誉，还愿意再思考、尝试或学习新的写作手法吗？

雷平阳：等死的过程难受，创新就意味着死的话不如主动赴死。

符　二：写到现在，自己满意的诗歌占多少？

雷平阳：几首而已，还是相对的。

符　二：作家可能需要养气，《云南记》后需不需要很长的时间来休养生息？

雷平阳：《云南记》早过去了。再说我始终觉得，尽管思想力、审美愿望的达成颇费心力，但诗歌写作也不是什么体力活，写了三十年，日常化了，作品又少，养气之说矫情了。

符　二：您有浓烈的乡愁情结，会不会认为现在过着的城市生活，是对故土的一种背叛？

雷平阳：背叛？言重了。如果乡愁只是局限于对故乡和亲人的思念，用它入诗，在目前这个消灭故乡的时代，那是可笑的。而且，据我所知，现在的“故乡生活”与“城市生活”，似乎都不是我们想要的，我们都是丧家之犬，终归无处还乡。

符　二：诗评家也渴望被尊重和认可。在您看来，您作品最好的研究者是谁？

雷平阳：写过我评论的评论家不少，我都尊重，没有最好。这不是逃避问题，而是基于你说的“尊重”。

符　二：您的写作是一种谦卑内敛的写作，一旦锋芒太露，就会迅速加以收敛和掩盖。您的诗歌看似笨拙、不重技巧，是否正是我分析的这个缘故？

雷平阳：不是收敛和掩盖，而是矛盾、纠结、痛苦不堪。这跟我个人的性格有关，怕铺张了收不住，哈哈！

符　二：而您是否有意在传统的基础上融入后现代的手法，比如解构。实际上，在《春风咒》以及《祭父贴》中，这种倾向已经很明显了。

雷平阳：我从来不排斥对我产生任何效用的任何手法，事实上正如我永远拒绝承认自己写的是乡土诗或地域诗，不过，这种误读空间很让人珍视。

符　二：您有高度自觉的文体意识。如果说作为诗人您一直在致力于诗歌创作，那么成为后散文的成功范式是无心插柳吗？

雷平阳：我常常把小说当成诗来读，有时候也把散文当成诗来写，不是无心插柳，是文体意识淡薄。

符　二：我知道您是一个讲段子的高手，为何不把这个长处发挥在写小说上？当然您写过为数不多的小说，您会转向小说创作吗？

雷平阳：以前写过小说，受不了絮絮叨叨的情节推进，后来没写了。什么时候有兴趣了，也会写写。

符　二：说一说您现在的生活状态。

雷平阳：我一直是个编辑，业余写手，所以生活的主旋律是上班。前些天，被一个朋友抓了去一个酒吧，吧主知道我得过鲁奖，叫了一帮人就想来揍我，说他讨厌体制内的专业作家。我不知道他为何讨厌，是什么深仇大恨让他如此失态。所以我这种写作者是两不靠，到民间要挨揍，在单位却又是杂役。

符　二：知道您喜欢足球，还听过您在 KTV 唱歌。除此之外，还有什么与您岩石一般的外表不相称的东西？

雷平阳：我喜欢足球，不喜欢唱歌。喜欢逛菜市场和书店。

符　二：喜欢看电影吗，哪种艺术形式对您的写作产生过帮助？

雷平阳：偶尔也看电影，黑泽明和塔可夫斯基之类，要么悲怆、尖锐，要么就像一部闷到极处的摄影机。对我的写作影响最大的艺术形式，还是文学本身。

符　二：有精神危机吗？

雷平阳：没有，只有不安全感。

符　二：信仰呢？

雷平阳：你可能说的是宗教信仰。对我来说，小时候的乡村，佛、道、原始宗教杂糅，一切都似是而非，而且都被归入封建迷信，父母亲偶有拜鬼神的行为，但很快又收敛。宗教信仰，大都有一定的传承性质，有来处，只在乱世和革命时期会出现突然来临的情况。从这个角度上说，我没有，唯物或唯心两不沾，倒像个人与天堂之间的行尸走肉。

符　二：最后一个问题：觉得人生虚妄吗？

雷平阳：有虚妄。其实虚妄和写作已是避世的利器，但并不是说因此就可以断绝自己与现世的联系。再说，避开现世的写作，我可做不了。

宁静的力量

罗振亚　雷平阳

一尊“观世音菩萨”

罗振亚：平阳先生你好！对你的诗一直很感兴趣，只是始终没能坐下来仔细进行研讨过。所以这次交流对我来说是很愉快的事情，机会难得。

不知为什么，我一直固执地以为诗的写作不比可以靠后天的勤奋接近成功的小说、戏剧等叙事性文类，它带有一定的唯心色彩，要求诗人具备超人的直觉力和想象力，有天分者极容易成为诗人；否则即便累死，也和真正的诗人称谓无缘。因为评价、衡量一个诗人的标准不是看他写了多少，而是看他写得好不好。听说你小时候，包括大学时代所受的诗歌教育并不理想，但你的诗却赢得了那么多的读者，其影响早已超出你曾经栖身的盐津县、昭通师专、云南省而走向全国。你承认自己在创作方面的成功有天性因子的作用吗？

雷平阳：我不认为诗人就是上帝的特选子民，相反，我觉得每一个诗人都走在通往你所说的“真正的诗人”的路上。什么样的诗人才是“真正的诗人”？写《击壤歌》的匿名者、李白、但丁、博尔赫斯？我们的无奈就在于标准并没有握在自己的手中，而我们对那个近神的“标准”又是如此的迷恋，人人都想得而持之。有时候，我还真乐于将握紧的拳头义无反顾地打开，把里面的虚空放走。我们到不了的地方太多了。而且，我始终认为小说、戏剧等叙事性文体的写作者中间，一样地耸立着无数的纪念碑，他们一点也不逊色于诗人，我就觉得没有几个诗人能超越刘义庆、蒲松龄、莎士比亚和托尔斯泰。至于我自己，从我尝试写作的那一天起，似乎就被指认为天分有限的人。20 世纪 80 年代，一伙人呼啸着上路，比我有天分的人多了，但他们慢慢地走散了，而我留了下来，二十多年只做这么一件事，自得其乐。

罗振亚：和那些将诗当作养家糊口工具的技艺型诗人不同，你从骨子里讲是一个存在型诗人，已把写作当成一种“生活方式”和“生命的一个重要组成部分”。这在很多讲究实惠的人看来是比较不合时宜的，你自己也似乎悟出了创作所隐含的些微悲凉，多次把之视为一条“不归路”。我以为在高度物质化的时代语境里，坚守诗歌写作“这条不归路”是需要一种精神的。这么多年，你因诗得到过不少荣誉，是不是也遭遇过不少尴尬与不快？你对边缘化背景中的诗歌持一种什么态度，你考虑过放弃、逃离诗歌吗？

雷平阳：除了读书和写作，对很多事我都提不起兴趣，这条“不归路”我视为宿命，也不管自己是不是诗歌的仆人。为此，我之诗歌写作我不认为是“坚守”，也没有阵地可守，若说非守不可，就现实而言，它只意味着守一间书房而已。前些天读和尚诗，还碰上了这么一句：“人间诗草无官税，江上狂徒有酒名。”其“悲凉”在我手边或心头，与我所置身的时代没太多的关系，它似乎是一种诗歌传统，古今皆然。我平常喜欢书法，朋友们为我治印，我治了“文学民工”和“钉子户”各一方，感觉苦大仇深，其实也只是自娱多于忧愤，没有重过身体的块垒。说到底，写作这事，没人用枪顶着你的后背逼你，私事一桩啊。

哈哈，荣誉的问题，振亚兄，我也觉得多了。至于“边缘说”，我不敢苟同，因为我从来就没有奢望过“中心说”。前些日子，有人说诗歌在中国古代就是宗教，你信吗？如果诗歌是宗教，屈原、李白、杜甫、白居易、苏轼等等“大教主”如此命运多舛？

我不会放弃诗歌，更不会以逃离的方式。卑微的姿态是，我只担心某天诗歌之神弃我而去，而我依然焚膏继晷，不停地消耗着自己的骨血。当然，那也没什么可抱怨。

罗振亚：你认可刘文典的诗是“观世音菩萨”的定性，其实，你的诗即是对世界的打量，有悲悯情怀又讲究节奏之美，貌似拙朴粗粝，实则接近一种内敛的大气和深刻、一种生命的感悟，打开了存在内部的疼痛真相。像《屋顶上的巫师》寄托亲情同时更充满对“时间”“生命”等永恒命题的深度咀嚼。这倒令我对诗歌本体有了反思的兴趣。在很多人那里，诗就是感情的流露或生活的再现，我则觉得诗既不单纯是情感，也不单纯是生活，而是包含情感与生活的、主客契合的情感哲学，优秀的诗里定有智慧节奏回旋。不知你对这个问题怎样看？

雷平阳：“生活”与“情感”，我将它们理解为诗歌的“主题”或“题材”，当然不是诗歌本身抑或文本。我们之所以混淆，更多的时候是因为我们对“主题”和“诗歌”的双重无力，总以为通过“诗歌”就能让生活与情感再现激情、再生尊严，而且，我们犯错最多的地方是，我们总以为有了“生活”，诗歌就会扑面而来，斗酒诗百篇。对诗人来说这本来是一个不需要多说的常识性问题，它现在被放到了诗歌天堂的门槛上，令人不由心生悲凉，这只能说诗人真的没有从人群中走出来，他们没有听清诗歌之神的耳语。无邪，仍是彼岸。还有一种可能，或许我们不可救药地迷恋上了更简单、更直白、更经济的写作模式，从而对“生活”与“情感”之上的美学与智慧失去了辨别力？这种三流的时代，至于谈论和持有悲悯，多少有些自取其辱，我仍为之，本性使然。

罗振亚：20世纪90年代以来，许多诗人就表现出了文学史焦虑，而今越发严重。甚至个体诗人竟把大量功夫放在诗外，对一些奖项、活动、排名看得极重。据我所知，你好像不是这样，就是获得华语文学传媒大奖和鲁迅文学奖后，也没过多的兴奋。你时常为一颗星、一朵云凝眸，却对外界的赞扬或批评报以“沉默”，仍去老老实实地叙写“触及自己灵肉的事件或自己的细碎的思想”，那么你写作的动机是什么呢？

雷平阳：以前在一篇随笔里我说过，文字的偏旁部首间，天天都在举行葬礼，与其在乎文学史，不如尊重个体的心灵史。振亚兄，告诉你一个小细节，领取华语传媒大奖的时候，我手拿几张纸到领奖台上去读答谢辞，心慌、手抖、结巴，倒像是被推上了诗歌的审判台。读完下台，一身冷汗，坐在李敬泽身边，他开口就说：“你说了些什么，我一个字也没听清。”我想我的意义或许就在于我的发言别人一个字也没听清楚，他们没听清楚，也许我就仍然是封闭的，不为人知的、躲起来的。所谓文学史，大抵也就是让一些人在那儿领奖和发言，这种事真还不是我的长项，想起来我就心虚。

写作动机？我写了二十多年，至今也没想好。最初，因为口吃，又想说话，我铺开了稿纸。后来，写故乡，因为我是游子，想回家；再后来，写底层人的苦难，因我的兄弟姐妹、僚友世戚都是农民和民工，想替他们喊疼；再后来，写云南的山川庙寺孤魂野鬼虫羽植物，则因工业文明让它们都沦为了偷生者……2010 年秋天的一个晚上，在芒市，我的朋友李君川带我去爬雷牙让山，至顶，有一巨寺，立于其下，人若蚁。我问他在傣语里，“雷牙让”是什么意思，他说“野草和荆棘让出来的地方”。让出来干什么？供人建庙、修养、耕种。但现实是，人们正在把“野草和荆棘”这些大地的主人连根拔起，一个时代正兴致勃勃地消灭着旷野和山河。我能做的，无非就是在纸上留一片旷野，把那些野草和荆棘引种于纸上。

罗振亚：你的诗有明显的入世情结，它们好像和抽象的、形而上的“彼在”世界比较隔膜，也很少宏大叙事，而是恪守“从阅历中来”的原则，关注细小、微弱、普通的事物，捕捉在场的生命、生活细节和氛围，在严肃、纯粹的精神世界中，建构着自己的诗歌美学。那里有《母亲的月亮》似的残酷、变异、混乱的揭示，有《我的故乡已面目全非》似的疼痛、紧张、忧郁的表情，更有《在漾濞，暴雨》似的“动用最后的一点力量”归乡的企图。一个有“家”可归的诗人比彻底失去家园者幸福，不论那个故乡是具体所在还是精神代指。你笔下的故乡肯定已不再完全是“昭通土城欧家营”了吧？是故乡难以抵达吗，才使你很多诗罩上了一层悲悯的情调？

雷平阳：20 世代 90 年代，我的朋友唐家工以行为艺术的方式，在昆明盘龙江上打捞垃圾，结果被媒体包装成了环保模范，而他又发现一江的垃圾穷其一生他也打捞不完，某天，谁也没打招呼，上山当了和尚。前些天他突然出现了，带着四个小和尚，跑到我的办公室里来，见了我，眼眶里有泪。话题自然很多，但要命的一句是：“终归无处出家。”至于我，多少有些像周作人所吟：“前世出家今在家，不将袍子换袈裟……”可今天的家在哪儿？终归无处返乡也。昭通土城乡欧家营，昭通变成了“昭阳”，土城乡变成了“旧圃镇”，村子边的那两条十字相交的河流变成了垃圾场，二十年时间，人们不仅从政治学的角度改换了一个个地名，还奋不顾身地将碧波荡漾的河流变成了夜色的牢狱。但我每年都还回去几次，父亲安葬在那儿，母亲仍然拒绝离开那儿。那儿是我的故乡，也是我精神的祭坛。

有一次，在珠江源头，我和谢有顺问于坚：“你的故乡在哪儿？”他说街道、门牌号、大院、几楼、几单元、几号，说着说着，悲从心来，他所说的地方已经地覆天翻，不是故乡，只是符号。与于坚比，我好像是要幸福些。但这绝不是问题的核心，于坚说，“朋友是故乡”，这多么苍白而无奈，可哪儿是故乡呢？能抵达吗？鬼知道。不过，需要指出的是，我们今天所说的“故乡”已不是古代文人说的“故乡”，这转换，是我们必须承受的，别无他法。

罗振亚：你说把生活“真实地记录下来，就是艺术”，你的诗也是细节重于、胜于想象；但你又很看重“幻象”的创造，说作为书写中心的云南“是一个用来想象的地方”，常推出想象态的故乡情境，让读者很难分开它是真的还是假的，特别是那些带有鬼、傩文化意味的诗篇更是如此。即便是《在日照》中“洗一次脸/我用了一片汪洋”的意象和意境，也亦真亦幻。这和你的真实观是否是有内在的抵牾和冲突？

雷平阳：哈哈，我也有耍小花招的时候，“真实”是我所看见的“真实”，未必同于他人的目光所见。再说，观念上的“真实”与融入血液的“真实”存在着不小的区别，有时我动用观念，有时我还原，有时还会有意将它们混在一块。其实，真或假并不重要，只要“幻象”发乎于心，有一根根血管，有血液在奔流，它未尝不是真实之躯上永远不散的魂魄。它与我的“真实观”存在抵牾和冲突，基于我的想象力经常处于贫血状态，不足以达成我的审美愿望，不足以陪衬真实事物的壮丽与枯败，不足以让“灵”与“肉”妥帖地结合在一起。哈哈，还是天分有限。不过，你细想一下，当你在海边洗脸，你是不是用了一片汪洋，你能说它不真实吗？

守望故乡、大地之“根”

罗振亚：在诸种传统文学的样式中，小说、散文和地域文化之间联系密切，而属于“内宇宙”的诗歌，似乎和地域文化关涉不大。但新时期以后西部诗歌的辉煌定格，和巴蜀诗歌、关东诗歌乃至黄河诗歌等抒情群落的此起彼伏，使人们不得不相信在当下诗歌格局中，诗歌地理学已衍生为一种不可小视的文学现象。而在这股精神潮流中，你的声音是比较重要而特殊的，你好像对足下的那片土地情有独钟，并因之幸运地成了有根的诗人，甚至有人把你称为故乡的守护者。我想知道对你而言这是一种自发的艺术形态，还是一种自觉的个性选择？

雷平阳：老实说，写云南尽可能地写云南，是我自觉的选择。我不是一个才高八斗的诗人，谁让我即席赋诗我就觉得谁是在羞辱我，为此，我的写作没有什么神来之笔、灵光乍现，都是苦吟，说是泣血也不为过。有时候，我很羡慕一路走去便一路写诗的人，我想不明白，他们为什么这么能写。比如我也去过新疆，在很多诗人眼里，新疆是诗歌的百宝箱，只要一打开，一首首诗歌就会列队走出来，但我去了就去了，几年时间过去，仍然两手空空，真是愧对新疆。唯其如此，我在充分审视自己之后，决定系统地写云南这座天边的高原，它近距离的于我来说有体温的独特性、陌生感、多元化，令我总是有写的欲望。最动我心魄的是，它教我迷幻术，让我永不厌倦。

罗振亚：谢有顺那段话“故乡、大地和亲人这三种事物，为雷平阳的诗歌确立起了清晰的方向感”，看得很准。的确，故乡的一草一木、一山一水，大地上一切音色形态的变幻、轮转与消亡，亲人们的喜怒哀乐、生老病死，都构成了你的题材源泉相对稳定的精神场域，你的笔锋也“总是绕不开山水、密林、寺庙、虫鸣、父亲、墓地、疼痛和敬畏等等一些‘关键词’”。而在诗歌创作上，明确而健康的方向感的获得是一个诗人成熟的标志。你这种方向感是何时获得的？你对故乡那片土地的爱为什么是“恶狠狠”的？这种复杂的情感蕴含一些人大致可以体会，但绝对说不真切，可否具体描述一下？

雷平阳：有人喜欢抱着地球仪写作，想把诗写给释迦牟尼、孔子、耶稣、安拉看，我没那万丈雄心，连递给土地神看一眼的勇气都没有。从童年时代始，我都总是缩身于小角落，做隐匿者，这养成了我小地方人的视角，一棵树已经足够挺拔，一座山已经足够高大，一朵花已经足够美丽，如果我能将其服侍好了，并力争写下它们的精神史，这与“大”和“小”就没必然的联系了，或说我也可能因此意外地获得了写作的方向感。“邮票大的村庄”也好，“一张牛皮那么大的地方”也罢，其实都是个可以撑大的王国。

我的故乡昭通在乌蒙山中，一位诗人说：“乌蒙磅礴走泥丸”，很显然，那是宇宙之中最大的一颗泥丸子。别人的泥丸，从我有记忆开始，它便是贫穷与苦难的无底洞的底，活在此底上的人们，或早已被贫穷与苦难供养得麻木不仁；或喝着狼奶长大，在人性的两极互相倾轧或被倾轧，像一场不会谢幕的黑白的战争电影。我是那儿的一块土，自己站起身来，似乎走开了，根却还在那里。我试图找一个更确切的能传递我对它的爱的词，找来找去，还是觉得“恶狠狠”更贴切些。至少这个词既能呈现我的情义，还能和盘托出我的另外的悲愤。它不该被弃置。从土地伦理学的角度说，它仿佛是后娘养的，亦可说，我的故乡，在别人的眼里，是一个“后娘养的故乡”。哈哈，见笑了。

罗振亚：从一定意义上说，说你是乡土诗人是没有问题的。但若仅仅以“地域性”来概括你的创作，就是对你诗歌的一种贬低了。事实上，你的诗歌为云南画像，是仔细、用心、到位的，可你的真正用意是接近那片土地上的灵魂和人性的真相，写出他们的喜怒哀乐的情感和精神旋律，写出人与地域自然之间的关系。所以你的诗既是匍匐于红土之上的“兽”，更是置身红土却更能盘翔于神性天空的“鹰”。你是怎样完成走进乡土后又走出乡土的过程，完成从“兽”的状态向“鹰”的状态转换的？你又是如何避开地域文化表现上的“陷阱”的？

雷平阳：这涉及了现代性问题。对“地域性”写作，我们必须审查写作者的视域、幅面和经验，同时还应该关注其指向和开放度。众所周知，诗歌书写的语境和旨趣已经远离了中国古代诗人所持有的天人感应的世界，传统诗意早已荡然无存，在此背景下，一种在场的、基于当下的、拔地而起或掘地三尺的写作，也就成了必然，如果我们仍然无视舶来之物和边界拓展，总是沿用陶渊明等古代诗人的符号谱系，地域势必会成为一座过时的美学古堡。我的认识，这是个走神的时代，从浩浩荡荡的大城到群山背后的村庄，很多东西都魂不附体了，为此，“兽”与“鹰”，“走进”与“走出”的关系，我只能用“灵魂出窍”来与之对应，我总是让自己的灵魂在进与出、天与地的双向航线上不停地往返，以此回避“夜郎自大”和“锦衣夜行”。

罗振亚：你有个很有意思的提法，即云南居住着大量少数民族，“少数民族是人类童年期”，那里的天空中住着神灵，大自然里的一切生灵都值得敬畏。你不断地书写云南，是由于它是世界的灵魂，具体说那里没被工业化、世俗化的因子污染，人与人、人与自然之间处于一种原始而淳朴的关系结构中。这种“向后看”的思想立场，是不是隐含着这样的命题，你所建构的是一个精神乌托邦？它是否意味着对都市物化生活的逃离和背反，和一种现代人灵魂深处的无奈？你对现代文明负价值的批判，是否可理解为越是落后、偏僻之地越适宜于人性和神性的生长？我没去过云南，云南真的那样澄澈，那样人与境谐，那样令人向往吗？如果回答是肯定的，你的诗里为何又多有疼痛和悲悯之感？

雷平阳：强调神灵的高高在上，继而衍生敬畏与悲悯，再带出遍地的疼痛与无奈，都是我建构精神乌托邦的必然条件。问题在于，我的精神乌托邦是失效的，我以其来对抗现代文明纯粹是一厢情愿，面对倾轧开来的推土机，纸上的文字血肉模糊。振亚兄，你真以为云南是天堂？其实，在我的《云南记》这本诗集中，我最想做的并不是从类似作案现场的大地上逃离，也无意于在偏僻的地方供奉神灵，我只是异想天开地想在时代的大涡轮里寻找几声清脆的鸟叫和虫鸣。而且，基于时代的失察，面对一再重复的落后、贫穷和疼痛，我并不反对现代文明，我只是花了太多的心血来哀求神性与人性的归位。

罗振亚：有人说你的诗为“乡土的良心”，《杀狗的过程》《我的家乡已面目全非》等就掠过农村静谧、优美和淳朴的认同层面，触摸到了乡土困顿、凋敝、羞耻等灵魂内核，其紧张感、疼痛感、沉重感，其挽歌情调已非简单的“乡愁”评判可以定位。不知是你的乡土记忆过于黯淡，还是你有意择取、放大了记忆中的“黑暗”面，你所构筑的乡土世界是实有形态，还是虚构和创造的产物，你如何看待、处理诗中真实和想象的关系？

雷平阳：不可否认，近二十年来，传统意义上的“乡土”已被颠覆，世界主义的激情风一般到过的地方，没有了桃花源。当大合唱的赞歌想遏行云，肯定会有挽歌贴着地面徘徊。

我只想缩小记忆中的“黑暗面”，虚构黑暗会让我虚脱。

罗振亚：地域性是你一个比较理想的视角，但好在你没有因之而压制、削弱诗歌的现代性品质，这也是你的诗赢得好评的缘由。如《集体主义的虫叫》多向化的语义追求，就将诗变成了一种现代经验的体味，传达了人在自然声音面前的恐惧和敬畏。那么请你谈谈，你是如何使地域性和现代性这二维因素协调起来的？

雷平阳：振亚兄，有时候，我甚至觉得在诗歌写作中，“地域性”就是一个伪概念，特别是在目前的背景下，不知你同不同意。地域或说区域，其文化不乏世界性，因为它从来不曾孤悬。评论界近来热衷于谈论诗歌地理学，但更多的人针对的是地理意义上的诗歌写作群落，而不是囿于“地域性”。我曾接待过一个读者，他把我的一首名叫《亲人》的诗，印在了他的T恤衫上，不同的是，他把“云南省”改成了“河南省”，把“昭通市”“土城乡”改成了他故乡的地名。我觉得他是对的。我们不能因为一些地名出现在诗中，就主观地将其命名为某某地域之诗。

如果必须说“地域性”，我觉得处理它与“现代性”的最佳办法，只要你以“现代性”的眼光去体认地域文化，你就会发现，地域文化中的诸多元素往往更具“现代性”，所以这貌似敌对的两个邻居，其实是肢体相连的兄弟。2007年夏天，在基诺山，我参加了一户猎人的家庭晚宴。在饭前，这户人家请来寨父，以猎获的麂子敬谢神灵。寨父的一席祷词让我听得心潮澎湃，由此我写了一首短诗：“神啊，感谢您今天让我捕获了一只麂子/请求您明天让我捕获两只麂子//神啊，感谢您今天让我捕获了一只小的麂子/请求您明天让我捕获一只大的麂子。”我个人觉得，此诗并不缺现代性，而它似乎更具“地域性”。

“怎么写”的尝试

罗振亚：许多人写诗速度很快，常一挥而就，下笔千言，而你却始终信奉“好就行”主义，注重质量，所以作品“都是经过很长时间的构思、困顿和反复的”，相对“低产”。我很赞赏你这种写作态度。对于一个真正的诗人来说，诗歌就是一种宗教，它需要你付出绝对的虔诚，在它面前任何一点轻慢和敷衍，都会损害诗歌的健康和尊严，学会快固然重要，慢下来更是一种艺术和智慧。你对诗歌写作的数量和质量、快和慢的关系持一种什么态度？

雷平阳：我没有刻意压减数量，也没有强迫自己慢下来，但数量真的有限，写的速度也极其缓慢。就质量与数量而言，我想每一个诗人都会选择质量吧，至于写的速度，是快还是慢，因人而异，有人三年得一句，有人七步成诗。我之所以慢，或许是因为少年时代太快了，才情耗尽，不得不慢，不得不对所写的汉字多献上些敬畏。

罗振亚：你曾说过对语言有一种敬畏，这恐怕也是所有严肃诗人的共同感觉。不错，20 世纪是语言学时代，语言的狂欢成了诗歌的基本主题之一，有人甚至认为不是诗歌创造了语言，而是语言创造了诗歌，诗人的使命就是让语言顺利地出场。我觉得优秀的诗人必须具备语言的天赋；但无论怎么说，语言始终是第二性、形式的，如果不去“及物”，它不过是一堆没有生命力的符号而已。我想知道你在运用语言的过程中，是如何谋求语言和生命意绪的同构的，或者说是怎样建构自己纯净的“言说方式”的？

雷平阳：我有过语言狂欢式的书写时光，铁血、悲怆、快意无边。必须承认，从纯粹的书写快感的角度来看，那些时光是美好的，是记忆里不可复制也不会重现的好时光。但是，那些诗稿后来还是被我烧掉或扔掉了，一同烧掉或扔掉的也许还有我写作史的部分文献性，我却一点也不后悔，理由当然很简单：它们要么是语言的灰烬，要么与我所期待的语言存在巨大的差距，无非少年轻狂时期的谵言与妄语，空虚、空洞、空泛。

以“纯净”的语言写作，始于2000年前后，也没有什么特别的原因，就是觉得写诗就是说人话，应该让一个个汉字活起来，到世界上去寻找它们贴心的对应物，让自己成为它们之间通灵的载体。这样一来，另外的快乐也就诞生了，这些光着脚丫的语言，很快就出现在了我个人的诗歌现场，活泼泼地，及物而且真诚，有着细小的灵魂。

罗振亚：“叙事”作为一种方法，已成近年诗学界的显辞。你的《四吨书》《存文学讲的故事》《昭通旅馆》《卖麻雀肉的人》都推崇细节、过程的力量，现场性、目击感很强。特别是《杀狗的过程》时间、地点、人物等故事因素俱有，在狗的主人和狗的动作、心理运行中，把二者的性格揭示得十分别致，其间隐喻又扩大了诗的主题空间。请说明你为什么要从小说、散文等叙事性文学汲取营养，这种诗向其他文体的扩张是否会失去自身的一些品质？这种“完整的故事情节”再“加上抒情”的尝试会不会潜伏危险？在你看来几种文体之间真的没有严格界限吗？诗歌发展到今天究竟是抒情的还是反抒情的？

雷平阳：我迷恋叙事，与我的阅读谱系有关，也与我对诗歌的理解有关。我总是偏执地在不同的诗歌阅读文本中寻找着它们的叙事性，甚至将其认定为诗歌的力量、节奏和空间之源。它从来就不是小说散文的专用技术，诗歌的叙事来得更古老。很多人都把《齐人有一妻一妾》指认为小说的发端，那时候，《击壤歌》和《诗经》中大量的叙事篇章却早已在文学近乎荒渺的源头耸立着。所以我认为诗歌写作中的叙事，是道统而非扩张，它无损于诗歌品质也不会给诗歌带来危险，关键在于我们是否得体地使用着叙事。我的确想抹平各种文体之间的界限，但更多是建立在阅读感受之上，而非创作过程之中。比如《酉阳杂俎》《陶庵梦忆》和《米格尔大街》，我是将它们当成诗歌来阅读的，而《荷马史诗》《神曲》和《铜鼓王》我则视其为小说，至于《前后赤壁赋》《山中寄裴秀才迪书》和《十二琴铭赋》，亦诗亦散文，读起来一样的让人肉身得道，好不快活。

我是个抒情主义诗人，想象不出反抒情出现在诗歌中会是什么样子。我猜度，有些观念和口号未必是可信的，无非是有些人想以此确立自己的诗歌坐标。有一次，我对于坚讲阅读《零档案》的感受，说《零档案》是抒情诗，不是“零度写作”，他完全赞同。

罗振亚： 就像翟永明的《静安庄》等诗歌是“女性之躯的历险”一样，阅读你的诗歌时，有时我会突然被其中氤氲的一股神秘、迷蒙的艺术气息所缠绕所吸引，说不清是现实的还是浪漫的。这是否与你童年、少年时代生长在鬼文化、傩文化发达地区的经历有关？还是你在写作技术上施了什么“魔法”？

雷平阳： 我有着漫长的乡村生活经历，从那儿往外看，云南就是一座神灵与鬼魂游荡的高原。我的老家昭通不仅每个村庄都有一本行进中的《聊斋志异》，而且现实生活中也总是房屋与坟墓混在一起，没有边界。人们在讲述某些事件的时候，也老是将死人与活人放在一起，分不清谁死了谁还活着。我的父亲在去世之前生过一场大病，不得不住院做手术，一大群乡下的穷亲戚闻讯赶来，站满了医院的走廊。结果，见此阵势，我的父亲被吓坏了，他以为人们都是来“送”他，死神找到他了。所以，在上手术台之前的那个晚上，他惊恐万分，脸色寡白，双手颤抖得连衣扣都扣不上……可在第二天早上，他忽然镇定自若，将我叫到他的床边坐下，有话要说。他都说了些什么呢？他历数了村里他一生所见的一个个人的死和死的情状，以及这些人死后转世投胎的去向，听得我惊心动魄，而他则从这些死亡案例中获取了面对死亡时的那份从容与坦荡，似乎还夹杂了“我见过了那么多的死，我的死又有何惧”的潜在意识。他所描述的人死转世的那些场景，鬼魅幢幢，离乱纷纷，人间与鬼国交织在一起。

在还原和抒写类似景象和事件的时候，我认为，写作技术通常会成为配角，“魔法”存乎于抒写对象的气场之间。

罗振亚： 你诗的语言有于坚的生活化、日常化影像，但更干净、朴素、克制，因而更有张力。如《早安，昆明》《在骆驼餐厅的半个小时》等简直就取消了与日常生活语言的距离，有时让口语直接入诗，这种风格是为和诗歌的内涵取得内在的呼应，还是你矢志要把诗歌写得让人人都能读懂，使诗在宁静中产生一种力量？

雷平阳：我确实没有认真考虑过口语写作这个问题，不过，老于的诗歌肯定对我产生过影响，他的《作品39号》《尚义街六号》和《避雨之树》，现在读起来，我仍然心醉神迷。

我之于口语，等同于我对“阅历”的看重，它从我的肺腑中出来，途经喉咙，是活在我舌头和嘴唇之间的语言之魂，也是我身体的一个组成部分。假如它们中的某一句符合了诗的道法，我肯定会让其直接入诗。人人都读得懂，这就很难了，我更在乎诗歌的误读空间，那简直是另一个天地，一旦訇然打开，必然无边无际。

口语和“读懂”，不是在寂静中产生力量的法宝，我理解的“寂静中的力量”，在诗歌的别处，它们只是表象上寂静的诗歌元素。给诗歌带来“寂静的力量”的应该是诗人对诗歌尊严的维护、诗歌的未来性和沉潜的美学观与道德感等等。

罗振亚：《澜沧江在云南兰坪县境内的三十三条支流》带给了你荣誉，也给你惹了许多麻烦。有人盛赞它的生命感、实验性是诗学的积极探索，其奇异的形式本身就是内容的外化，其数字、地名、河流名称都有据可查的不厌其烦的书写，即是诗人对澜沧江的爱之表现，其情感的零度状态所透出的冷静也堪称对当代诗坛现状的反讽。也有人则质疑诗怎么可以这样写，如此客观地复现现实还能不能称之为诗？事过多年之后，你现在怎么评价这首诗，它能够体现你一部分诗歌观念吗？如果现在还写这个题目，你还会这样写吗？

雷平阳：“客观”之中隐藏的丰饶的想象力和生命力，永远属于少数人。在写作此诗的时候我并无“实验”和“探索”之心，但它带来的误读令我高兴不已。现在重读这首诗，我仍然会想起写作此诗的那个奇妙的晚上，那些重复和与重复一起南流的河，那河流可能包容的一切，还会纷至沓来，美不胜收。我还喜欢着这首诗，不因为它所谓的唯一性，而是基于它以客观而冷静的方式呈现出了看不见的激情和美、自然而又不管不顾的精神向度。现在再写它，我会将它重抄一遍，不会再写另一篇。

诗人、诗歌与诗坛内外

罗振亚：风气的力量是看不见的，如今诗坛上不少诗人都借助于流派、团体的声势存在。这实际上偏离了诗歌的生命本质，因为诗歌本来就是个体的精神作业，不论是写诗还是评诗都是很寂寞的事情，如果非把它搞得非常热闹，那就是不正常的。和潮流化写作相比，你好像是一个例外，这么多年来没见你加入过什么“诗歌组织”。作为20世纪60年代出生的诗人，对“中间代”的称呼似乎也不怎么认可，而是一直在边缘的省份静默地写作，对此不知你是怎么想的？

雷平阳：身边人来人往，世相波诡云谲，能居江湖之外，又缺席于庙堂，我很满意自己这些年来的生活与写作状态。再者，我总觉得自己乃是一个山野村夫，在山水间更自在，卖文买酒，读书写字，心性使然也。是曾有人一再拉我入伙，聚啸山林，我都谢绝了，诗人的王道不在“组织”的那一边。

云南的好，好在它远在天边，一个角落自己就能躲起来。记得一个美国诗人写“文革”的短章，大意是，在中国，我捡到了一块石头。听见一个声音在里面说：“别碰我，别碰我，我是到这儿来躲一躲！”

罗振亚：你以为什么样的诗歌才是最理想的诗歌，你对自己以往的创作是否满意，你写了哪些自己比较喜欢的诗歌？另外，尽管诗歌创作是非常个人化的事情，但无法不和诗人置身的世界产生联系，你以为目下的诗坛格局和生态如何，它和你的创作之间能不能构成一种良性的互动？

雷平阳：“日出而作，日入而息。凿井而饮，耕田而食。帝力于我何有哉？”这首《击壤歌》在我心目中是个极品。我并不满意自己的创作，写下的诗歌中，相对偏爱《祭父帖》和《河流之二》。

我与目下诗坛的接触并不多，但也结交了几个道上的好友，我们偶尔也会聚一下，谈诗喝酒，分外逍遥。我觉得这已经很奢华了，从来没有想过诗坛的格局与生态该不该与自己良性互动。“诗坛”既是个庞然大物，又是个虚拟世界，让其自然而然吧。

罗振亚：一个优秀诗人的出现不是偶然的，它源于个体的天分和生活、情感的哺育，也离不开中外传统的滋养，你是怎么走上诗坛的，你曾受到过哪些中外诗人的启示？你是怎样把他们的艺术滋养转化为自己的艺术经验的？同时，诗歌批评对创作的塑造功能已无须论证，只是如今理论界的声音越来越弱，失去了应有的作用。作为一个创作者，你平日里对诗歌批评注意吗？它们对你的创作有无影响？

雷平阳：有歌诗品质的民歌和唱书，最先启蒙了我的诗歌兴趣，接下来才是李白、杜甫、王维和苏轼，课本上的现代诗，李瑛、臧克家、柯岩、贺敬之则让我知道诗歌还有另外一种写法。1983 年秋天，我到昭通师专中文系读书，从图书馆借了一本聂鲁达的诗集，坐在足球场上读，一读便吓了一跳，顿觉体内热血翻涌，只想高声地朗诵，见四周有人，便压着嗓子读，越读越难受，身体仿佛要爆炸了，便合上诗集，在田径跑道上跑了三圈，直到大汗淋漓。之后蜂拥而来的是泰戈尔、普希金、莎士比亚、但丁、北岛、舒婷……

在那场远去的诗歌大潮里，我写下了一批自己的诗歌，但随着史蒂文斯、博尔赫斯、布罗茨基、米沃什和策兰等一批诗人出现在自己的目光中，再加之，我对中国古典文学的热情与日俱增，我陷入了一段时期的迷乱与彷徨。结局还算不错，我取西方诗歌的观念和技术，再注入中国古代的诗歌精神，踉踉跄跄地向着诗坛走去。

对诗歌批评我有着足够的热情，古代的、西方的、现在的，它们最大的作用，就是让我走出迷局，并果断地确立自己的写作方向。

罗振亚：一般说来，从事其他文体写作的不一定能够写好诗歌，而诗人却常常可以在几种文体领域多点开花。你的诗歌创作成就自不必说，你在散文、小说创作方面也有不俗的表现。我想问，在你的创作世界中，这几种文体之间是否会互相促进，它们在思维上是否有纠结的时候，你如何消除它们之间的矛盾？

雷平阳：以前我尝试过小说创作，很快就放弃了，我忍受不了那种没完没了的絮絮叨叨。之所以还写一点散文，也是因为害怕诗歌会把自己逼上绝路，散文可作为喘息和静心的地方。

它们间的矛盾我不太在意，而它们也没有像几股走火入魔的气流在我体内横冲直撞。

罗振亚： 在新时期诗坛上，刊物、网络以及其他媒体对诗歌有着强烈的制约力。作为一个编辑我想你对此一定深有感触。你以为在目前比较混乱的文学情境下，一个诗歌刊物是要坚守一定的品质，还是要为生存计而调整方向，抑或要不断地重新定位？特别是网络诗歌铺天盖地，确实增加了诗坛活力，提高了写作效率，但也弊端重重。不知你对这种形象如何看待？听说你拒绝用电脑写作，一直以纸、笔为工具抒发内心，这肯定能够领受汉字书写的快乐，体味汉字文化与精神的要义，但你心里有没有背时的感觉，你会一直坚持纸面写作吗？

雷平阳： 文学刊物的生存，任你如何折腾，一直都是不死不活的状态，如果哪一天政府不高兴了，不给钱了，相信大多数的文学刊物都会烟消云散。从这个角度说，或许网络才是未来诗歌安身立命的地方。我不是拒绝电脑，而是没兴趣，写诗又没什么体量，还是手写快活多了。再说，我多年来坚持写书法，对汉字的感情太深了，割舍不了。

我会一直坚持手写，到写不动为止。

罗振亚： 当下诗坛繁而不荣，群星闪烁而无太阳，多元并举却少规范，热闹的背后是空前的沉寂。造成诗歌边缘化命运的原因很多，其中传统的断裂乃是重中之重，郑敏先生曾经就此发表过有益的看法。你以为目前诗歌的沉寂是否会把缪斯最终推向死亡的深渊，新诗还有没有希望可言？它在向西方学习很多、很久之后，发展道路上的最大障碍是什么？新诗该如何实现精神和艺术上的突围？

雷平阳： 杞人忧天的戏剧不应该热过诗歌创作，诗歌怎么会死呢，谁能让它死？前些年《新周刊》做了特刊“中国，我的诗歌丢了”，现在不是也没丢？伟大的诗人不是每个时代都会产生的，我们也大可不必苛求当下，当下配得上伟大诗人吗？另外，说句不恭的话，我们现在的现代汉语诗歌写作并不逊色于西方诗人的作品，多少翻译过来的诗歌，我看也好不到哪儿去，障碍就在于我们尚无自信和尊严，同时也还没有成熟地将西方现代诗的精髓与中国传统的诗歌精神有效地结合起来，继而产生中国大地上生长出来的现代汉诗。

那个在中国文坛上骂天骂地的德国人，他的诗我也读过一些，很一般嘛。施奈德的那些诗歌，读它还不如读王维和寒山。现在诗坛上有个怪现象，一些诗人满脑袋就想着要到世界上去，仿佛只有西方人承认了他们才是诗人，他们才写得出诗来。见了面，开口就是某某斯基某某文斯，诗篇里也总是铺展着一座万国公墓，谁谁谁，某某某，太轻贱自己了。诗之得失，心知足矣。

罗振亚：最后一个问题是，可能你对自己在云南当代诗歌史上的位置并不看重，但事实上你的创作已成为云南新诗写作历程中的重要环节，你和于坚已被视为新时期云南诗坛的掌门人。那么你对云南诗歌的进一步发展有何希望或忧虑？云南诗歌和全国性的诗歌潮流是该保持足够的距离，还是应努力地融入，云南的地方经验与文化资源怎样才能得到有效的表达？

雷平阳：云南诗歌一如云南的丛林，自生自长，呈现的是一种自由的散漫状态，我当然希望每棵灌木都长成大树，但何其难也。我还是不同意“中心”与“边地”的说法，写出好诗的诗人就是中心，与地理无关。至于云南诗歌与中国诗歌潮流的关系问题，我个人的观点是保持距离，尽管现在根本不可能有距离可言，最僻远的云南小镇，母语基本都消失了，用的全是汉语。

罗振亚：今天的交流很畅快，在很多问题上都达到了预期的目的。谢谢平阳先生！

“我只是自己灵魂阅历的记录者”
——雷平阳答刘波问

刘　波　雷平阳

“稍有谎言，都会被打回原形”

刘　波：平阳老师，您好！很高兴您能接受这个访谈。您的诗作我一直追踪拜读，那种字里行间流露出的大气、厚重和质感，让人信任，我随手翻开您的诗集，从哪一首诗都可以读起。这个访谈我也就想到哪说到哪，不讲究什么体系，只求那灵光的闪现，这或许更自在，更有用。很多人做访谈，其实就是谈自己在阅读和理解上的困惑，困惑每个人都有，我有我阅读上的困惑，您有您写作上的困惑。没有困惑和疑难，写作很可能变得轻浮。在您的诗歌里，我读到的往往是一种“重”，这种“重”往下沉，沉出了力量，有语言的，也有精神的。可否结合您的写作，谈谈您对诗歌之“轻”和“重”的理解？

雷平阳：“轻”与“重”或许不是一个诗学问题，而只是一个量度，但每当我们将其引入诗学或更宽泛的文学精神系统，“轻”也尖锐，“重”也尖锐，其锋刃总能胁迫到任何一个真诚的写作者。它们闪着寒光，尽管没有半点恶意，甚至还带着救赎的使命，但你却不得不如实交代，或开心见佛，或恣意狡辩，因为它们足以让你无处遁迹。是谁让“轻”与“重”变成了怒目金刚呢？我们当然可以将一揽子的文学沉疴全推给乱世，可我们所置身的世界却又是一个找不出凶手但又处处都是利器的世界，它的乱是隐形的，其乱只为诛心，它从来也不为文学的堕落埋单。置身其间，“轻”与“重”的问题，对任何人来说都是一个残酷的问题，回答之时，稍有谎言，都会被打回原形。

先说轻。轻的一切都可以上天，人肉身里的火焰熄灭，灵魂便飘出来，朝着云朵和云朵之上的空间。灵魂为什么是轻的，它由什么材料做成，它为什么可以继续存在并飞升？毋庸置疑的是，研究它的形质和去向是没有任何意义的，因为它们是这个时代的失踪者。它们像空气、阳光和花朵一样，本来是构成诗歌的必然材料，但它们失踪了。我们的诗歌因此失去了天使之翅，只能像僵尸一样躺在地上，露出白发和白骨。再说重。我是个悲观主义者，在读《杜工部全集》的时候，我看到的最多的两个关键词就是“白发”和“白骨”，它们是轮番挥舞的两把铁锤，不停地砸在我的头顶，将我铁钉一般地砸入地心。《垂老别》《无家别》，今天仍然在生活现场上不断地出现，就算我待在地心里，我也为之肝肠寸断。我理解诗人张籍，他将杜工部的诗烧成灰，拌在饭里吃下，这不是行为艺术，但这行为有着双重的沉重与悲恸。就在前两年，金沙江上修建了几座大电站，大量的老百姓必须搬离故土，被称之为“移民”。而所有的搬迁，其中第一项就是搬迁几百年甚至上千年的祖坟，我看见无数的“不肖子孙”在收取了政府很少的一点补偿金之后，泪流满面地将自己的祖坟一座接一座地挖开，然后将一具具枯骨装入土罐子，先背回家，放满屋子及院落，祭拜一番之后，又背上它们，匆匆地赶往异乡。这种“枯骨别”，活活地将活着的人也变成了行尸走肉、孤魂野鬼。与此同时，在云南楚雄一个村庄里，一位老太太，因为三个儿子外出十多年，信音杳然，手提一瓶农药来到了祖坟上，自己挖了一个坑躺下，喝农药自尽。这种“垂老别”，岂止于人心之悲，还颠覆了天理人伦。我理解的诗歌之“重”，比泰山还重。泰山矗立，宛若纪念碑，这苦难的“泰山”，却沉没于地底。

刘　波：一些评论家和研究者对您写作的评价里总会提到作为“地方性”的云南，您也似乎成了诗坛“云南书写”的典范，我倒不是很赞成有评论者说您的诗歌就是纯粹的地域写作，要是这样划分，每个诗人其实都是在进行地域写作。在我看来，地域写作只是为了指称的方便，一个表象的说法罢了，它最终所指向的，还是诗人抵达了什么样的境界。云南，我虽然没去过，但始终觉得有一种冥冥中的神秘感存在。从您的诗作里也可以读到，但这种接着地气的神秘感，是需要人去体验和挖掘的，它让您的诗歌写作变得坚韧、复杂和意味深长。这种神秘感是真有科学不可解释的存在，还是您在写作中赋予了那片土地一种神秘感？

雷平阳：就在半个月前，谭克修要编辑出版一本地方主义诗集，一定要让写一则创作谈，在我写了又放弃的第一稿里曾有这么一段："我一直认为地方性写作是一个伪命题，假如它成立的话，在中国古代诗歌史的旁边，一定要站着一部中国古代地方主义诗歌史。这些年，我的确写了很多关于云南的诗稿，这是因为我认为云南是一个诗歌出没的地方。礼失求诸野，云南有足够的野，我在其间写作，内心装着千山万水，只想将这野，带到纸上，借以反对猖狂、霸道的诗歌政治学以及暴力般的工业文明。"也就是说，我一直对地方性写作这个概念持反对态度，它方便了评论话语谱系中的指称，却有意无意地埋葬了诗歌辽阔的存在空间。佩索阿曾经说过类似的话：你把整个世界都给我，我也会把它换成一张返回故乡里斯本的电车票。但在他的短文《头脑里的旅行》中，他说："黄昏降临的融融暮色里，我立于四楼的窗前，眺望无限远方，等待星星的绽放。我的梦境里便渐渐升起长旅的韵律，这种长旅指向我还不知道的国家，或者指向纯属虚构和不可能存在的国家。"韩少功先生译其《惶然录》时就说，这个不动的旅行者，"他以位卑之躯处蜗居之室，竟一个人担当了全人类的精神责任，在悖逆的不同人文视角里，始终如一地贯彻着他独立的勇敢、诘究的智慧以及对人世万物深深关切的博大情怀"。显而易见，佩索阿并没有因为一动不动地生活在道拉多雷斯大街而将世界抛开。类似的例子当然还有很多，它已经是一个常识，我之于云南，或说云南之于我，也太抵如此。

云南自古就是帝国的边界，从司马迁的《西南夷列传》的官方话语中，我们就可以看出这样的端倪：这一片并不姓汉的山水之间，空气中弥漫着巫傩的瘴气，人们形同虫豸，蝇营狗苟，怪力乱神，只配领受自生自灭的命运。然而，以我在云南几十年的山水行走经历，我又发现，这一片"蛮荒"，每一个兄弟民族都形成了其自成体系、有天理、知敬畏的原生文明，而且，令人大吃一惊的是，在两千年的汉文化拓边史上，它们一直处于反抗状态，以自己的各路神灵不遗余力地对抗着汉字和孔子。最简单的例子是，到了2000年前后，当你手捧汉语写成的导游指南深入到滇南的群山中，见到年老的原住民，你问他某某山在什么地方，他肯定会告诉你他不知道，尽管那座山就在脚下。而当你证据确凿地指认，某座山就叫某某山，他一定会说，那是汉人的叫法，他们叫某某。比如，按照汉人的说法，一座山名叫“孔明山”，因为孔明曾经到过，他们肯定不同意，因为他们管那座山叫“司杰卓密”，是人死之后鬼魂居住的地方。汉语指认和原生文明之间所形成的“误读空间”，一度是我努力挖掘的诗歌矿洞，所谓神秘感漫山遍野都是，但后来我还是更倾心于听命于一方山水，主动接受山水教育，力求让一片土地和一条江水自己站起来开口说话，它们反对的，就是我反对的，反之亦然。我知道这种写作会将我的思想和想象力彻底耗光，却找不到退路。

刘　波：除了云南的话语世界，您好像也有很深的古典情结，读古书，观历史，对传统文化情有独钟，这貌似与写新诗无关，但它恰恰可能是您写作方向上的精神来源地。不知道我这样理解对不对。当您在阅读和思考上往回溯的时候，是否觉得用传统和古典来对接当下的现实，会有一种底气？

雷平阳：就诗歌精神而言，我从来都没有对诗歌进行“旧体诗”和“现代诗”的划分。在阅读过程中，读《阅微草堂笔记》，与读本雅明或博尔赫斯，我也没有觉得中间隔着一片汪洋。所谓传统文化，汉族的、兄弟民族的、邻国的以及西方的，凡我接触到的，我都喜欢不分类别、文体和时间的先后，将其组成一座迷宫似的图书室。乌拉圭作家卡洛斯·M.多明盖兹的著作《纸房子》里说到一位图书收藏家，这人认为死去或活着的著作人都有一个场，哪些人的书可以放在一起，哪些人的书不可以放在一起，这是收藏家或图书管理者必须知道的常识，气场不对的作者的书如果并排搁置，它们就会彼此拒斥，形同敌人。我没有将此当作律条，十三经都是分散的，诸子百家的丛书系列也是分散的，甚至众多大块头的分上中下或一二三四五六卷的著作也是分散的，气息杂乱，风云际会。我可以将它们调整到一起，归于秩序，但我以为，每本书都会有命，冥冥之中，只有它们自己才能真正走到一起去。比如某一个角落里的书堆，随着一再地抽走，一再地当成废纸处理掉，那剩下来，紧紧依偎在一起的，它们就是一个精神谱系的伴侣。事实上，随着时间的流逝，如果我们不刻意地从时间史的角度去辨别“传统文化”，一座座图书馆里的典籍，它们都是混杂在一起的，彼此支持和包容，互相渗透和互为注释，而流淌其间的那条精神之江也往往气韵贯通、澎湃不息。即使是当代才出现的书籍一如《百年孤独》，我完全可以将其放在《铜鼓王》产生的时代；前面说到的佩索阿的《惶然录》，一样地可以当作刘义庆的《世说新语》；伯恩哈德的《事件》则可以和中国的任何一本笔记互插在一块。同样，庞德、施奈德众多的诗歌，甚至可以当成中国很多文言文诗作的英译版。它们隔着千山万水和千年的时光，但它们同在一个屋檐下。

我读书的方法论，不是为了否认“传统文化”的存在，而说传统文化无处不在，现实中的诸多事件的呈现，不需要它们给以底气，我甚至怀疑就是它们借尸还魂，明目张胆地重生。从古至今，有多少“现代性”一再地出现又湮没？有多少“显学”和“扛鼎之作”异峰突起又寂寂无声？今天，无论我们如何借众多的西方观念，如何打通与汉文化传统相连的路径，摆在我们面前的堆积如山的文本，你又能从中挑出多少？人人都在振振有词地阐述着自己写作的来历，事实上，一个国家、一个省，你就没发现有几个人在认真写作并真的具有文学理想。创造力、想象力和思想力贫血的时候，传统对接现实，底气只会造就书呆子。

刘　波：说到写作的底气，最终还是离不开作品。您的诗歌大多不分节，一气下来，很有连贯性，但在这连贯性里又不乏顿悟的节奏，还有那旁逸斜出的诗意，最后落实在一种富有整体感的精神地基上。所以，我从您的诗歌里能读到一股强大的气场，这不仅来自词语和意象的精彩组合，更重要的一点是，您在写作中渗透着自信。这种自信，在我看来是“目击成诗”的能力，不是什么人都能达到这一高度。能做到目击成诗，天赋是一方面，后天的自我训练也是不可或缺的前提。您可否谈谈您在这方面的心得体会？包括您平时的观感思考这种自我训练对写作的影响。

雷平阳：说到“目击成诗”这一任何诗人都抵达不了的境界，我倒认为阅读经验或许比天赋更重要。人们都推崇天赋，口占一绝，即席赋诗，倚马可待，醉酒诗百篇，可对我来说，这恐怕只能是异类所为，如果在饭桌上谁对我提出类似的要求，我视为羞辱，因为我根本做不到，也倦于按世俗的标准去做到。实话说，我是一个缺少阅读快感的人，书本来到手上，我就会变成解读密码者，语言、语感、视角、思想、修辞、美学、立场……无论哪一方面，我都力图解开秘密，找到真实，但这解密的过程，步步风险，处处都是挑战，而且还得提防不必要的误读、媚俗与媚雅。最难解决的问题是，阅读其实是一场与作者的对话或辩论，只有灵魂相近的人才能继续下去，面对孔丘、王阳明、莎士比亚、但丁等众神，自己常常惊觉“纵然生得好皮囊，腹内原是草莽”那一份羞愧和绝望，常将自己压得喘不过气来，形如槁木，疑是心死。为此常想，已有这么多的书本如神迹，我为什么还要写作？坚持写作的理由当然也很简单：我只是自己灵魂阅历的记录者，并且没有不朽之念，读圣贤书，只为想有光。这种痛苦的阅读，渐渐地教会我许多古老或崭新的观察、记录、想象、审美、叙事、思想的法门，进而也就形成了自己个体的写作格式。

我的自信源于我不想在纯粹的抒情或叙事的小格局中添加连自己也把握不住的东西，就连一些可能“巨大”的题材，我也只会在它的口袋中放进我自己，而不是世界。特别是一些具有公共经验的题材，我更是只放自己真实的感受和感想。我以前写过一段时间的小说，现在叙事诗也占了自己写作的很大比例，令自己难堪的是，短短几十行的一首叙事诗，花掉的心力和时间往往比写一个短篇小说还多。琐碎的场景、细小的结构、可大可小的布局、时隐时现的隐喻、可有可无的意象、阴魂不散的精神背景和现代感，以诗呈现它们，往往一个字也不能出错，一个细节也不能没有来历，就连虚构和夸张也需要证据。知我者与我一起心力交瘁，不知我者以为我旁门左道、亵渎诗神。

“在神示之前，我的写作是尽人事”

刘　波：您有两首诗令我印象深刻，也影响广泛，一首是《大江东去帖》，一首是《祭父帖》，都比较长，我记得初读时都是一路读下来，中间没有停顿，因为那神采飞扬的语言和大气磅礴的结构不让你停，读来确实有精神的提振。《祭父帖》是您对父亲的悼念之作，它没有一般悼亡诗的过分悲痛，而是在回忆中出示了一份冷静、一种责任。“如果回顾他，让他在诗歌中重生/让他实实在在地拥有66年/是我的职责，我将止住一个诗人对虚无的悲哀/并尽力放大一个儿子灵魂的孤单”，这种感觉只有经历过的人才可能真正领悟和理解。从这两首诗里，我读出了一个诗人的人文视野、历史意识和家国情怀。当时创作这两首诗时，您有一种不吐不快、水到渠成之感吗？您认为自己写出了它们，是对历史和亲人的一个交代吗？或者说是自己长久的思考找到了最终归宿？

雷平阳：父亲死后，某日，我写《祭父帖》，的确是一挥而就，甚至没有考虑过结构、语感、集体主义命运，当时只是想写，散文、诗歌、小说，什么文体都行。我要写的，我没想过是现在的《祭父帖》，更没想过要发表出来。我写的只是父亲的生命史，家庭档案中的一页，当然，它也是秘而不宣、没人指认，也找不到施虐者的众多苦难者的一篇祭文。写完，我便将它搁置在沙发的边上，一个做编辑的朋友来访，信手拿起，一读便放声痛哭，它因此有了另一种命运，它的这一种命运被我所接纳并内心喜悦——以父亲的生与死，我力所能及地践行了为一个群体喊疼的诗歌使命。在一个创作谈中，我曾经说过，如果父亲健康地活着，我绝不要《祭父帖》，与父亲的生命相比，一首再伟大的诗歌都是苍白的。父亲之死，我祈盼的是他们这一代人生不如死的命运戛然而止、永不重演。我的几位朋友，每年清明节，都会复印《祭父帖》，烧在他们父亲的坟头，我想这集体主义式的命运，假如再延续，它会让多少生者或后人变成未亡人，生不如死。这是必须呈现并进行审判的一种命运，如果我们因为死去的是父亲而对其进行美化甚至神化，那就绝对不是情感问题、写作问题、孝道问题，而是一个严肃的锋利的道德问题，至少我们会因此失去一次政治学也不可能横加干涉的控诉的机会，更别说其中还存在着“为生民立命”之类的永恒课题。《大江东去帖》是在诗意地复述决绝但又宛若迷药一样的公共空间里的幻灭常识，是在无诗意处寻找诗歌的矿脉，也是有意识地对自己的写作经验、知识积累和创造力进行检测和挑战，是为了达成写作梦而写下的硬扛式的诗作。如何让熟视无睹的场景和事件诗意盎然？

如何在别人写烂了的题材上进行汉语拓边？对于一个严肃的书写者来说，这些问题都应该努力地去尝试，而不是假扮一脸不屑又力不从心地彻底放弃。某些题材具有永恒性，它们像上帝一样端坐在那儿，凡是经过其面前的诗人，都必须有所交代。

刘　波：我现在越来越觉得一种无力感正在袭来，这种无力感不仅来自你每天面对的社会环境和遭遇的体制弊端，更多的还源于自己的职业困惑，尤其是在读到文学作品时那种渴求力量感的期待，因为满眼皆是平庸，会让你在不断的失望之后，有一种深深的无奈。我称之为精神失重的状态，人一失重就容易飘起来，心飘起来，情绪随之变得焦虑、喧嚣，没有安全感。您在这方面似乎很有定力，能沉下心来踏实地写，一丝不苟，每个字都浸透着生活的砥砺，这关乎技艺，更在于写作的心态。

雷平阳：无力感正折磨着我们每一个人，写作现场上的力量缺失、希望渺茫、功利主义，也像一把把钢刀，冷酷地剥刮着每一颗不泯之心。我们怎么了，为什么总是心慌、不安？我们为什么总像凯鲁亚克所说，大脑极度亢奋但四肢无力一如垮掉？核心问题是，我们心力涣散，对什么事情都提不起兴趣，尽管我们身边的世界状如一个正在进行的作案现场！我一直想从“我们”之中，把“我”拿出来，如你所言，让“我”成为一个“能沉下心来踏实地写”的诗人，事实上很多人也这么认为，但我知道自己每时每刻都在承受凌迟、腰斩和五马分尸之类的酷刑，身体上的器官借助无形的利器都想撕裂而去，而且我们心上总有一把锯片在来回拉着……在立锥之地上剩下的仅仅是我的地狱中返回的可怜的替死鬼。其实，我多么想什么也没看到，什么也没想到，什么也不追求，什么也没写下，空空如也，在日常生活的深处无所事事。然而，一切非我所愿，一个替死鬼，他想超生，他并不辽阔的襟抱，渴望能留存人类足够多的体温；他想有一部小小的心灵史，并且每个汉字里都流着诗歌的血，这血是红的。

1703 年，天主教会下令，将萨福所著的书统统烧毁。只有她的一些诗歌，寥寥无几，幸免于难。我没有夸大过诗歌的抗击打力，正如我以诗人的形象出现却很难成为一个铁血战士，脆弱与哀伤才是我的本质。我的诗差不多都是挽歌，黑夜中响起的换歌。那个卖火柴的小女孩，她死在黎明，这更像诗人的命运。在《向杜甫致敬》一文中，我说过，我们这个走神的时代，如果让我挑选诗人，我选择杜甫，不要李白。倒不是杜甫有定力，而是他很难得到“高于生活”的机会，也正是因为生活的牢狱所困，他成了诗歌之圣，也成了不多几个看见诗歌之血咕咕流光的证人。读高中的时候，语文老师说，经郭沫若考证，因为多日没有吃饭，杜甫是吃牛肉撑死的。令人难堪的是，这个让人同样苦不堪言的时代，诗人却连被牛肉撑死的机会都没有了，我能给自己的无奈的安慰是：在神示之前，我的写作是尽人事。如果有什么法则的话，我会始终坚持在寺庙边上写作，寺庙的悲悯之光，将永远照耀着我，让我不会背离人性而展开虚妄的写作。

刘　波：现在的很多诗歌没有力量感，我觉得缺乏历史感和思想性是一个很重要的原因，尤其是对于一些年轻诗人来说，更是如此。这到底是我们的阅读趣味出现了偏差和美学风尚的落伍，还是诗人对自己的写作要求降低了？或者说自身的素质无法对接这个残酷的时代了？

雷平阳：昨晚，和妻儿一起去看台湾的一个话剧《弹琴说爱》，里面的一段对话，大概的意思是，因为现在的生活太幸福了、太爽了，让酷爱音乐的人也没唱蓝调了。这话并没有什么新意，对中国艺术传统稍具常识的人都知道，强调苦难磨砺一直是艺术创作法门中的正道，我之所以听见此话不由一愣，完全是因为这话在今天说出来，其诙谐或反讽，非常准确地切中了我们艺术创作所存在问题的要害。我们是否幸福另当别论，但工商文明带来的财富与追逐财富的狂潮，的确让“人性”让位于“物性”，也让以诗歌创作为代表的一系列艺术创作一夜之间丧失了常态。在一些老派的资本主义国家，由于艺术存在着可以信赖的公众标准，拜物时代和革命时代也很难动摇人们对艺术的无限性疆域的追求，我们则不然，几次伤筋断骨的文化断代、集体无意识和对物质的顶礼拜服等因素所致，诗歌原有的宗教般地位瞬间便被颠覆，再加上稀里糊涂、遮羞布一般的“仁者见仁，智者见智”的低俗标准盛行，不仅没有拓展诗歌的多维空间，还为众多应景的、歌功颂德的伪劣之作提供了丰厚的存在土壤。再加之网络平台的出现，诗歌发表的问题不是问题了，诗歌的门槛立马被抽除，“标准”之说也就迅速地收归有限的书呆子。我不谙电脑，但听谭克修说有人在网络上一天可以写几十首诗，听得我目瞪口呆。试想，一天之内，纵然是天才，他写下几十首诗，都能写些什么？当然，这是个案，我相信更多的诗歌写作者都难以享受到写作的丰收的喜悦。一边是如你所言“缺乏历史感和思想性”，一边又写作歉收，应该说，诗人并没有降低对自己的写作要求，而是在阅读趣味持续走低、美学风尚偏离正轨的大环境中，越来越不清楚，写作到底都有些什么“要求”。诗人没有了写作向度或说群体性迷失，其让人悲哀的程度，不是一天写几十首诗的非标写作所能阐述的。索尔仁尼琴有句话：“说一句真话，比一个世界还重。”这话足以对应我们的时代，这个时代因我们自身的素质而“残酷”，要让我们以诗歌的方式去对接这个时代，我们也许能说出它的残酷，但我们找不到制造残酷的凶手，因为凶手就在我们之中，我们是同谋！不是失察、疏离和遮蔽，我们已经习惯了假、大、空，习惯了跪着歌唱，习惯了心里一套纸上一套，习惯了云山雾罩不说人话，习惯了一切非人性的魔法，所谓诗言志，没有几个诗人敢用它做自己的墓志铭。似乎也接触过思想激进的、言辞犀利的、敢为众人代言的少数诗人，叫人欲哭无泪，他们的言行，也总是功利主义的砝码！

刘　波：很多诗人都明白一个现实：只有自己才是诗歌的敌人。虽然清楚这个道理，但现在仍然有越来越多的诗人成了诗歌的敌人，它们毁掉的不仅是自己的心理，而是一种诗歌美学。有些人用应景的、平庸的文字占据了主流的高位，并以此获得了荣誉，但这位置和荣誉跟诗歌无关，它们恰恰是非常外在的东西，这时，诗歌只是利益交换的工具。说这些不是发发牢骚，而是真切的现实。您在面对这些现实时，似乎能将它过滤掉，是眼不见为净吗？还是我就写好我自己的，眼前的浮名不足以构成诱惑？

雷平阳：也有人说我是诗歌的现实利益获得者，而且以诗歌的方式我的确得到了很多荣誉。悲从心来的是，某些荣誉的获得，让我内心五味杂陈。就在去年冬季的一天晚上，两位好友约我去一家酒吧坐坐，他们与酒吧主人是哥们，便向那伙计介绍，我得过什么什么奖，没想那伙计翻脸不认人，抡起拳头就往我身上招呼，口上叫着老子就是要打死得过某某奖的人……故事的结局当然是那伙计向我道歉，当然我也拒绝了。这故事让我反省，在单位我是不受待见的人，到民间我又成了别人一心想打死的人，那我的空间在哪儿呢？我想到的是地下室、太平间，我所拥有的独立与自由都在地下室和太平间里，不是这两个地方没人，而是这两个地方相对安静。在安静的地方独处，我的思想才会迸发出电光石火，汉字也才会在黑暗的死亡的床榻上复活。诗人注定是手无寸铁但又满身锋刃的人，也注定是呼吸困难但又满纸飞奔的人，他得一边流鼻血，一边燃烧直到化成灰烬。“单位上的人”和“民间的人”，鲜有人知道他在做什么，也不关心他能做什么。就包括那个想打死我的人，激进而虚无的真理斗士，我知道他根本没有读过我写作的诗歌，他不仅不知道我做了什么，他还不知道他要做什么该怎么做。从这个角度看问题，这个人与“单位上的人”早就混为一谈了，是一伙人，都是更庞大的诗歌的敌人集团。并且令人啼笑皆非，他们仇视的人不是诗歌本身（他们没这个能力），而是诗人这个符号以及这个符号可能蕴含的政治学倾向，抑或语言霸权。现实情况也不是这样，他们反对的全不站在诗人这边，而是被他们合伙组装成偷渡人类自由之海的海盗船了。

以诗歌获取荣誉，我理解为火线上帝给战士颁发金苹果。战士犯错，人类也就醒来。但这太初之道已被篡改了不知多少次，行使上帝职权的不再是上帝而是一些机构，我们所说的奖赏也就难免被加入机构的意志，这时候，不泯的是人心，可人心不古，真正的诗人只能远离名利场，各自打游击。我想，我在他们中间。

“传统中的龙是在眼前绝迹了，但屠龙术我们还得苦练”

刘　波：我曾经碰到过一件事：在一次关于诗歌的讨论会上，几个诗人突然将很高端的理论话题转向了诗歌该怎样写的本质性追问：诗歌到底是有话好好说，还是有话不要好好说？当然，他们站的角度不一样，得出的结论也完全不一样。您似乎也曾提到过类似的说法，写诗还是要说人话，这个完全能理解，因为诗歌也有它的逻辑，并非天马行空的词语随意组合，而是渗透了诗人的想象力和表达能力在里面。诗人朵渔在他新诗集

《最后的黑暗》“后记”中说，写了这些年，“真的还不知道诗到底是怎么回事”，越写越深感诗歌的不可把握。您有没有过这样的感觉？您有过自觉地追问诗歌本质的时候吗？反思给您的写作带来的又是什么？

雷平阳：孔子编诗三百，称经，按理说，经即出，诗歌应该戛然而止或重返于野了。事实并不是这样，这经只是诗歌的重大源头，之后中国诗歌的不朽画卷才慢慢展开。就个人写作来说，写到理尽词穷处或接近神灵处，很多人都会写不下去了，但两种情况似乎都在王维、杜甫、贾岛等人身上出现过，可他们并没有止住自己，峰回路转，另一世界果然又跑步前来向他们报到。这让我想到了想象力的问题和不停地向前的勇气的问题。在云南一些古老的山中，日新月异的科学、五彩缤纷的思想革命，在山外面是主旋律，到了山里人那儿，则犹如山背后澜沧江的水流声。按照拥有话语权的人所想，这些山里人肯定因与世隔绝而生活在时代的黑夜之中，理由就是他们没有我们所具有的。我要说的是，他们有想象力，他们有在并不清晰的世道上前行的勇气。他们通过风声、鸟叫，可以预知生死，他们根据鸡的内脏可以准确地诊断人的内科病，他们通过石头和野草做媒介可以和死去的祖先通话，他们在自己的身体上想象出了十二个灵魂并让其充作守护神。他们坚信，人的死才是大喜事。死了，人才能到天国去享尽繁华与自由……天国是看不见的，无法验认的，甚至是不存在的。然而就因为它存在于想象之中，它为人们提供了向前的力量，也让一个或许并不存在的国度陡然现出形迹。想象的东西往往是真理，我们的“嫦娥奔月”基于想象，但当尼尔·阿姆斯特朗一脚踏上月球，我们不再认为月亮遥不可及。如果几个世纪之后，有人真的找到了真实的天国，我的灵魂还在世上游荡，我不会感到惊奇。反观诗歌圈，主动受制于冰冷的机器世界的人太多了，人们始终无力承认自己就是永远生活在绝路之上的一群，永远不相信想象力尤其是创造性的想象力是可以救赎自己的异力。这股异力从身体泄光后，诗歌前行的动力自然也就大打折扣。本质上的诗歌追问一如两小儿辩日，谁都能说出代表不同写作群体的写作密码，都无可厚非，关键是这不是好说歹说的问题，而在于说出了什么，什么才是我们想说的，我们能说到什么程度，说了这么多我们离天国还有多远！我没有考虑过以自己之力去握诗歌，写得再深，深到触及了无底洞的底，诗歌也是不可把握的。它的无限性，它一动不动的沉稳或它向前奔跑的速度，它灵魂不变但外形七十二变的本性，纵使伟大如但丁、李白、布罗茨基和米沃什，也只有徒唤奈何。为此，不知道诗歌是怎么回事才是对的，我们才有机缘去弄出它不同的模样，想象它是这样，想象它是那样。传统中的龙是在眼前绝迹了，但屠龙术我们还得苦练。

基诺人认为，蝉是人间通往天国的路边，那些孤魂野鬼的化身，它们的任务就是不停地叫，叫到天国和人间的门都打开。我觉得他们说的是诗人。我的写作就是叫，哀鸣。这不是反思的结果，是本能。

刘　波：您曾在《我诗歌的三个侧面》这篇文章中提到，您期盼诗歌写作应该具有摄影术的功能，当然，这也能从您大部分的诗歌中得以验证，将所见所闻、所思所想如实、客观地写下来，像素描一般，这是需要能力的。有时，这种写法有着非诗的意味，但叙事就那样分行下去，最后也能呈现出诗意的效果。也就是说，诗意并不一定是通过抒情获得，那种大面积、大幅度的罗列，能形成富有原始力量的吨位，瓷实、绵密，让人无法忽视。但写这样的诗，不是单纯靠灵感，也非江南诗人们那种轻逸可以驾驭，它就需要你扎实地一点一点像用砖砌墙那样，将缝隙慢慢填充起来，最后形成一面密不透风的墙。我感觉您的诗歌写作就是如此，看似下了笨功夫，其实收获的是灵魂的深、意味的长。

雷平阳：我不排斥诗歌的新闻性，相反我对诗歌中存在“永恒的新闻性”怀着热切的愿望。这就是我借用“摄影术”，大面积、大幅度罗列生活现场的原因所在。生活现场上发生的铺天盖地的事件，我感到有很多都内含了暴烈的史诗性结构和残酷的诗歌美学，以及我们一直在追问的世界的真相和我们不堪一击的命运。我想成为一个战地记者，也想做一个坐在火药仓库里抽烟的亡命徒。

刘　波：您一度在诗歌写作中喜欢用“记”，比如《木头记》《养猫记》《狱中哺鼠记》《矿山屠狗记》《少年筑墙记》等，这些都是对日常生活状态的一种记录，大多数时候可以写成散文。但您是用诗的形式来呈现的，包括《生活记》，大都是对日常生活的一种梳理、守护和升华。我们在阅读后的感受就是一种对记录式写作的探索，既有传记的成分，还可能是一种寓言，一个关于生死的故事，一场强迫症的闹剧。这样一些记录所包含的，可以是直接的生活（亲历），也可以是间接的生活（阅读），它似乎能写尽一生的主题。您对这种记录式写作有主题上的特殊要求吗？您这样写作的出发点或本意又是什么呢？

雷平阳：写了那么多“记”，意在探索人性，从根干上，从枝叶上，从想象中。不过，我所关注的人性，是生活现场上的人性，是我正在亲历的，不是远方的。它属于矿工、尼姑、右派的儿子、囚徒、小职员、杀狗人、牧羊者，他们绝不是生活的配角，他们是中了魔法或渴望魔法的一群人，由于施赐魔法者是隐形的，他们便在自己遍布的每一个生活角落，上演着一场场不会谢幕的魔法话剧。这样的话剧需要观众具备铁石心肠，作为其中一员，我所选择的记录对象，往往还具备了日常性和公共性，不是在更怪力乱神的“话剧”面前临阵脱逃，而是说只有具备日常性和公共性的“话剧”里，才能找到普遍性，也才能找到大众的心理兴奋点和灵魂的公共墓地。读古人一系列的笔记及《刽子手之歌》《古拉格群岛》和《中午的黑暗》，我知道，切开一个时人的血管我不具备能力，可我能够记下一些动我心、乱我心、碎我心的事件。以诗歌的方式未必妥帖，可为什么不能苦心地试一试？

刘　波：富有现场感的写作是对客观人生的一种备忘，很多时候诗人是要去面对现实的，这样就不至于让自己在文字中缺席。当然，联于现实的写作大都是及物的，但有人也担心诗歌的美学会因此打折扣，所以还是主张不用那么直接，要在表达上留有余地，在意味上留有空间。而于坚老师早就提出过“拒绝隐喻”，我觉得这种提法是有它的时代性和针对性的，随着时间的推移，我们对“拒绝隐喻”也会有新的理解。有的诗人追求的是“大处明晰，小处隐喻”的趣味，而有的人遵循的是“小处明晰、大处隐喻”的原则，然而，隐喻无论是作为一种整体精神，还是作为一种细节修辞，不同气质的人，会有自己不同的选择。相对来说，您的写作更多的还是在于有感而发，直白其心，而对于隐喻，您又是怎么理解的呢？

雷平阳：拒绝与不拒绝，成为口号都是可疑的，我没读到过真正将隐喻扫地出门的诗作。于坚之所以在当时提出拒绝，也不是真拒绝。第三代诗人诗歌革命的需要而已。写诗近三十年，除了早期与几个诗歌兄弟结社油印诗歌报刊外，我没参与过任何革命性的诗歌团体和流派，这让我用不着伤精费神地拟纲领、读宣言、喊口号，乐得于独自写些人到诗到、人在诗中的作品。古人说诗无达诂，前面我也说过诗的无定形，我就此朝下分析，诗歌美学也不应该是恒定的，人们也不能以某个铁定的“标准”衡量什么诗歌符合“美学”，什么又不符合。假如这种方式是必须遵守的，诗歌的创造性就会被消灭，再假如，诗歌仅仅因为没有了人为的隐喻就成就不了美学，那隐喻岂不成了诗歌写作的不二法门？至于说到我自己创作中如何使用隐喻的问题，首先，我从不拒绝隐喻，作为诗歌写作天然的方法论之一，隐喻对拓展我诗歌的内部空间有着极大的作用，它仿佛为我的诗歌结构提供了一个个防空洞、地下室；其次，我所要的隐喻没有一定要遵循的使用原则，它在不同的文本中有不同的使用方法，自然而然，或隐于无形。

刘　波：时空感对于诗歌写作来说非常重要，它有时甚至能决定一首诗在整体和细节上诗意的协调性，古代诗人是很懂得在诗中经营时空感的，像杜甫的“乾坤万里眼，时序百年心”就是明证。在现代汉语诗歌中，有的诗人很重视这个，如能处理得恰到好处，可达到出其不意的诗性效果；而有的诗人不重视这个，在时空感的凸显上没有对比性，所以诗歌往往就趋于平淡，缺乏生动的新鲜感和节奏感。您是如何理解时空感的？而在写作中，您又是怎样处理这种时空感的？

雷平阳：抒情性诗歌，在时空感的经营方面有着太多的典范，因为时间和空间可以点石成金般让诗歌语言闪闪发光，并迅速激荡普通读者的心。但它们也是双刃剑，用好了异彩纷呈，用得不好诗歌就会流于空泛和平庸。在很多不入流的朗诵诗里，我们常常看见一些假大空的语句，天外飞仙似的在不同的时空里疯狂穿梭，细心聆听，发现诗歌已死，穿梭着的无非是穿着诗歌外衣的语言垃圾。在优秀的诗歌作品中，此时彼时、此地彼地、此人彼人、此事彼事，也不是你所说的让其产生对比性，以求出其不意，它们是合二为一的，彼此借用身体而存在，或让人难以分辨而产生迷幻从而引出许多无法预知的让人陶醉的误读空间，其目的不仅仅是为了制造出其不意的诗性，而是以它们为材料，另外再造一片浩瀚星空，万物同宅，天下为量。为此，我的诗作中，时空感是向内的，是内生的，我从来不会因为对节奏感和新鲜感的渴求而轻易引时空入诗。特别是叙事诗，事件时空、语词时空、叙事法时空、美学时空，如果它们都纷纷跃出纸面，那就难以收拾了。

“剔除杂芜，心无旁骛，刀尖直抵心脏或骨头”

刘　波：您在本质上是一位抒情诗人，但您对于叙事的处理有自己的一套独特方法，您的很多诗作其实都对此有着明晰的印证。我曾在课堂上将您的《杀狗的过程》一诗让那些平时只接触过徐志摩、闻一多、海子和舒婷等抒情诗人的大学生们读，他们读完后都很诧异：原来这种新闻式的文字分了行也能成为诗啊。甚至有的学生尝试着将这首诗的分行符去掉，后来给我反馈回来说诗意的效果消失了，所以他们明白这行不是随便分的，它内里暗藏着技巧。包括您的很多带有叙事性的诗作都是如此，这倒是一个很有意思的话题。您当时创作这首诗时，怎么想到会用这样一种方式来处理呢？

雷平阳：《杀狗的过程》《八哥提问记》和《存文学讲的故事》等等诗作，都有人将其置换成“散文”，目的是认定它们不是诗歌。我一笑，因为在我看来，文体只是一种外在形式，有无数的小说、散文、舞蹈、绘画、音乐，我都是将其当成诗歌来欣赏的，反之亦然。当然，我并不想抹去诗歌的体征，在形式感上为所欲为，而事实上我也不是一个追求表象效果的诗人。写作《杀狗的过程》时，我考虑得最多的是，“死亡”“奴性”“忠诚”和暴力都不是过去式，而是在现场上，在我们生活的任何一个角落，所以我要写下的诗稿，也应该出现在人多的地方，它需要观众，断头台的旁边，需要一个审判台。说到叙事的方式，我喜欢以下元素：①客观的现场（客观得让人产生想象）；②尽可能剔除修辞的语言（这种语言甚至不需要隐喻就可以锋利如芒或洁净如光）；③语言本身的故事性（很多语言、词都有着自身故事）；④故事的有效性……最重要的一点，要有足够的耐心调控好故事的向度和诗歌的内部节奏，其节奏产生于故事结构，又服务于二者新创的语言之外的看不见的空间结构。诗歌的行不是随便分的，这说的是某首诗歌的唯一性、一次性，针对不同的叙事，我们其实还会有太多的不同的分行方式。前提是，分行不是了强化抒情诗的节奏，而是针对故事的现场流向和诗歌的内部节奏，它是无形的形式，是心灵支配的行为，法度存在于每个诗人不同的美学标准之中。我在《杀狗的过程》写作过程中所采用的“方式”，是我叙事诗的方式之一，特点是剔除杂芜，心无旁骛，刀尖直抵心脏或骨头。

刘　波：有些古代诗人写诗讲究无一字无来历，有一种客观、严谨的态度，有人也理解成是他们掉书袋而已，而您的写作也讲究无一字无来历，但这来历是您的人生经历。我觉得日常生活经验在您的写作中占据着很重要的地位，它几乎成了您诗歌写作的全部资源，包括爱、悲悯、敬畏和同情的人文关怀，皆是从日常生活经验中获得。您一般是怎样处理和转化日常现实和生活经验的呢？

雷平阳：这是一个同样折磨着我的问题，激活日常现实与生活经验，使之从个人阅历转变为精神历险，其难度约等于从一个世界到另一个世界。那些布满人间烟火的生活场景，要不露声色地使之脱胎换骨，它涉及的是你整个写作的目标和价值体系，人人都有个人体验，选取事件、美学标高、道德立场、叙事方法和写作切入点的不同，境界也就不同，甚至于同样的事件，不一样的诗人就会有天地之别的写作结果，我生活在云南（这很重要），云南南方又是我沉迷的地方，那儿每一个村庄都有寺庙，人们在信仰佛教的同时因为受万物有灵之原生宗教的影响，敬畏、恐惧、感恩之类的词语仍然是生活的主旋律，它让我确立了“在寺庙旁边写作”这样的写作观。寺庙意味着慈悲、道德之根，文化底线和天地之正气，与之对应生活现实，诗歌的资源自然也就会永不枯竭。《杀狗的过程》一诗，很多人因为它展示的残酷而难以卒读，我的十岁小儿意外地读了它，一边哭一边发誓再也不读我的诗作，但读了这诗来找我交流的人，和尚居多。悲悯因怒目金刚立在庙门口而挑选着真正具有菩萨心肠的少数人。综上所述，从日常性到诗歌，所谓处理的手段，不在于玄技派的笔底，而在于诗人勘察和审视生活的内在能力。

刘　波：有着长久写诗经历的人大都知道，想象很重要，经验也很重要，但想象怎样与经验融合，才能达到丰富的诗性，这是困扰很多过了三十五岁的诗人的难题。到了一定年纪，如果还有持续写作的可能，他们下笔时不会再依靠单纯的想象了，而是需要向人生与人性的自然过渡，只有这样，写作好像才会有一个美学和精神上的超越。您有过这样的阶段吗？如何进行“中年写作”的转型，也是持续性写作的一部分，您的写作遇到过“中年困境”吗？您又是如何对待的？

雷平阳：前些日子，安琪对我的访谈中也提到了“中年写作”的困惑问题，我否认了这个问题的存在，至少对诗人而言它没有精神合法性。我觉得以时间段区别诗人的写作，中年时刻，一种诗人的写作已经结束，另一种诗人的写作则刚刚开始。十多年前，日本诗人谷川俊太郎造访昆明，与一伙云南诗人在翠湖海心亭雅集，当时他六十多岁，活蹦乱跳，热情洋溢地与人交流或爬到高处读自己的诗歌；相反，那批云南诗人三十岁左右，却人人沉默得像一块块石头，一点儿向外的活力都没有。我也在场，当时的反差令我心里很不是滋味，我觉得我们都未老先衰，由心储藏的阳光实在太少了，心力似乎都被魔鬼榨干了，仿佛一群活不下去的垂死者。我们为什么有“中年困境”？唐朝的诗人没有，宋朝的诗人没有，西方的诗人没有，它为什么偏偏大面积出现在我们这几代汉语诗人身上？它真的存在吗？还是我们为自己找出的一个借口？我们真的彻底丢失了古代诗人身上的“少年精神”了？我就不列举古今优秀的中年诗人创造力旺盛的例子了，但当这问题频频光临的时候，我也跟着疲惫了起来，似乎真有那么一张鬼的嘴，不停在脑后吹凉风，说着泄气话。哈哈，每个人都有被蛊惑或中魔的时候，每一个诗人也都有迫不及待地想从想象力写作转入人性挖掘以期实现美学超越的时候，但这不是“中年困境”，它存在于写作的各个时段，何况想象力与美学超越也不是诗歌美学中截然分离的两种元素，能融合在一起岂不更妙！我观察到一个现象，倒是蛮有意思的：大凡将写作的策源地放置在西方文学观念和话语谱系上的一些写作者，少年和青年时代总是横空出世，领尽风骚，可一旦抵达中年，“拿来”的东西难以为继，而与本土文化血肉相连的写作思想体系又迟迟无力建立，于是便写不下去了或无奈地开始“苦心经营”了。曾听一位作家聊天时说过这样的话，由于开始写作时便一味地采用西化的话语方式，久而久之，就以为这是语言表达的唯一方式。可后来又发现，西化的语言根本没有日常性，以至于与自己的亲人交流都总是缺少交流时必需的平面上的语境，磕磕绊绊，像隔着一层玻璃。这可能就是你所说的“中年困境”的另一种版本吧。我至今没有经历过，很多因此产生的问题也就无从谈起。

刘　波：让那些世俗的生活获得诗意的提升，这是有难度的，有的诗人通过物象罗列的方式来表现，而有的诗人通过情感审视的方式来入手，但最终都涉及一个转化问题。如何用自己的语言方式来书写个体的经历、遭遇和感受，这看似简单的事情，对于有着理想主义精神的诗人来说是一种莫大的挑战，您认为这对自己来说是挑战吗？诗歌写作的难度是自己内心的要求，还是外在的要求？在您的实践中又是怎样解决写作的难度的？

雷平阳：我置身于世俗生活，但我一旦动用文字，我写的就不再是世俗生活。对每个诗人而言，这只是写诗的门槛，其可能达成的目标之一是，努力将个体的经历、遭遇和感受，以及某些具有集体主义性质的记忆，通过文字，上升为国家的或一群人的“公共知识”。它的挑战存在于：①在庞杂的阅历中“拿出”具有所指和能指的有效阅历；②于有效阅历中找到或培育“理想主义精神”所需的一个个元素，并让其成为诗歌之血或骨架；③融汇阅历中的“内心要求”和“外在要求”，让诉说的愿望处于零度状态，诗人存在于诗歌之中但又不频频跳出来……让我最难办的也许还不是以上三条，而是该用什么样的思想、观念、视角和叙述方式来激活“世俗”，它们让我万箭穿心，苦不堪言，服从于内心，很多“题材”是无光的、绝望的、与不同形式的暴力有关的。如果屈服于外在要求，同样的题材，往往“柳暗花明又一村”，可以虚设出无数的虚幻的未来。以上两个向度又可能共同折磨诗人——现在很多“良心之作”，给出了地狱和炼狱，但从来不提供天堂，因为要想给出天堂，诗人或小说家内心要有天堂，可我们的诗人或小说家穷尽自己的精神储备，也难以搭设一座哪怕是山寨版的天堂。转个弯采用政治波普的人，更是只会将绝望的人群推入万丈深渊，手术刀到处，切走的不是肿瘤，而是器官，努力挖开的罪恶之棺，得到的不是反思与再生，而是提供罪恶的秘籍。

如此种种难度，时下几无解药，除非你甘于在地窖里写作一生。除非腰后那支抵着你的虚幻之枪真的撤走了，诗人的奴性也被剔除了，坐在书桌前的是一个纯粹的诗人。

“将写作本身的意义调整为‘呈现’”

刘　波：诗人张执浩在一篇文章中说过，他和您聊天时谈到故乡，他在《慌张》这一首诗里感慨道：“他还有故乡，而我只剩下故居。”这确实道出了当下中国的社会现实。但我相信，您虽然还有故乡可写，但那种乡愁中也尽是困惑，他人可能不理解，唯有自己去领受。当乡愁书写成为一种时髦时，它的味道就变了，我看到太多的诗人去刻意写乡愁的沉重，除开社会转型和环境变化的因素外，诗人的乡愁是虚幻的还是现实的？如鱼饮水，冷暖自知，您是怎样理解自己的乡愁意识的？

雷平阳：当国家商业文明猛扑过来之时，我就意识到古老的隐居式、解甲归田式和游子回首式的故土观念必将被连根拔除，所谓乡愁，余光中式必将会变成小儿科，代之的则是挖掉祖坟之后的空空如也的没根的不是乡愁的乡愁。当年故乡之宝相庄严、自然状态和诗人的乌托邦，我们都见不到了，羊群啃草处，横卧着怒吼的钢铁狮子和推土机。在此大背景下，“沉重乡愁”的书写尚可理解，最匪夷所思的是很多诗人还置身于古代的语境中，梦呓似的写着并不存在的故乡。7 月下旬，在山东德州，遇到了诗人续小强，他说他的故乡，因为地底下的煤质太差，得以错开山西的“深挖洞”浪潮，整个村庄长满了榆村，秋天，他回去，刚到村口，一阵秋风吹来，满地和树上的榆树叶就往天上飞……这些年来，续小强是我碰上的唯一一个有故乡的诗人。张执浩说我还有故乡，那是臆想，也是对我诗歌的误读。我所写的乡愁，其实是丧家之犬的乡愁，而且，这丧乱之上的乡愁，不基于“终归无处还乡”，而是肉身与精神的双重无着，而是断头台上的断头者对人间的最后一瞥。这一瞥，没有留恋，只有冰冷的记忆。乡愁，遥远的归途，已经变成断然的放弃或茫然的重构。也许我们真得认真地爱上烟囱和拦河大坝，也许我们真得在股票交易大厅里建一个望乡台，也许我们真得在土地交易中心的旁边塑一尊土地神，也许我们真得让自己团团乱转的灵魂皈依拜物教或政治经济学……也许，我们死后，骨灰注定要撒入大海，千万年无所归依，或者，都得放入纪念馆，找不到一个可以下葬的地方。

我的故乡欧家营，昭鲁大河与荔枝河的交汇处，现在是昭通城和鲁甸城污秽之物的堆积地，河水是苍灰似的，冒着泡，散发着浓烈的臭味。整个村庄，疑似地狱里的厕所。二十年左右的时间，人们没有改天换地，但的确改变了一条条壮丽的江河。它已经承载不了我的“乡愁”，我的乡愁日趋虚幻，它出现在我的诗歌中，没有所指，比如“欧家营”，是可以置换成所有的村庄名称的，比如“我”，意即你们。任何一种题材中，“我”都可以独立，唯独在“乡愁”这儿，我们、你们、他们之中，“我”是被搅碎了的，是残片，拿不出来了。这个可能是思想的乡愁，它意味着我们都患上了老年痴呆症，只有在自己臆想出来的一个孤立的世界上，一次次把自己走丢在路上。

刘　波：您曾在一篇文章中说，云南多元的原生文明能为您提供一片纸上的旷野，这个说法很有意思，也颇富深意。我觉得这句话甚至可以用来概括您目前的写作。话虽简洁，但内涵非三两句能说清，这凝聚了您多年的探索、思考和行走的实践，这也可能是您一生的写作追求。您理想中的“纸上的旷野”应该是什么样的？

雷平阳：回答你这问题的时候，我在西双版纳勐腊县的曼朗村。关门节就要到了，人们正在翻修缅寺和准备供奉用品，村庄的四周全是热带雨林，雨林的脚边，有一片片金黄的稻田，世界静如太初，只有雨林上的薄雾和大佛爷及小和尚诵经的声音，是动的。那一条通向世界的山路，在雨林中时隐时现，没有车水马龙，没有报警器、喇叭声和一张张焦虑的脸。那些因生计暂时离开村庄的人，他们也会在太阳落山之前回到寺庙，寺庙犹如心脏，人们围坐在旁边，领取神示……这是大地之边，是全球化的飞地，是人与神同居的天地之宅，置身其中，我知足、谦卑，每写一个字，内心安宁，如有神助。我所向往的“纸上的旷野”，它也是一部分，由古老而又活泼泼的生活与精神的场景构成，菩萨与村庄里的树木一样身上长出青苔，人们仿佛什么都得到了再没有更多的奢求，一切都在终点上。这片“旷野”或类似的地方，一直是我写作的“根据地”，却不意味着征服、占有和挪用，我也一直在淡化它的象征主义和它在喧嚣时代所特有的神性气质。文学需要尊严，可往往连这样的村庄所具有的气象都没有了。也就是在几天前，我重访基诺山和南糯山，在基诺山的杰卓老寨，我写下过《基诺山的祷辞》。

神啊，感谢您
今天让我捕获了一只小的麂子
祈求您明天让我捕获一只大的麂子
神啊，感谢您
今天让我捕获了一只麂子
祈求您明天让我捕获两只大的麂子

这种干净的语言，我们早已丢失，而诗歌中的现代性无疑又可以修正我们的价值观。在南糯山的密林中听虫叫，是我生活中惊心动魄的一幕，为此我写了《集体主义的虫叫》，那种撕心裂肺的叫声，何尝又不是人在叫？何尝又不是人在为自己争取生存与自由的空间而发出的悲鸣？我一度将“旷野书写”当成一个书生对工商文明的反对，希望世界永远保有一丝丝乌托邦气质，希望人间凡有心灵的地方都有一座寺庙，我知道这种愿望的不切实际，所以，后来我将写作本身的意义调整为“呈现”。同样是基诺山，从杰卓老寨到孔明山的那一条道路，基诺山人视其为人间通往天国的路，2007 年我在那一带长住的时候，道路的两边全是雨林，这次再去，雨林没有了，全是橡胶林，我的痛苦可想而知。日记里我写道：“我从来不反对人们对天国的向往，但我不相信，通往天国的路边，只能栽种橡胶树。”旷野在缩小，我能想象到它的消失，代之的“天国”即“工业文明天国”会是什么样子，或说为之付出的代价会有多大，我们现在都难以测度，我现在能做的，只是不停地将旷野平移到纸面上。这旷野的样子，一如泡影。

刘　波：您发表在《读诗》2013 年第二卷上的一组新诗，初读像是对行走过程中点滴思考做记录的游记，您将写作的视角重新拉回到了观察的现场，就是专注于“看”，将诗意诉诸视觉，但我后来从字里行间领悟到了一种古意与现代性融合的真实，它是跨界的、多元的，需要我们用心去捕捉隐藏其间的深意，而且这种深意还不可直接言说，只能秘密抵达。

雷平阳：《读诗》所发作品，没有收入的新作有一首名叫《脸谱》。

博尚镇制作脸谱的大爷
杀象，制作象脸
杀虎，制作虎脸
他一直想杀人，但他已经老朽
白白的在心里藏着一堆刀斧

这也是我在云南临沧市博尚镇“看”到的，尽管我看到的那位制作脸谱的大爷他未必想杀人进而制作人脸。但“看见”与“写作”中间相差了六年时间，也就是说六年前我看见，“脸谱”便斜插在我的大脑之中，时时显像，折磨了我六年，直到差强人意地写出这短短五行文字。这种时间差，说的不是“现场”的消失，反而是强调“现场”的难以消除。它存在于博尚镇，被我的眼睛所看见，它存在于我的大脑之中，我却得花六年时间用我的内在视角去看，并为此调动写作经验、变幻的美学观和常常受到无端冲击的人文精神。“观察的现场”无疑是我写作的重要场域，它们不同于摄影术之中的切片，我也从不强调它们的瞬间性和偶然性，即便它们就是倏忽一闪，是百分之百的瞬间，我也会努力地去寻找历史和心灵的依据，还会无休无止地将“瞬间”变成“漫长”，找出它们的深度、广度和长度，将我所体认到的写作可能性尽力掌握在手中。这当然也是想说明一下，任何现场都不是孤立的，其合法性就在于它们为我们预留了太边的可以拓展的边界以及可以纵向上升与下沉的人间。这也正是诗人与记者的不同之处吧。再说，所谓“现场”，我们也不应该将其简单地理解为新闻或事件现场，类似与之相关的诗歌其任务也不仅仅是现场取证，《诗经》中的“在河之洲”是现场，李白的“遥看瀑布挂前川”是现场，杜甫的“暮投石壕村”是现场，苏东坡的“横看成岭侧成峰”是现场……天下就没有一篇优秀的诗作悬浮于现场之外，即使“春蚕到死丝方尽”之类，也没离开诗人心灵的现场；就算宏大叙事如“北国风光”，也由个人体验、历史气象和“眼前之景”等诸多现场进行支撑，一点也不例外。如果传达其间的深意尚有秘密的通道，这通道刚好是正道，不是一意孤行以求开山立派的旁门左道。

刘　波：从局部的细节，到整体上的大地之美，这是我从您的诗作中读出的一个思路，即从小处着眼，而最终抵达的是一个大的境界。您的诗很难拆开来，这让惯于寻章摘句的读者不知道怎么去读了，因为他们找不到“格言警句”了，这由此打破了很多人的诗歌阅读习惯。您的诗作正是这种讲究整体的诗歌审美的典范，一旦认真读下去了，其实会有一种酣畅淋漓之感，然后引你去琢磨、思考。读诗的效果，是在不知不觉甚至是意外中达到的，这样你才能记住并信任这个诗人。不知道您读其他人的诗作时，有没有碰到过这种情况？

雷平阳：枕边书换了一茬又一茬，诗集相对少，尤其一直作为枕边书的只有《聊斋志异》和《阅微草堂笔记》。前面已经说过，我推崇和向往的文本，可以是诗，同时还是小说、散文、绘画、音乐和舞蹈，甚至就是生活本身。这些年，读别人诗，卡瓦菲斯、辛波斯卡娅、布罗茨基、博尔赫斯、王维、担当……读来读去，寻找格言警句的心理早就荡然无存了，整体感、思想力和自然而然的语言方式，却是自己一直渴望认证的，其意外的效果很多时候也是一种技艺，无非是要想熟练又不动声色地使用这种略显笨拙的技艺，诗人得有足够的韧性和耐力，阅读者亦如此。还记得20世纪90年代初读布罗茨基的《从彼得堡到斯德哥尔摩》（王希苏、常晖译，刘硕良主编）一书，读到其中的《挽约翰·邓恩》一诗，开篇就是“约翰·邓恩睡熟了……身旁的一切/也在沉睡：墙，床，地板，全睡了。/桌子，绘画，地毯，衣钩和螺栓，/壁橱，碗柜、蜡烛，窗帘，——

一切/都睡了……” 接下来，全是无止无休的沉睡的什物，随后又是天使、骑士、诗睡了，又是无止无休，直到第 96 行“且慢，听”一句，诗歌才出现转折。这首伟大的悼亡诗的叙事方法，无所不能的隐喻，特别是唤醒日常杂物的神鬼之力，后来成了我们中间很多诗人争仿的对象，可在当时读它，读完之后的悦喜甚至抵消不了阅读过程中所受的语言熬煎。因为那个年代，我还迷醉于抒情，还没有做好叙事的准备。后来重读过此诗无数遍，也读其长诗《新儒勒·凡尔纳》，读后完，甚至有万念俱灰的感觉，一个诗歌大神矗立在面前，我的写作微不足道。

刘　波：最后一个问题，您的书法自成一格，在文学圈也有一定影响。当然，这只是您的一种个人爱好，好像无关乎成就。书法与您的诗歌写作有交集吗？有没有一种相互的见证和影响？

雷平阳：诗歌和书法，诗、书、画之说的前两位，它们之间的天然联系，在古人那儿受到重视，现在它们却成了两个体系。以前诗人和书法家往往是一个人，现在则不然，就连文联这样的机构里，诗人被归入作家协会，书法家则有了专门的书法家协会，分工之细往往也就导致诗人远离了书法，书家则离开了诗歌。至于诗、书、画三者中的画，也有了美术家协会，古人所说的某人诗书画三绝，很少见了，“文人”这个特定的指称也消失了。诗人的诗歌在古代可以手书在墙上或纸上，风雅得很，如果诗人刚好又写得一手好字，那更是如东坡一样冠绝古今。古代有书家虞世南、黄庭坚……每个人诗词歌赋，高山仰止。现在，诗人习书者少之又少，书法家中的很多人只会“厚德载物”“宁静致远”“难得糊涂”之类的几个字，且那字之俗、之媚、之油，看了就让人悲从心来。不过，我习字倒不是为了成就自己的“诗书”梦想，二十多岁的时候，诗歌写得疯狂，昼夜亢奋，很少有睡眠，便担心自己有朝一日会入魔，失去心智，只好自我搭救，以毛笔抄古诗或经书，以求静心安神。这么一写就是二十多年，不敢自称书法，自然为之，率性为之，写自己的字而已，只求写下的汉字都是活的，每写的内容都有些风骨和人性，不空、不假、不装。就此而言，我之诗书，以真性情互相体贴，有着我个人的体温和美学，互美也。

与平阳谈诗
——雷平阳访谈录

《星星》　雷平阳

《星星》：广义的“乡土”这个概念在你的诗中占有很大的比重，请谈谈你对这个命题的理解；当全球化正在改变人们的活动半径，生活方式及思维方式的今天，“乡土”在诗歌中的魅力会有怎样的改变或深化？

雷平阳：农耕文明是中国传统文化的老本。中国的古代文人清一色是写“小地方”的高人。以我的阅读经验，无数的诗词歌赋、山水文章、笔记小品，都有着具体的写作现场或说诞生地，即使“心在天山，身老沧州”一类，抑或怀古伤今、世说新语、聊斋说鬼一类，也都大有出处，绝少虚妄，桃花源和鬼国，都在人间有确切的“乡土”身份，某地、某县、某乡、某水、某户人家。那些难以照应的，似是而非的，引来后人哄抢的命名公案，我理解为时间史、审美诉求和误读所致。中国古代写作者与“乡土”，理应成为学术研究领域的一门显学，让人意外的是，这方面的严肃文本并不多，常见于文史资料中的某某人与某地之类的文章，又几乎上不了学术的台面，方法论缺席，史海探水、梦中捉鸟而已。

现在的诗人作家写“乡土”为什么会成为话题，我曾为之惶然，渐次也就释然了。这倒不是大梦谁先觉的问题，犁庭扫穴式的“全球化”，带给我们的岂止是“乡土”的遗失和叛离，文化断代、写作方法异化、审美向度激变、道德取向更新、普世价值落俗……仿佛在一夜之间一个国家从精神到肉体就被清洗了一遍，失忆症、梦游症、臆想症和狂想症成为集体主义的核心组成部分。所谓“乡土”，变成了浮在纸面上的六神无主的一个词。多少挽歌，唱过之后，多少无病呻吟之后，我们应该正视的是，我们现在的“乡土”，已经不再是古代文人千秋怀抱中的那个“乡土”，那个埋着祖坟、父母安居、遍布人间烟火和鬼魂游荡的“乡土”已经被取缔了，那个可以告老归去的地方已经被抽走了，走神的年代，“乡土”同样的魂不附体了。我们都是些被逐出家门而又怀着“新思维”的流浪汉，像极了那个被巨浪带到荒凉岛上的鲁滨孙。只能按想象中的挪亚方舟的造船技艺新造一条船，以求有一个新的乡土在大海的那一边能收留自己。最令人不安的是，眼前的“荒凉岛”不是自己想要的。也就是说，血源断裂之痛和重新寻找之苦的双重压力，现在正落在所有乡土写手的肩上。

《星星》：你对古典诗歌喜爱至深，请谈谈它对你的写作产生过哪些影响？同时，你认为中国现代诗歌在艺术的边界上对古典诗歌有无超越？如有，超越产生在哪些地方？

雷平阳：古典诗歌对我来说乃是诗歌之血，它一直是红的，氧气充分，流淌在我的脉管中，对我的写作不是影响的问题，而是供养之恩。有人说古典诗歌是贵族血统，我忝列高贵之列。另一种人说古典诗歌是草民血统，我认可卑贱。古典诗歌在当前不为人待见的原因有三：一是因为它古典；二是人们远离了古典；三是时下的“老干部体”在作怪，坏了它的形象。我不觉得中国现代诗歌在艺术的边界上超越了古典诗歌，以现代技巧、诗歌体量和容量、现代诗歌正在创造诗歌的未来等诸多理由去枪决古典诗歌的言说都有违诗歌精神。

我是个相信时间和经验的人，在我看来，古典诗歌是被证明是诗歌的诗歌，《诗经》的作者佚名氏，《离骚》的屈原，以及李白、杜甫、王维、寒山子、苏东坡等等，是被证明是诗人的诗人。现代诗歌和诗人正排着队等待被证明呢。宋朝，苏东坡、陆游、辛弃疾、柳永等一大堆杰出的诗人曾将诗歌的边界拓展了一下，有了些自由体的意思，把词写得大行其道，深入民心，现在看来，他们也没有超越唐朝。成“典”的东西，很多是注定无法被超越的，新诗可能成“典”，但是另一部“典”，且是“前典”的子孙。“后典”超越“前典”是必然的，但目前没有出现，有待正在写的人和没有出生的人。

《星星》：你的家人或非写诗的朋友读你的诗吗？如果读，他们对你的诗有何评价？

雷平阳：我的父母和兄弟姐妹基本不识字，无从读起，妻儿偶读，评价一般。在我八岁的儿子眼里，云南只有于坚一个诗人。我只是他的玩具，不是诗人。一些不写诗的朋友也读我的诗，比如设计师万迪恒。这是一个酷爱读书的人，他一直觉得读书比搞建筑设计和挣钱愉快得多，于坚、我、老虎等朋友弄的一年一度的纯民间的“高黎贡文学节”，就是由他和另一个朋友林迪联合资助的。每次读我的诗歌和田野考察的文字后，他都会约我谈谈，而且每次谈完，结论都一样：第一，作为我的读者，他希望我不顾生死一直在自我折磨中写下去，写出我们这一代人的记忆、疼痛和梦想；第二，作为朋友，他一再劝我入世，柔软下来，放弃假想敌，抛开未知的幻景，做个快乐的人，在他的眼里，我的写作太像殉道或自杀，完全可以不写。

《星星》：每首诗从构思到写作的过程各不相同，请谈谈你感受最深的某些诗的写作过程；到今天回顾时，你对诗歌写作有什么感悟？

雷平阳：在心境平和、情绪饱满的时候，我开始诗歌写作。同时也开始冷静地审视自己积累的“诗歌原料”，我几乎不在亢奋和“有感而发”的状态下落笔。也许“抒情武”和“叙事性”诗歌需要不同的写作程序，但对我来说，两者之间的区别是可以消除的不存在的。一首短小的抒情歌谣，为了语言的精准、到位，特别是为了让一句普通的话、一个死去的词语生机勃勃，我得耗费大量的时间和心力。比如短诗《基诺山上的祷词》，只有六句。

神啊，感谢您今天
让我们捕获了一只小的麂子
请您明天让我们捕获一只大的麂予
神啊，感谢您今天
让我们捕获了一只麂子
请您明天让我们捕获两只麂子

这首诗，我个人觉得，其意义在于让诗歌呈现的内容与现世产生对照关系，于现代性中恢复物化了的人们本应拥有的朴素面目，而难度又在于如何选择“一”与“两”、“大”与“小”这样的几乎被人忘却的词。在我们的生活现场和精神世界中，那种本分的、知足的、所求无多的气质已经很少了，更多的是贪得无厌、毫无敬畏之心和神灵的缺失。为此，在写作的过程中，为了得到“一”与“两”、“大”与“小”，我曾调用了大量的量词、动词和形容词，GDP 式的数据可能产生反讽，华美的形容词可能产生美，但最终还是被剔除了，理由当然是它们缺少直抵人心的力量，也缺少语言本身的天然魅力。

至于《八哥提问记》一类的叙事性诗歌，结构、空间、细节，我写作的过程，与写一篇小说无异，它体量不及小说，但用力与用心，有过之而无不及。

《星星》：写了这么多年诗，下一步你准备怎么写？想过有所变化吗？对变或不变，你有些什么想法？

雷平阳：我会继续叙事性诗歌的写作方向，不会有大的变化。世界在变，只有“变”是不变的，我的“变”或许也存在于“不变”之中。

原本山川，极命草木

——雷平阳访谈

朱霄华　雷平阳

雷平阳是云南文坛硕果仅存的少数本真的诗人之一。继 2006 年长江文艺出版社推出《雷平阳诗选》，2008 年云南大学出版社出版《我的云南血统》，2009 年，雷平阳再次出版了他的诗集《云南记》。该诗集收入了作者近两年来创作的大量诗歌。跟以往不同的是，这些诗歌的书写指向已经从过去文人化抒情视野中的云南本土生活经验，转向了全球化背景下的云南生态现场。在雷平阳的笔下，“原本山川，极命草木”这一书写命题显得十分突出，大量的日常生活细节以半是冥想、半是叙事的言语方式呈现出来，无情地抵达了我们时代存在的真相。阅读雷平阳的这一批诗歌作品，敏感的读者会惊讶地发现，传统意义上的“故乡”一词已不复存在，几乎全部的表达都用来述说这是一次永远无法抵达的还乡之旅。毋庸置疑，作者为我们所采集到的这些诗歌标本，其人本的价值必然会在若干年后显露出来。

文学是无用的。1923 年获得诺贝尔文学奖的爱尔兰诗人叶芝说：“一首诗不能抵挡一辆坦克。”在今天的语境之下，我们可以把这句话换成：“一首诗不能抵挡一辆推土机。”处在一个心灵质量已被迫降格为三流的时代，对于写作者个人来说，文学乃自慰之物；对于大众，文学又是一面旗帜，一面招魂者的旗帜，只要这面旗帜不倒，人心就依然存在，人类的精神尊严、情感价值就必然会受到尊崇。幸运的是，我们从当代文学书写的现场，仍然能够感受到这种来自真正写作意义上的文学的一脉香火。

故乡消息：一个处在变化中的写作现场

朱霄华：昨晚你刚从昭通回昆明，听说昭通古城正大兴土木，你在《昭通旅馆》一诗中写过的挑水巷已被拆除了？

雷平阳：昭通前段时间拆城，这段时间则是在建城。拆城时，拆出来了很多寺庙、牌坊，那些存在了上百年的老建筑，现在已经变成了一片空地。这让我很吃惊，我在那儿生活了那么多年，从来不知道无数摇摇欲坠的房舍里面，埋着寺庙和牌坊，更不知道这些寺庙和牌坊为什么会被房舍吞噬了。有的已被消化殆尽，有的还残存几根遗骨。由此，我对那个古代的昭通城更加肃然起敬，那是个有寺庙和牌坊的伟大之城，看着它们被拆出来，又被埋回去，我既悲伤又略感欣慰。

朱霄华：又被埋回去了？

雷平阳：人们需要一个新城，把它埋回去，封存起来，也许是最好的结局了。

朱霄华：照我的理解，拆城，拆除累赘，恢复寺庙与牌坊，留出必要的空地，这应该是一座光辉之城千载难逢的良机，如果像你所说的又将它埋回去，也许我们又得等待几百年时间，才会有机会把这城市的灵魂重新招回来。我们等得起吗？

雷平阳：去年北京开奥运会，看在希腊雅典取圣火的电视直播时，我看见圣火的源头长满了荒草，当时我有些不相信自己的眼睛。想想，这样的圣火之源，换在我们身边，它完全可能得到两种命运：第一，被精心修缮成圣坛，野草被连根拔掉；第二，那地方早就无法考证，不知所终或矗立着一座银行大楼。看别人的荒草时，面对身边雨后春笋般崛起的高楼，我的心里也长出了连天的荒草。在对待传统文化的态度与方法上，我觉得很多时候我们只是停留在口头上，说基于传播学，做则基于经济学，寺庙、牌坊的所在地，大都是风水宝地，寸土寸金，谁又舍得用来供奉神灵或留作神灵散步的空地？我当然希望自己的故乡之城魂兮归来，借拆城之机赢得你所说的几百年的光辉岁月，但作为旁观者，能看见保护性的封存而不是摧毁，我已经心满意足了。这次我见到了古城建设指挥部的一位官员，他熟悉昭通城甚于熟悉自己的身体，他爱昭通城甚于爱太阳和月亮，他能赤心铁胆地坚持按原风貌、原尺寸地恢复建设，已经不错了。中国传统的土木结构的房屋，能保持几百年时间的本来就不多，再说，要想在瞬间将无数的寺庙、牌坊重建起来，没有强大的经济支持，也不现实。荒草，就让它长在自己的心里吧；神灵，就让其在天空散步吧。

全球化背景下的写作越来越困难了

朱霄华：看过你很多写昭通的诗歌和散文，也常常感到你的内心纠结着难以排解的悖论，既执迷于野外，又在努力为野外的消失寻找理由，是不愿意背离或放弃，还是对后工业文明感到无奈？

雷平阳：长江文艺出版社最近出版了我的新诗集《云南记》，在自序中我说到了自己写作的母题是“生活在有寺庙的地方”，强调寺庙，强调的是道德准则、思想底线和文化之根，也可以视为我的反抗和再反抗。我知道反抗的苍白与悲怆，也知道“野外”的消失不是环保问题而是道德问题，我亦知道所谓“无奈”是出自肉体而非精神，但你所说的悖论并不意味着文化妥协，它只是我自我拷问的方式之一。有些问题，一个诗人必须做出回答；有些关头，一个诗人必须站出来。担当，从来都是文人的义务。

朱霄华：自《雷平阳诗选》之后，三年没读到你的新作了，都以为你下决心销声匿迹了呢。《雷平阳诗选》的封面赫然印着“昭通市”这个地名，新集子又叫《云南记》，地名真成了你写作谱系中绕不开的核心词？

雷平阳：我的写作都来自阅历。唯一的风险就是被人们冠以“地域性写作”，最大的自由则在于魂心的舒坦、语词的自然和审美的朴素。再说，以地名入诗，本就是中国诗歌的传统，一本太白全集，即是一本诗歌地图册。在场，诗人或作家的在场，自然而然，有感而发，有方向、有肉身，可指认，这何尝不是诗歌的血脉。我视云南为生活的现场，但也不妨碍它成为我的乌有乡和桃花源。再说，因为写云南而被视为地域性写作，这样的理论我很受用，却不成立，我也不想就此参与讨论，常识之争只会让常识失真。

朱霄华：它们都是你近年来写的吗？

雷平阳：2007 年以来的作品。出版社的编辑将其分为蓝、流淌、隐身术、尘土四卷。

朱霄华：现代性问题始终是“地域写作”或“乡村写作”的重要话题。之前我也读过几个评论家关于你诗歌的评论文字，他们说，你得以和同类诗人区别开来的首要原因，就在于你的写作有着丰饶的现代性。

雷平阳：以我的阅读经验，神话、传说、野史中的许多故事与魔幻现实主义等现代作品之间的区别，也在于现代性这一分水岭，现代性的获取也的确成为当下写作的拦路虎。这涉及诗人的阅历、阅读、悟世能力、审美方向和写作追求等一系列问题。我的写作一度也受制于此而缺少鼓荡的灵魂，诗人身份缺席、山水失神、道为空道，语言的圣殿中充满了不食人间烟火的虚无歌唱，世界远走了，诗歌似乎沦为了诗人的意淫和自慰。很显然，这不是我所要的。能否对现代汉语诗歌的拓边做出一点贡献？能否让诗歌生长于街道和人民的旷野？能否以诗歌的方式记录当下社会的心灵史？拷问涌来时，我悚然心惊……

我的写作姿态从来都放得很低

朱霄华：《云南记》继《雷平阳诗选》和《我的云南血统》之后，一如既往地写云南，把云南视为写作的源起地，不怕“资源”用尽？

雷平阳：我不认为佩索阿一生都在写里斯本的道拉多雷斯大街，也不会有人认为帕慕克只意味着伊斯坦布尔。在我看来，云南是无穷尽，是宇宙或比宇宙还要高大的天堂，我不讨厌误读，相反我非常珍惜并向往误读所带来的令人诧异的美学空间。但有必要说一下的是，在很多时候，当我们迷失于云南的异美和生命力，无从找到它所展现出来的人类梦寐以求的精神标高，也无从在诗人笔下的云南身上发现我们时代的肉身沦陷与灵魂反抗，那么很多阅读均可视为无效，这也就是现代性为阅读者设置的一道门槛。

朱霄华：你说的“生活在有寺庙的地方”这一概念，寺庙的诗歌里意味着什么？

雷平阳：意味着菩萨、经卷和善男信女。而且我一直觉得，寺庙的出现和存在，从一开始便是对浮世的对抗，在我一再抓狂之时，住在其旁，心安；住在其旁，就可以拒斥滚滚而来的红尘喧哗。借寺庙和山野之上的神灵之光去对抗拜物教，非凡人之所为，我陷于此，乃是草木和蝼蚁求生的本能，非借，乃是现实主义的无边性所驱使。

朱霄华：我记得，2006 年有过这样一段话：“雷平阳的写作简明练达、质朴有力。他的语言，具有石头和土地的光泽；他的感情，隐忍、细腻并保持着庄稼的品质。他善于通过经验与智慧，人心与自然的语言驳难，来澄明自身对事物的爱、对世界的好奇，以及对土地庄严的敬畏。这个深怀赤子之心的诗人，总能在那些粗粝而渺小的细节中，发现生命的欢乐和悲怆……他的作品见证了一个成熟而谦卑的写作者，如何在写作中回到事物本身、钻探人心世界的出色能力，也为今天的作家如何反抗一种苍白的纸上文学提供了重要的精神证据。”你知道，这是《人民文学》主持的中国青年作家批评家论坛给你的授奖辞，其中把你定位为“一个成熟而谦卑的写作者”，恰当吗？《云南记》是否还秉承了以上写作气象？

雷平阳：看待事物、处世、写作，我都选择低姿态，我不喜欢“黄河之水天上来”，我喜欢的是“黄河远上白云间”。要仰视，不要俯视，所谓背负青天朝下看，是语言政治学。我一直认为自己就是一个谦卑的写作者，像野草一样贴着地面。《云南记》里，依然是一些光着脚丫的语言，我自知才情有限，但我矢志于写作与中国大地有关的现代诗，用汉语记录下我们时代的心灵史。现代诗入国 90 年，如果仍然停顿于仿造和借贷，当是汉语之耻，所谓革命和创造，应该在汉语的传统上开展，翻译语言的功效可以尽可能地弱化、淡化。此非民族沙文主义，而是正道。

现代诗的出路是回到汉语的传统

朱霄华： 现代诗本就是舶来之物，其传统在西方，汉化之望何其艰难。

雷平阳： 诗分古典和现代，大抵上基于技术，而非精神，诗歌之血，从来都是红颜色。中国古典诗歌与现代诗的差别，在诗道上没有天堑，需要投入大力的是传统文化的再生和整合，使之自然而然，两相融汇。西方诗人借力于中国古代诗歌的例证多矣，现代诗的汉化之途也绝非畏途，只要我们摒弃功利，克制“速成”与“高蹈”的作风，便没有做不成之事。

朱霄华： 谈谈云南现代诗的当下状态吧。

雷平阳： 云南诗人生于山水之间，道法自然，没有经受诸多浪潮的无妄之灾，可以说生态良好。我所认识的青年诗人们都甘心于旷野，不在乎庙堂，也很少介入主义之争和诗人身份的哀叹大合唱，诗心纯洁。近年来云南出现了很多优秀的诗人，如吴佳琼、唐旲、鲁布革、阿卓务林、赵耘、阿诺、符二等。曲靖的老诗人杨志刚又重新回来，并且写出了有气象的作品。昆明诗人最突出的是韩旭，他写出了传诵一时的《大丰收》。在这些诗人的作品中我发现了一个可喜的现象，大家都在勉力回到，或者说后退到传统的写作立场上来。“原本山川，极命草木”是当代诗歌书写的一个最大的命题。自然、人本的立场，即便是云南发展到像广东那样的水泥世界也无法回避。

朱霄华： 下一步有无创作计划？

雷平阳： 正在写着一首长诗，叫《野外》。

朱霄华：看《野外》这个标题，这是否意味着一次转场？或者说是一种对古代山水精神的诗意承接？抑或仅仅是某种现代性坐标上的哀歌？来自现代的、混乱而狂野的“野外”？

雷平阳：现在说还为时过早。你知道文学书写是怎么回事，诗歌书写过程中的偶然性、言语的突发性事件所导致的主题的偏向，都是不可事先得知的。当然，你所说的两个方向上的元素，应该都包含在里面了。